Capitalism unbound

Sarah Lenz, Dr. phil., und Martina Hasenfratz sind wissenschaftliche Mitarbeiterinnen in der DFG-Kolleg-Forschungsgruppe »Zukünfte der Nachhaltigkeit« an der Universität Hamburg.

Sarah Lenz, Martina Hasenfratz (Hg.)

Capitalism unbound

Ökonomie, Ökologie, Kultur

Mit Illustrationen von Maren Flößer

Campus Verlag
Frankfurt/New York

MIX
Papier aus verantwortungsvollen Quellen
FSC® C089473

Klimaneutral
Papier
ClimatePartner.com/13732-1910-1001

ISBN 978-3-593-51463-5 Print
ISBN 978-3-593-44854-1 E-Book (PDF)
ISBN 978-3-593-44853-4 E-Book (EPUB)

Umschlaggestaltung: Campus Verlag, Frankfurt am Main.
Umschlagmotiv: © Maren Flößer, Frankfurt am Main.
Satz: publish4you, Roßleben-Wiehe
Gesetzt aus der Garamond
Druck und Bindung: Beltz Grafische Betriebe GmbH, Bad Langensalza
Beltz Grafische Betriebe ist ein klimaneutrales Unternehmen (ID 15985-2104-1001).
Printed in Germany

www.campus.de

Für Sighard Neckel

Inhalt

Leistung und Erfolg

Ökologie

Kultur

Klassen und Klassifikationen

Vorwort

Sarah Lenz und Martina Hasenfratz

»Ich will den Kapitalismus lieben, weil so viel für ihn spricht. Ich will den Kapitalismus lieben, aber ich schaff' es einfach nicht.«

In seinem Lied Kapitalismus beschreibt der Liedermacher Funny van Dannen in amüsanter Weise das widersprüchliche Wesen der kapitalistischen Wirtschafts- und Gesellschaftsordnung. Denn auf der einen Seite ist kaum von der Hand zu weisen, dass die diversen historischen und kulturellen Ausprägungen des Kapitalismus durchaus Gründe dafür bieten, ihm wohlgesonnen zu sein. »Wir [verdanken] ihm eine Menge, was wäre unser Wohlstand ohne ihn?«, besingt van Dannen sein Dilemma.

Auf der anderen Seite lässt sich eine überzeugte Beteiligung aber auch infrage stellen, weshalb ein »Ende des Kapitalismus« immer wieder prognostiziert und auch herbeigesehnt wird. Soziale Ungleichheiten, subjektive Erschöpfung, ressourcenvernichtende Ausbeutung, Wettbewerb und alltägliche Distinktionszwänge sind nur einige Stichworte, die auf die Krisenhaftigkeit des Kapitalismus hindeuten. Was Funny van Dannen anspricht, ist genau diese paradoxe Situation, die in vielerlei Hinsicht paradigmatisch für die Absurdität des gegenwärtigen Gesellschaftssystems und seine scheinbare Alternativlosigkeit selbst steht.

Die Widersprüche des Kapitalismus sind Gegenstand dieses Buches. Sie kommen konkret in den alltäglichen sozialen Praktiken und subjektiven Deutungen, in den Wünschen, Werthaltungen und Überzeugungen der gesellschaftlichen Akteur:innen zum Ausdruck, die auch Sighard Neckel Zeit seines Lebens in verschiedensten Kontexten immer wieder unter die soziologische Lupe genommen hat. Seine Analysen zeigen, dass der Kapitalismus für sein Überleben auf überzeugende moralische Argumente und geteilte Vorstellungen von Gerechtigkeit angewiesen ist, die trotz offensichtlicher Ungerechtigkeiten, Ungleichheiten und Paradoxien den Einsatz für das kapitalistische System rechtfertigen.

Am 25. Oktober 2021 jährt sich Sighard Neckels Geburtstag zum 65. Mal, was uns als Herausgeberinnen dazu veranlasste, Kolleg:innen, Weggefährt:innen und Schüler:innen darum zu bitten, ganz im Sinne der von ihm vertretenen soziologischen Blickschärfe, kritische Beobachtungen und Thesen zur Funktionsweise der kapitalistischen Gesellschaft zusammen zu tragen. Die Aufgabe war, aus ganz unterschiedlichen Perspektiven nach den Strukturen, Mechanismen, Prozessen und Praktiken zu fragen, die das eigentümliche Überleben eines Systems sichern, welches stets darauf ausgerichtet ist, Gewinner:innen und Verlierer:innen hervorzubringen.

Sighard Neckel hat immer gerne über den Tellerrand seiner Disziplin geschaut, das zeigen nicht nur die fundierten Analysen zu scheinbar »unsoziologischen« Phänomenen (ein Paradebeispiel hierfür sind sicherlich Emotionen und ganz besonders die Scham), sondern auch die vielen Freundschaften, die auf seinem Lebensweg entstanden sind und ihn als Wissenschaftler und Menschen prägen. Der Facettenreichtum seiner Interessen bildet sich in diesem Buch ab: Beiträge von unterschiedlicher Länge, auf Basis verschiedener methodischer Vorgehensweisen, unterschiedlichen Stils (soziologisch, journalistisch, künstlerisch, anekdotisch) und von variierenden Gegenstandsbereichen fügen sich zu einem großen Ganzen, illustriert von den Typographien der Künstlerin Maren Flößer, die unter anderem auf die zentralen Orte in Sighard Neckels wissenschaftlicher Laufbahn Bezug nehmen: Wien, Frankfurt am Main und Hamburg.

Capitalism unbound gliedert sich in sechs Themenfelder. Der erste Teil, Soziologie als Beruf(ung), beleuchtet zum einen unterschiedliche Stationen in Sighard Neckels wissenschaftlicher Laufbahn, zum anderen wird die Soziologie selbst zum Gegenstand der Beobachtung. Im zweiten Teil Ökonomie werden grundlegende Elemente des kapitalistischen Wirtschaftssystems näher betrachtet. Mit Leistung und Erfolg rücken im dritten Teil zwei Leitwerte moderner Gesellschaften in den Blick, mit denen sich Sighard Neckel lange beschäftigt hat, der vierte Teil knüpft mit Ökologie thematisch an Neckels jüngste Forschungen in diesem auch für die Soziologie immer bedeutender werdenden Feld an. Der fünfte Teil, Kultur, betrachtet die Gefühlswelt und die symbolischen Ordnungen im Kapitalismus und nimmt Bezug auf die kultursoziologischen Arbeiten von Sighard Neckel. Daran schließt das letzte Themenfeld an, das mit Klassen und Klassifikationen die unterschiedlichen Dynamiken von Vergesellschaftung thematisiert.

Die Geschichte des Kapitalismus ist ohne die Geschichte seiner Kritik kaum zu denken. Zweifel an seiner Legitimität und seinem Überleben sind seine ständigen Begleiter. Allzu häufig glaubte man an das nahende Ende des Kapitalismus, doch auf jede Krise folgte ein erneuter Aufschwung. Es stellt sich daher die Frage, warum Kritiken und Gegenbewegungen – von Marx bis Occupy Wallstreet – seit bald zwei Jahrhunderten so wirkungslos an ihm abprallen (s. Christoph Deutschmann). Liegt es an seiner Fähigkeit, aus Nichts einen Wert zu generieren und einen zweitklassigen Wein als etwas ganz Besonderes, als etwas Wertvolles, zu verkaufen (s. Hermann Kocyba)? Oder daran, dass die globale Finanzelite sich in empörender Verantwortungslosigkeit selbst bereichert (s. Jürgen Beyer)? Für das ungewöhnliche Überleben des Kapitalismus lassen sich ganz unterschiedliche Erklärungen finden. Dabei kommt man aber nicht umhin, die Wurzeln des unerschütterlichen Systems kritisch zu betrachten: Niemals endendes Wachstum und fortwährende Produktivitätssteigerung sind ihm inhärent. Sie sorgen auf der Vorderbühne für gesellschaftlichen Wohlstand, auf der Hinterbühne jedoch für Elend und Ungleichheit (s. Ulrike Froschauer und Manfred Lueger). Als Fundamentalnorm treibt das Prinzip »Leistung« diese Dynamik fortwährend an und hält sie am Laufen. So ideologieverdächtig dieses »ungeliebte Kind« auch ist, so zivilisierend und integrativ kann es wirken, insbesondere mit Blick auf die ausufernde Erfolgskultur (s. Kai Dröge). Nicht die erbrachte Leistung, sondern der erzielte Erfolg rückt jetzt in den Vordergrund und damit das, was »am Ende herauskommt«. Diese Verschiebung von Leistung zu Erfolg bestimmt auch den gegenwärtig aufkommenden Datenkapitalismus (s. Steffen Mau), obwohl sich gleichzeitig die »Leistung« des Einzelnen durch Tracking-Apps bis ins Kleinste überwachen, berechnen und bewerten lässt: Fährt der Fahrradkurier schnell genug, wählt er den kürzesten Weg, in welcher Zeit liefert er die Ware aus? Vermessen, Bewerten und Klassifizieren sind aber nicht nur grundlegend für diese neue Variante des Kapitalismus, sondern ganz wesentliche Elemente der symbolischen Ungleichheitsordnung (s. Ana Mijic und Michael Parzer).

Seine Allgegenwärtigkeit lässt das kapitalistische System ausweglos erscheinen, entfesselt scheint es in jede noch so kleine Ritze vorzudringen. *Capitalism unbound* analysiert Funktionsweisen des Systems, eröffnet aber auch alternative Perspektiven, die zeigen, dass im Kleinen wie im Großen Strukturen aufgebrochen werden können. Vor allem die Dringlichkeit der ökologischen Krise erschüttert das Fundament des Kapitalismus. Ausgelöst durch diese Verwerfungen wachsen Ideen für eine Neugestaltung des sozialen und politischen Lebens, partizipativ-demokratische Auswege, fernab von den Imperativen des Marktes (s. Frank Adloff). Es entstehen neue »Soziale Orte« des Miteinanders (s. Berthold Vogel), die nicht von Individualität und Konkurrenz, sondern Kollektivität, Kollaboration und Teilen geprägt sind (s. Beate Littig).

Die Bandbreite an Perspektiven auf den Kapitalismus, die das vorliegende Buch versammelt, spiegelt das Schaffenswerk von Sighard Neckel wider und zeigt den Einfluss, den er in den letzten Jahrzehnten als Lehrer, Kollege und Freund hatte. Seine Originalität der Perspektive, sein feines Gespür für Themen, die in der Luft liegen, seine soziologische Offenheit, trotz eigener politischer Position, machen ihn für uns zu einem Lehrer, der uns nicht nur nachhaltig geprägt hat, sondern auch fortwährend unterstützt, wertschätzt und motiviert.

Wir bedanken uns ganz herzlich bei allen Beitragenden. Ein besonderer Dank gilt Judith Wilke-Primavesi vom Campus Verlag und Karen Körber, die uns bei der Realisierung dieses Buches gleichermaßen eine große Stütze waren.

Soziologie als Berufung

Ein Soziologe par excellence

Ferdinand Sutterlüty

Der Mensch steht nie für sich, selbst wenn er alleine ist. Das mag als Proprium soziologischen Denkens gelten, aber wenige aus dem Fach verkörpern diese Einstellung so konsequent – und scheinbar auf so natürliche Weise – wie Sighard Neckel. Sie erfordert das Kunststück, nah an der empirischen Wirklichkeit zu bleiben und sich zugleich weit vom Alltagsverstand zu entfernen. Dieser wissenschaftlichen Einstellung zufolge ist es nötig, strukturelle Zusammenhänge und Muster zu erkennen, die sich der individuellen Erfahrung nicht als solche erschließen, sich aber just und primär dort dechiffrieren lassen.

Die Grundkonzepte der Neckel'schen Soziologie sind genau darauf ausgerichtet: auf kollektive und weitgehend vorreflexive Klassifikationen, die dem Einzelnen erst eine kognitive Welterschließung und praktische Handlungsorientierung ermöglichen; auf Figurationen zwischen Sozialgruppen, deren Mitglieder sich die objektiven Konstellationen kaum bewusst machen, die ihrer ganz unmittelbar empfundenen Ablehnung der jeweils anderen zugrunde liegen; auf einen klassenspezifischen Habitus, den das Individuum als Ausdruck einer eigenen Lebensorientierung und Geschmacksprägung begreifen mag. Selbst nur ungern nach außen gezeigte Emotionen wie Scham sind bei Neckel das subjektive Pendant von sozialstrukturellen Lagen und ihrer kulturellen Begleiterscheinungen. Die mitunter geheimsten Gefühle erweisen sich als Ausdrucksformen und Reproduktivkräfte sozialstruktureller Tatbestände und kultureller Deutungsmuster. Immer geht es dabei um soziale Ungleichheiten zwischen Gruppen und Klassen, die den sozialen Austausch bis in die letzten Lebensadern hinein bestimmen. Ungleichheit in ihren ökonomischen und symbolischen Formen sowie die daraus resultierenden Konflikte sind das eigentliche Sujet der Neckel'schen Soziologie.

Nicht umsonst taucht in Sighard Neckels frühen Schriften immer wieder der Name Marx auf und mit ihm die Frage, inwiefern praxis- und kulturtheoretisch ergänzte Klassentheorien dessen legitimes Erbe antreten können. Wer das Marx'sche Erbe fortsetzen will, ist laut Neckel bei Pierre Bourdieu gut aufgehoben. Für ihn ist nämlich von besonderer Bedeutung, dass auch symbolische Hervorbringungen der Gesellschaft zu den objektiv beobachtbaren und wirkmächtigen sozialen Tatsachen gehören und nicht nur Epiphänomene gesellschaftlicher

Strukturen sind. Vielleicht kann ich es so ausdrücken: Sighard Neckel hat als »Kulturmarxist« angefangen und ist in seinen weiteren soziologischen Arbeiten nie erkennbar davon abgerückt. Sein Denken, das die materiellen Lebensgrundlagen und die soziokulturellen Deutungsaktivitäten in ihrem Zusammenspiel betrachtet, macht ihn zu einem Soziologen wie er im Buche steht: einem Soziologen, der das gesamte Spektrum gesellschaftlicher Phänomene im Blick hat. Mehr noch, er ist darüber hinaus mit den antipsychologischen und antiphilosophischen Affekten ausgestattet, die seit Durkheim die Soziologie als Disziplin geprägt haben.

Ein antipsychologischer Impuls ist bereits erkennbar in Neckels Tendenz, die Varianz individueller Orientierungen hinter soziokulturellen Strukturmustern verblassen zu lassen. Innerpsychischen Verarbeitungsmechanismen kommt dabei wenig Eigensinn zu; eher erscheinen sie als Instrumente der spiegelgenauen Verinnerlichung gesellschaftlicher Tatbestände. Neckel zufolge produziert der soziale Status von Personen ihre Überlegenheits- oder Unterlegenheitsgefühle und jene vielfältigen Verletzungen, die ihnen der allseitige Vergleich zwischen sozialen Gruppen und Klassen zufügt. Der Statuskampf bestimmt demnach die soziale Welt. Was dabei weniger in Betracht kommt, ist die Möglichkeit, dass Personen oder ganze Gruppen auf Status pfeifen und ihre Glückseligkeit nicht in den gesellschaftlich präfigurierten Handlungs- und Denkmustern suchen; und dass sie sich den üblichen Vergleichen mit anderen verweigern, ohne sich ihrer Stellung als Außenseiter zu schämen. Gewiss kann man bei der Analyse solcher Haltungen noch dem Durkheim'schen Axiom folgen, Soziales durch Soziales zu erklären. Aber es ist wohl kein Zufall, dass die nicht strukturkonformen sozialen Erscheinungen bei Sighard Neckel wenig Aufmerksamkeit finden. Bei einem Autor wie ihm, der auf den Kern des Getriebes kapitalistischer Gesellschaften zielt, ist dies wenig verwunderlich. Die Beschäftigung mit Idiosynkrasien und Aberrationen kann er anderen überlassen.

Mit Durkheim teilt Neckel, wenn ich recht sehe, auch einen antiphilosophischen Impuls. Durkheim wollte die Wissenschaft der Moral betreiben, statt aus der Wissenschaft eine Moral abzuleiten. Diese Positionierung ließe sich wohl der ganzen Soziologie Sighard Neckels als Motto voranstellen. Ich meine darin einen Affekt gegen die philosophische Spekulation zu erkennen sowie auch die Neigung, das Nachdenken über abstrakte Moralprinzipien für müßig zu halten. Über Durkheim hinausschießend scheint er die empirisch beobachtbaren Erscheinungen der eingelebten Moral für abgeleitete Phänomene zu halten: für Produkte des Strebens nach Macht und Distinktion. An diesem Grundzug seines Denkens hat Sighard Neckel ganz unabhängig von den wechselnden akademischen Kontexten, in denen er sich im Lauf seiner wissenschaftlichen Karriere bewegt hat, festgehalten. Die großartigen normativen Prinzipien, auf denen unsere Gesellschaft philosophischen Großnarrativen zufolge beruhen soll, werden in den Augen des Ungleichheitstheoretikers Neckel fortwährend von der Wirklichkeit blamiert. Mehr noch, er scheint in normativistischen Ansätzen immer schon die Gefahr lauern zu sehen, die soziale Realität am Ende mit ihrem normativen Überschuss zu verwechseln und die Grundmechanismen des gesellschaftlichen Spiels zu verkennen.

Sighard Neckel ist mehr der schonungslose Aufklärer als ein Utopist. Seine Schriften lassen kaum einmal einen Horizont der sozialen Alternativen aufleuchten: Die Subjekte vergessen sich selbst im Gehäuse ihrer sozialen Positionen und folgen dem agonalen gesellschaftlichen Spiel, das da Kapitalismus heißt und unaufhaltsam alles in seinen Bann zu schlagen scheint. Der entfesselte Kapitalismus frisst bei Neckel alle seine Kinder: die Respektabilität harter, systemrelevanter Arbeit ebenso wie den scheinbar rettenden Diskurs um nachhaltiges Wirtschaften. Für die gesellschaftlichen Wirkungen normativer Ideen der Gleichheit, der Gerechtigkeit und der Sorgsamkeit bleibt da wenig Platz.

Keine Stimme steht für sich allein, auch nicht die der Soziologie. Die Stimme von Sighard Neckel ist indessen unersetzlich und sein Denk- und Schreibstil, wie ich ganz unsoziologisch anmerken möchte, unnachahmlich. Es gibt diesen der eigenen Analyse vertrauenden Indikativ, der den spezifischen Neckel-Ton ausmacht. Als ich vor etwa zwanzig Jahren Sighard Neckels Mitarbeiter wurde, war ich bereits im Fach Soziologie promoviert. Gleichwohl trat mir schon nach kurzer Zeit unserer Zusammenarbeit die Gewissheit ins Bewusstsein, nun mit einem wirklichen Soziologen die Grundfesten der Disziplin ganz neu erkunden zu können. Dafür bin ich ihm sehr dankbar.

Wiener Gefühlsg'schichten

Christian von Scheve

Das Institut für Soziologie der Universität Wien befindet sich im neunten Bezirk der Stadt, in einem imposanten Gründerzeitbau im Stil der Neorenaissance, direkt neben der Votivkirche und gegenüber dem beschaulichen Sigmund-Freud-Park. Betritt man das Gebäude, hat es etwas Altehrwürdiges, fast Einschüchterndes, marmorne Fußböden und ein Treppenhaus mit Säulen, Bögen und allem Drum und Dran. Ein Haus, das etwas vom Glanz der k. u. k. Monarchie ausstrahlt. Erklimmt man die Stufen hinauf in den vierten Stock, findet man drei überaus großzügige Büros, eines davon mit der Nummer »404«, mit Blick auf den Park und die nahe gelegene Innere Stadt.

So ging es mir, als ich im Herbst 2007 eine Stelle an dem Institut antrat, an das Sighard Neckel kurz zuvor berufen worden war. Ich hatte die Aussicht, für die kommenden sechs Jahre als sein Assistent (»Säule 2« im Fachjargon) am Institut zu arbeiten und meine Kenntnisse vor allem der Emotions- und Wirtschaftssoziologie bei ihm zu vertiefen. Wie lebensnah diese Vertiefung vonstattengehen sollte, konnte ich zunächst nicht ahnen.

An meinem ersten Arbeitstag werde ich im vierten Stock von Brigitte Frotzler in Empfang genommen, die zuvor als Sekretärin für den emeritierten Jürgen Pelikan gearbeitet hatte und nun Sighard Neckel unterstützen sollte. Nach ebenso herzlicher wie ausführlicher Begrüßung drehen wir eine Runde durchs Haus, auf der ich allerhand wichtigen und weniger wichtigen Leuten vorgestellt und willkommen geheißen werde, ein »Hallo« hier, ein »Grüß Gott« da, ein »Baba« oder »Tschau« zum Abschied.

Nach einer guten Stunde stehen wir beide dann wieder im vierten Stock, vor dem Büro »404«, meinem künftigen Arbeitsplatz. Ich bedanke mich artig, fühle mich willkommen, »nette Kollegen«, »tolles Institut«, »bestens gelegen«, sage ich, und so weiter und so fort. Es sind alle Worte gefallen und Gesten gemacht, die mich eigentlich in mein Büro entlassen sollten. Schließlich wollen der Computer eingerichtet und das Bücherregal bestückt werden. Aber ich merke, es hängt noch etwas in der Luft, das anzusprechen offenbar nicht ganz einfach, vielleicht sogar heikel ist. Habe ich lokale Gepflogenheiten missachtet (möglicherweise), mich gar danebenbenommen (ich glaube nicht) oder Zwischentöne nicht gehört (wahrscheinlich)?

Nein, es ist das Namensschild an der Tür. Wie wir das denn jetzt machen wollen mit dem Namensschild, fragt Frau Frotzler. Ich stehe auf dem Schlauch. »Nun ja«, sagt sie, »das mit den Adelsnamen ist in Österreich so eine Sache, also das ›von‹ in Ihrem Namen, das ist ja eigentlich verboten hier«. Ah ha. Das ist nun der Zeitpunkt, zu dem ich über das österreichische »Adelsaufhebungsgesetz« von 1919 unterrichtet werde, das bis heute Geltung hat, letzte Änderung 1948. »Eigentlich«, so Frau Frotzler, »betrifft das aber nur österreichische Staatsbürger«. Ach so, super, dann ist ja alles halb so schlimm. Aber schon wieder hängt noch etwas in der Luft, die Sache ist noch nicht ausgestanden, merke ich. Ich könne ja noch einmal drüber nachdenken, was auf dem Namensschild stehen soll und mich dann, alsbald, melden. Einverstanden.

Man kann die Angelegenheit nun juristisch betrachten oder historisch oder gar politisch. Man kann sie aber auch aus der soziologischen Perspektive Sighard Neckels analysieren. In mein Büro entlassen, berichte ich Sighard (wir teilen uns ein Zimmer, sein Eckbüro, Blick auf die Votivkirche, wird noch renoviert) kurz von dem Dilemma, bereits fest entschlossen, der Einfachheit halber auf das »von« am Türschild zu verzichten. »Das würde ich mir gut überlegen, Christian, das ist viel heikler, als es auf den ersten Blick scheint.« Und dann folgt ein kurzes, aber umso eindrucksvolleres soziologisches Lehrstück über Status, Missachtung und Gefühle.

Beharrte ich auf dem vollständigen Namen, könnte mir das zweifellos als Missachtung österreichischer Gepflogenheiten, gar als Ignoranz gegenüber der österreichischen Geschichte ausgelegt werden. Schlimmer noch, das Beharren auf diesem »Adelsprädikat« könnte den Eindruck des Statusdünkels erwecken, und zwar gleich in doppelter Hinsicht: als Ausländer erschlichen gegenüber jenen, denen die Verwendung eines solchen Prädikats gesetzlich verwehrt bleibt (und die doch sonst ganz vernarrt sind in Titeleien) und als jemand, der sich von so einem Prädikat schlicht Distinktion erwartet.

Das Beharren auf dem vollständigen Namen aber erscheint harmlos im Vergleich zum Verzicht auf das Prädikat. Lasse ich das »von« auf dem Türschild weg, so signalisierte ich damit unweigerlich meine Kenntnis der lokalen Gepflogenheiten, denn das Unterschlagen wäre mit hoher Wahrscheinlichkeit als ein solches erkennbar. Dem vergleichsweise kleinen Kolleg:innenkreis wäre mein Name vermutlich ohnehin geläufig, aus Gesprächen oder Bewerbungsunterlagen. Und der Verzicht selbst könne dann, als ein aktiver Eingriff, nur in zweierlei Weise gedeutet werden. Er könne als Geste großer Arroganz missverstanden werden, ganz nach dem Motto: »Hab' ich doch gar nicht nötig, dieses Prädikat, es weiß doch sowieso jeder, wie ich heiße.« Vor allem aber signalisiere der Verzicht Vorstellungen über den Gefühlshaushalt der österreichischen Kolleg:innen. Der Verzicht könne signalisieren, dass man die Kolleg:innen für so empfindsam halte, dass sie überhaupt Anstoß an der Verwendung eines lächerlichen »von« auf dem Türschild nehmen könnten. Man hielte sie für so kleinlich, dass sie sich durch die Verwendung dieses Worts tatsächlich herabgesetzt oder missachtet fühlen könnten. Dies, so Sighard, wiege wesentlich schwerer, als den Namen einfach so zu lassen, wie er nun einmal ist.

Im Grunde, das habe ich aber erst später bemerkt, handelt es sich hierbei um eine geradezu typische analytische Strategie in der Soziologie Sighard Neckels, die sich nicht nur in Büchern und Fachjournalen findet, sondern die, wie selbstverständlich, die alltägliche Konversation durchzieht. Wie kaum ein anderer Soziologe versteht er es, die Verquickung von objektiven Gegebenheiten und deren vielschichtigen Deutungen im sozialen Austausch in den Blick zu nehmen und dabei nicht nur die Sichtweise Anderer, sondern auch die Perspektiven Anderer wiederum auf diese Sichtweisen in Rechnung zu stellen. Ein besonders schönes Beispiel ist das des in Kneipen und Gaststätten häufig anzutreffenden Rosenverkäufers, das Sighard Neckel (1991) in Status und Scham entwickelt. Hier gelingt es Sighard eindrucksvoll, die Schamhaftigkeit der Situation für den Verkäufer herauszuarbeiten, die vor allem in dessen offenkundig niedrigem sozialem Status liegt, hinter dem die gesamte Person in dieser Verkaufssituation zurücktritt. Die potenziellen Käufer:innen verschärfen diese Schamhaftigkeit dann meist dadurch, dass sie, um der Peinlichkeit der Situation möglichst rasch zu entgehen, den Verkäufer mit Ignoranz und Missachtung strafen.

Nachdem die Angelegenheit mit dem Namensschild nun geklärt war (ich habe das »von« beibehalten), erhielt ich am nächsten Morgen eine E-Mail der IT-Abteilung mit der Frage, wie nun umzugehen sei mit meinem Namen, schließlich legten die technischen Konventionen der Universität Wien ein »vorname.nachname@univie.ac.at« fest und das »von« passe da ja irgendwie nicht rein. Und was Frau Frotzler über meine Entscheidung gedacht hat, weiß ich eigentlich bis heute nicht.

Kulturelle Besonderheiten, wie zum Beispiel das »Adelsaufhebungsgesetz«, machen das Leben deutscher Auswanderer in Österreich aber noch in anderen Bereichen interessant. Zum Beispiel im Sport, ganz besonders beim Wettkampf großer internationaler Turniere, die ein unerschöpfliches Repertoire an Gelegenheiten zu nationalstaatlicher Stereotypisierung und der Artikulation ebensolcher Zugehörigkeit bieten. So wie die Fußball-Europameisterschaft 2008 in Österreich und der Schweiz. Viel ist über Deutsche in Österreich geschrieben und gefilmt worden, aber als Deutscher eine solche Europameisterschaft in Wien erleben zu dürfen, ist schon etwas Besonderes – auch, aber nicht nur, aus soziologischer Perspektive. Dass Deutsche gerne vorgeben, in Österreich zur Zielscheibe von Spötteleien zu werden (Stichwort: »Piefke«), ist ja weithin geläufig. Es gibt sogar empirische Befunde dazu (Köllen 2016). Und auch die Klischees und Vorurteile sind umfassend; sie reichen von liebenswerter Stichelei bis hin zur Verunglimpfung. So ist es keine Überraschung, dass man als Deutscher in Österreich die eine oder andere, meist lieb gemeinte Frotzelei über sich ergehen lässt. Das ist nichts, was alltagsbestimmend wäre, es sind eher heitere Episoden.

Beim Fußball aber, das ist hinlänglich bekannt, hört der Spaß auf. Spätestens seit der Weltmeisterschaft 2006 in Deutschland war es ja wieder in Mode gekommen, die Spiele eines Turniers in der Öffentlichkeit zu verfolgen und sich entsprechend auszustaffieren. Ich bin kein großer Freund von Staffage, aber, wenn man einen Sohn hat, dessen Lebensinhalt im Jahr 2008 ein Panini-Album zur EM ist, dann zieht man halt mit (Schweißband und Wimpel). Die eigene Herkunft durch Zurückhaltung oder Anpassung (bspw. den Versuch, »Baba« klangbildlich angemessen auszusprechen) zu verschleiern, ist ja in aller Regel aussichtlos und auch nicht wünschenswert, das haben wir ja bereits erörtert. Aber wenn man sich zur Europameisterschaft mit den Farben der deutschen Fußballnationalmannschaft in die Öffentlichkeit begibt, spielt man natürlich in einer anderen Liga. Dann werden Herkunft und Anhängerschaft zum bewusst gewählten und hervorstechenden Distinktionsmerkmal und ebenso Bezugspunkt von Klassifikationen.

Die Bedeutung solcher, vor allem »negativen«, Klassifikationen für das soziale Miteinander hat Sighard Neckel ausführlich in vielen seiner Arbeiten zum Thema gemacht. Auch wenn er dabei vor allem soziale Ungleichheit im Blick hat, sind seine Analysen doch auch für solche alltäglichen und wesentlich banaler anmutenden Konstellationen aufschlussreich. All die Klischees und feinen Ressentiments, die im alltäglichen Miteinander von Deutschen und Österreichern in aller Regel unausgesprochen bleiben und am ehesten noch in künstlerischen oder literarischen Kontexten, oder nach der zweiten Flasche Wein[1], auf den Tisch kommen, brechen sich im Kontext des Sports offen Bahn. Anders als in Sighard Neckels Analysen sind es in diesem Zusammenhang aber weder Armut, Unterlegenheit oder die soziale Lage, die als Ursache von Stigmatisierung und Abwertung fungieren, sondern vielfach beschworene kulturelle Eigenarten wie der Mangel an Geschmack, Takt und Höflichkeit.

Im Kontext des Fußballs gesellt sich dazu freilich ein neidbesetztes Ressentiment angesichts der sportlichen Unterlegenheit.[2] Und so stimmt dann auch dieses Fußball-Bonmot ganz ohne Zweifel: Österreich jubelt für jede Mannschaft, Hauptsache, Deutschland verliert. Unter den Wiener Soziologie-Expats hat dies zu einer – soziologisch vorhersehbaren – Strategie der Stigma-Umkehr geführt.

1 Das mit der zweiten Flasche Wein ist auch so eine Sache, die mit der Forschergruppe »Emotionen als bio-kulturelle Prozesse« am Bielefelder Zentrum für interdisziplinäre Forschung im Zusammenhang steht, an dem Sighard und ich uns kennengelernt haben, vgl. dazu ausführlich Röttger-Rössler (2005).

2 Vgl. www.fussballdaten.de/vereine/deutschland/oesterreich, letzter Zugriff: 17.03.2021.

Was nach außen Anlass zu Abwertung und Lächerlichmachung gibt, wird umso mehr zum Dreh- und Angelpunkt von positiver Selbstreferenzialität. Und so werden Schweißband und Wimpel rasch durch Hüte, Trikots und Schminke ergänzt. Als nach dem völligen Cordoba-Wahnsinn der Vorberichterstattung österreichischer Medien dann das letzte Spiel der Gruppe B, Deutschland-Österreich, mit 1:0 entschieden wird, kommt es aber zu einem fast völligen Rückzug aus der Öffentlichkeit in den Raum des Familiären und Privaten. Zum gemeinsamen Schauen der Spiele, meist bei Sighard in der Rechten Bahngasse, werden statt Frittatensuppe und Erdäpfelsalat nun Weißwurst und Brezeln gereicht, und selbst der Grüne Veltliner fällt kurzzeitig in Ungnade (gut, das Stiegl steht nach wie vor auf dem Tisch).

Die Soziologie weiß natürlich nur zu gut um die Besonderheiten solcher sozialen Konstellationen, die in diesem Sommer 2008 in vielerlei Hinsicht einmalig waren. Sie haben dauerhafte Beziehungen der freundschaftlichen Verbundenheit (ja, auch mit Wien!) ebenso gestiftet wie sie einen kontinuierlichen Sound soziologischer Erkenntnis hervorgebracht haben. Und so möchte ich auch nicht weiter Beschwerde führen über das Schicksal Deutscher in Österreich, sondern Sighard – und Österreich – noch einmal herzlich danken für die schöne und unvergessliche Zeit.

Literatur

Köllen, Thomas (2016): *Arbeitssituation und Arbeitsklima für Deutsche in Österreich. WU Wien: Department Management*, letzter Zugriff: 18.11.2020, https://epub.wu.ac.at/4967/4/Koellen_-_Deutsche_in_Oesterreich.pdf.

Neckel, Sighard (1995): *Status und Scham. Zur symbolischen Reproduktion sozialer Ungleichheit*. Frankfurt a. M.: Campus.

Röttger-Rössler, Birgitt (2005): »Gespräche nach der zweiten Flasche …«, in: *ZiF-Mitteilungen* 1, S. 1–6.

Einer von uns. Sighard Neckel und das Feuilleton

Harry Nutt

»Schuld ist das Gefühl, durch eigenes Handeln die Verletzung einer Norm verantwortet zu haben«, heißt es in Sighard Neckels Aufsatz »Achtungsverlust und Scham« aus dem Jahr 1993, »Scham jenes, in seiner Integrität beschädigt zu sein. Schuld entsteht in der Übertretung von Verboten, Scham im Verfehlen eigener Ideale«. Ohne diese Definition damals verinnerlicht zu haben, hat eine Episode aus der Redaktion der Frankfurter Rundschau bei mir gleichsam Schuld- und Schamgefühle hervorgerufen, sodass ich erst jetzt darüber berichte, Sighard Neckel in der Zeit der Jahrtausendwende einem schlimmen Verdacht ausgesetzt zu haben. Dabei hatte er nichts weiter getan, als eine Einladung zum Gespräch anzunehmen.

Sighard Neckel hatte im Juni 2000 spontan zugesagt, für ein Zeitungsgespräch bereitzustehen, in dem es um die erste Staffel der Reality-Show »Big Brother« gehen sollte. Es war eine launig-inspirierende Zusammenkunft, die in der Redaktion der Frankfurter Rundschau und deren linkskonservativem Umfeld allerdings nachhaltig fortwirkende Irritationen auslöste. Der Verdacht, den Sighard Neckel traf, bestand in etwa darin, eine Art Vordenker einer neoliberalen Spaßgesellschaft zu sein. Wie hatte es dazu nur kommen können?

Sighard Neckel und ich waren einander erstmals zu Beginn der 1990er-Jahre begegnet. Wenn ich mich nicht täusche, hatte uns der Schriftsteller und Herausgeber der Zeitschrift »Der Alltag«, Michael Rutschky, im Anschluss an den Habilitationsvortrag des Kollegen Heinz Bude miteinander bekanntgemacht. »Sie sind der nächste«, hatte Rutschky gesagt und damit auf den aus seiner Sicht klar vorgezeichneten Verlauf der akademischen Karriere Neckels angespielt. Rutschky, der sich fortan wenig um die Universität als Ort gesellschaftlicher Beobachtung scherte, hatte den wissenschaftlichen Nachwuchs sehr genau im Blick, und sei es auch nur, um Mitstreiter für sein offenes Zeitschriftenprojekt zu rekrutieren.

Sighard Neckel winkte bescheiden ab, aber sein soziologisches Programm war zu dieser Zeit bereits klar konturiert. Bei meiner Recherche für diesen Beitrag zur Festschrift wurde ich selbst davon überrascht, dass ich mit Neckels Texten bereits vertraut schien, ehe Rutschky uns einander vorstellte. Meine Rezension zum Essayband Die Macht der Unterscheidung war am 21. Juni 1993 in der taz erschienen, gut drei Jahre bevor ich dort als Redakteur im Kulturressort anheuern durfte und später gelegentlich auch Sighard Neckel als Autor und Interviewpartner für die taz gewann. Getreu der weit gefassten Regeln der Rutschky-Schule, der ich mich stolz zugehörig fühlte, interessierte ich mich weniger für wissenschaftliche Kohärenz, sondern für stilistische Vielfalt und die Überraschungen des essayistischen Einfalls.

Damals las sich das so: »Sighard Neckel rückt dem sozialen Design der Erlebnisgesellschaft mit psychologischer Aufmerksamkeit und soziologischer Beobachtungsgabe zu Leibe und malt so ein eindringliches Portrait deutscher Zustände«, urteilte ich in der taz-Besprechung etwas arg belehrend zu dem in der Reihe Zeitschriften des Fischer-Verlages erschienenen Bandes. »Wo die neue staatliche Einheit vorher getrennte Gruppen von Menschen zu einer Nation verbindet, bietet die Hervorhebung der eigenen Differenz die Chance, im sozialen Austausch die eigene Macht zu erhöhen. Positionskämpfe pflegen immer dann an Schärfe zu gewinnen, wenn die Verteilung von Rängen neu ausgehandelt wird«, zitierte ich Neckel, um dann in eigenen Worten fortzufahren: »Es geht also nicht nur um einen Verteilungskampf im ökonomischen Bereich, sondern auch um einen auf den Märkten des Bildungs- sowie des symbolischen Kapitals. Neckel beherrscht die gefällige essayistisch-journalistische Schreibweise ebenso wie die wissenschaftliche Prägnanz. An der Soziologie Pierre Bourdieus geschult, arbeitet er an einer psychologisch-existentialistischen Theorie der Scham.« Er war also, so lese ich meine Belobigung heute, einer von uns.

Das darf natürlich nicht als gönnerhafte Anerkennung missverstanden werden. Tatsächlich habe ich Sighard Neckels wissenschaftliche Arbeit immer als Orientierung für mein journalistisches Tun aufgefasst, für das Soziologie stets eine Art Leitmedium war, aus dem ich Anregungen bezog für spielerische Abschweifungen und notwendige Ergänzungen, allein schon deshalb, um nicht in narzisstischer Selbstbezüglichkeit zu verharren. Autorreferenzen des akademischen Betriebs, zu denen ich immer wieder zurückkehre und zu denen ich im Verlauf der Jahrzehnte regelmäßige oder sporadische Arbeitsbeziehungen unterhalten habe, sind neben Sighard Neckel die geschätzten Kollegen Heinz Bude, Dirk Baecker, Peter Fuchs, Norbert Bolz, Claus Leggewie, Martin Seel, Angela Keppler, Hannelore Schlaffer, Katharina Rutschky, Karin Wieland, Herfried Münkler, Axel Honneth, Micha Brumlik und Ulrich Bröckling. So unterschiedlich deren wissenschaftliche Ansätze auch sein mögen, habe ich doch immer deren Bereitschaft zu schätzen gewusst, ungeschützt und direkt zu aktuellen Geschehnissen in der Tageszeitung Stellung zu beziehen.

Ganz in diesem Sinne war es denn für mich auch keine Frage, Sighard Neckel in die notwendig gewordene Deutung eines neuen TV-Trash-Formats einzubeziehen, das im Sommer des Jahres 2000 das Licht der Welt erblickte.

Die öffentliche Empörung ging der tatsächlichen Übertragung der Fernsehshow »Big Brother« voraus. Die durch George Orwells Dystopie 1984 berühmt gewordene metaphorische Phantomfigur des Großen Bruders als verharmlosende Personifizierung des Überwachungsstaates hatte bei kritischen Medienbeobachtern schlimmste Befürchtungen geweckt. Was Michael Rutschky wenig später ohne euphemistische Umschweife als Unterschichtenfernsehen kennzeichnete, schien in Gestalt des Formats »Big Brother« als Alptraum der aufgeklärten Vernunft auf Dauersendung zu gehen.

Ich war einige Monate zuvor von der taz-Kultur, wie die Abteilung dort unprätentiös genannt wurde, als Ressortleiter Feuilleton zur Frankfurter Rundschau gewechselt, wo kritische frankfurterische Standards über viele Jahre vor allem von dem Literatur- und Filmkritiker Wolfram Schütte, aber auch Peter Iden (Kunst und Theater) und Hans-Klaus Jungheinrich (klassische Musik) gehütet worden waren. Wichtige Frankfurter Rundschau-Autoren etwa waren Karsten Witte und Lothar Baier. Als vergleichsweise junger und weitgehend unmusischer Kulturjournalist, der von der taz und schlimmer noch: aus Berlin kam, vermochte ich mich schon habituell nicht recht in die sorgsam austarierte Frankfurter Gesellschaft einzufügen, in der Theater und Oper, aber eben auch die FAZ, Suhrkamp-Verlag und das Institut für Sozialforschung eine Ehrfurcht einflößende geistige Dominanz auszuüben schienen, auch wenn diese Form des symbolischen Kapitals nurmehr behauptet und nicht mehr recht wirksam zu sein schien.

Für einen wie mich jedenfalls, der dem trivialen Fernsehen immer eine gewisse Aufmerksamkeit geschenkt hatte, war der Start des TV-Formats »Big Brother« ein feuilletonistisches Hochamt. Zur Auftaktsendung hatten wir, zumindest aus heutiger Sicht, einen echten Coup gelandet. Mein Kollege, der Filmkritiker Peter Körte, hatte Christoph Schlingensief dafür gewinnen können, den Einmarsch der Teilnehmer zur ersten »Big-Brother«-Sendung zu beobachten und für unser Feuilleton zu rezensieren. Schlingensief machte einen guten Job, und ich denke mit Hochachtung und einer gewissen Rührung daran, wie genau er das darstellerische Potenzial der Big-Brother-Akteure Zlatko, Jürgen, Kerstin und Co. bereits nach wenigen Minuten erfasst und ausgedeutet hatte. In diesem Sinne war auch der vor zehn Jahren gestorbene Christoph Schlingensief einer von uns.

»Big Brother« war schon ein paar Tage auf Sendung und die medienkritische Begleitung lief auf Hochtouren, als wir uns in der Frankfurter Rundschau entschlossen, ein ernstes, vertiefendes Gespräch über die Sendung zu initiieren. Die Auswahl unserer Gäste kam bereits einer Festlegung der Tonlage gleich. Neben Sighard Neckel luden wir den taz-Autor Detlef Kuhlbrodt hinzu, um mit Peter Körte und mir ein soziologisch distanziertes Werkstattgespräch zu führen. Kuhlbrodt und Neckel entpuppten sich als genau hinschauende Fans des Formats, kein Detail schien ihnen entgangen zu sein. Das Nebensächliche war das Bedeutende.

Es galt, »Big Brother« als Blaupause eines gesellschaftlichen Wandels zu betrachten, hier wurde signifikant sichtbar, dass sich die Parameter der industriellen

Leistungsgesellschaft spürbar in Richtung medialer Performanz verschoben hatten. Für die Soziologie, das machte Sighard Neckel in unserem Gespräch deutlich, war »Big Brother« ein Glücksfall und auf keinen Fall etwas, das mit längst stumpf gewordenen Werkzeugen der Medien- und Gesellschaftskritik abzuwehren sei. Aus der unsinnig erscheinenden Spielanlage schien insbesondere für junge Menschen Orientierung hervorzugehen und aus der Tatsache, dass sich die Akteure im Verlauf der wochenlangen Versuchsanordnung nicht aus dem Weg zu gehen vermochten, erwuchs eine reizvolle Konstellation aus Spannung und Langeweile sowie den Konturen einer neuen Ellenbogengesellschaft, die letztlich doch auf Freundschaft und Bindung angewiesen schien.

In der Kollegenschaft der Frankfurter Rundschau indes rümpfte man die Nase. Eine ganze Seite für solch einen Unsinn, es wurde insgesamt als Kurswechsel im Feuilleton des Blattes aufgefasst, das Ende der Kritischen Theorie im Haus am Eschersheimer Tor. Es meldeten sich langjährige Autoren des Blattes und kündigten ihre Mitarbeit auf angesichts einer für sie kaum zu ertragenden theoretischen Unbedarftheit oder ärger noch: Lockerung.

Geistes- und Sozialwissenschaftler, die im Feuilleton reüssierten, mussten sich immer wieder einmal den Vorwurf gefallen lassen, doch wohl eher Publizisten zu sein. Bei manch einer Nachfrage, die ich als Redakteur an den einen oder anderen der oben genannten Autoren richtete, erhielt ich die Antwort: Diesmal lieber nicht.

Weil der Fall »Big Brother« für mich und das Feuilleton, das mir vorschwebte, zu keinem Zeitpunkt programmatischen Charakter besaß, weigerte ich mich, die, zugegeben laue Affäre zum Big-Brother-Gespräch, das am 8. Juni 2000 unter dem Titel *Ein bisschen Kerstin ist in jedem von uns* erschien, als Paradigmenwechsel in der Geschichte des Blattes zu betrachten. Wahrscheinlich waren meine Schuld- und Schamgefühle lediglich narzisstisch-gesteigerte Fantasiegebilde. Bei der Berufung Sighard Neckels in das Kollegium des Frankfurter Instituts für Sozialforschung dürfte das Big-Brother-Gespräch keine Rolle gespielt haben.

Und die Frankfurter Rundschau? Im Verlauf der bald danach einsetzenden ökonomischen Krise der Zeitungen ging auch für das ehrwürdige Blatt mehr verloren als ein paar kulturtheoretische Grundsätze. In der Signatur meiner Email steht heute Teamleiter Kultur der Berliner Zeitung, aber bis heute schreibe ich für das mehrfach veräußerte Blatt Frankfurter Rundschau: Das letzte Gespräch mit Sighard Neckel, das sowohl in der Frankfurter Rundschau als auch der Berliner Zeitung erschien, führte ich im Mai 2020 über die sozialen und ökonomischen Folgen der Coronakrise. Für eine über 25 Jahre währende Zusammenarbeit, die ich gerade auch wegen manch eines informellen Gesprächs als wichtigen Eckpfeiler meiner journalistischen Tätigkeit betrachte, bin ich Sighard Neckel von ganzem Herzen dankbar.

Zusammenarbeit

Sandra Schüddekopf

Prolog

Wie würdigt man einen Soziologen in einer akademischen Festschrift, wenn man Theaterregisseurin ist? Schreiben oder nicht schreiben? Schreiben! Einen wenig wissenschaftlichen, dafür umso subjektiveren Text über unseren Austausch, unsere Zusammenarbeit: elf Jahre in elf Fallbeispielen.

1.

Wien. 20. Februar 2020. Probenbesuch von Sighard Neckel in meiner Produktion *Der öffentliche Raum* von Ulrike Syha im Theater Drachengasse. Corona ist ein Thema in der Ferne, so scheint es, in Europa noch nicht angekommen. Bald schon wird sich vieles (ver)ändern. Aber noch scheint alles normal. Und wir arbeiten auf eine Premiere hin. Der Proberaum ist immer ein geschützter Raum. Ein geschützter Prozess. Normalerweise lassen wir da niemanden hinein. Schon gar nicht jemand Theaterfremdes. Aber in den letzten Jahren habe ich diese Regel manchmal gebrochen. Und diese Produktion ist ein besonderes Experiment, das Publikum auf der einen Seite der Wand sieht etwas anderes, als das Publikum auf der anderen Seite. Die jeweilige Gegenseite wird nur gehört. Es geht um ein Ehepaar in einer gespaltenen Gesellschaft, um ihre und seine Version der Geschichte, um Überwachung, falsche Ängste und Misstrauen. Zwei Perspektiven auf eine Geschichte. Und die Schwierigkeit ist, ich kenne beide Perspektiven. Ich habe Sighard, da er gerade in Wien ist, eingeladen, uns zu beschreiben, was er sieht. Auf einer Seite. Eine Perspektive. Ich leihe mir quasi seine Augen. Der Blick von jemand anderem verändert den eigenen. Mit einer Wand dazwischen ist das nicht so einfach, aber es funktioniert. Und: Seine Beschreibung ist grundlegend anders als die Beschreibung eines Dramaturgen (durchaus auch wichtig). Dieser andere Blick des Soziologen, also dieses Soziologen, erzählt mir etwas über die Arbeit, was ich sonst nicht sehen könnte. Umgekehrt kann ich Dinge seine Arbeit betreffend sehen, die Brancheninterne vermutlich nicht sehen oder auf denen ihr Fokus nicht liegt.

2.

Abb. 1: Präsentation der Finanzkrisenoper Erschießt Sie! bei der Marie Jahoda-Summer School 2011 mit Rolf Schwab, Katrin Schurich, Sandra Schüddekopf, Ulla Pilz und Bartolo Musil, © Barbara Pallfy.

3.

Dieser Probenbesuch ist die Fortsetzung eines Austausches, mal mehr, mal weniger intensiv, der vielseitig ist und auch in zwei miteinander realisierte Projekte mündet. Beide versuchen wir, die Bedingungen der Gegenwart und den Umgang der Menschen mit diesen Bedingungen mit unseren Mitteln – Sighard mit denen der Soziologie und ich mit denen des Theaters – zu befragen, zu verhandeln, sichtbar zu machen. Man könnte sagen: Wir erforschen die Gegenwart und ihre conditio humana aus zwei unterschiedlichen Perspektiven, die natürlich auch mit unterschiedlichen Regeln arbeiten. Das Trennende und das Verbindende haben diesen Austausch von Anfang an mitbestimmt.

4.

Chor:	*du cooler Pipi fliegst* *du bist ehrgeizig* *du bist sehr ehrgeizig* *du bist perfekt* *kein Engel* *aber du fliegst* *über den blutigen Dschungel über den grenzenlosen Markt.* *Man kann sagen:* *Ach, heute habe ich wieder mal Siemens in den Boden verkauft.* *Das war ich.*
D:	*Eine ganz eigene Mentalität*
A:	*Das ist schön fürs Ego*
Chor:	*diese Jungs*
A:	*Wenn der Zug fährt*
A:	*wenn der Zug fährt*
A:	*muss man aufspringen und hoffen, dass man nicht der letzte ist*
Chor:	*hoffen, dass man nicht der letzte ist*
Chor:	*hoffen, dass man nicht der letzte ist*
A:	*der noch drinnen sitzt*
Chor:	*nicht der letzte*
B:	*wenn er in die Wand hinein fährt*
D:	*diese Jungs*

Am Anfang dieses Austausches stand 2010 die *Strukturierte Verantwortungslosigkeit* und das Vorhaben von meiner Kollegin Katrin Schurich und mir, aus den Interviews dieser Studie eine moderne Oper zur Finanzkrise zu entwickeln. Das Libretto (Auszüge oben und unten) und einzelne Arien existieren. Wir haben den Markt für neue Musik leider nicht dafür gewinnen können, sie zu produzieren. Wir haben viel versucht, aber es war nichts zu machen. »Der Markt hat immer recht«, sagt einer der Banker in dieser Studie, aber ich denke, die Vorstellungen derer, die neue Musik produzieren, waren leider zu eng für unser Vorhaben. Schade! Immerhin gab es 2011 auf Sighards Initiative eine Werkstattpräsentation bei der Marie Jahoda-Summer School: ein theatraler Vortrag, wie aus einer soziologischen Studie eine moderne Oper werden kann. Die Präsentation verband theoretische Texte, Musikbeispiele und Auszüge aus der Oper miteinander und zeigte: Es wäre ein spannendes Projekt geworden, humorvoll, böse, emotional – dokumentarisches Material künstlerisch überformt. Eine Momentaufnahme der Krise, Reaktionen, die aber über diese Krise hinausweisen, weil sie etwas zutiefst Menschliches offenbaren: den Wunsch, dass es einen nicht erwischt, wenn es schiefgeht.

Arie

1M: *Wir wollen ja nicht*
wieder mit Tauschhandel anfangen.
Erst wenn auf Seiten der Kundschaft
die Bereitschaft,
ein Risiko einzugehen,
wieder vorhanden ist,
kann das Geschäft der Banken
florieren.

Dass der Markt illiquide wird,
davon konnte niemand ausgehen,
dass das passiert.
Davon konnte niemand ausgehen.

3C: *Florieren*

Erst wenn auf Seiten der Kundschaft
die Bereitschaft,
ein Risiko einzugehen,
wieder vorhanden ist,
kann das Geschäft der Banken
florieren.

Der Markt hat immer recht!
Der Markt ist liquide
Davon sind wir alle ausgegangen

Florieren
Wir wollen ja nicht
wieder mit Tauschhandel anfangen.

5.

Als Theaterschaffende steckt man natürlich voll drin im grenzenlosen Kapitalismus und den Entscheidungen des Marktes, im unternehmerischen Selbst, in den Widersprüchen, der Selbstausbeutung, der Landnahme. Der Kapitalismus bedient sich unserer kreativen Techniken, vereinnahmt künstlerische Verfahren und treibt uns immer schneller zu ständigem Output an: Legitimationen für ausgegebene Steuergelder lassen die Theater immer mehr mit immer weniger Geld produzieren. Auch die Theater müssen sich im allumfassenden Kapitalismus über gespielte Vorstellungen pro Spielzeit und Auslastungszahlen rechtfertigen. Danach werden sie bemessen. Aber irgendwie scheint sich dies zunehmend zu verselbstständigen. Jetzt, wo sie gerade stillstehen, ist es fast noch deutlicher zu sehen: Auf einmal streamen alle und produzieren, produzieren, produzieren. Bloß nicht in die Gefahr geraten, dass man überflüssig sein könnte. Das will niemand von uns sein. Wenn schon nicht systemrelevant (für ein System, dass wir eh nicht lieben), dann wenigstens produktiv, oder?

Aber es geht noch weiter. Was früher mal künstlerisch-emanzipatorische Arbeit war, selbstbestimmt, entgrenzt, ständig verfügbar, empowert, sich ganz einbringend mit Haut und Haar und allem, was man ist, ist längst auf alle übertragen worden. Jede:r von uns soll nun alles einbringen in die Arbeit. Seine/Ihre ganze personality.

Die Vereinnahmung dieser künstlerischen Arbeitsstrategien macht es auch für Theaterschaffende immer schwerer, diese Mechanismen nicht nur zu reproduzieren und im schlimmsten Fall sogar dem Publikum hinterherzuhecheln, sondern darüber hinaus etwas über diese Mechanismen auszusagen, sie selbst zum Thema zu machen: Die Strategien der Aneignung und gesellschaftliche Entwicklungen transparent werden zu lassen und zu hinterfragen. Das ist ein ständiges (künstlerisches) Forschen. Widerstand in all seinen Formen, die Auseinandersetzung mit relevanten Themen, erfordert ständige Wachsamkeit gegenüber den vereinnahmenden Mechanismen des Kapitalismus – umso wichtiger, sie zu kennen.

6.

Wir sind Heidi Klum! – Freiwillige Zurichtungen

Darum, alles zu geben und eine personality zu sein, geht es auch bei Heidi Klums Germany's next Topmodel und ihren freiwilligen Zurichtungen. Auch hier müssen die Mädchen »mehr« sein als nur Model. Sie brauchen das große Repertoire.

> »Vor allen Dingen zeigt dieser Walk eben gerade dem Publikum hier und den Anwesenden, dass Model sein nicht einfach nur 'ne Pose ist. Das ist wirklich wesentlich mehr. Das ist vom modernen Theaterstück bis zum Ballett, bis zum ja, bis zum stummen Geschichten erzählen eine ganze, ein großes Repertoire. Und ich finde diese, das Education-Camp hat sich wirklich gelohnt für alle.«

Die Idee für das Projekt entstand, anders als bei der Finanzkrisenoper, gemeinsam. Sighard entwickelte die Folie der neoliberalen Erziehungsanstalt – die Freiwilligkeit der Kandidatinnen gepaart mit den alten Erziehungsmethoden der schwarzen Pädagogik (Achtung Widerspruch!). Auf dieser Grundlage wählten wir mit unserem Team paradigmatische Situationen und Szenen aus, systematisierten sie und entwickelten aus dieser Konzeption eine Übersetzung auf die Bühne. Aus

Transkriptionen der zehnten Staffel haben wir eine szenische Lesung entwickelt, in der Sprecher:innenpositionen wechseln und die jeder Inszenierung der Show beraubt, alles auf die Sprache herunterbricht. Das ist so hart wie oft auch banal. In dem Projekt ging es uns darum zu zeigen, wie die Strategien der Selbstoptimierung, der Wettbewerb, das unternehmerische Selbst uns alle betreffen. Nicht nur die Kandidatinnen (junge Frauen, die Models werden wollen). Für die Aufführungen in Graz haben wir den Abend noch um eine Lounge erweitert, in der das Publikum in einer scheinbaren Wohlfühlwelt mit Jazzmusik, Komplimenten, Sekt und Pralinen empfangen wird, die aber von Regeln beherrscht wird, die auf sie willkürlich wirken müssen. Das hat es für das Publikum noch schwerer gemacht, sich von den Kandidatinnen zu distanzieren, da sie sich selbst vorab ertappen konnten, Dinge zu tun, bei denen sie nicht sicher waren, ob sie diese tun wollten. Für diese Vorstellungen, bei denen Sighard nicht anwesend sein konnte, schickte er uns eine Videobotschaft fürs Publikum, die unsere Kooperation und die Verbindung von soziologischen Methoden und künstlerischen Strategien beschreibt. Er war also anwesend und abwesend zugleich.

7.

Unsere »unternehmerischen Selbsts« sind in unserer Kooperation immer wieder an Grenzen gestoßen. Nicht nur an die unserer Terminkalender. Fehlendes Verständnis der anderen Seite, der Arbeitsschritte, die in Wissenschaft und Theater doch sehr unterschiedlich sein können. Austausch über Disziplinen hinaus heißt eben auch, unterschiedliche Vorgehensweisen und Arbeitsweisen zu akzeptieren. Das hat meinen Blick für den Unterschied in wissenschaftlicher und künstlerischer Forschung geschärft. Und: Es ist dann gut gegangen, wenn wir dem anderen vertraut haben in seinem Feld. Weil wir trotz Entgrenzung eben nicht alles sind. Sonst würden wir den Anderen ja nicht brauchen! Erst einige Wochen nach unseren Vorstellungen in Graz habe ich Sighards Vortrag über die Emotionalisierung von Wirtschaft, Arbeit und Organisation an der Universität Wien gehört und mir gedacht, unsere Arbeit *Kein Foto!* zum Thema Topmodels als neoliberale Erziehungsanstalt und dieser Vortrag über die Emotionalisierung gehören einmal zusammen gezeigt. Weil beide auf ihre eigene Art veranschaulichen, wie Emotionen vom Kapitalismus instrumentalisiert werden und wir uns scheinbar freiwillig dieser Instrumentalisierung hingeben. Wie Empowerment von einer Ermächtigungsstrategie zu einer Verkaufsstrategie wird. Sie würden sich wunderbar ergänzen, wie zwei Puzzlestücke zur Gegenwart, die miteinander das Bild größer machen. Und darum geht es ja auch irgendwie: In der Zusammenarbeit etwas größer machen, als man es alleine könnte. Das steht noch aus – gemeinsam sichtbar nebeneinanderstellen, woran wir arbeiten, und dabei auch am selben Ort sein.

8.

Die Perspektive verändern, nicht nur im eigenen Saft schmoren. Nicht im Elfenbeinturm versauern. Den Blick weiten und eng stellen, Fragen stellen. Nicht im Diskurs der eigenen Disziplin versinken und ihn trotzdem mitgestalten! Begegnungen. Keine Angst vor Populärkultur. Humor. Haltung. Affinität zu Wasser, Wein und gutem Essen. Niedersachsen. Viel unterwegs sein. Wien- und Hamburgliebe. Loyalität. Das sind wohl einige der Dinge, die uns verbinden. Neben den Themen, mit denen wir uns beschäftigen. Die Grenze zwischen Arbeit und Persönlichem ist da eher fließend. Die Beschäftigung mit Gegenwart birgt auch immer die Gefahr, von ihr überholt zu werden. Etwas, was wir jetzt gerade besonders schmerzlich erleben. Das Stück *Der öffentliche Raum* konnte nur sieben Mal gespielt werden, statt der geplanten 21 Vorstellungen. Shut Down. Bei der Besprechung der Probe hatte Sighard immer wieder gefragt, warum das Interface wie ein Virus aussieht. Das Experiment: was sich das Publikum vorstellt, was auf der anderen Seite passiert, die Publikumsbeschreibungen, hatte gerade erst begonnen. Und jetzt sitze ich hier in Wien und schreibe einen Beitrag, der 2021, in über einem Jahr, erscheinen soll, dann werden wir uns etwas mehr als zehn Jahre kennen, aber ich habe keine, nicht die leiseste Ahnung, wie die Gegenwart dann aussehen wird. Und ob es das Theater, wie wir es kennen, dann noch oder wieder geben wird. Das Nachdenken darüber, wie wir Dinge sichtbar machen, wie wir die Gegenwart immer wieder hinterfragen können über ihre Beschreibung hinaus, ist noch lange nicht abgeschlossen. Auch weil die Gegenwart ja schnell mal eine andere ist. Und doch auch immer mit der Vergangenheit zusammenhängt.

9.

Abb. 2: Kein Foto! Szenische Lesung mit Jaschka Lämmert, Anna Morawetz und Lotta Schein, © Rupert Derschmidt.

10.

»Wie machst du das eigentlich als prekäre Künstlerin?«, hat mich Sighard mal ziemlich am Anfang unseres Austausches gefragt und gleich hinzugefügt, »wenn diese Frage nicht zu persönlich ist.«

Eine Antwort, die ich schon länger schuldig bin. Ich arbeite, arbeite, arbeite. Ich glaube an Berufung, aber nicht an Genie. Ich rechne, wie viel ich zum Leben brauche. Das ist mal mehr und mal weniger. Irgendwie komme ich damit ganz gut zurecht, auch wenn ich mich manchmal selbst frage, wie das geht. Ich sage manchmal ja zu Sachen, die ich nicht will. Zum Glück immer seltener. Ich bin ehrgeizig. Ich fliege in der ganzen Welt herum für Gastspiele, zumindest vor Corona, obwohl ich natürlich für einen nachhaltigen Umgang mit dem Planeten bin. Ich frage mich, wie ich internationalen Austausch, die Erfahrung mit körperlicher

Präsenz, Vorstellungen überall auf der Welt zu spielen, mit meinem CO2-Fußabdruck zusammenbekommen kann. Ich habe irgendwie ein Grundvertrauen in meine Arbeit und ich zweifle trotzdem ständig. Ich habe den besten Job der Welt. Ich lasse mich ab und zu von einem gut verdienenden Soziologen zum Mittagessen einladen. Ich glaube an Zusammenarbeit, an das was entsteht oder nur entstehen kann im Austausch mit Menschen. Ich bin stolz auf 13 Jahre künstlerische Selbstständigkeit. Ich betrachte mich als privilegiert, obwohl ich manchmal einen miserablen Stundenlohn habe. Ich kann einfach nicht anders. Und hoffe, dass es mich nicht erwischt, wenn es schiefgeht. Und ja, das ist persönlich.

Lieber Sighard, wird es ein Projekt drei geben? Ich hätte dazu einige Ideen, aber mit kreativen Ideen ist es wie mit den Forschungsprojekten – man muss sie hüten und geheim halten, bis der richtige Moment gekommen ist. Sonst findet man sie nachher irgendwo wieder – vom Kapitalismus gefressen, bevor sie wachsen konnten. Noch dazu ist gerade ein schwieriger Moment für das Theater, und auch wenn wir mittlerweile wieder spielen, tun wir dies mit Abständen und strengen Regulierungen oder im Stream und meist ohne den anschließenden sozialen Austausch, der Theater zu dem macht, was es ist. Ein sozialer Raum. Und dennoch, dass wir spielen können mutet in diesen Zeiten wie ein Geschenk an.

11.

Ich bin keine Wissenschaftlerin, auch wenn ich tatsächlich eine wissenschaftliche Ausbildung habe, mein Metier ist die Bühne. Und ein Text in einer akademischen Festschrift ohne Zitate und Literaturliste, geht das überhaupt? Mit einer Ehrung auf der Bühne hätte ich mich vermutlich leichter getan. Aber wer hätte dann Sighard gespielt? Er selbst kokettiert ja gerne damit, mal bei mir besetzt zu werden. Sighard Neckel spielt Sighard Neckel, dafür müsste er aber noch folgende Entscheidung treffen:

»Wer sich hingegen als Persönlichkeit fühlt, wer danach trachtet, um jeden Preis eine zu werden, bitteschön. Nichts wie ab auf die Laufstege der Mode und Talkshows, stürzt euch kopfüber in die Hochöfen des Ruhms, folgt der Besessenheit und dem Flimmern der Massenmedien und überlasst die dunklen Theater den Personen.« Wie es in dem poetisch-politischen Manifest Raumwerden des Theatermachers Marco Martinelli heißt. Wenn Sighard die richtige Entscheidung trifft (was ich hoffe), würde ich vielleicht sogar singen, vermutlich ein Lied von Tocotronic.

Ich, ich, ich

Andrea Roedig

Autobiografisches Schreiben und Selbstvermarktung

Im Deutschunterricht der Schule haben wir noch gelernt, dass kein Satz mit »Ich« anfangen sollte. Zu groß und breit durfte man sich als Einzelne nicht machen. Heute ist das Ich, von einigen Ausnahmen abgesehen, in vielen Textsorten (die es zum Teil früher gar nicht gab) hoffähig geworden. Blogs und Kolumnen, Kommentare und Romane, Autobiografien und Enthüllungsstories, Instagram und Twitter – all das sagt nicht nur »Ich«, sondern handelt auch vom Persönlichen. Man kann die vielen textuellen Selfies, die zunehmend seit den 1970er Jahren die Welt bevölkern, naserümpfend als Zeichen eines grassierenden Narzissmus verunglimpfen. Mag sein. Ein Zeichen von Demokratisierung sind sie aber auch. »Habe Mut, dich deines eigenen Ich zu bedienen«, möchte man Immanuel Kants Formel umdichten ohne natürlich zu vergessen, dass die Wohltaten der Aufklärung immer auch eine unschöne Kehrseite haben.

Ganz neu ist nichts unter der Sonne und natürlich auch nicht das Ich im Text; der Essay als literarische Form lebt seit Montaigne davon, die Bekenntnisliteratur seit Augustinus – spätestens. Verändert hat sich aber grundlegend, wer »ich« sagen darf und wie oft, und es fällt auf, dass die Zurückhaltung älterer Autoren, die autobiografisch von sich als »der junge Mann«, »der Bub« erzählen, heute altmodisch klingt.[1] Die Literaturwissenschaft konstatiert schon lange einen Boom der Autobiografien und streitet, ob man die so genannte »Autofiktion« als eigenes Genre gelten lassen kann. Serge Doubrovski, der den Begriff »ego-fiction« 1977 einführte und als »Erfindung von wahren Ereignissen und Tatsachen« (»fiction d'évenements et des faits strictement reels«) definierte, sah dieses Verfahren als einen Notbehelf.[2] Während die klassische Autobiografie den prominenten Persönlichkeiten vorbehalten sei, erlaube die Autofiktion auch den unbedeutenden Zeitgenossen, zu einiger Größe emporzuwachsen. »Seit ich mein Leben in Sätze

1 So zu finden etwa in Bodo Kirchhoffs (2018) autobiografischem Roman *Dämmer und Aufruhr*.

2 Zitiert nach Jörg Pottbeckers (2014: 363ff.). Pottbeckers fährt fort: »Nach Doubrovsky entstand seine Autofiktion aus einem Mangel – einem Mangel […] an Berühmtheit.«

umwandele [...] finde ich mich interessant. [...] Mein verfehltes Leben wird ein literarischer Erfolg werden.« (Pottbeckers 2014: 363)

Autofiktion ist also etwas fürs Fußvolk, und wem es gelingt, das eigene Leben auf die richtige Weise auszuschlachten, wie etwa Karl Ove Knausgård mit seinem sechsbändigen Opus Magnum Mein Kampf, der oder die kann ziemlich berühmt damit werden. In diesem stets doppelbödigen Ich-Stil, der nicht immer explizit »ich« sagen muss, sind wunderbare Werke entstanden. Emmanuel Carrère etwa ist ein Meister des Fachs, und nicht zuletzt wird das Genre auch ausgiebig von Autorinnen bespielt: Christine Angot schreibt über Inzest, Catherine Millet über Erfahrungen in Swinger-Clubs, Charlotte Roche über (ihre?) »Feuchtgebiete«, Helene Hegemann über (offenbar nicht nur ihre) Drogenerfahrungen im Szeneclub Berghain. Natascha Wodin schildert ihre Muttersuche, ihr Aufwachsen als Aussiedlerkind und ihre selbstzerstörerische Beziehung zu Wolfgang Hilbig. Arno Geiger beschreibt die Demenzerkrankung seines Vaters, Andreas Maier macht die Schuldverstrickungen seiner Familie zum Thema und seine Frankfurter Poetikvorlesungen heißen schlichtweg Ich. Zu erwähnen wären natürlich auch semisoziologische Autobiografien wie Didier Eribons *Rückkehr nach Reims*, Annie Erneaux' Vergangenheitserkundungen und Édouard Louis' Schilderungen seines schwulen Aufwachsens im proletarischen Milieu; einmal angefangen, findet die Aufzählung autobiografisch inspirierter Erzählungen kein Ende mehr (und ja: auch Peter Weiß in Abschied von den Eltern, 1961, erzählte unvermittelt von sich).

Schriftsteller:innen haben immer schon ihr Leben und das ihrer Nächsten maßlos ausgebeutet – woher sonst soll der Stoff denn auch kommen –, jetzt aber geschieht das unter dem Vorzeichen eines sehr sichtbaren und nackten Ich. Maxim Biller, ein notorischer Enthüller, rief im Jahr 2011 euphorisch eine neue »Ichzeit« der Literatur aus, wobei es ihm weniger um Authentizität ging (die nehmen wir dem Ich ja oft umso weniger ab, je mehr es »ich« sagt), sondern um Intensität. »Warum sollen wir in unseren Büchern auf Balzac machen, statt auf Britney Spears, und zwar auf die, die sich gerade für die ganze Welt eine Verzweiflungsglatze schneiden lässt?«, fragt Biller. Für ihn und viele der Kolleg:innen ist das Fiktionale leergelaufen. »Die Zeit, in der Geschichten als großartige Romane geschrieben werden konnten, ist vorbei«, meint Sheila Heti (2019), die in *Motherhood* lang und breit über ihren nicht ganz vorhandenen Kinderwunsch reflektiert, daher werde Literatur autofiktional und knausgårdisch. Wir brauchen Stoff und nehmen das eigene Leben (s. hierzu und im Folgenden Roedig 2019).

Das Ich ist ein literarischer Trick, denn es setzt eine Story in Gang, und Geschichten liest das Publikum immer lieber als die trocken-verquirlte Passivitis einer Wissenschaftsprosa. Auch für journalistische Texte, für Kolumnen, für Meinungsstücke, manche Reportagen lässt sich das Mittel gut einsetzen. Man muss halt nur ein bisschen was von sich erzählen. Zudem ist das Persönliche ein Authentizitätsmarker. Auch wenn wir wissen, dass »ich« nicht Ich ist, bleibt doch etwas von der Glaubwürdigkeit des »autobiografischen Pakts« (Identität von Autor:in, Erzähler:in, und Protagonist:in; Lejeune (1994)), vor allem in journalistischen Texten. Wenn Harald Martenstein in seiner Zeit-Kolumne beschreibt, dass er sich neulich auf das Coronavirus habe testen lassen, dann ist das vermutlich auch so. Aus unerfindlichen Gründen liegt ein Reiz in der Vorstellung, dass das Erzählte »wirklich« passiert ist, und so befriedigt das Ich im Text für die Rezipient:innen ein banales voyeuristisches, aber auch ein identifikatorisches Interesse. Fassungslos mag man die Klickraten mancher Youtuber:innen verfolgen.

Der Journalist Daniel Schreiber, der ein gutes Buch über seine Alkoholsucht geschrieben hat, glaubt, dass die Ich-Texte einen begrüßenswerten Paradigmenwechsel anzeigen, das Ende der großen autoritären Erzählungen, aber auch der falsch verstandenen Objektivitätsansprüche. Gute Ich-Texte ließen die Leser:innen teilhaben an Erfahrungen der Autor:innen, meint Schreiber (2019): »Ich glaube, dass solche Texte uns dabei helfen können, unseren Weg im Leben zu finden.« Der therapeutische, ja heilende Wert dieser boomenden autobiografischen Erzählungen liegt auf der Hand und auch die Vermutung, dass sie zum Teil den Verlust kollektiver Narrative kompensieren wollen (s. z. B. Henrik Kaare Nielsen 2009). Klar ist aber auch: Auf dem Markt für Erlebnisgeschichten wird das Ich zum kapitalisierbaren Pfund, und erstaunlich selten wird gefragt, wie sich die professionelle »Selbst«-Ausbeutung auf das Leben der Autor:innen auswirkt. Natürlich lassen sich nicht alle Textsorten und ihre Weisen, »ich« zu sagen, über einen Kamm scheren. Für das journalistische Schreiben aber frage ich mich: Was tun wir eigentlich, wenn wir in Blogs, Kolumnen, Kommentaren über unsere Schwangerschaften, das Muttersein, unser Verhältnis zu Geld oder das zu den Eltern, unsere sexuellen Vorlieben sprechen – also richtiggehend autobiografisch werden, um eine Meinung zu begründen, eine These zu entwickeln? Und wie weit gehen wir dabei? Es macht ja einen Unterschied, ob ich ein beliebiges Thema nur durch den persönlichen Blick filtere oder mich selbst zum Gegenstand eines Textes mache. Niemand wird Autor:in, der:die nicht ein bisschen geschmeichelt ist, den eigenen Namen gedruckt zu sehen. Gleichzeitig geht diese Sichtbarkeit mit einer gewissen Scham, zumindest einer Beschämbarkeit einher. Solange »gedruckt« sich auf Printmedien bezog, war die Rückkopplung jedoch nicht direkt, sondern abgefedert durch eine Manuskript-Buch Schranke. Digital geht alles ganz schnell, das Internet ist Unmittelbarkeit pur, es macht die Texte sichtbarer, haltbarer, auffindbarer und gleichzeitig flüchtiger. Produktions- und Rezeptionsmittel sind identisch, der eigene Schreibtisch und die Welt da draußen ein Gerät. Eigentlich müsste das Ich sich jetzt besonders schützen, aber stattdessen, im wilden Spiel des Zeitdrucks und der Konkurrenz, macht es sich immer weiter auf.

Stets auf der Kippe zur Belanglosigkeit des bloß Privaten – wen soll das interessieren? –, gibt der persönliche Einsatz, das intime Detail, dem Text oft erst die Tiefe. Im angeblich typisch Weiblichen des Ich, das immer als »zu subjektiv« betrachtet wurde, liegt der Sprengstoff jener Geschichten, die nur politisch werden können, wenn sie öffentlich sind. #MeToo ist da das beste Beispiel.

Gibt es einen Burnoutschutz fürs arme Ich? Mir scheint, dass wir soloselbständigen Schreiberlinge zu viel hergeben und zu wenig sagen können, gerade weil wir vom Ich sprechen. Text muss her, und in gewissem Sinn ist es einfach, über sich zu schreiben, wenn auch nicht unbedingt leicht. Der Stoff jedenfalls ist da, er bedarf kaum der Recherche, wer über sich schreibt, muss noch nicht mal googeln.

Die Tätigkeit des Romanschreibens gleiche einer archäologischen Ausgrabung, schreibt Stephen King in *On writing*. Entgegen der landläufigen Auffassung erfinde der:die Autor:in nichts Neues, nein, »stories are found things like fossils in the ground.« Die Kunst bestehe lediglich darin, Werkzeuge einzusetzen und so viele Geschichten wie möglich auszubuddeln. Ein anderes, noch romantischeres Bild für schriftstellerische Kreativität verwendet Elizabeth Gilbert in *The big magic*: Ideen seien wie Geister, die milliardenfach durchs Universum fliegen und sich auf dem einen oder anderen Menschen niederlassen in der Hoffnung auf Verwirklichung; wenn sie nicht ergriffen werden, erheben sie sich wieder in die Lüfte und suchen einen anderen Ort.

Wir alle kennen die schönen Momente einer Inspiration, in denen es sich anfühlt, als flöge uns etwas zu, als fänden wir einen Schatz, etwas jedenfalls, das von außen an uns herantritt und eine Fülle eröffnet, aus der sich schöpfen lässt. Für mich als Textarbeiterin zwischen Journalismus, Essayistik und Versuchsprosa drängt sich für die meiste Zeit allerdings ein ganz anderes Bild des Schreibens auf: Ich arbeite untertage, im Bergwerk des eigenen Ich. Von dort hole ich Geschichten und Gedanken hervor, beständig wuchte ich die Steine nach oben und hoffe, dass keiner der Stollen bricht. Es gibt viele Arten des Schreibens, manche nähren, manche entleeren. Aber immer gibt man ein Stück von sich weg. Die Biografie, denke ich, ist ein nur begrenzt nachwachsender Rohstoff. Wann beginnt der Raubbau? »Don't make creativity pay your bills«, rät Elizabeth Gilbert. Wenn das so einfach wäre.

Literatur

Biller, Maxim (2011): »Ichzeit«, in: *Frankfurter Allgmeine Zeitung*, 02.10.2011, letzter Zugriff: 16.11.2020, https://www.faz.net/aktuell/feuilleton/buecher/autoren/unsere-literarische-epoche-ichzeit-11447220.

Heti, Sheila (2019): »Das Gefühl, keine Mutter sein zu wollen«, Sheila Heti im Interview mit Anne Backhaus, in: *Süddeutsche Zeitung*, 15.02.2019, letzter Zugriff: 16.11.2020, https://www.sueddeutsche.de/kultur/sheila-heti-mutterschaft-kinderwunsch-1.4332231?reduced=true.

Kirchhoff, Bodo (2018): *Dämmer und Aufruhr*. Frankfurt a. M.: Frankfurter Verlagsanstalt.

Lejeune, Philippe (1994): *Der autobiographische Pakt*. Frankfurt a. M.: Suhrkamp.

Nielsen, Henrik Kaare (2009): »Identitätsarbeit und Erzählung«, in: Michael Grote/Beatrice Sandberg (Hg.), *Entwicklungen, Kontexte, Grenzgänge. Autobiographisches Schreiben in der deutschsprachigen Gegenwartsliteratur*. München: Iudicium Verlag, S. 257–271.

Pottbeckers, Jörg (2014): »Interview und Autofiktion bei Morgner, Frisch und Bachmann«, in: Thorsten Hoffmann/Gerhard Kaiser (Hg.), *Echt inszeniert. Interviews in Literatur und Literaturbetrieb*. Paderborn: Wilhelm Fink, S. 361–378.

Roedig, Andrea (2019): »Wir brauchen Stoff und nehmen das eigene Leben«, in: *Zeitonline*, 30.07.2019, letzter Zugriff: 26.02.2021, https://www.zeit.de/kultur/2019-07/ich-texte-erzaehlperspektive-kolumnen-subjektivitaet-literatur.

Schreiber, Daniel (2019): »Ich will Ich«, in: *Die Zeit*, 19.10.2019, letzter Zugriff: 16.11.2020, https://www.zeit.de/kultur/literatur/2019-10/erzaehlperspektive-ich-schriftsteller-literatur-demokratie-glaubwuerdigkeit.

Die Soziologie auf dem Berg

Kathrin Röggla

Mit 700 Soziologen (m/w/d) auf einen Berg – geht das überhaupt? Nein, mit 350 sind wir hinauf zur Hütte gefahren, die anderen 350 sind unten im Tal geblieben. Mit den Bergsoziologen konnte ich mir ansehen, wie sich die Welt verändert hat. Der Habitus der Soziologiebetreibenden war schon mal ein anderer gewesen, stellte ich mir da oben vor, freilich je nach Generation, Geschlecht und Herkunft auch hier verschieden. Und doch, überlegte ich, die Frisuren waren plötzlich anders, das Auftreten, die Kleidung, und nicht zuletzt die Themenwahl, über die mir das Konferenzprogramm Aufschluss gab. Der Themenzugang. Aber vermutlich hat sich auch die Art und Weise wie sie in ICEs sitzen geändert, in Zugabteilen – das Entscheidungsverhalten »rückwärtsfahren« oder »vorwärtsfahren« wird sich verschoben haben, es ist nicht unbedingt als aussagekräftig für Studieninhalte zu bezeichnen, aber auch hier bin ich mir sicher, es lässt sich heute anders beschreiben. Auch welche Verkehrsmittel sie zur Anreise benutzt haben, könnte man fragen, welche Speisen sie auf diesen Reisen üblicherweise essen, welche Getränke in den Zügen und Autos, den Flugzeugen und zu Fuß, diese Informationen könnten Aufschluss geben und es ließe sie mit Sicherheit in jene einteilen und in die anderen – das hängt nur am jeweiligen Forschungsinteresse. Meines stand zu jenem Zeitpunkt am Berg noch nicht fest, dann muss es sich irgendwie verloren haben, wurde zu oft unterbrochen von anderen Fragen – aber die Beobachtungen lassen sich heute dennoch wie folgt auf den Punkt bringen: Das Eigenwillige, der sogenannte »subjektive Faktor« schwindet, wird unsichtbarer, die Ehrgeiznummern tauchen auf. »Mit 700 aus der Kollegenschaft muss man aber auch demütig werden«, überlegte ich, vor allem im Innsbrucker Tal, vor der Nordkette, an der Nordkette entlang, auf der Nordkette drauf, wo wir uns einfanden zu einem Soziologentag, oder war es schon ein Soziolog:innentag mit kleinem literarischem Anhang. Einer zumindest hat die gute Laune behalten, daran erinnere ich mich genau. Wir kannten uns bereits, waren schon im Gespräch, wie es so schön heißt und so konnte ich ihn fragen, ob das so üblich ist, diese Art der Megakonferenz, der *convention*, die mir in so einem Ausmaß in der Literaturwissenschaft nur aus den USA bekannt ist. Ich kenne mich nicht aus, habe ich ihm also gesagt, ich habe mir die Soziologie als Gruppenerscheinung anders vorgestellt. Wie, konnte ich auch nicht erläutern, eben einzelner. Und nirgendwo anders, schob ich nach, sind die Unterschiede in den Generationen krasser. Nirgendwo sonst zeigt sich der Wandel einer Wissenschaft deutlicher, behauptete ich, was natürlich Unsinn ist, aber vielleicht sind die Mathematikerinnen vom Phänotyp stabiler als der Soziologe, der Betriebswirt sich ähnlicher geblieben in den letzten vierzig Jahren als die Soziologin – wobei die genderspezifische Unterscheidung in den letzten vierzig Jahren vermutlich hier wie da einen enormen Unterschied macht.

Soziologiebetreibende haben jetzt andere Stellen, war zu eruieren, d. h. die Stellen kommen nicht mehr einfach so, sie sind jetzt genauso prekär wie die Kunstschaffenden, sie sind so prekär wie das Dienstleistungsprekariat, das sie eben noch beschrieben haben, wenn auch nicht denselben Härten unterworfen. Sie haben sich also ihrem Gegenstand angenähert, ganz im Gegenteil zu den Schriftsteller:innen, naja, den meisten, die wie die Soziolog:innen prekär leben, den merkwürdigsten Individualisierungen unterworfen, aber dennoch immer wieder hartnäckig Familienerzählungen und Entwicklungsgeschichten liefern, mit scheinbar viel Zukunft oder Vergangenheit, mit scheinbar viel Tradition, aber das zu sagen war hier nicht der Plan. Der Plan war – unterbreche ich an dieser Stelle mein berufsübliches Selbstgespräch für einen Moment, um Atem zu holen –, der Plan war, zu sagen, dass auch Soziologiebetreibende einfach keine Zukunft mehr haben wie der Rest der Welt. Sie sind nicht mehr selbstverständlich, umso merkwürdiger, dass sie diesen kritischen Habitus weitgehend abgelegt haben – kritischen Habitus? Mit was für Begriffen bist du unterwegs? – bitte? – Na, bye bye kritische Theorie, welcome Luhmann – das ist doch lange her, das waren doch die 90er – und jetzt dreht sich doch nochmal alles, führe ich jetzt, weit weg vom Berg mit den 700, nein 350 Soziologinnen, mein Selbstgespräch fort: »Vielleicht ist es auch gut so. Schluss mit den großen Egomanen, den Künstlertypen auf Professorenebene! Im sogenannten akademischen Mittelstand gab es die ohnehin eher weniger, und auf Hilfswissenschaftler:innen-Ebene? Wer fragt schon danach?« Aber 700 Soziolog:innen lassen sich eben doch nicht über einen Kamm scheren, das macht nur die Soziolog:innenversammlung, der eine Jahrestreff, wo man immer auf den anderen Jahrestreff hingewiesen wird, den mit den 3500 Teilnehmenden und auf einen dritten, über den ich nichts mehr in Erinnerung habe, und schon gar nicht in Bezug auf Teilnehmerzahlen. »Das ist ja noch gar nichts hier«, hat mir mein Gesprächspartner jedenfalls mehrfach gesagt, »komm mal da oder dort hin. Da gibt es wirklich Zahlen.« Schlagkräftige sozusagen, den dreistelligen Bereich verlassende. Klar ist, ich hatte es nur zur zweitstärksten deutschsprachigen Soziologentagung geschafft, oder gar drittstärksten, und ich hatte mich auf den Berg begeben und bin nicht im Tal geblieben wie die anderen 350, die sich unten in eine Wirtsstube, ein Wirtshaus, eine Aula am Wirtshaus begeben hatten.

»Was hat die einen dazu gebracht, unten zu bleiben und die anderen, hier heraufzufahren?«, überlegte ich schon weiter. Arbeitet man hier auf 1700, nein, 1800, oder gar 1900 Meter den Märkten eher zu als da unten? Wird man hier eher die Begehrlichkeiten der Märkte, die Messbarkeit der Stromlinienförmigkeit erproben können? Befindet man sich hier oben eher auf der Suche nach Erfolgskulturen und deren Krisen, die von hier oben leichter zu überblicken sein könnten? Nein, aber nein! Trifft sich hier oben der krisenanfälligere Teil der Wissenschaft? Und ich? Wieso habe ich mich entschieden, hier heraufzufahren? Mehr Wagemut? Der Blick von oben nach unten besser als von unten nach oben? Hier oben treten mir jedenfalls keine (bereits größtenteils abgeschafften, aber doch persistierenden) Beamtenseelen entgegen, die erlöst werden wollen. Sind hier die, die sich den Blick auf die Literatur eher leisten wollen, also auf die literarische Literatur, die sich ihr eher zuwenden als die da unten? (Die, by the way, ebenfalls den Märkten immer irgendwie auch zuarbeitet, nur manchmal auf sehr interessanten, um nicht zu sagen gegenläufigen Umwegen) – Noch immer im Selbstgespräch? – Ja, das mache ich ganz gerne, das ist wie gesagt meine engere Arbeitsplatzbeschreibung als Schriftstellerin, im Grunde beinahe genullte Umwelt und ganz viel Innenwelt, die sich wiederum bestenfalls an ganz viel Erfahrungen und Lektüren von außen bindet. Und in meinem Fall auch Gespräche, Interviews, teilnehmende Beobachtung, Gruppenbefragung, Reihenbefragung, all diese hübschen Dinge aus der Soziologie, die ich mir einfach klaue und etwas schlampiger, nachlässiger, überfliegender, dafür unökonomischer, mäandernder anwende. Kein Ergebnis, das einer Überprüfbarkeit oder einer methodischen Beweisführung standhalten muss. Meine Methoden wären auch eher Übersetzung, Überspitzung, Übertragung (die drei Üs), Kontrastierung, Nachahmung, Dekontextualisierung, Rahmendurchbruch, Größenverschiebung, (Verkleinerung, Vergrößerung), d.h. also auch Redimensionierung, Übertreibung – ach, hier wiederhole ich mich – Wiederholung! Aber nicht die garstige, nein, die ungarstige, rhythmische bzw. musikalische, litaneibezogene, also semi-religiöse. Religiös minus Religion, wenn Sie verstehen, was ich meine, führte ich den inszenierten Außendialog fort, den ich mittlerweile auf der Terrasse der Bergstation führte. Man könnte trotzdem sagen, die Methoden der Soziologie sind mitunter Ähnliche wie die in der Literatur, nur die Akribie fehlt. Also mir fehlt die Akribie, und zwar eine, die sich mit Ökonomie noch verbinden lässt (Input-Output, das muss im Verhältnis sein), bei mir und meiner Kollegenschaft herrscht der übertriebene Gestus vor, das Insistieren und auf der Stelle treten da, die Übersprungsgeste dort. Überholmanöver. Besessenheit, Felder zu erobern. Die Juristerei beispielsweise, also die Strafrechtler, die Landesgerichtsrichter und Oberlandesgerichtsfuzzis, die ich vor dem Pandemiegeschehen betrachtet habe, und jetzt nicht mehr betrachten kann, weil das online noch schwieriger ist als offline. Die Staatsschutzprozessinvolvierten. Dass ich nicht lache! Wie machen die Soziologen das im Shutdown? Rückzug auf Online-Befragung, Messinstrumente, Datenlage aus zuarbeitenden Instituten? Klar war auch schon vor dem Homeoffice, nur die Schriftstellerin erobert noch Felder, Soziologinnen machen das anders. Wobei, da gibt es die einen und die anderen und die dritten und vierten, höre ich. Die, die es mit Pierre Bourdieu halten und gegen ihn sind, die, die mit Heinz Bude unterwegs sind, oder die mit Saskia Sassen unterwegs sind, die Stadtsoziologinnen (tatsächlich oft weiblich) und Katastrophensoziologen, die sich gerne mit vielen Feldern verbinden und die, die Richard Sennett viel zu literarisch finden, zu oberflächlich. Und dann gibt es die, die Allianzen bilden, Institute erweitern, in verschiedenste Richtungen unterwegs sind, auch in meine. Ist mein Gesprächspartner so jemand?

Ich stelle fest, hier am Berg wird im Grunde alles, was die sogenannte Feuilletonöffentlichkeit liest, von vielen als zu oberflächlich betrachtet, Reckwitz, Rosa, als zu unsoziologisch in einem mir nicht näher eruierbaren, strengeren Sinn, unempirisch, mit schlechten Datenlagen versehen, also fälschlich als Soziologie bezeichnet. Und über Gouvernementalität redete an diesem Abend mit mir keiner, da bin ich mir sicher – Biopolitik. Irgendwas mit Foucault hatte hier nichts zu suchen. Aber geredet hat mit mir sowieso nur die Spitze des Eisbergs, sage ich mir, keine Ahnung, warum mir diese Metapher kommt, vermutlich war ich da oben am Berg doch etwas verfroren. Schnee gab es, soviel ist mir sicher. Aber warum sich damit aufhalten?

Und dann schweigt mein innerer Gesprächspartner wieder einen Moment, um einen neuen Anlauf zu nehmen. Es ist doch sonnenklar, warum ich der Einladung gefolgt bin. Eine gewisse Faszination kann ich doch nicht leugnen. Warum suchen literarisch schreibende Personen soziologischen Rat? Orientierung, Überblick, Lenkungen des Blicks, Außenperspektive, Zusatzperspektive, Begriffsinventar. Die richtigen Fragen, d. h. einige richtige Fragen, d. h. Infragestellung im richtigen Moment. Also nach den Banden, Verbindungen – ohne den Gesellschaftsbegriff kommt schließlich keine Literatur aus, so rein psychologisch oder kategorisch sie sich geben mag. Die Frage nach dem, was uns zusammenhält, sitzt in der Literatur wie in der Soziologie, gemeinsame Opposition zu jenem berühmt gewordenen Satz von Margaret Thatcher: »And, you know, there's no such thing as society. There are individual men and women and there are families.«[1] Jener Satz, der sich als Sprechakt selbst immer weiter widerspricht, eine Behauptung über eine Gesellschaft, die gleichzeitig in ihrer Existenz negiert wird. Aber: Verblüffender ist doch vielmehr die Erkundigung, warum mir umgekehrt die eine und andere soziologische Fachkraft überhaupt zugehört hat? Was kann sie der Literatur abgewinnen, warum sollen Soziologinnen Literatinnen konsultieren, was ist das für ein Ungenauigkeitsgewinn, der daraus entstehen kann. Beladung mit Kontexten? Aufladung des eigenen Blicks? Engagementzuwachs? Ja, worin be-

1 https://www.theguardian.com/politics/2013/apr/08/margaret-thatcher-quotes, letzter Zugriff: 06.01.2021.

stehen unsere Parallelläufe? Gibt es die überhaupt? Ist es fruchtbar, das soziologisch-literarische Gespräch?

Auch der innere Gesprächspartner gibt manchmal nach, und so treffen wir nach mehreren Nein-Antworten hier ganz plötzlich auf eine Ja-Antwort, und die betrifft das Krisengeschäft. Wir sind im Krisengeschäft. Wo eine Krise, da ein soziologisches Wesen, und gleich daneben, ein Schritt ist es nur, ein literarisches. Der Perspektivwechsel und der vielfältig gebrochene, nein, aufgesplitterte Blick hat dabei zugenommen. Das Beschreibungsvorhaben trifft auf eine auf vielfältigen Ebenen existierende Realität. Digital, medial, empirisch, systemisch. Ja, schuld ist eben nicht nur der vermeintlich soziologisch-literarische Verbindungsbegriff »Narrativ«, der seit zwanzig Jahren zunehmend alle möglichen medialen Diskurse bestimmt, bzw. ist auch nicht nur die Diskurstheorie an allen Orten unterwegs und schlägt sowohl in der Soziologie als auch in der Literatur die gleichen langfädigen Wurzeln, und das schon seit langem – und nein, ich stelle hier auch keine These auf über Welterzählungsmodi und Praktiken der Betrachtung, Realismusforschung, ich stelle hier überhaupt keine Theorien in den Raum – es ist eher ein Freundschaftsangebot, das sich über Wortungetüme und geheime Mitteilungen, subkutane Botschaften, Seitenblicke und Interessensgemeinschaften mitteilt – und es gibt sie sehr wohl, die gemeinsamen Interessen an einer Erkenntnis, die gemeinsamen Gegenstände, die Involviertheit, auch wenn krass unterschiedliche Ergebnisse herauskommen müssen, die dennoch korrespondieren. Und so höre ich und lese ja auch, was herausgefunden wurde über Regression, Prekarität, Abstiegsängste und Rückwärtsgang, über Sozialfiguren und den Arbeitskraftunternehmer (dieses unselige Wort), über Erwartungshorizonte und ja, den Verlust der Intimität und auch der Öffentlichkeit. Auch über den soziologischen Blick auf das Anthropozän, wie sinnvoll es überhaupt ist, von diesem Standpunkt aus über globale, nein planetarische Kategorien nachzudenken. Zukünfte der Nachhaltigkeit – vielleicht. Immerhin organisiert sich von dort aus ein interdisziplinäres Gespräch, und das ist notwendiger denn je zuvor. Der Blick dorthin, wo sich etwas manifestiert, das sich dem Raubtierkapitalismus (welch unsoziologisches und unpassend zoologisches Wort) entgegenstellt, bzw. der systemischen Zerstörung unserer Lebensgrundlagen, muss vielfältig organisiert werden. Wie kann man entgegentretende Haltungen, Praktiken und Systeme beschreiben? Und bin ich wirklich auf dieser Spur? Wie viel Selbstbefragung, auch institutionelle ist hierfür notwendig? Auf jenem Berg mit dem halbierten Soziologinnentreff der 700 war ich sicher noch woanders, da waren wir noch ganz bei einer bestimmten herrschenden Lesart von Ökonomie, aber jetzt sind wir schon weitergewandert, auf anderen Bergen und in anderen Tälern unterwegs, begriffliche Trennschärfen suchend und Soziallagen beschreibend, schreibe ich, mir plötzlich gewahr werdend, dass diese Metapher derzeit etwas grausam ist.

In Coronazeiten nimmt bekanntlich alles eine andere Farbe an, die Ausrufung einer Zeitenwende mitten in der Klimakrise bedeutet jede Menge Arbeit für die Soziologie, die schon, etwas voreilig und eindimensional als Krisengewinnerin bezeichnet wird. Ist es eine Zeitenwende? Sie äußert sich derzeit zumindest in einer Fülle digitaler Werkzeuge. Zwischen Moodles und Doodles und Googles leben wir im Micorosoft Blues und verzetteln uns im Zoomen. Gesicht an Gesicht. Kästchen an Kästchen. Wir sind so ganz runter vom Berg. Und es ist Zeit zu telefonieren.

OEK
ONO
M!E

Der moderne Kapitalismus – ein legitimes Kind des liberalen Gesellschaftsvertrages?[1]

Christoph Deutschmann

Neckels Krisendiagnose

Zweifel an seiner »Legitimität« und sogar an seiner Überlebensfähigkeit haben den modernen Kapitalismus über fast seine gesamte Geschichte hinweg begleitet. Die Erzählung vom »Ende des Kapitalismus« sei eine »never ending story« – so brachte es der Historiker Friedrich Lenger (2018) auf den Punkt. Für die Anhänger der Marx'schen Theorie war es ohnehin nur die Frage, wann und wie der Kapitalismus untergehen werde; »dass« er untergehen werde, schien wissenschaftlich unumstößlich bewiesen. Den vielleicht ambitioniertesten Nachweis dieser Art hatte der Ökonom Henryk Grossmann im Jahr 1929 – er war damals wissenschaftlicher Mitarbeiter am Institut für Sozialforschung in Frankfurt – mit seinem dickleibigen Werk über das Akkumulations- und Zusammenbruchsgesetz des kapitalistischen Systems zu führen versucht (Grossmann 1970 [1929]). Aber auch Joseph Schumpeter (1993 [1950]: 105) äußerte sich – in den ersten Jahren des Zweiten Weltkrieges – bekanntlich skeptisch über die Zukunftschancen des Kapitalismus. In der Nachkriegszeit genügte schon die aus heutiger Sicht »harmlose« Rezession von 1966/67, in Verbindung mit studentischen Protesten, um Jürgen Habermas (1973) zum Nachdenken über Legitimationsprobleme im Spätkapitalismus zu bringen. Erst recht lebten die Kritik am Kapitalismus und Prognosen seines Untergangs nach der Finanzkrise von 2007–2009 wieder auf (z.B. Streeck 2016). Auch die Arbeiten von Sighard Neckel (2008) konzentrieren sich auf die Unfähigkeit des heutigen Kapitalismus, seinen eigenen Legitimitätsmaßstäben gerecht zu werden. An die Stelle der proklamierten unternehmerischen Leistungskultur sei eine Kultur des bloßen Erfolges getreten, die die immer krasseren Unterschiede in der sozialen Verteilung von Einkommen und Vermögen aus ihrer bloßen Faktizität rechtfertige.

Nicht erst heute, sondern schon in der Vergangenheit war die Entwicklung des Kapitalismus immer wieder durch schwere Krisen geprägt. Gerade vor diesem Hintergrund stellt sich die Frage, warum die im Zuge dieser Krisen immer wie-

1 Für hilfreiche Kommentare danke ich Jens Beckert.

der auflebende Systemkritik so auffallend wirkungslos geblieben ist. Das aus heutiger Sicht evidente Versagen der staatlichen Wirtschaftspolitik keynesianischer wie neoliberaler Couleur bei der Bekämpfung der Massenarbeitslosigkeit in vielen entwickelten Industrieländern hat zwar politische und intellektuelle Kritik in breitem Umfang hervorgerufen, nicht anders als der Absturz der Finanzmärkte in den Jahren 2007–2009; man denke etwa an die Occupy-Bewegung der frühen 2010er Jahre. Aber nirgendwo haben diese Kritik und die durch sie ausgelösten Proteste auch nur entfernt Dimensionen angenommen, die das kapitalistische System als Ganzes hätten gefährden können. Das Postulat, dass eine soziale und politische Ordnung auf Legitimität angewiesen ist, um die Folgebereitschaft ihrer Mitglieder zu begründen, gilt seit Max Weber (1972 [1921]: 516) als Gemeinplatz in den Sozialwissenschaften. Ob und in welchem Sinn dieses Postulat auch für den modernen Kapitalismus gilt, ist offensichtlich alles andere als geklärt. Auch Webers eigener Hinweis auf legale Herrschaft als Quelle der Legitimität des Kapitalismus beantwortet die Frage zumindest aus heutiger Sicht nicht befriedigend. Wenn überhaupt, betrifft er nur die Frage der Legitimität von Organisationen und Unternehmen, nicht die Legitimität transnational entgrenzter Märkte, die für den heutigen Finanzmarkt-Kapitalismus konstitutiv sind (Neckel u. a. 2018). Die in beiden Systemen geltenden Legitimitätsmaßstäbe sind offenbar sehr unterschiedlich, wie auch Neckel feststellt: Während Unternehmen das Leistungsprinzip betonen, legitimiert sich das Handeln an Märkten letztlich durch den bloßen Erfolg:

> »Und ob ein Markterfolg überhaupt auf leistungsbezogener Arbeit beruht oder sich günstigen Gelegenheitsstrukturen, individueller Risikobereitschaft, positiven Zuschreibungen oder schlicht dem Zufall verdankt, hat keinen Einfluss auf die Höhe seiner Honorierung. Der Markt verteilt nicht nach dem Prinzip der Leistungsgerechtigkeit, sondern nach dem günstigsten Angebot und den besten Preisen.« (Neckel 2008: 25)

Der Kapitalismus stellt eine funktional differenzierte soziale Ordnung dar, die kein übergeordnetes System kollektiver Werte kennt. Es bietet sich daher zunächst an, die Indifferenz des Kapitalismus gegen normative Kritik aus der Vielfalt der in den verschiedenen Teilsystemen geltenden Legitimitätsnormen zu erklären. Dabei sind außer Unternehmen und Märkten noch weitere Teilsysteme zu berücksichtigen: Staat, Recht, Wissenschaft, Bildung, Familie. Nicht alle diese Teilsysteme müssen gleich gut funktionieren; das Versagen eines Teilsystems kann vielmehr durch die Leistungen anderer Teilsysteme mindestens teilweise kompensiert werden. So wird ein diktatorisches politisches Regime durch die Bevölkerung vielleicht eher hingenommen, wenn zugleich die Wirtschaft floriert; umgekehrt kann ein hoher Grad demokratischer Partizipation für schlechte Leistungen der Wirtschaft entschädigen. In der Systemtheorie wird der gleiche Sachverhalt mit dem Konzept funktional differenzierter, sich ergänzender »Codes« gesellschaftlicher Subsysteme beschrieben (Luhmann 1998: 743). Ernsthafte Schwierigkeiten wären demnach erst dann zu erwarten, wenn mehrere Teilsysteme gleichzeitig versagen, oder wenn es zu einer latenten oder gar manifesten Dominanz eines einzelnen Teilsystems über das Gesamtsystem kommt, mit der Folge, dass die funktionale Differenzierung der Gesellschaft in Frage gestellt wird. Ein solcher Fall liegt nach Neckel im gegenwärtigen Finanzkapitalismus mit der für ihn charakteristischen Überlagerung nicht nur des Leistungsprinzips, sondern auch anderer gesellschaftlicher Normen durch das marktbestimmte Erfolgsprinzip vor. Auch die Kunstszene, sogar private Emotionen und Intimbeziehungen scheinen immer mehr dem allgegenwärtigen Imperativ des Markterfolges zu gehorchen (Neckel 2008: 119f.). Neckel steht mit seiner Diagnose nicht allein. Schimank und Volkmann (2018) finden ähnliche Überlagerungsphänomene auch in anderen Subsystemen der Gesellschaft, etwa wenn Kliniken sich – offen oder verdeckt – nicht vorbehaltlos der Heilung ihrer Patienten widmen, sondern besonders lukrative Behandlungen bevorzugen, wenn Universitäten zu Maschinen für die Anwerbung von Forschungsgeldern degenerieren, oder wenn die Wahlchancen von Politikern hauptsächlich von den finanziellen Mitteln abhängen, die sie für ihren Wahlkampf mobilisieren können.

Hayek und die liberale Tradition

In diesem Beitrag möchte ich der Frage nach dem Verhältnis der Krisenanalyse Neckels zur liberalen Theorietradition nachgehen. Liberale wie Mises, Popper oder Hayek würden auf die Frage nach der Legitimität des Kapitalismus eine andere Antwort geben als Neckel: Grundlegend für die Legitimität des Kapitalismus sind nicht instrumentelle Kriterien wie Leistung oder Erfolg, sondern sein Charakter als soziale Ordnung, die ein Maximum individueller Freiheiten mit einem Minimum an kollektiven Zwängen verbindet (Hayek 1948). Der moderne Kapitalismus steht in der Tradition des modernen Narrativs der individuellen Freiheit; Hayek beruft sich dabei explizit auf die europäische Aufklärungstradition des 18. Jahrhunderts. Diese habe freilich ganz unterschiedliche Vorstellungen von einer freiheitlichen Ordnung hervorgebracht. In einer polemisch pointierten Gegenüberstellung unterscheidet Hayek zwischen einem »falschen« und einem »wahren« Verständnis individueller Freiheit. Während er die erste Position durch Jean Jacques Rousseau, sowie die französischen Physiokraten und Enzyklopädisten repräsentiert sieht, stehen für die zweite die Namen John Locke, Bernard Mandeville, David Hume, Josiah Tucker, Adam Ferguson und Adam Smith; auch Edmund Burke wird positiv hervorgehoben. Es geht also im Kern um die Gegensätze zwischen dem französischen Republikanismus und dem englisch-schottischen Marktliberalismus. Auf den deutschen Idealismus – Kant, Fichte, Hegel – geht Hayek kaum ein, er würde ihn aber zweifellos eher dem »falschen« Individualismus zurechnen.

Die Unterschiede im Verständnis individueller Freiheit gehen, wie Hayek argumentiert, auf die Differenzen der jeweils zugrundeliegenden Gesellschaftstheorien zurück. Während die französisch-republikanische Schule die Gesellschaft als ein über den Individuen stehendes Gebilde sui generis betrachte, das nach rationalen Prinzipien zu gestalten sei, betont die marktliberale Schule den emergenten, durch keinen bewussten Entwurf zu antizipierenden Charakter gesellschaftlicher Strukturen. Die »falsche« Theorie ist rationalistisch, insofern sie primär auf die rationale Konstruktion gesellschaftlicher Institutionen setzt. Dabei behandelt sie das Individuum als ein soziales Atom, dem nichts anderes bleibt, als sich möglichst reibungslos in das perfekt geplante gesellschaftliche Getriebe einzufügen – eine Auffassung, die, wie Hayek meint, dem modernen Sozialismus und Totalitarismus den Boden bereitet hat. Demgegenüber ist die in der englisch-schottischen Schule entwickelte Auffassung des Individuums, anders, als die gegen sie vorgebrachte Kritik behauptet, weder rationalistisch noch asozial. Sie geht vielmehr von der vor allem durch Adam Smith (1999a [1759]) in seiner *Theory of Moral Sentiments* entwickelten empirischen Moraltheorie aus, die die auf Interaktionsprozesse gestützte Selbstregulierung sozialen Handelns betont und dabei zentrale Erkenntnisse späterer soziologischer Interaktionstheorien vorwegnimmt. Das der liberalen Theorie zugeschriebene Konzept des egoistisch-rationalen »Homo Oeconomicus« ist ein Zerrbild, das die Smith'sche Position verfälscht, wie Hayek betont. Die Menschen beobachten sich gegenseitig, identifizieren sich mit Anderen und leiten daraus rückwirkend Maßstäbe zur Kontrolle ihres eigenen Handelns ab; ja, sie sind sogar bereit, ihr eigenes Verhalten durch einen imaginären »unparteiischen Beobachter« zu beurteilen. Auf diese Weise entsteht eine Selbstregulierung sozialen Handelns auf der Mikro-Ebene, die keiner Eingriffe von außen bedarf, weil sie nur den »natürlichen« menschlichen Neigungen entspricht. Wie Smith (1999b [1776]) in seinem zweiten Hauptwerk, dem *Wealth of Nations* zeigte, stellt der Markt diejenige soziale Institution dar, in der sich diese »natürliche« Neigung zu sozialer Selbstregulierung am leichtesten entfalten kann. Im Gegensatz zur rationalistischen Selbstüberschätzung der französischen Tradition entwickelt Smith einen Blick dafür, dass – dank ihrer Interaktion auf Märkten – »men will often achieve more than individual human reason could design or foresee« (Hayek 1948: 11). Märkte gründen sich auf der Institution des Privateigentums und der sozialen Norm des Tausches; sie regulieren sich, indem sie die Verfolgung je eigener Interessen an die Bedienung der Interessen anderer binden. Weil diese Institution nur den spontanen menschlichen Dispositionen entspricht, bedarf sie – von der durch den Staat zu gewährleistenden Institution des Privateigentums abgesehen – keiner eigenen und zusätzlichen normativen Begründung. Es handelt sich um eine soziale Ordnung, die keine besonderen moralischen Ansprüche, über die im Tauschprinzip institutionalisierte Reziprozität hinaus, erhebt und die Menschen gleichsam so nimmt, wie sie sind. Was der Markt von den Individuen fordert, sind keine kollektiven Loyalitätserklärungen. Vielmehr verbürgt er Freiheit dadurch, dass er ihnen einen Raum für eine angemessene (d. h. die Interessen ihrer Tauschpartner reflektierende) Wahrnehmung ihrer eigenen Interessen einräumt. Zugleich ist die Institution des Marktes universal und steht allen Menschen unabhängig von Abstammung, Kultur, Nationalität, Religion, Geschlecht oder sozialer Lage offen. Smith wollte mit seiner Theorie, ganz anders als Rousseau oder Kant, keine eigenen ethischen Prinzipien verkünden, erst recht keine neue Gesellschaft ausrufen. Ihm ging es lediglich um eine realistische Beschreibung sozialen Handelns mit der ihm eigenen, durch lokale Milieus geprägten Mischung egoistischer wie altruistischer Motive. Das »allgemeine Wohl« – davon war Smith überzeugt – lässt sich nicht unmittelbar zum Zweck individuellen Handelns machen, und wo solche Versuche unternommen werden, laufen sie nur zu oft auf Heuchelei hinaus und bewirken im Ergebnis wenig Gutes.

Hayeks Bestreben, die ursprünglichen Intentionen der Autoren der schottischen Moralphilosophie ins Licht zu rücken, erscheint auf den ersten Blick verdienstvoll. Aber es geht bei Hayek nicht um eine Analyse und Rechtfertigung der zeitgenössischen »commercial society« Adam Smiths (1999b [1776]: 126), sondern um eine des globalen Kapitalismus im 20. Jahrhundert. Ist der gegenwärtige Kapitalismus ein legitimes Kind der liberalen Gesellschaftsentwürfe des 18. Jahrhunderts? Lassen sich die Tugenden und Stärken jener Modelle auf die Gegenwart übertragen, wie Hayek unterstellt? Hayek löst die Theorie Smiths stillschweigend aus ihrem historischen Kontext heraus und wendet sie auf eine Gesellschaft neuer und anderer Art an: den heutigen globalen Kapitalismus. Zwar lässt sich auch der Kapitalismus der Gegenwart ohne die historische Wirkungsgeschichte der Smith'schen Theorie zweifellos nicht verstehen. Aber es geht nun nicht länger um Smiths Lehre in ihrer originären Gestalt, sondern um die Wirkungen der Theorie auf die politische Praxis und die daraus resultierenden Revisionen der Theorie selbst – ein Prozess, in dem sich die Theorie wie ihr Gegenstand bis zur Unkenntlichkeit veränderten. Das vorläufige Endstadium dieser Transformationen bildet die heutige Doktrin des sogenannten Neoliberalismus, für die wiederum der Name Hayek steht. Wie Philip Mirowski (2019) gezeigt hat, spielte Hayek ein doppeltes Spiel: Während er sich auf der einen Seite als akademischer Wiederentdecker der originären Smith'schen Lehre mit ihrem menschenfreundlichen sozialen Realismus gerierte, betrieb er auf der anderen Seite mit großer Zielstrebigkeit, gestützt auf das straff organisierte Netzwerk der Mont Pèlerin-Society, die Umdeutung derselben Lehre in eine marktradikale Ideologie, die den Markt zum

Zentrum der Gesellschaft erklärt. Bekanntlich erwies dieses Programm sich bis in die Gegenwart als politisch höchst folgenreich – Folgen, die auch das Thema von Neckels Analysen bilden.

Nun war es allerdings nicht erst Hayek, der die Transformation der Smith'schen Analyse in eine gesellschaftspolitische Ideologie betrieben hatte. Faktisch setzte diese Transformation schon im frühen 19. Jahrhundert ein mit den Deutungen, die ihr durch Autoren wie Say, Bastiat, Bentham und Mill gegeben wurden; der Beitrag Hayeks besteht im Grunde nur darin, diese Umdeutungen zu rekapitulieren und zu aktualisieren. Jedenfalls muss zwischen den Analysen Smiths selbst und dem, was die spätere Rezeption und Wirkungsgeschichte daraus gemacht hat, sorgfältig unterschieden werden. Wie schon betont, verstanden sich Smith, aber auch Ferguson und Hume, keineswegs als Revolutionäre; das Freiheitspathos des französischen Republikanismus war ihnen fremd. Es war Smiths Anspruch, eine bestehende soziale Wirklichkeit zu analysieren und aus dieser Analyse maßvolle und keineswegs revolutionäre Reformvorschläge, etwa zu Außenhandelszöllen oder zur Dauer der Lehrlingsausbildung, abzuleiten (Jonas 1968: 92f.). Smiths *Wealth of Nations* fand freilich unmittelbar nach der Veröffentlichung national wie weltweit eine beträchtliche Resonanz; schon zu Smiths Lebzeiten (er starb 1790) waren fünf Auflagen vergriffen, und es erschienen zahlreiche Übersetzungen in andere Sprachen (Mizuta/Sugiyama 1993). Im Zuge dieser Resonanz veränderten die Aussagen Smiths unmerklich ihren Charakter: Was ursprünglich als Beitrag zur Erklärung einer gegebenen gesellschaftlichen Wirklichkeit gedacht war, verwandelte sich mehr und mehr in eine Botschaft von den segensreichen Wirkungen freier Märkte, die eine immer stärkere Eigendynamik entwickelte (Ballestrem 2001: 175f.). Nicht nur in Großbritannien, sondern überall in Europa stieß diese Botschaft eine Vielzahl politischer und sozialer Reformen an, die in ihrer Summe beträchtliche umwälzende Wirkungen hatten: Freihandel, Bodenreformen, Bauernbefreiung, Gewerbefreiheit, Reformen des Armenrechts; Karl Polanyi (1978 [1944]) sollte später mit Recht von einer »großen Transformation« sprechen. Im Ergebnis liefen diese Reformen auf eine territoriale und soziale Entgrenzung der Märkte hinaus, die in eine nie gekannte Dominanz der Märkte und ihrer sozialen Logik über die Gesellschaft mündete. Es gehört zu den interessanten Ironien der Geschichte, dass eine ursprünglich so bescheiden auftretende Lehre wie die Adam Smiths sich in ihren praktischen Ergebnissen als weitaus revolutionärer erwies als der revolutionäre Radikalismus in Frankreich, wo das Volk bald nach der freiheitlichen Erhebung unter die Regimes zunächst der Jakobiner, dann Bonapartes geriet, und Napoleon sich schließlich – gerade einmal fünfzehn Jahre nach 1789 – auch offiziell zum Kaiser krönen ließ.

Die blinden Flecken der liberalen Erzählung

Geschichtswirksam wurde die Smith'sche Theorie nicht in ihrer ursprünglichen Gestalt, sondern dadurch, dass sie im Prozess ihrer Verbreitung zu einer Vision umgedeutet wurde: Die Vision einer reinen Marktgesellschaft, die allgemeinen Wohlstand und Fortschritt gerade dadurch hervorbringt, dass die Individuen ausschließlich ihren privaten Gewinninteressen nachgehen – eine Erzählung, die in dem heutigen neoliberalen Marktradikalismus kulminierte. Nun ist nicht zu bestreiten, dass die liberale Erzählung auch in ihrer zugespitzten Version in der Tradition der europäischen Aufklärung steht. Sie bietet eine sehr spezifische und von der republikanischen Tradition abweichende Antwort auf die Schlüsselfrage an, wie die Freiheit des Einzelnen mit der aller zusammengehen kann. Und im Gegensatz zur republikanischen Botschaft richtete die liberale sich an die ganze Menschheit, nicht an ein bestimmtes Volk. Die Grundidee erschien und erscheint bis heute einfach und einleuchtend: Wir alle – unabhängig von Kultur, Nationalität, Religion, Klasse, Geschlecht – sind freie Menschen und als solche in der Lage, uns mit anderen vernünftig, ohne Einmischung einer höheren Autorität, über unsere wechselseitigen Interessen zu verständigen: nämlich durch den Tausch am Markt.

Aber es war auch von Anfang an klar, dass die liberale Botschaft, wie alle modernen Gesellschaftsentwürfe, sich nicht eins zu eins würde umsetzen lassen. Sie hatte ihre unvermeidlichen blinden Flecken, die dann im Zuge der praktischen Umsetzung in Form ungeplanter, sozial disruptiver und ökologisch zerstörerischer Folgewirkungen zutage traten. Die praktische Wirkung der Botschaft bestand nicht nur in der räumlichen Entgrenzung und letztlich Globalisierung der Märkte und Unternehmen. Darüber hinaus breitete sich die Warenform in das Innere der Gesellschaft hinein aus, indem die Bevölkerung im Zuge der Landreformen ihrer landwirtschaftlichen Subsistenzquellen beraubt wurde und Märkte sich für die von Polanyi (1978 [1944]: 102f.) so genannten »fiktiven« Waren Arbeit, Boden und Geld entwickelten. Die Folge waren neuartige soziale Antagonismen und ein historisch einmaliger, durch eine Kette industrieller Revolutionen vorangetriebener Schub wirtschaftlichen Wachstums. Er brachte im Laufe der Zeit zwar beträchtliche Wohlfahrtsgewinne, auch für die breite Bevölkerung, zugleich aber auch soziale Konflikte und nie dagewesene ökologische Zerstörungen (Deutschmann 2019a; 2019b; 2020). Heute, nach mehr als 200-jähriger umwälzender Wirkungsgeschichte der liberalen Botschaft in der ganzen Welt, ist die Liste ihrer sichtbar gewordenen blinden Flecken so lang geworden, dass es einiger Systematisierungsanstrengungen bedarf, um nur einigermaßen den Überblick zu behalten. Ich kann hier nur auf die wichtigsten Punkte eingehen:

1.) Bei der von den Liberalen beschworenen »Natürlichkeit« bzw. »Freiheit« des Markttausches handelt es sich um eine Halbwahrheit. Faktisch wurden und werden Tauschverhältnisse der schwächeren Seite häufig durch die stärkere Seite aufgezwungen, auch mittels offener Gewalt. Das offensichtlichste Beispiel dafür ist jener Prozess, den Marx als »ursprüngliche Akkumulation« bezeichnet hat: Die im 15. Jahrhundert in Europa begonnene und bis heute in Entwicklungs- und Schwellenländern anhaltende, gewaltsame Vertreibung der bäuerlichen Bevölkerung von ihren landwirtschaftlichen Subsistenzquellen, die sie unter das Regime des Arbeitsmarktes zwingt und so die kapitalistische Produktionsweise erst möglich macht (Perelman 2000). Die ursprüngliche Akkumulation ging einher mit den von den europäischen Mächten betriebenen kolonialen Eroberungen, die die Basis für aufgezwungene Tauschverhältnisse in großem Maßstab bildeten. Sklaverei blieb eine weit verbreitete Erscheinung im britischen Empire, sowie in den französischen, spanischen und niederländischen Kolonien und wurde erst zögerlich zu Beginn des 19. Jahrhunderts abgeschafft. Im Süden der USA erlebte die Sklaverei dagegen gerade im 19. Jahrhundert einen von der Baumwollindustrie getragenen Aufschwung, dem erst der Sieg des Nordens im amerikanischen Bürgerkrieg ein Ende bereitete. Die Spuren der Sklaverei sind in den USA gleichwohl bis heute in Gestalt eines manifesten und latenten Rassismus in weiten Teilen der Gesellschaft erhalten geblieben (Beckert 2014; Osterhammel 2009: 1188f.).

Auch dort, wo – zunächst zumindest – keine Gewalt im Spiel war, erwies sich die Freiheit des Handels oft als heikel. Schon Adam Smith spricht das Problem an, wo er die für ihn unverständliche Zurückhaltung Chinas im internationalen Handel beklagt: Ein so hoch zivilisiertes Land könne doch nur gewinnen, wenn es sich dem internationalen Handel stärker öffne. Auch die Lage der breiten Bevölkerung in China werde sich verbessern, wenn es gelänge, die exzessiven Monopolgewinne der einheimischen Produzenten dem Druck internationaler Konkurrenz auszusetzen. Würden nicht alle Beteiligten von einer Liberalisierung des Handels profitieren (Smith 1999 [1776]: 197f.)? Die Antwort, die die britischen Kaufleute von der Seite des chinesischen Kaisers erhielten, blieb freilich immer dieselbe: China brauche nichts. Smith erlebte nicht mehr, wie es den britischen Kaufleuten schließlich doch gelang, eine Ware zu finden, nach der sich sofort eine lebhafte Nachfrage auf den chinesischen Binnenmärkten wecken ließ: Opium. Als die chinesischen Behörden schließlich energisch gegen den grassierenden Opiumhandel einschritten, kam es zu dem ersten Opiumkrieg (1839–42), der bekanntlich mit der Niederlage Chinas endete.

2.) Die liberale Theorie hat keine Antwort auf die Frage, wie mit den Armen umzugehen ist, die auf dem Markt nichts anzubieten haben und daher faktisch von der »commercial society« Adam Smiths ausgeschlossen sind. Sie versucht, das Dilemma mit Hilfe der sozialen Konstruktion einer Ware Arbeitskraft zu lösen – eine Lösung, die darauf hinausläuft, die liberale Norm der Gleichheit auf den Kopf zu stellen, wie Marx (1988 [1867]: 181f.) festgestellt hatte. Die Ausdehnung der Warenform auf die Produktion bedeutete die Teilung der Gesellschaft in zwei Klassen, von denen die eine über die materiellen Bedingungen der Produktion verfügte, die andere dagegen nur über ihre persönliche Arbeitskraft, was sie in eine Position struktureller Unterlegenheit brachte. Es bedurfte bekanntlich langer Kämpfe der Arbeiterbewegung, um diese strukturelle Unterlegenheit der Lohnarbeiterschaft am Markt wenigstens teilweise auszugleichen, durch die kollektive Organisation der Beschäftigten in Gewerkschaften, durch die politische Durchsetzung sozialer Sicherungssysteme, oder die Festlegung von Mindestlöhnen.
Abgemildert wurden die Folgen der Benachteiligung auch dort, wo die sozialen Grenzen zwischen den Klassen sich – etwa als Folge des Ausbaus der öffentlichen Bindungsinstitutionen und/oder der betrieblichen Qualifizierungssysteme – als durchlässig genug erwiesen, um zumindest einem Teil der abhängig Beschäftigten einen sozialen Aufstieg in höhere Einkommens- und Berufspositionen auf der Basis außergewöhnlicher Arbeitsleistungen zu ermöglichen. Solche Phänomene struktureller Aufwärtsmobilität waren zwar für Phasen hohen Wirtschaftswachstums charakteristisch, besonders deutlich in den drei »goldenen« Jahrzehnten nach dem zweiten Weltkrieg in Westeuropa, Nordamerika und Japan (Lutz 1984). Aber der Preis für erfolgreiche soziale Integration ist ein struktureller Zwang zu wirtschaftlichem Wachstum, der sich auf der Mikro-Ebene in einen nicht selten rücksichtslosen Konkurrenzkampf um sozialen Aufstieg übersetzt. Auf der Aggregatebene mündet er zwar durchaus in partiellen Wohlfahrtsgewinnen, aber ebenso auch in ökologischen Zerstörungen. Überdies blieben Phasen einer florierenden kapitalistischen Entwicklung regional und temporär begrenzt; in einer längerfristigen historischen Perspektive stellen sie eher die Ausnahme als die Regel dar.

3.) Auch dann, wenn der Abschluss eines Vertrages für beide Seiten vorteilhaft ist, ist damit keineswegs gewährleistet, dass »alle« gewinnen, wenn sie ihre wechselseitigen Beziehungen in die Form von Marktverträgen bringen. Verträge können negative externe Effekte auf Kosten Dritter oder der Umwelt haben. Sie können einen »Matthäus-Effekt« auslösen, indem sie latent vorhandene Machtungleichgewichte zwischen den Teilnehmern verstärken und Oligopole oder Monopole entstehen lassen. Konjunkturschwankungen und Kreditexzesse können spekulative Blasen erzeugen, deren Platzen dann ruinöse Folgen für viele Marktteilnehmer hat. Schließlich darf nicht vergessen werden, dass Märkte eine soziale Arena bilden, die reichlich Gelegenheiten für Täuschung und Betrug bietet (Akerlof/Shiller 2015). Alle diese Einwände haben die liberale Theorie bis heute nicht daran gehindert, Smiths Idee der »unsichtbaren Hand« – mit der er selbst sehr zurückhaltend umging – zu einem Mechanismus des »allgemeinen Gleichgewichts« hochzustilisieren, der selbsttätig ein Optimum kollektiver Wohlfahrt hervorbringe, sofern den Marktkräften nur hinreichend freier Raum gelassen werde. Bekanntlich versuchte die an die liberale Theorie anschließende neoklassische Ökonomik, die Unumstößlichkeit des Gleichgewichtstheorems nachzuweisen, indem sie es in eine mathematisch demonstrierbare Form brachte (Walras 1954 [1877], Arrow/Debreu 1954). Aber die mathematische Konstruktion des allgemeinen Gleichgewichts ist empirisch ohne Gehalt; sie läuft auf die Tautologie hinaus, dass rationale Tauschhandlungen unter spezifischen Voraussetzungen ein allgemeines Optimum bewirken, das seinerseits nichts anderes ist, als das Aggregatergebnis rationaler Tauschhandlungen. Die behauptete wundersame Verwandlung privater Eigeninteressen in kollektive Tugenden sei empirisch niemals schlüssig demonstriert worden, stellt Foley (2006: 3) fest. Es war interessanterweise gerade auch Hayek, der die empirische Irrelevanz der Gleichgewichtstheorie vernichtend kritisiert hat. Die Informationen, die nötig wären, um das allgemeine Gleichgewicht zu implementieren, seien nirgendwo vorhanden. Der Wettbewerb sei alles andere als perfekt, sondern stelle ein »Entdeckungsverfahren« dar, in dem bislang unbekannte Möglichkeiten erschlossen werden (Hayek 1945). All dem ist wenig hinzuzufügen. Irritierend sind allerdings die Konsequenzen, die Hayek aus seiner Kritik zieht. Folgerichtig gewesen wäre eine Auffassung von Märkten als einer »black box«, in der im positiven wie im negativen Sinn fast alles möglich ist. Stattdessen zeichnet Hayek ein euphemistisches Bild von Märkten als einer Form höherer evolutionärer Intelligenz. Er fordert Demut vor den anonymen Prozessen des Marktes, die Größeres zustande brächten, als die beschränkte individuelle Vernunft zu begreifen in der Lage sei (Hayek 1948: 8). Hayek scheut den Rückgriff auf eine nur notdürftig kaschierte Version von Theologie nicht, um die Plausibilität der liberalen Botschaft zu retten.

4.) Das liberale Gesellschaftsmodell ist blind gegenüber der ökologischen Frage. Die industriellen und landwirtschaftlichen Produktivitätsgewinne sowie der expandierende Massenkonsum waren erkauft mit negativen externen Effekten für die Natur als drittem Partner, der sich freilich nicht unmittelbar zur Wehr setzen konnte. Die Kehrseite des kapitalistischen Fortschritts war eine stetig steigende Konzentration von Treibhausgasen in der Atmosphäre, die Vergiftung der Gewässer, das Artensterben. Wiederum waren es keineswegs Marktkräfte, sondern externe politische Akteure in Gestalt der Ökologie-Bewegungen, die auf diese Gefahren aufmerksam gemacht haben. Von dem transformierenden Einfluss dieser Bewegungen auf die Marktkräfte wird es zu einem guten Teil abhängen, ob die in absehbarer Zukunft zu erwartende Zuspitzung der ökologischen Krisen vermieden werden kann.

5.) Wer den Privatvertrag und das Privateigentum zur Grundlage der gesellschaftlichen Ordnung macht, verleiht den hier und heute Lebenden und ihren Interessen die alleinige Macht über die Gesellschaft. Demgegenüber gilt, was schon Edmund Burke (2003 [1790]) den französischen Revolutionären entgegenhielt: Die Gesellschaft beruht auf einem Vertrag nicht nur zwischen den heute Lebenden, sondern auch zwischen ihnen und den Angehörigen früherer und kommender Generationen. Ob die Menschen es wollen oder nicht: Die Toten sind mit den durch sie geprägten Überlieferungen, Vorbildern und Routinen in ihren eigenen Aktionen präsent – zum guten Teil gar nicht bewusst, sondern unwillkürlich. Darüber hinaus sind die heute Lebenden im eigenen Interesse gehalten, bei ihrem Handeln auch das Schicksal künftiger Generationen zu bedenken. Eine Gesellschaft, die nur kurzfristige Interessen gelten lässt, und der generationsübergreifenden Kontinuität ihrer Institutionen nicht angemessen Rechnung trägt, lebt von der Hand in den Mund und muss über kurz oder lang in ihre Bestandteile auseinanderfallen, wie auch Émile Durkheim (1988 [1893]) feststellte.

6.) Eine der unbestrittenen Stärken der liberalen Botschaft lag in ihrer sozialen Universalität, d. h. in ihrem Potenzial, einen sozialen Zusammenhang zwischen allen Menschen, unabhängig von Nationalität, Religion, Kultur, Geschlecht, sozialer Herkunft und Klasse, herzustellen. Der moderne Kapitalismus hat etwas erreicht, was der republikanischen Schule entgegen ihrer Ansprüche bis heute nicht gelungen ist: Er hat eine Weltgesellschaft hervorgebracht – als Realität und nicht nur als schöne philosophische oder religiöse Idee. Aber auch diese Stärke der liberalen Botschaft hat ihre Kehrseite, die man als ihren moralischen Minimalismus bezeichnen könnte. Der Markttausch ist zwar keineswegs – ich habe es schon betont – ein asozialer oder gar amoralischer Akt. Gefordert ist freilich im Kern nur die wechselseitige Respektierung der im Vertrag formal fixierten jeweiligen Eigentumsrechte. Alle darüber hinausgehenden sozialen Erwartungen bleiben irrelevant oder allenfalls informell gültig. Natürlich öffnet das breiten Raum für das Ausleben von Machtungleichheiten und individuellen Egoismen und bereitet damit den Boden für die Entstehung von Verhältnissen manchmal krasser Ungleichheit und Ausbeutung. Die Universalität der Märkte reduziert sich auf den Geldnexus, der alles andere als frei von sozialen Antagonismen ist. Es ist genau der durch den Geldnexus verkörperte moralische Minimalismus, d.h. die Reduktion der Reziprozität auf den einzelnen Tauschakt und auf die oft minutiös explizierten beiderseitigen Eigentumsrechte, die den Märkten ihren Charakter als „unpersönlichste praktische Lebensbeziehung, in welche Menschen miteinander treten können" (Weber 1972 [1921]: 382) verleiht und so ihre weltweite Ausdehnung ermöglicht.

Allein in einer auf Märkten begründeten Gesellschaft könnten die Menschen nicht leben, nicht einmal die Reichen. Sogar der Markttausch selbst könnte oft ohne gewisse, die Anonymität der Tauschverhältnisse abmildernde soziale Einbettungen nicht funktionieren, wie die Wirtschaftssoziologie im Anschluss an Durkheim (1988 [1893]) und Granovetter (1985) aufgezeigt hat. Märkte bedürfen darüber hinaus einer rechtlichen und politischen Rahmenordnung, die nicht ihrerseits durch die Märkte hervorgebracht werden kann, sondern – zumindest im Fall der modernen, demokratischen Staaten – die politische Solidarität der Staatsbürger voraussetzt. Die liberale Theorie ignoriert schließlich nicht nur die Sterblichkeit und Hinfälligkeit der Menschen, sondern auch die Tatsache, dass sie nicht als voll handlungsfähige und selbstverantwortliche Individuen auf die Welt kommen. Dass die Menschen nicht unter allen Umständen und in allen Phasen ihres Lebens in der Lage sind, für sich selbst zu sorgen, und daher eigene Institutionen – Familie, Schule, das Gesundheitswesen – die notwendige Erziehung und Fürsorge sicherstellen müssen, kommt im liberalen Weltbild allenfalls am Rande vor. In der Regel pflegen Liberale die Existenz solcher Institutionen einfach vorauszusetzen, ohne sich nähere Gedanken darüber zu machen, wie ihre Existenz mit den von ihnen selbst proklamierten Prinzipien individueller Eigentums- und Vertragsfreiheit in Einklang zu bringen ist. Ungeachtet ihrer Heterogenität weisen diese Institutionen – der Staat ebenso wie die Familie oder das Bildungswesen – eine gemeinsame Charakteristik auf: Gegenüber dem moralischen Minimalismus der Institution des Privateigentums zeichnen sie sich in je spezifischer Weise durch dichtere, moralisch anspruchsvollere Formen sozialer Reziprozität aus. Die höhere moralische Dichte wird freilich durch einen manifesten oder latenten Partikularismus erkauft, am deutlichsten vielleicht im Fall der Familie. Aber auch Nationalstaaten können sich aus den sie historisch prägenden kulturellen Traditionen nicht lösen, selbst dort, wo sie sich in ihren Verfassungen zu universalen Rechtsprinzipien bekennen. Mit dem Universalismus der Märkte können daher auch sie nicht Schritt halten; das gilt selbst für die Europäische Union als aktuellem Versuch der Konstruktion einer transnationalen politischen Ordnung.

Die Koexistenz universaler Märkte mit partikular strukturierten sozialen Subsystemen anderer Art, die die von den Märkten ausgesparten gesellschaftlichen Funktionen erfüllen müssen, birgt ein erhebliches Konfliktpotenzial. Die extensive und intensive Durchdringung der Gesellschaft durch Märkte bedeutet eine latente oder gar manifeste Dominanz der Marktlogik über die ganze Gesellschaft, die deren funktionale Differenzierung unterhöhlt. Hier sind wir wieder bei der Krisendiagnose Neckels, der sogar von einer »Refeudalisierung« im Sinn einer hierarchischen Dominanz der Finanzmärkte über die Gesellschaft spricht (Neckel 2011). Globale Märkte können sich zerstörerisch auf lokale Sozialordnungen auswirken, weil gerade der finanzielle Erfolg an Märkten die Akteure in die Lage versetzt, sich von ihren lokalen Verpflichtungen abzusetzen und woanders nach noch größeren Erfolgen zu streben. Das kann zu noch destruktiveren politischen Gegenbewegungen auf lokaler und nationaler Ebene führen, mit der Folge von Rückschlägen auch für die Globalisierung der Märkte. Dieser Typus von Konflikten, der schon in der ersten Hälfte des 20. Jahrhunderts zu beobachten war, scheint gerade in der Gegenwart erneut aufzubrechen. Man wird die liberale Botschaft auch heute nicht einfach über Bord werfen können. Aber ihre ungeplanten praktischen Folgeprobleme, die nach intellektueller und politischer Reflexion verlangen, haben sich selten so sehr von allen Seiten her aufgetürmt wie in der Gegenwart.

Schlussfolgerungen

In seinem 1725 in Neapel erschienenen Hauptwerk *Prinzipien einer neuen Wissenschaft über die gemeinsame Natur der Völker* stellte Giambattista Vico (2009 [1725]: 142) fest:

> »Doch in solch dichter Nacht voller Finsternis, mit der die erste von uns so weit entfernte Urzeit bedeckt ist, erscheint dieses ewige Licht, das nicht untergeht, folgender Wahrheit, die auf keine Weise in Zweifel gezogen werden kann: dass diese politische Welt sicherlich von den Menschen gemacht worden ist; deswegen können (denn sie müssen) ihre Prinzipien innerhalb der Modifikationen unseres eigenen menschlichen Geistes gefunden werden.«

Mit der Erkenntnis, dass es die Menschen selbst sind, die ihre gesellschaftlichen Ordnungen machen, formulierte Vico den Ausgangspunkt der modernen Soziologie. Obwohl er selbst noch nicht ohne die Vorstellung eines obersten göttlichen Gesetzgebers auskam, ermunterte er gleichwohl die aufklärerischen Philosophen des 18. Jahrhunderts, »Bauanleitungen« für eine neue Gesellschaft zu formulieren, die auf menschlicher Vernunft und nicht länger auf Tradition und Religion begründet sein würden. Rousseaus Gesellschaftsvertrag stellt wohl den bekanntesten und erfolgreichsten Versuch dieser Art dar. Aber die nicht nur auf Smith, sondern auch auf Ferguson, Hume und Locke zurückgehende liberale Konzeption ist, trotz ihres ganz anderen Ansatzes, der gleichen Aufklärungstradition zuzurechnen, wie ich in diesem Beitrag argumentiert habe.

Eine auf Vernunft und Freiheit begründete soziale Ordnung lässt sich freilich, wie schon unmittelbar nach der französischen Revolution klar wurde, nicht mit einem Schlag verwirklichen. Einmal in Kraft gesetzt, setzen die neuen Ordnungen vielmehr unbekannte soziale Kräfte frei, die Konflikte erzeugen und politische Gegenbewegungen mobilisieren. Die Bauanleitungen für die neue Gesellschaft funktionieren in der Praxis niemals so, wie die Initiatoren sich das vorgestellt haben; sie haben Nebenwirkungen, die zerstörerisch und katastrophal sein können. Die neue Gesellschaft lässt sich nicht blitzsauber aus Vernunftprinzipien deduzieren und eins zu eins in die Realität umsetzen, wie manche Aufklärer das glaubten. Es handelt sich um einen mühsamen, durch Rückschläge geprägten Prozess, der auch die Initiatoren zur Selbstreflexion zwingt. Die Protagonisten der Emanzipation erweisen sich selbst als Getriebene oder sogar Agenten noch nicht durchschauter gesellschaftlicher Kräfte. Der Bau der neuen Gesellschaft – so zeigt sich – ist ein anstrengendes Unterfangen mit durchaus offenem Ende. Freiheit bedarf zwar der Institutionalisierung, wie Honneth (2011) kürzlich in Anlehnung an Hegel noch einmal betont hat, aber keine Form der Institutionalisierung ist definitiv. Mit jedem Fortschritt in der Institutionalisierung der Freiheit werden vielmehr neue blinde Flecken sichtbar, die neue soziale Antagonismen auslösen. Eine geschichtsphilosophische Rückversicherung für eine letztliche Versöhnung dieser Antagonismen, an die noch Hegel und auch Marx glaubten, gibt es nicht, und kann es auch – nimmt man die Prämissen des Unternehmens ernst – nicht geben. Ich versuchte zu zeigen, dass es gerade die historische Transformation des so hoffnungsvoll als Vision einer friedlichen Tauschgemeinschaft begonnenen liberalen Modells in den globalen Kapitalismus ist, die diesen infiniten Regress dokumentiert. Die oben angeführte Liste der blinden Flecken dieses Modells ist noch nicht einmal vollständig und alles andere als theoretisch und politisch abgearbeitet. Aber zur beständigen, harten intellektuellen und politischen Arbeit an diesen blinden Flecken, zu der auch Sighard Neckel einen gewichtigen Beitrag geleistet hat, gibt es keine Alternative.

Literatur

Akerlof, George A./Shiller, Robert J. (2015): *Pishing for Fools: The Economics of Manipulation and Deception*. Princeton: Princeton University Press.

Arrow, Kenneth J./Debreu, Gerard (1954): »Existence of an Equilibrium for a Competitive Economy«, in: *Econometrica* 22(3), S. 265–290.

Ballestrem, Karl Graf (2001): *Adam Smith*. München: Beck.

Beckert, Sven (2014): *King Cotton. Eine Geschichte des globalen Kapitalismus*. München: Beck.

Burke, Edmund (2003 [1790]): *Reflections on the Revolution in France.* New Haven: Yale University Press.

Deutschmann, Christoph (2019a): *Disembedded Markets. Economic Theology and Global Capitalism.* London: Routledge.

Deutschmann, Christoph (2019b): *Kapitalistische Dynamik. Eine gesellschaftstheoretische Perspektive.* Wiesbaden: Springer VS.

Deutschmann, Christoph (2020): *Trügerische Verheißungen. Markterzählungen und ihre ungeplanten Folgen.* Wiesbaden: Springer VS.

Durkheim, Emile (1988 [1893]): *Über soziale Arbeitsteilung. Studie über die Organisation höherer Gesellschaften.* Frankfurt a. M.: Suhrkamp.

Foley, Duncan (2006): *Adam Smith's Fallacy. A Guide to Economic Theology.* Cambridge: Harvard University Press.

Granovetter, Mark (1985): »Economic Action and Social Structure. The Problem of Embeddedness«, in: *American Journal of Sociology* 91(3), S. 481–510.

Grossmann, Henryk (1970 [1929]): *Das Akkumulations- und Zusammenbruchsgesetz des kapitalistischen Systems.* Frankfurt a. M.: Verlag Neue Kritik.

Habermas, Jürgen (1973): *Legitimationsprobleme im Spätkapitalismus.* Frankfurt a. M.: Suhrkamp.

Hayek, Friedrich (1945): »The Use of Knowledge in Society«, in: *The American Economic Review* 35(4), S. 519–530.

Hayek, Friedrich, A. (1948): *Individualism and Economic Order.* Chicago: The University of Chicago Press.

Honneth, Axel (2011): *Das Recht der Freiheit. Grundriß einer demokratischen Sittlichkeit.* Berlin: Suhrkamp.

Jonas, Friedrich (1968): *Geschichte der Soziologie*, Bd. 1. Reinbek: Rowohlt.

Lenger, Friedrich (2018): »The end of capitalism – the history of a never ending story«, Vortrag auf der Konferenz The Dynamics of Capitalism: Inquiries to Marx on the occasion of his 200th birthday, Hamburger Institut für Sozialforschung, 3.–5. Mai 2018, Hamburg.

Luhmann, Niklas (1998): *Die Gesellschaft der Gesellschaft.* Frankfurt a. M.: Suhrkamp.

Lutz, Burkhart (1984): *Der kurze Traum immerwährender Prosperität: Eine Neuinterpretation der industriell-kapitalistischen Entwicklung im Europa des 20. Jahrhunderts.* Frankfurt a. M./New York: Campus.

Marx, Karl (1988 [1867]): *Das Kapital. Kritik der Poltischen Ökonomie*, Bd. 1, MEW 23. Berlin: Dietz.

Mirowski, Philip (2019): *Untote leben länger.* Berlin: Matthes & Seitz.

Mizuta, Hiroshi/Sugiyama, Chukei (Hg.) (1993): *Adam Smith: International Perspectives.* London: Palgrave Macmillan.

Neckel, Sighard (2008): *Flucht nach vorn. Die Erfolgskultur der Marktgesellschaft.* Frankfurt a. M./New York: Campus.

Neckel, Sighard (2011): »Refeudalisierung der Ökonomie. Zum Strukturwandel der Wirtschaft«, in: *WestEnd. Neue Zeitschrift für Sozialforschung* 8(1), S. 117–128.

Neckel, Sighard/Hofstätter, Lukas/Hohmann, Marco (2018): *Die globale Finanzklasse. Business, Karriere und Kultur in Frankfurt und Sydney.* Frankfurt a. M./New York: Campus.

Osterhammel, Jürgen (2009): *Die Verwandlung der Welt. Eine Geschichte des 19. Jahrhunderts*. München: Beck.

Perelman, Michael (2000): *The Invention of Capitalism: Classical Political Economy and the Secret History of Primitive Accumulation*. Durham, NC: Duke University Press.

Polanyi, Karl (1978 [1944]): *The Great Transformation. Politische und ökonomische Ursprünge von Gesellschaften und Wirtschaftssystemen*. Frankfurt a. M.: Suhrkamp.

Schimank, Uwe/Volkmann, Ute (2017): *Das Regime der Konkurrenz. Gesellschaftliche Ökonomisierungsdynamiken heute*. Weinheim/Basel: Beltz.

Schumpeter, Joseph A. (1993 [1950]): *Kapitalismus, Sozialismus und Demokratie*. Tübingen: UTB.

Smith, Adam (1999a [1759]): *The Theory of Moral Sentiments*. Oxford: Clarendon.

Smith, Adam (1999b [1776]): *The Wealth of Nations*. London: Penguin.

Streeck, Wolfgang (2016): *How Will Capitalism End? Essays on a Failing System*. London: Verso.

Vico, Giambattista (2009 [1725]): *Prinzipien einer neuen Wissenschaft über die gemeinsame Natur der Völker*. Hamburg: Felix Meiner.

Walras, Leon (1954 [1877]): *Elements of Pure Economics, or The Theory of Social Wealth*. Homewood Ill.: Irwin.

Weber, Max (1972 [1921]): *Wirtschaft und Gesellschaft. Grundriss der verstehenden Soziologie*. Tübingen: J. C. B. Mohr/Paul Siebeck.

Nicht zu fassen: Das Wertding und der Warenkörper

Hermann Kocyba

»Die Wertgegenständlichkeit der Waren unterscheidet sich dadurch von der Wittib Hurtig, daß man nicht weiß, wo sie zu haben ist. Im graden Gegenteil zur sinnlich groben Gegenständlichkeit der Warenkörper geht kein Atom Naturstoff in ihre Wertgegenständlichkeit ein. Man mag daher eine einzelne Ware drehen und wenden, wie man will, sie bleibt unfaßbar als Wertding.« (Marx 1970 [1867]: 62)

Gesellschaftliche Verhältnisse stellen sich im Kapitalismus als Beziehungen zwischen Waren dar. Soweit sie einen Körper hat, »sinnlich grobe Gegenständlichkeit« besitzt, verdankt die Ware ihre Existenz einem Vorgang, den Marx (ebd.) nicht in Begriffen männlich konnotierter Wertschöpfungsarbeit fasst: »Waren kommen zur Welt in der Form von Gebrauchswerten oder Warenkörpern«. Aber mit der Körperlichkeit ist es nicht getan. Die weitere Analyse der Ware »ergibt, daß sie ein sehr vertracktes Ding ist, voll metaphysischer Spitzfindigkeit und theologischer Mucken«. Als Wertding nicht greifbar, kann der Wert einer Ware nur in der Beziehung auf den Körper einer anderen Ware zum Ausdruck kommen. Das »ordinäre sinnliche Ding« wird durch die Wertbeziehung in ein »sinnlich übersinnliches Ding« verwandelt (ebd.: 85).

Die Metaphysik des Warenkörpers

Bereits als Warenkörper ist die Ware kein »selbstverständliches, triviales Ding« (Marx 1970 [1867]: 85). Warenproduktion bedeutet ja nicht einfach Gebrauchswerte zu produzieren, sondern gesellschaftliche Gebrauchswerte, Gebrauchswerte für andere. Trat der Warenkörper zunächst als sinnlich greifbare Ausgangsbasis der Analyse abstrakter gesellschaftlicher Verhältnisse in Erscheinung, so ist dieser Warenkörper inzwischen selbst zur Abstraktion geworden, die oft erst als einklagbares Verfügungsrecht über ein immaterielles Gut Gestalt annimmt. Auf der einen Seite wird Eigentum in ein Bündel von marktlich handelbaren Vertragsbeziehungen zerlegt: Wir kaufen kein Auto, sondern die abstrakten Waren Nutzungsrecht, Beförderungsanspruch, Serviceleistung, wobei das »eigentliche«

rechtliche Eigentum bei einer Bank liegen mag, die mit dem Fahrzeug zwar nicht fahren, aber gegebenenfalls seine Pfändung veranlassen darf. Diese Art der Zerlegung physisch greifbarer Gegenstände ist ökonomisch insofern produktiv, als sie zwar keine neuen physischen »Warenkörper« erzeugt, wohl aber rechtliche Entitäten, die Gegenstand ökonomischer Transaktionen sein können und so das Bruttosozialprodukt auf wundersame Weise mehren.

Neben solchen Techniken des rechtlichen Tranchierens physischer Gegenstände in selbständig handelbare Verfügungsobjekte begegnen wir heute zunehmend Objekten, denen eine entsprechende physische Basis, von der sich dann einzelne Verfügungsrechte abspalten lassen, ganz zu fehlen scheint. Im Falle von Softwares, Downloads, Markenrechten oder Patenten erwerben wir kein physisches Objekt, sondern ein Nutzungsrecht an einem im Kern nicht physischen Gegenstand. In anderen Fällen erwerben wir zwar ein physisches Objekt, dessen vorinstallierte Features wir aber nur nach Maßgabe weiterer Verträge nutzen können. Wer sich einbildet, mit dem abstrakten Objekt eine Dienstleistung gekauft zu haben, der erfährt, dass das extra kostet. Der Gebrauchswert des »Warenkörpers« besteht nur in den ihrerseits abstrakten Nutzungsmöglichkeiten, nicht im physischen Gegenstand. Vielfach allerdings sind Anbieter nur an Nutzungs- oder Dienstleistungsverträgen interessiert, das physische Gerät ist bloße Dreingabe, nicht der eigentliche Gegenstand des Vertrags.

Der Gebrauchswert wird somit nicht erst dadurch immateriell, dass er – zusätzlich zu seiner physisch-elementaren Nützlichkeit symbolische Aufladungen erfährt, also als positionales Gut symbolisch-expressive Bedeutung gewinnt. Nicht erst die Wertgegenständlichkeit, auch der Warenkörper selbst – an object capturing human desire – ist nicht so grob-sinnlich fassbar, wie dies bei Shakespeare noch den Anschein hat.

»Wert«, so könnte man zugespitzt sagen, erscheint in diesen Fällen nicht als Resultat gesellschaftlich notwendiger Arbeit, sondern als Effekt von Postproduktion, der Erzeugung von Wünschen, Bedürfnissen und Narrativen, von denen die Marx'sche Wertformanalyse im Gebrauchswerthorizont von Leinen, Rock und Stiefelwichse noch nichts zu berichten wusste. Es entsteht ein gigantisches Betätigungsfeld von Sachverständigen, Auto-, Reise- und Modejournalisten, Gesundheits- und Wellnessratgebern, Ausstellungskuratoren, Wein-, Restaurant- und Hotelführern, Öko- und Nachhaltigkeitszertifizierern usw., ganz zu schweigen von all denen, die sich im Dienste von Bewertungsportalen engagieren oder als Internetnutzerin zur Perfektionierung des Micro-Targeting beitragen. Wo findet da Gebrauchswertproduktion, wo Wertschöpfung statt, wenn uns jemand vorrechnet, dass vom Preis unseres Premiumkaffees weniger als zehn Prozent bei den Kaffeeproduzenten landen? Auch bei Weinen, die für vierstellige Beträge pro Flasche gehandelt werden, sind es nicht die Arbeiter im Weinberg des jeweiligen Herrn, die reich werden. Den Preis erzielen jeweils nicht die Kaffeebohnen oder die Trauben, es gibt noch ein paar weitere Prozessstufen. Aber: Wird dort Wert produziert? Wird Mehrwert abgeschöpft? Und wo kommt der her? Wie kriegen wir das Wertding zu fassen? Da tut sich zunehmend auch das Finanzamt schwer.

Luc Boltanskis und Arnaud Esquerres Analyse der »Wertanreicherung« (Boltanski/Esquerre 2017) untersucht Tätigkeiten, die nicht zur Produktion im engeren Sinne gehören, aber für die soziale Wertaufladung der Waren entscheidend sind, die den Kollektionscharakter, die Seltenheit, den Distinktionswert, die Aussichten künftiger Wertsteigerung herausarbeiten und sozial plausibilisieren. Nur im Falle standardisierter Massengüter, in dem Marktsegment, in dem Preiskonkurrenz attraktive Gewinnmargen verhindert, sind weiterhin die Herstellungskosten ausschlaggebend. Für die neue soziologische Wertanalyse ist die Umkehrung der Fragerichtung charakteristisch. Es handelt sich nicht länger darum, dass Marktpreise um »fundamentale« Wertgrößen oszillieren. Wert interessiert nicht länger als Grundlage einer empirischen Preistheorie, Preise werden nicht aus Werten »abgeleitet«. Ausgangspunkt der Analyse ist die gesellschaftliche Existenz von Preisen und auf dieser Grundlage stellt sich dann die Frage ihrer Rechtfertigung. Wir sind wieder beim Thema des justum pretium, der Frage nicht des Zustandekommens von Preisen, sondern ihrer Legitimität. Wert wird zur normativen Kategorie, es geht um die soziale Hegemonie von Rechtfertigungsnarrativen, um den Wettstreit sozialer Deutungsmuster. Bei der Unterscheidung zwischen Wertschöpfung und leistungsloser Rente, mehrwertproduzierender und unproduktiver Arbeit, der Einschätzung von Haus- und Reproduktionsarbeit (wo zwar Ausbeutung, nach herrschender Lehre aber keine Mehrwertproduktion stattfindet) geht es im Kern um politisch-normative Fragen.

Postproduktion findet überall statt – nicht erst nach der Produktion. Sie lässt Vergangenheit und Zukunft verschmelzen, wenn sie einerseits mit Geschichte, historischer Singularität argumentiert und zugleich mit künftiger Wertsteigerung lockt. Dennoch lebt das Konzept der Postproduktion, der Wertanreicherung davon, dass irgendwie und irgendwo immer noch produziert wird. In vielen Fällen geht es heute allerdings darum, andere als unbezahlte (oder besser noch: als zahlende) Koproduzenten zu nutzen, die zur Verbesserung des Produkts beitragen oder dabei helfen, dessen Basistechnologie als technischen Standard zu etablieren. Das erzeugt »Wert« – oder zumindest Zahlungsbereitschaft.

Das Wertparadox

In modernen Wissensökonomien entstehen Kosten und Erträge weniger durch den Zugang zu Wissen als durch seine Privatisierung. Profite hängen davon ab, andere von der kostenlosen Mitnutzung ausschließen zu können, Umgehungsstrategien zu verunmöglichen oder teuer machen zu können. Wissen wird ja durch parallele Nutzung nicht weniger. Im Vergleich zu den von Boltanski analysierten »angereicherten« Waren besitzen substratlose »Warenkörper«, die keinen konkreten physischen Träger des Nutzungsrechts und der symbolischen Aufladung des Gebrauchs zu besitzen scheinen, einen vollends surrealen Existenzmodus. Ihr Gebrauch ist nicht länger an eine spezifische Materialität gebunden, sie sind beliebig replizierbar und insofern abstrakt. Es handelt sich um nicht-rivale Güter, die von mehreren Personen gleichzeitig gebraucht und daher nicht ohne weiteres exklusiv angeeignet werden können.

Mit dem Stichwort »Wissensgesellschaft« waren lange Zeit Hoffnungen auf die Überwindung einer von Kapitalverwertungsimperativen beherrschten Wirtschaft verbunden. In dem Maße, in dem durch den Einsatz von Technologie und Wissenschaft die jeweilige Menge verausgabter Arbeit nicht länger Maßstab des erzeugten gesellschaftlichen Reichtums ist, in dem die entscheidenden Produktivitätsressourcen als Gemeineigentum verfügbar sind und gleichzeitig angesichts des Anschaulichkeitsverlusts von Wertschöpfungsvorgängen die Differenz von Profit und Rente nurmehr Sache der politischen Semantik scheint, dann beginnt sich die kalkulatorische Basis des kapitalistischen Wirtschaftssystems aufzulösen: Wenn der Zusammenhang von Arbeitsaufwand und Produkt immer unanschaulicher wird, wenn der Mensch zunehmend als »Wächter und Regulator« neben den Produktionsprozess tritt, dann scheint sich die Wertschöpfungsbasis des Kapitalismus selbst aufzulösen. Kommt dann noch hinzu, dass moderne Wissensarbeit sich vielfach in Produkten manifestiert, die mit geringem Aufwand vervielfältigt werden können, und wenn Wissen seiner Natur nach intersubjektiv geteiltes Wissen ist, nicht individueller Besitz, dann scheint auch die Eigentumsbasis des Kapitalismus im Schwinden. Nicht die solidarische Aktion der Arbeiterklasse ist dafür verantwortlich, sondern die Zersetzung der Rationalitätsgrundlagen des Verwertungsprozesses. Wenn wir Wissen als Kollektivgut begreifen, dann meinen wir nicht allein, dass es de facto unmöglich ist, andere von seiner Nutzung auszuschließen, sondern zugleich, dass sein »Wert« gerade dadurch steigt, dass es erweitert, überprüft und sozial validiert wird, andere es weiterentwickeln, neue Einsatzkontexte entdecken und die Welt dadurch insgesamt so umgestalten, dass das besagte Wissen wertvoller wird – aber eben nicht im Sinne eines »selbstverwertenden Werts«. Soweit die mit der Idee des »Kollektivguts Wissen« verknüpften Hoffnungen.

Charakteristisch für die heutige Situation ist indes nicht einfach das Abstrakt-Werden der »Warenkörper« im Sinne eines im Grenzfall rein immateriellen Gegenstands von Verfügungsrechten und seiner Multiplizierbarkeit zu Null-Grenzkosten, sondern der Umstand, dass mit dieser Immaterialität zugleich neue Probleme der Durchsetzung von Eigentumsrechten einhergehen. Die damit verbundenen Kontrollprobleme des Rechteinhabers lassen sich nur in dem Maße überwinden, in dem die effektive Chance des Nutzungsausschlusses und von Zugriffskontrollen besteht. In diesem Fall kann die Drohung mit dem Ausschluss von Zugriffsoptionen als strategische Machtressource auch zur Generierung wirtschaftlicher Erträge eingesetzt werden. Entscheidend ist nicht länger der klassische Wertschöpfungsbeitrag produktiver Arbeit, sondern die Blockademacht, mit deren Hilfe (trotz eines normativ gegenläufig gerichteten legitimatorischen Diskurses) das *rent-seeking*, die Durchsetzung leistungsloser Erträge im Rahmen sozialer *hold-up*-Konstellationen, gegenüber dem *value-adding*, der Mehrwertproduktion auf der Basis (so die herrschende Lehre) institutionalisierten Leistungsaustausches, die Oberhand gewinnt. Mit der effektiven Organisation von Zugriffsrechten bezüglich der wirtschaftlichen Verfügung über Zugänge, Plattformen, Informationen ist die Rechtsordnung als institutionelle Rahmung von Wertschöpfungsprozessen bzw. deren Durchsetzungs- und Erzwingungsinstrument häufig überfordert. Die Eigentumsordnung gewinnt hybriden Charakter, sie wird in dem Maße selbst Produktivkraft, in dem sie den globalen Wertabschöpfungsstrategien der neuen Monopolisten den Weg bahnt.

Im Rahmen moderner Rechtsordnungen können wir als Eigentümer andere an der Nutzung der Eigentumsobjekte hindern. Dieser Rechtsanspruch muss indes gesellschaftlich operationalisiert werden können. Gelingt dies, dann werden auch Wissen, Verfahren, Software, die per se – rein »stofflich« betrachtet – keine rivalisierenden Nutzungspraktiken erzwingen, zu Privateigentum. Und die Verfügung über derartige Güter wird zunehmend zur entscheidenden Ressource. Entscheidend ist die Blockadeoption von Eigentumsrechten. Sie macht diese zur »Quelle« von Zahlungsströmen. Dies ist auch wesentliches Ziel von Patenten. Patente besitzen Signalfunktion für Investoren, verkörpern als Sperrpatente oder Patent-Trolle Blockade- und damit Bargaining-Optionen. Ein wenn auch temporär beschränktes exklusives Nutzungsrecht wird vielfach nicht genutzt, um ein bestimmtes Produkt herzustellen oder ein bestimmtes Verfahren zu verbessern, es dient in vielen Fällen dazu, rivalisierende Nutzungsmöglichkeiten zu unterbinden. Im Zentrum dieser Ökonomie steht nicht die Produktion von Gütern, sondern die Erzeugung von lukrativer Knappheit. Wertorientierte Preisbildung ermöglicht Gewinne, die nicht über Produktionskosten legitimiert sind. Das Patentwesen etabliert eine Weltordnung, die durch international standardisierte Eigentumsrechte und globale rechtliche Infrastrukturen geprägt ist.

Auch wenn Wissen als solches nicht notwendig den institutionellen Rahmen des kapitalistischen Verwertungsprozesses sprengt, so ist in seine ökonomische Nutzung dennoch ein Konflikt-Element eingebaut. Entdeckungen und Erfindungen gehen in der Regel auf Anstrengungen zurück, die mit Recht als Arbeit charakterisiert werden. Soweit diese über die Kommerzialisierung von Verfügungsrechten finanziert werden müssen, verliert die Idee einer Wissensallmende an Plausibilität. Faktisch indes haben wir eine Situation, in der ein Gutteil zumal der digitalen Innovationen auf wissenschaftlichen Ergebnissen basiert, die öffentlich finanziert wurden (häufig aus dem Verteidigungshaushalt), und zugleich auf technischen Infrastrukturen, für die das Gleiche gilt.

Szenarien wie die »Wissensgesellschaft« oder die »Industrie 4.0« basieren nicht darauf, dass die Wissenschaft als solche kreativer und produktiver geworden wäre. Wissensbasierte Wertschöpfung erfordert in der Tat hohen technischen Sachverstand und institutionelle Kreativität, nämlich um genau die richtigen Mautstationen entlang der gesellschaftlichen Wissensflüsse zu errichten. Es geht darum, Barrieren zu bauen, begrenzte Monopole zu etablieren, ohne die zu bewirtschaftenden Wissensprozesse ganz abzuwürgen. Die nicht unerheblichen Erträge entspringen dem errichteten Kontrolldispositiv, nicht aus der verausgabten Menge abstrakter Arbeit. Insoweit entwickelt sich der idealtypisch auf mehrwertproduzierender Lohnarbeit basierende kapitalistische Verwertungsprozess hin zu einem Geschäftsmodell, das als eine Art vielleicht nicht von legalem Raubrittertum, aber doch eines gemischten Abschöpfungsdispositivs aus physischen und rechtlichen Abgaben- und Mautstellen beschrieben werden kann, das als privatwirtschaftlich betriebener Staatsapparat in Public-Private Partnerships bürgerliche und feudale Extraktionsformen kreativ miteinander verbindet. Dass vermeintlich nicht kommerzialisierbare immaterielle Vermögensobjekte zur entscheidenden Ertragsquelle geworden sind, hängt auch damit zusammen, dass damit vernetzte, öffentlich finanzierte, aber auch privat erstellte Infrastrukturen Sach- und Anschlusszwänge zur Folge haben, die ein Leben außerhalb dieser Infrastrukturen, Kommunikationssysteme und Wirtschaftskreisläufe faktisch verunmöglichen und uns Bedürfnisse aufnötigen – wir sind gezwungen sie tagtäglich zu nutzen. Wir sind Teil dieser Netzwelt – ob wir wollen oder nicht.

Auch wenn diese Abschöpfungsökonomie in der Praxis funktioniert: Die moderne Zweiteilung in (»am Markt«) verdiente Profite und durch Umverteilung zustande kommende, ergo unverdiente (Monopol-)Renten droht legitimatorisch leer zu laufen. Das erschwert die Abgrenzung von rent und profit. Es gibt nicht länger sinnfällig auf der einen Seite die Herstellung von Gütern und auf der anderen Seite wirtschaftsfremde und wettbewerbsverzerrende Aktivitäten des *rent-*

seeking. Den Beziehern von Transfereinkommen ist im Ernst nur vorzuwerfen, dass sie das *rent-seeking* nicht als privatwirtschaftliches Geschäftsmodell optimiert haben, sondern noch auf den Staat setzen.

Technologische Infrastrukturen und Standards erzeugen über die unmittelbare Herstellung von Gebrauchswerten hinaus gesellschaftliche Nutzungsformen und regelrechte Nutzungszwänge. Der Nutzen solcher Kollektivgüter steigt mit der Zahl der jeweiligen Nutzer und dem Grad ihrer Abhängigkeit. Ihr »Wert« (die erzielbare Rente) steigt andererseits in dem Maße, in dem andere von der kostenlosen Mitnutzung ausgeschlossen werden können, die Nutzung aber gleichwohl sozial mehr oder minder alternativlos ist. Es geht um Institutionalisierung und Schließung gleichzeitig, um private Monopole, die mit Hilfe der öffentlichen Eigentumsordnung durchgesetzt werden. Solange die technische Infrastruktur im Wesentlichen öffentlich finanziert ist, kann der kollektiv geschaffene oder zumindest ermöglichte Ertrag nicht nur privat angeeignet werden, er kann zugleich ein Rechtfertigungsnarrativ nähren, demzufolge die Wertschöpfung genau dort stattfindet, wo der Wert abgeschöpft wird.

Natürlich ist der Einwand richtig, dass konkrete Produkte auch heute noch in der Regel ein physisches Substrat besitzen. Dies gilt für Medikamente wie für elektronische Geräte. Die strategische, für die Durchsetzung von Preisforderungen entscheidende Komponente allerdings ist auch in solchen Fällen immateriell, betrifft Basistechnologien, Steuerungselemente, Design, Zertifizierungen usw. Von dieser Verschiebung nicht nur der wertmäßigen Produktkomposition, sondern entscheidender Gebrauchseigenschaften sind auch traditionelle Warenkategorien betroffen. Die Frage der Eigentumsfähigkeit ist an die Möglichkeit der Verknappung, der Zugangskontrolle und des Nutzungsausschlusses gebunden: Im Interesse privater Verfügungsrechte muss das Free-Rider-Problem mit Hilfe einer Eigentumsordnung gelöst werden, die durch das öffentliche Gewaltmonopol gedeckt ist. Gebrauchswerte als Nutzenversprechen werden nicht über ihre physische Materialität bzw. Identität, sondern über soziale Praktiken und Konventionen stabilisiert. Das Bretton-Woods-System, die stoffliche Deckung des Geldes durch Gold, wurde nicht nur in der Finanzökonomie abgeschafft. Ganz so wie der physische »Urmeter« in Paris haben auch die Goldbarren in Fort Knox inzwischen als Referenzgrößen oder stoffliche Garanten ausgedient. Die soziale Materialität des Block-Chain-Zeitalters besteht in Routinen, Rechenvorschriften und Algorithmen.

Freiheit ist die neue Hölle: Ein Ausflug in den Neofeudalismus

Das Problem eigentums-basierter privater Macht einerseits, der schleichenden Privatisierung der öffentlichen Ordnung andererseits, markieren eine Situation, in der aktuell Freiheit im Namen der Freiheit abgeschafft wird. Die Idee der Privatisierung öffentlicher Infrastrukturen ist keine bloße Ideologie, sondern geläufige Praxis nicht nur im mittleren Westen. Private Vertragsdurchsetzungsagenturen mitsamt ihren sozialen Nebenkosten, wie wir sie aus Mafiafilmen kennen, sind meist gar nicht erforderlich. Mit Hilfe der staatlichen Rechtsordnung werden mit großtechnischen Infrastrukturen verknüpfte Eigentumsrechte etabliert, die dazu dienen, Kontroll- und Ausschlussprozesse sehr viel radikaler zu gestalten als dies im Rahmen öffentlich-rechtlicher Regelungen zu erreichen wäre.

So bedenklich also der Umstand sein mag, dass auf der Basis öffentlich finanzierter Forschung und Infrastruktur(ausbau) private Monopole errichtet werden; nicht weniger problematisch ist die Tendenz der Privatisierung, wenn an die Stelle hoheitlicher, an entsprechende Legitimitätsvoraussetzungen gebundene, Eingriffe eine privatrechtliche Vertragsgestaltung tritt, bei der nach dem Grundsatz volenti non fit injuria sich die zwanglose Kraft eines Angebots, das man nicht ablehnen kann, nötigend Geltung verschafft. War bislang die sanktionsbewehrte Eigentumsordnung qua öffentlichem, also allgemeinen Gesetzen folgendem, Gewaltmonopol ausschlaggebend, so beginnt inzwischen ein Wettbewerb privat-rechtlicher Ordnungssysteme, der zur Folge hat, dass die entscheidenden Macht- und Einkommensquellen nicht wie in der konventionellen Markttheorie die Leistungsbeiträge einzelner Marktteilnehmer sind, sondern die Verfügung über Errichtung und Durchsetzung von privaten Ordnungen, wie wir sie uns gerne in Wildwestfilmen oder in Fantasy-Serien vorführen lassen, die beim intriganten Kampf um Thronansprüche keine Trennung von privater und öffentlicher Ordnung kennen.

Machtverhältnisse und im Extremfall auch sklavenartige Ausbeutungsbeziehungen verschwinden unter dem Schleier privatrechtlicher Vertragsfreiheit. Asymmetrische Marktmacht, die Abhängigkeit von Plattformen, Netzwerken und Standards erscheint als Basis freiwilliger, durch die Vertragsfreiheit gerechtfertigter, »spontaner Ordnungsbildung«, die durch öffentliche Eingriffe möglichst nicht behindert oder verfälscht werden darf. Im Grenzfall wird die Eigentumsordnung selbst zum Ergebnis privater Vereinbarungen. Das globale Unternehmen produziert mit seinen Nicht-Produkten zugleich seine institutionellen Rahmenbedingungen selbst, die das klassische Industrieunternehmen historisch schlicht vorfand.

»Failed State«? Die Investoren finden, falls eine humanitäre Militäraktion nicht erreicht werden kann, notfalls eine privatwirtschaftliche Lösung. Die öffentliche Ordnung muss notfalls als private Leistung geschaffen werden – und da sind die Schlüsselunternehmen des Plattformkapitalismus in dieser Doppelrolle Vorreiter – ganz so wie auch der Feudalherr zugleich Gerichtsherr und Grundeigentümer war: Digitale Plattformen ermöglichen die privatwirtschaftliche Organisation und Regulierung von Märkten. Es bilden sich hybride Gebilde wie das Internet heraus, die nicht staatlich, aber auch nicht Privateigentum sind, ein Nebeneinander von Ordnungsfragmenten. Die Kontrolle über die Organisation von Märkten ist für die Möglichkeit entscheidend, Wissen eigentumsfähig zu machen, in ein handelbares Wirtschaftsgut zu verwandeln, Zugangskontrolle wirksam zu organisieren und damit privatwirtschaftliche Machtpotenziale zu steigern ohne Haftungsrisiken zu übernehmen.

Jenseits der Abstraktion?

Schwer zu fassen ist heute nicht allein das »Wertding«, der Wertcharakter der Ware. Der an der Warenanalyse abgelesene Prozess der »Realabstraktion« begnügt sich nicht länger damit, dass im Warentausch, in der Gleichsetzung zweier Waren als Wertäquivalenten, von der konkreten Materialität der Warenkörper abstrahiert wird. Dass der Gebrauchswert der Ware selbst abstrakt wird, das bedeutet inzwischen nicht mehr bloß, dass das Ikea-Regal vom modernen »Prosumenten« erst noch aufgebaut werden muss. Nein, die Ware, die wir heute erwerben, besteht vielfach nur noch – überspitzt gesagt – in der Montageanleitung bzw. in dem Recht, sie aus dem Netz herunterzuladen.

Aber wie neu ist diese Entkörperlichung des Warenkörpers? Nell Quickly, bei Shakespeare noch respektvoll als Hostess adressiert, bei Marx dann nicht mehr Mistress Quickly, sondern Wittib Hurtig, ist ja im Grunde denkbar ungeeignet, als schlichtes Modell »sinnlich grober Gegenständlichkeit des Warenkörpers« zu dienen. Sie erklärt dem ehrenwerten Sir John Falstaff deutlich genug: »Ich bin kein Ding!« Der bezeichnet sie daraufhin als »Biest, als Fischotter«. Und als das dann auch der Prinz of Wales nicht versteht und fragt: »Why an otter?«, erläutert er: »Ein Biest, das weder Fisch noch Fleisch ist; ein Mann weiß nicht, wo er das Biest fassen kann.« Nicht, dass »man« weiß, »wo sie zu haben ist«, charakterisiert also Nell Quickly für Shakespeare, sondern dass sie (wider-)spricht, sich zum Verdruss von Sir John den etablierten Binaritätsnormen entzieht, so dass ein Mann nicht weiß, wo er »das Biest fassen« kann (Shakespeare 1981 [1598]: 89). Sollte die Subversion der Wertabstraktion gar nicht an die stoffliche Materialität des Gebrauchswerts, an die vermeintlich natürliche Identität der Dinge gebunden sein?

Literatur

Boltanski, Luc/Esquerre, Arnaud (2017): *Enrichissement. Une critique de la merchandise.* Paris: Gallimard.

Marx, Karl (1970 [1867]): *Das Kapital. Kritik der politischen Ökonomie*, Bd. 1, MEW 23. Berlin: Dietz.

Shakespeare, William (1981 [1598]): *König Heinrich der Vierte*. Erster Teil. Frankfurt a. M.: Insel.

Reflections on the refeudalization process: back to the future

Robert van Krieken

Tancredi Falconeri: »Wenn wir wollen, daß alles so bleibt, wie es ist, dann ist es nötig, daß sich alles verändert.«
Giuseppe Tomasi di Lampedusa, Der Leopard (1959: 32).

For some time now there has been no dispute that a variety of features of contemporary social, political and economic life are, if not in crisis, undergoing major transformations. Democracy, liberalism, the rule of law, capitalism, the relationships between humans and the natural world and animals, are all being understood as being in decline, undermined, in crisis, or approaching catastrophic tipping points. Following the 2008 financial crisis and the apparently unstoppable division of the world into the ultra-rich and the precariat, alongside the accelerating crisis of global warming and the turn towards populism and authoritarianism, there are now numerous discussions of whether and how both capitalism and democracy might be coming to an end (Streeck 2014, 2016; Moore 2016; Wallerstein et al 2013), or being turned into a »new despotism« (Keane 2020).

On the one hand, the core conceptual orientation in many such accounts is that the transformations at issue constitute a »new«, previously unknown, development moving significantly beyond the world we have known so far, using the prefix »post-« and words such as breakdown, end, or collapse. On the other hand, another currently popular construction of the line of historical development taking place is that the crises of both democracy and capitalism can be understood in terms of the re-emergence of pre-democratic, pre-capitalist structures that reproduce feudal structures, particularly in relation to the increasingly unequal distribution of power and wealth (Kotkin 2020). The terms used here include neofeudalism and the new medievalism.

The outstanding virtues of Sighard Neckel's seminal analysis of the refeudalization of society are, first, that it points us towards a conception of the historical trajectories of democracy and capitalism that bridges these two different orientations, being attentive to both continuities and divergences, to the ways in which that historical development should be understood as a long-term, often paradoxical process, rather than consisting of a movement from one era or epoch to a completely different one. Second, that these lines of transformation are not simply linear, but in reality layered, so that older, apparently abandoned social forms can resurface in new forms that nonetheless reproduce their original inner logic.

Third, the importance of a theory of the public sphere in understanding the crises of both democracy and capitalism.

It is important to be attentive to the possibility, then, that when Marx and Engels (2012 [1848]: 77) wrote that with the development of capitalism »all fixed, fast-frozen relations, with their train of ancient and venerable prejudices and opinions, are swept away«, and »all that is solid melts into air«, they might have been wrong. Those ancient and venerable prejudices are more persistent, and all that is solid may melt, but not into air, rather into new forms of itself that retain many of its core characteristics. One should note that the English translation is extremely free and far more poetic than the original German: »Alles Ständische und Stehende verdampft«. Marx and Engels were referring to the »melting down« of something quite specific: the hierarchical structuring of society into fixed social orders. In other words, »all that is »feudal« melts into air«. Except perhaps it doesn't.

In this paper, I will start by reconstructing the core elements of Neckel's account of refeudalization, beginning with the way that Habermas originally used the term in relation to the structural transformation of the public sphere. Second, I will then outline the ways in which Neckel's account resonates with related bodies of scholarship, including Kaltmeier's mobilisation of the concept in relation to Latin America, Alain Supiot's discussion of the legal dimensions of the refeudalization process, and Frank Ankersmit's analysis of the structural dilemmas of representative democracy. The paper will conclude with some observations on the significance of Neckel's particular approach to refeudalization, with its emphasis on the public sphere, as well as outlining some possible lines of further research that can fruitfully develop the concept of refeudalization, such as with reference to John Keane's (2020) conception of what he terms »the new despotism«.

Sighard Neckel and Refeudalization

Neckel's (2013: 40) account begins by noting the widespread inclination in contemporary analyses of the political economy of neoliberalism and financial capitalism to conclude, »dass der moderne Kapitalismus unserer Gegenwart augenscheinlich dabei ist, die Gesellschaft in längst vergangen geglaubte Zeiten feudaler Strukturen, ständischer Privilegien und aristokratischer Oberschichten zurückzuführen«. Neckel mentions a number of commentaries in Die Zeit, the Frankfurter Allgemeine Zeitung, and the New York Times, but there is also a wider-ranging scholarly debate drawing on the concept of a re-emergent feudalism (Tanner 2015). Neckel (2013: 49) then observes that the ways in which concepts like neo-feudalism have been used to analyse key mechanisms of contemporary capitalism indicate that those mechanisms »weisen denn auch zahlreiche formale Ähnlichkeiten mit dem Strukturwandel auf, den Habermas hinsichtlich der Öffentlichkeit identifizierte«. Putting that alongside the fact that the current crises are also approached in terms of a deterioration of political communication in post-democracy (Crouch 2004), or the new structural transformation of the public sphere (Imhof 2003, 2011, 2014), Neckel emphasises the importance of engaging in greater depth with Habermas's original characterization of the structural transformation of the public sphere as its »refeudalization« (Habermas 1999 [1962]: 292). But what did Habermas mean by that?

Habermas distinguished between a form of public sphere or »publicity« loosely termed »feudal«, and what he understood as the bourgeois form of public sphere, which also constituted two different understandings of »representation«. In the former, »repräsentative Öffentlichkeit«, the aristocracy did not »represent« the nation or the people in the sense of »standing for« them, because they simply »were« the nation and the people. In Habermas's formulation, »feudal« society was one where there was an absence of a sense of the private, and the emergence of *bourgeois* society signified precisely the separation of public and private spheres.

For Habermas the shift towards advertising and public relations in the realm of public communication, its »Strukturwandel« as commercial interests took control of the mass media, should be understood in part as operating according to a similar logic to »representative publicity«, and in that sense echoing the structure of older, feudal forms of representation. He does not mean the revival of representative publicity, but the borrowing of its traits in »einer refeudalisierten bürgerlichen Öffentlichkeit« (ibid. 1999 [1962]: 299) organized around propaganda, public relations, media management, and advertising. In Habermas's formulation, refeudalization means essentially the domination of the mass media and public communication by private interests and the ethos of advertising and public relations (for more recent development of this argument, see Imhof 2003, 2014 and Warner 2013). He argues that as corporations had managed to construct consumption as citizenship, the state in turn became subjected to the same »code« as mass entertainment, public relations and advertising, and also had to address its citizens as consumers (Habermas 1999 [1962]: 292).

»Publicity«, to use Habermas's term, or engagement in the public sphere, became in the early years of the twentieth century, concerned »das Prestige der eigenen Person zu stärken, ohne die Kompromißmaterie selbst zum Thema einer öffentlichen Diskussion zu machen« (ibid. 1990 [1962]: 299). The affinity that modern publicity has with feudal publicity is the return of the «Aura persönlich repräsentierter Autorität« (ibid.), that is, the personalisation of politics (for an overview, see van Krieken 2019: 118ff.). The affinity between modern and feudal publicity is anchored in the fact that the public sphere »wird zum Hof, vor dessen Publikum sich Prestige entfalten läßt – statt in ihm Kritik« (Habermas 1990 [1962]: 299). The separation of public and private spheres originally constitutive of the alliance of capitalism with democracy and early modern state-formation – Neckel terms it »bourgeois society« – thus turns out to be fragile, and the boundary between them unstable.

Neckel notes in this observation about the privatization of politics and the public sphere a convergence between the approaches of Habermas and Colin Crouch (2004) in Post Democracy. Crouch does not refer to feudalism, but when he speaks of a »return to an earlier time« (ibid.: 23), observing that »politics and government are increasingly slipping back into the control of privileged elites in the manner characteristic of pre-democratic times« (ibid.: 6), this is a logic of »regression« with a clear affinity with Habermas's refeudalization argument.

Against this background, Neckel then goes on to argue that the concept of a refeudalization process has much wider applicability beyond the analysis of the mass media and political communication, which lay at the heart of Habermas's (2013: 49) conceptualisation of the shift from feudal to *bourgeois* society. For Neckel, Habermas's construction of the concept »refeudalization« is particularly important because it avoids the idea of some sort of anachronistic »return« to feudal relations, or indeed the linear logic his »colonisation of the lifeworld« thesis, drawing out attention instead to a »gesellschaftliche Dynamik der Gegenwart, die Modernisierung als Abkehr von den Maximen der bürgerlichen Sozialordnung vollzieht« (Neckel 2013: 48). Neckel's aim, then, is »to show that numerous sectors of society are undergoing a transformation that, in the course of a neoliberal modernization of economy and society, is reviving pre-modern social forms, hierarchies, and power structures« (ibid. 2019: 4).

As model of social development, across all of his accounts of refeudalization (Neckel 2010, 2013, 2016, 2019), he highlights a variety of interrelated dimensions of refeudalization processes. In relation to the structure of society, the dramatically increasing extent of economic inequality (Piketty 2013) and the increasingly entrenched division of society between the ultra-rich and the rest of the world appears to be driven by the emergence of logic of wealth accumulation that cannot be explained by the »Regeln einer bürgerlichen Wettbewerbsordnung« (Neckel 2013: 44), but by their subversion in the interests of a shift towards rent-seeking capitalism – the accumulation of wealth on the basis of social position, market control and »monetären Anspruchstiteln« (ibid.). As Neckel (2019: 481) puts it: »While the lower strata are exposed to deregulated labour markets extending to the return of non-free work, numerous institutions were created for the top earners, which establish guaranteed claims to maximum income precisely in virtue of deactivating market processes and competition.« This tendency towards the entrenchment of oligarchies can be understood as a refeudalization process, in the sense that:

»dichotome Sozialgruppen, die untereinander keine Statuswettbewerbe mehr kennen, sondern nurmehr gegenseitige Abschottung in untereinander vollkommen unvergleichbaren Lebenslagen – eine statische Sozialstruktur mit ständischer Beharrung, im Unterschied zu den dynamischen Prozessen sozialer Mobilität, wie sie für die moderne Gesellschaft als charakteristisch gelten« (Neckel 2013: 44).

Rather than the structure of static estates having been swept away by capitalism, it appears that the two can live alongside each other perfectly well (Kotkin 2020).

In his later work he has also drawn attention to developments at the other end of the inequality spectrum, the global spread of unfree labour, and the increasing decoupling of work organization from the norm of equality before the law (Neckel 2019: 477ff.). This can be seen in particular in relation to female labour market sectors such as care and domestic labour, where more and more female workers are now trapped in forms of work that contradict a range of central norms of *bourgeois* society: separation of private and public spheres, the distinction between work and home, the difference between a salary and a personal gratuity. More broadly, unfree labour is becoming increasingly entrenched around the world, as forced migration resulting from wars and climate crises generates ever-increasing numbers of workers vulnerable to labour exploitation and debt bondage. This is not a design flaw in capitalism, but an essential aspect of its operation. In Neckel's (ibid.) words, »it is the modern trends towards the transnational commodification of work that are driving workers back into the forms of existence of low-status social strata familiar from the pre-industrial era«. Philip Corrigan (1977) suggested that unfree labour is not a feudal relic, but a capitalist monument, and the implication of this analysis is that it is both.

These changes in social structure are accompanied by related economic shifts, especially the spread of economic forms based mechanisms very similar to feudal economies, the emergence of profit without risk and rentier capitalism, and the neo-feudal status of global financial elites (Neckel 2013: 51; Neckel/Hofstätter/Hohmann 2018). As Neckel (2013: 51) writes:

»Denn wie die Rente des Grundbesitzers auf dem angeeigneten Teil des ländlichen Nettoprodukts beruht, ohne dass dafür eigene Anstrengungen notwendig sind, so führt die heutige Finanzialisierung des Kapitalismus dazu, dass Kapitalakkumulation sich ohne Investitionen vollzieht und Besitztitel Erträge garantieren, ohne dass damit ein unternehmerisches Risiko verbunden gewesen wäre. Darin ähneln die ›Eigentümer ohne Risiko‹ viel stärker feudalen Landlords als dem bürgerlichen Unternehmer.«

Also closely connected, in normative and cultural terms Neckel (ibid.: 49) observes in »der Rechtfertigungsordnung des Finanzmarktkapitalismus« a shift from a bourgeois norm of merit-based performance to market success, the celebrification of the global financial elite and the dominance of a winner-take-all logic (Neckel 2006, 2008; Neckel/Hofstätter/Hohmann 2018). The normative dimension of the emergence of an estate-like social structure is a distinction, then, between increasingly precarious, if not unfree, workers subjected to every-intensifying performance expectations without any accompanying reward, and a »Reichtumsoligarchie« whose astronomical returns »weder auf Arbeit noch auf Investition noch auf Risiko beruhen und die somit der modernen Welt sozialer Ungleichheit gar nicht mehr anzugehören scheinen« (Neckel 2013: 53).

Neckel also observes shifts in the operation of the welfare state: the privatisation of state expenditure, the transformation of private into public debt, the rise of philanthrocapitalism, and the increasing role of voluntary welfare agencies and NGOs. He points to a boom, for example in private charitable foundations in Germany, which »in der Öffentlichkeit häufig als Zeichen eines neuen sozialen Verantwortungsgefühls bei den Reichen bewertet [wird], ebenso wie etwa auch die Verbreitung von Corporate Social Responsibility in der Unternehmensführung« (ibid.). Here Neckel speaks of the revival of a »monarchical principle« of noblesse oblige among the rich gradually taking the place of welfare state principle of a right to social support.

Three conceptual points are central to Neckel's analysis of all these dimensions of refeudalization processes: first, the use of the term »refeudalization« rather than an 'ism « like »neo-feudalism« or »neo-medievalism« is crucial, because it highlights the long-term processual character of the developments being described, anchoring current experiences of globalisation, neo-liberalism, rising inequality, and so on in their historical contexts. This emphasises the need to think in terms of a dynamic »process« rather than a static state or condition.

Second, in order to understand the logic and dynamics of refeudalization processes, Neckel suggests that they can be seen as one of the »paradoxes of capitalist modernisation« (Hartmann/Honneth 2004, 2006; Honneth 2002), and that this notion of paradoxical development is necessary to avoid seeing the developments at issue in over-simplified and linear terms as a mere »return« or »regression« to an earlier historical stage (Neckel 2013: 47). More precisely, explaining the concept of paradoxical development, he (ibid. 2010: 11) writes:

> »Derselbe ökonomische Entwicklungsprozess, der immense materielle Zugewinne in Aussicht stellt, sorgt zugleich dafür, dass immer größere Bevölkerungsteile von ihnen ausgeschlossen werden. Derselbe gesellschaftliche Prozess, der die Ökonomie zur Struktur eines Finanzmarktkapitalismus modernisiert hat, etabliert soziale Formen der Verteilung von Einkommen, Anerkennung und Macht, die in zeitgemäßen Erscheinungsweisen ursprünglich vormoderne Muster der sozialen Ordnung aktualisieren.«

Neckel highlights this particular aspect of Habermas's original understanding of refeudalization, in which the effect of the ongoing modernisation of the public sphere has been to undermine and eventually destroy its original foundations, the separation of the private and public spheres. As Neckel (2013: 47) puts it more broadly: »Gesellschaftliche Funktionssysteme können dadurch im Fortgang ihrer Modernisierung jenen bürgerlichen Charakter verlieren, dem sie einst ihren Ursprung verdankten.«

Third, a key characteristic of contemporary capitalism is then that, in the process of its on-going modernisation, the linkage between capitalism and *bourgeoisie* is being weakened to the point of being broken. As he (ibid.: 54) puts it: »Die historische Verbindung von Kapitalismus und Bürgerlichkeit gelangt im 21. Jahrhundert offenbar an ein Ende. Kapitalismus und bürgerliche Gesellschaft bedingen sich nicht mehr – sie sind vielmehr Gegensätze geworden. Als paradoxe Folge daraus entsteht ein moderner Kapitalismus ohne Bürgerlichkeit.«

Capitalism thus appears to be in a process of being decoupled from, not just bourgeois forms of public communication in the public sphere (Habermas 1999 [1962]), but also from the forms of social interaction, social solidarity, moral community and the types of legal norms, which underpinned the transition from feudalism to capitalism itself. One is reminded here of Weber's observations about the uncoupling of capitalism from one of its original driving forces, religious asceticism, having reached a point in its development where it no longer required the support of the Protestant ethic, so that »als ein Gespenst ehemals religiöser Glaubensinhalte geht der Gedanke der ›Berufspflicht‹ in unserm Leben um« (Weber 2016 [1920]: 171). Similarly, today, the danger is that concepts like democracy, accountability, representation, equality, the welfare state, and the public sphere have become zombie categories (Beck/Beck-Gernsheim 2002), the ghost of dead political ideals.

Global Refeudalization – Olaf Kaltmeier and Latin America

Another important contribution to the refeudalization debate is Olaf Kaltmeir's (2020) examination of the ways in which the concept can be used to analyse developments in Latin America. This example is particularly significant because of the region's specific location in the capitalist world system, and the role of the concept »feudalism« in the analyses of the political economy of development and underdevelopment. Building explicitly on Neckel's account, he extends it by emphasising the global character of the refeudalization process, in particular the varying forms that it can take in different parts of the world. In contrast to the concentration of most commentary on the EU, he highlights the spatial differences and interdependencies across the core-periphery relations of the world capitalist system. Kaltmeier emphasises the problem of rethinking »temporality«: just as there can be interweaving, multiple modes of production, especially evident in Latin America (Laclau 1971), there can also be interweaving temporalities, the simultaneous existence of different epochs or eras.

Like Alain Supiot (2007, 2013, 2017), on whose work (discussed below) he also draws, he notes the significance of the breakdown of the public/private distinction, but goes on to stress the »cultural« content as well as the social, political, economic and legal form of refeudalization. In Latin America in particular, the cultural dimension of refeudalization includes the rising influence of a re-evaluation of the colonial aesthetic heritage, and he refers to Bauman's (2017) concept of »retrotopia«, the positive, nostalgic celebration of past historical periods, as well as his own arguments around »retrocoloniality« (Kaltmeier 2011, 2017).

There is not the space here to go into Kaltmeier's account in any detail, but two conceptual points stand out especially strongly: first, Kaltmeier's (2020) examination of the Latin American context makes it possible to attend to the linkage between refeudalization and »re-colonisation« (not his term). As he (ibid.: 21) puts it:

> »Für Lateinamerika ist dabei die Verschränkung der aktuellen Konjunktur der Refeudalisierung mit Tiefenstrukturen der Kolonialität zentral. In dieser Region kann – wenn wir lokale Unterschiede einmal außer Acht lassen – die globale Konjunktur der Refeudalisierung auch als erneute Konjunktur der Kolonialisierung begriffen werden.«

Second, like other observers, he comments on the linkages between refeudalization processes and the exacerbation of social inequality, but he also includes »kulturelle[] und räumliche[] Exklusion, ökologische[] Degradation« und die »Tendenz zum politischen Despotismus« (ibid.: 22). A central characteristic of refeudalization is the continuously strengthening linkage of economic and political power, and it is this which underpins the despotism of the »Geldaristokratie«.

Law, Representation and Refeudalization – Alain Supiot and Frank Ankersmit

The French legal scholar Alain Supiot (2007, 2013, 2017) makes no reference to Habermas, but his writings on the concept »refeudalization« has played a central role in a significant and growing body of scholarship on legal developments in France, especially in relation to labour law and corporations law.

Supiot's starting point is that it is a mistake to think that particular forms of the exercise of power have simply disappeared under the weight of modernisation and the development of democracy and capitalism. As he puts it, »[t]he dogmatic categories of the past do not fit neatly into a linear history but constitute a reservoir of sense which can always reemerge and produce new normative effects« (Supiot 2013: 138). He works to challenge the associations made by the concept of »modernization«, or even »capitalism« as a system that transcends feudalism, as implied by the phrase »transition from feudalism to capitalism«. His particular focus is on the re-emergence of various legal structures usually regarded as characteristic of feudalism, as integral to the major institutional break that constitutes the turn to neoliberalism, postmodernity, and the acceleration of processes of globalisation. Supiot suggests that neoliberalism and postmodernism should be regarded as indicative of refeudalization to the extent that they involve the decentring and privatisation of the exercise of power, the erosion of state sovereignty, and a shift from a »government of laws« back to a »government of men«. As he (ibid.: 167) puts it: »The decline in nation-state sovereignty […] has breathed new life into feudal structures, with the resurgence of the feudal dimension of our contractual culture: the contract is used today as was the bond of vassalage in the past, to enmesh free persons within a network of obligations which both encloses and goes beyond them.«

For Supiot (2017: 213) these shifts constitute a rupture so significant that it is possible that the period of the rule of law may be coming to an end.

Like Habermas and Neckel and most other observers, Supiot explicity argues against the notion of a »return« to the Middle Ages, referring instead to the re-emergence of »the structures against which, and on the rubble of which, the nation state was first erected« (ibid.: 214). He believes that the legal concepts of feudalism – fiefdom, vassalage, serfdom, parcellization of sovereignty, suzerainity – are very useful to grasp the logic of current developments with greater precision than globalisation, postmodernism or neoliberalism.

Supiot notes that the network society is a feudal invention, and alongside globalisation, neoliberalism, postmodernity results in shift from government of laws to government of men, or from rule-governed law to »ties of allegiance«. He points to a wide array of features of contemporary society that lead in this direction:

- The retreat of the state from legal regulation, in favour of transnational and non-state bodies such as the EU, the WTO, the IMF, G7, G20, and so on.
- The growing prevalence in today's global legal order of »forum shopping«, the practice of simply seeking the jurisdiction likely to produce the most favourable outcome in any legal dispute. This generates »an international market of legal rules where different national legislations compete like commercial products for the favor of the customer who is out to get the best value for money« (Supiot 2013: 136).

- The spread of contractualisation, in which the principle »no contract without law« is replaced by »no law without contract«, resulting in a shift from a uniform rule of law to a rule of »ties of allegiance«, especially when contracts are written to bind whole groups or categories of people and organisations, rather than individual people or organisations.
- Decentralisation and devolution of government, generating modern forms of fiefdoms.
- The shift from sovereigny to suzerainity: The sovereign's power is comprehensive, establishing authority over all their subjects, and this is the aim of the rule of law. In contrast, the suzerain, the form of political power more characteristic of the medieval world, has only immediate authority over their vassals, but not their vassal's vassals (ibid.: 140). For Supiot (2017) this is the model of governance by numbers, or what others have termed liberal governmentality (Foucault 2000 [1979]), governing through freedom (Rose 1999), or governing at a distance (Miller/Rose 1990; Kickert 1995). The EU is the most striking example of suzerainty: its power over the EU population is indirect, mediated by the nation-states that have agreed to be its vassals. Another example would be the IMF, which also exercises its power over populations via acts of allegiance to its authority by participating national governments (Supiot 2017: 215f.). The paradox is that it is precisely the pursuit of impersonal governance by numbers that re-invents »ties of allegiance« based on particularistic, personal bonds.
- The re-emergence of serfdom, in the form of sub-contracting, precarious employment such as Uber, Airtasker, or zero-hours contracts. A growing body of workers may own the means of production (their car, their bicycle), but remain bound to the production of profit for their »lord«, as serfs were in the Middle Ages.

All of these tendencies then need to be analysed with reference to the qualification that »the return of a structure does not mean a repetition of the past, but rather the emergence of new structures which recycle elements of the systems they replace« (ibid.: 225). He does not use the term, but it is possible that »reassemblage« captures the logic of his argument.

The Dutch intellectual historian Frank Ankersmit (2016) similarly observes a paradoxical return to feudal forms of governance. As he (ibid.: 130) puts it: »Unsere überstürzte Flucht in die Zukunft endete in einer zweifellos unbeabsichtigten Affirmation des Mittelalters. Auf paradoxe Art und Weise kann sich daher eine profunde Kenntnis der rechtlichen und politischen Struktur unserer mittelalterlichen Vergangenheit als bester Wegweiser in unsere politische Zukunft erweisen.«

Central to this shift has been a tendency for a retreat of the state in favour of various transnational bodies. He mentions the EU, international courts, and arbitration commissions, (ibid.), but one would also include the IMF, the World Bank, the UN, the plethora of NGOs, multinational corporations, and so on. Ankersmit also notes that the distinction between public and private law was fundamental to the post-feudal world (Moskalewicz/Ankersmit 2007: 268), and the trend towards privatisation means that public competencies have been handed over to private entities which cannot, or can only poorly be held accountable for the performance of those competencies. For Ankersmit (2011: 37), this is clearly »a return to the practices of feudal government – the political system whose very essence it is to delegate public competences to private parties, such as prince, dukes, abbots, tax-farmers and so on«. The turn to privatization of government functions, of which the rise of Quangos (quasi non-governmental organisation) is one symptom, leads to »a strange renaissance of the world of feudalism« (Moskalewicz/Ankersmit 2007: 268), to the extent that the contracts between private entities like Quangos »are like the oath of allegiance that the vassal takes to his liege lord« (Ankersmit 2005).

The effect of the rising prominence of non-state actors (marketization, privatization, and so on) and the confusion of public and private law »is to alienate competences again from the people by investing them in our new feudal lords, these Quangos and their self-serving masters« (ibid.: 269). Like Neckel's global financial elite, this »new caste of managers in public service« approximate the »Ancien Regime's« nobility, albeit without »the good taste, manners and subtlety of the pre-revolutionary nobility« (ibid. 2011: 37).

Ankersmit (2016, 2019) also emphasises the distinction between medieval and modern forms of political representation, with differing relations to sovereignty. Medieval representation was »synecdochic«, in the sense of a part representing the whole – i.e. the prince or the king represented the whole of society, as captured in the idea of »the king's two bodies« (Kantorowicz 2016 [1957]). Such representation was not aligned with sovereignty, which was distributed across the various entities making up medieval society – »parcellized«, to use Perry Anderson's (1974) term. These forms of representation and sovereignty both gave way with the rise of the Absolutist state, in favour of a »metaphoric« conception of representation in the sense that something external to what is being represented, comes to represent it, to stand in its place over and above it, and a »unified« conception of sovereignty, as articulated by Bodin (1992 [1576]) and Hobbes (1962 [1651]). As Ankersmit (2016: 128) puts it:

»Das Mosaik mittelalterlicher politischer Ordnung wurde ersetzt durch den Einheitsstaat, in dem jeder Einzelne unter die Autorität der Souveränität fiel – ob es sich um einen absoluten Monarchen oder um souveräne Aristokratien handelte. Synekdochische mittelalterliche Repräsentation musste moderner metaphorischer Repräsentation weichen.«

However, for Ankersmit this plants a fundamental contradiction right at the heart of representative democracies, because the synecdochic conception of representation remained part of the widerspread understanding of democracy – government by the people and for the people – while being entirely inconsistent with the reality of the metaphoric nature of representation and the exercise of modern sovereign power. He argues that representative democracies, as they currently function, should really be understood as »elective aristocracies« (ibid. 2011, and to argue against populism requires acknowledgement and acceptance of that fact (ibid. 2019: 233). The inescapable structural problem in representative democracies is that politicians are meant to be both representatives of their electorate and legislators, both lawyers and judges (ibid. 2014: 15), with a large proportion of political crises emanating from the inconsistency of these two positions.

In this analysis, the rise of populist politics is an example of refeudalization (ibid. 2019: 244ff.), bringing this inconsistency to the surface, a democratized version of medieval political representation. He concludes that representative democracy is likely to be torn between two opposing possibilities: either neo-medieval, synecdochical political representation, with similar levels of fragmentation and disorder to that of the Middle Ages; or the re-assertion of sovereignty in an absolutist sense and an acknowledgement that we are really living in an elective aristocracy, with all the possible losses of democratic rights and freedoms associated with that. A third possibility is a synthesis of the two, »avoiding both chaos and loss of liberty» (ibid.: 249), which has been possible to a greater or lesser extent, albeit unevenly, over the last century or so, but requiring a level of political skill and nuance that will not be easy to achieve.

Conclusion

In summary, the aspects of feudal society, politics and economics that all the contributors to the refeudalization debate feel are being given new life in a postmodern, globalized and neoliberal world include: a higher degree of social immobility (the return to estates), the division of the world into princes, lords, peasants, clergy, and in some regions warriors, to the exclusion of both the working class and the bourgeoisie (in the sense of the middle class), the expanding privilege and power of an aristocracy, even if differently defined and constituted, the expanding significance of extra-economic coercion, rather than »pure« market coercion, and the erosion of the private/public distinction in a variety of arenas, such as the new structural transformation of the public sphere and the privatisation of public responsibilities.

Two final comments by way of conclusion: first, Neckel's opening framing of the refeudalization issue in terms of Habermas's comments on the structural transformation of the public sphere remains a vital element of how the relevant developments are analysed. All the various processes of refeudalization examined by different writers from differing perspectives, particularly as they relate to the structure and dynamics of democracy, are closely tied to what is happening in the public sphere. As Scott Veitch (2019: 146) has argued:

»Not remaining beholden to the coercive power and discriminatory operation of dominant private interests, of ›privatisation‹ programmes and of the refeudalisation of social relations requires engaging at some point with the potential and the idea of the public...Whatever form it takes, however, it demands utilising public, political contestability as the test for assigning public and private value generally.«

Neckel draws on Kurt Imhof's (2003, 2014) work on the »new structural transformation of the public sphere«, and the connection between his arguments and the refeudalization thesis can useful be developed to draw out the significance of the media and forms of communication in shaping the structure and dynamics of democratic political representation.

Second, the connections between refeudalization and populism, which Frank Ankersmit (2019) has started to examine, as well as authoritarian forms of politics, deserve more detailed attention. John Keane (2020) has referred to the direction being taken by democracies around the world as »the new despotism«, which he (ibid.: 211f.) describes as »a world shaped and defined by forms of power that protect concentrations of wealth, manipulate communications media, and encourage people to behave like pusillanimous subjects of rulers who are both deeply corrupted and hostile to the ideals of a power-sharing democracy based on the dignity, freedom, and equality of citizens«.

For Keane (ibid. 239) the new despotism is »not a foreign reality outside and beyond these democracies. It is inside them, merely an extreme and better-functioning form of these democracies at their weakest and worst«, a form of power that transforms people into »willing instruments of rulers« (ibid.: 215). There are clear connections here with the observations on the expanding power of oligarchies, the retreat of the state, the effects of liberal governmentality, the shift from a »government of laws« to a »government of men«, and the internal contradictions structuring the functioning of representative democracies running through the account of refeudalization. Keane himself argues that »the new despotism is a form of extractive power with no historical precedent« (ibid.: 236), but the point of the refeudalization arguments is that this is only partly true, and that in some respects it constitutes a »reassemblage« of older forms of extraction, exploitation and political power.

One thing is certain: given the directions in which political life is moving today, regardless of the precise terms with which one approaches them, it remains important not to be conceptually shackled by an assumption that older, pre-modern forms of power have simply disappeared in the mists of history. Old logics of power can and do return to the surface of social and political life, the world can once again become divided a hierarchy of distinct «estates« driven by an implacable logic of extraction and exploitation of the many for the benefit of the few, for different reasons to be sure, but with very similar effects. There is clearly enormous research potential for the mobilisation of the concept refeudalization in relation to a wide variety of topics and issues that have to date been approached with terms such as neoliberalism, globalisation, postmodernity, or populism, in ways that help us to think about them in entirely new ways. For this reason alone, Sighard Neckel's arguments concerning the refeudalization of society, alongside the work of scholars working along related lines, are a vital contribution to the adequate understanding of the world we live in today.

Literature

Anderson, Perry (1974): *Lineages of the Absolutist State*. London: Verso.

Ankersmit, Frank (2005): »Privatisering bedreiging voor democratie«, in: *NRC Handelsblad* 20 October 2005.

Ankersmit, Frank (2014): »Sovereignty and Political Representation«, in: *Redescriptions* 17(1), S. 10–43.

Ankersmit, Frank (2016): »Vom Mittelalter zur Demokratie und wieder zurück«, in: Paula Diehl/Felix Steilen (Hg.), *Politische Repräsentation und das Symbolische*. Wiesbaden: Springer VS, S. 107–133.

Ankersmit, Frank (2019): »Synecdochical and metaphorical political representation: then and now«, in: Dario Castiglione/Johannes Pollak (Hg.), *Creating Political Presence: The New Politics of Democratic Representation*. Chicago: University of Chicago Press, S. 231–53.

Bauman, Zygmunt (2017): *Retrotopia*. Cambridge: Polity Press.

Beck, Ulrich/Beck-Gernsheim, Elisabeth (2002): »Zombie Categories: Interview with Ulrich Beck«, in: Dies. (Hg.), *Individualization institutionalized*. London: SAGE, S. 213–27.

Bodin, Jean (1992 [1576]): *On Sovereignty*. Cambridge: Cambridge University Press.

Corrigan, Philip (1977): »Feudal relics or capitalist monuments? Notes on the sociology of unfree labour«, in: *Sociology* 11(3), S. 435–63.

Crouch, Colin (2004): *Postdemocracy*. Cambridge: Polity Press.

Foucault, Michel (2000): »Governmentality«, in: James D. Faubion (Hg.), *The Essential Works of Foucault 1954–1984*, Vol. 3: Power. New York: Penguin, S. 201–222.

Habermas, Jürgen (1999 [1962]): *Strukturwandel der Öffentlichkeit. Untersuchungen zu einer Kategorie der bürgerlichen Gesellschaft*. Frankfurt a. M: Suhrkamp.
Hartmann, Martin/Honneth, Axel (2004): »Paradoxien des Kapitalismus. Ein Untersuchungsprogramm«, in: *Berliner Debatte Initial* 15(1), S. 4–17.
Hartmann, Martin/Honneth, Axel (2006): »Paradoxes of Capitalism«, in: *Constellations* 13(1), S. 41–58.
Hobbes, Thomas (1962 [1651]): *Leviathan*. London: Collins/Fontana.
Honneth, Axel (Hg.) (2002): *Befreiung aus der Mündigkeit. Paradoxien des gegenwärtigen Kapitalismus*. Frankfurt a. M.: Suhrkamp.
Imhof, Kurt (2003): »Politik im ›neuen‹ Strukturwandel der Öffentlichkeit«, in: Armin Nassehi/Markus Schroer (Hg.), *Der Begriff des Politischen*, Soziale Welt, Sonderband 14. Baden-Baden: Nomos, S. 401–418.
Imhof, Kurt (2014): »Der dünne Firnis der Zivilisation. Krisen in der Öffentlichkeit und die Krise der Öffentlichkeit«, in: *Zeitschrift für Theoretische Soziologie* 3(2), S. 304–338.
Kaltmeier, Olaf (2011): »Urban Landscapes of Mall-ticulturality. (Retro-)Coloniality and Identity Politics in Quito: The Case of the San Luis Shopping Center«, in: Ders. (Hg.), *Selling EthniCity: Urban Cultural Politics in the Americas*. Farnham: Ashgate Publishing, S. 93–114.
Kaltmeier, Olaf (2017): »On the Advantage and Disadvantage of Heritage for Latin America. Heritage Politics and Nostalgia between Coloniality and Indigeneity«, in: Ders./Mario Rufer (Hg.), *Entangled Heritages. Postcolonial Perspectives on the Uses of the Past in Latin America*. London: Routledge, S. 13–36.
Kaltmeier, Olaf (2020): *Refeudalisierung und Rechtsruck. Soziale Ungleichheit und politische Kultur in Lateinamerika*. Bielefeld: transcript.
Kantorowicz, Ernst H. (2016 [1957]): *The King's Two Bodies: A Study in Medieval Political Theology*. Princeton: Princeton University Press.
Keane, John (2020): *The New Despotism*. Cambridge: Harvard University Press.
Kickert, Walter (1995): »Steering at a distance: a new paradigm of public governance«, in: *Governance* 8(1), S. 135–157.
Kotkin, Joel (2020): *The Coming of Neo-Feudalism*. New York: Encounter Books.
Laclau, Ernesto (1971): »Feudalism and Capitalism in Latin America«, in: *New Left Review* 67(1), S. 19–38.
Marx, Karl/Engels, Friedrich (2012 [1848]): *The Communist Manifesto*. New Haven: Yale University Press.
Miller, Peter/Rose, Nikolas (1990): »Governing economic life«, in: *Economy & Society* 19(1), S. 1–31.
Moore, Jason W. (Hg.) (2016): *Anthropocene or Capitalocene?* Oakland: PM Press.
Moskalewicz, Marcin/Ankersmit, Frank (2007): »Sublime experience and politics: Interview with Professor Frank Ankersmit«, in: *Rethinking History* 11(2), S. 251–274.
Neckel, Sighard (2006): »Gewinner- Verlierer«, in: Stephan Lessenich/Frank Nullmeier (Hg.), *Deutschland – eine gespaltene Gesellschaft*. Frankfurt a. M./New York: Campus, S. 353–371.
Neckel, Sighard (2008): *Flucht nach vorn*. Frankfurt a. M./New York: Campus.
Neckel, Sighard (2010): »Refeudalisierung der Ökonomie: Zum Strukturwandel kapitalistischer Wirtschaft«, in: *MPIfG Working Paper* 10(6), S. 3–16.

Neckel, Sighard (2013): »›Refeudalisierung‹ – Systematik und Aktualität eines Begriffs der Habermas'schen Gesellschaftsanalyse«, in: *Leviathan* 41(1), S. 39–56.

Neckel, Sighard (2014): »Oligarchische Ungleichheit: Winner-take-all-Positionen in der (obersten) Oberschicht«, in: *WestEnd. Neue Zeitschrift für Sozialforschung* 11(2), S. 51–63.

Neckel, Sighard (2019): »The refeudalization of modern capitalism«, in: *Journal of Sociology* 56(3), S. 1–15.

Neckel, Sighard/Hofstätter, Lukas/Hohmann, Marco (2018): *Die Globale Finanzklasse.* Frankfurt a. M./New York: Campus.

Paul, Herman/van Veldhuizen, Adriaan (2018): »A retrieval of historicism: Frank Ankersmit's philosophy of history and politics«, in: *History & Theory* 57(1), S. 33–55.

Piketty, Thomas (2013): *Le Capital au XXIe siècle.* Paris: Éditions du Seuil.

Rose, Nikolas (1999): *Powers of Freedom: Reframing Political Thought.* Cambridge: Cambridge University Press.

Streeck, Wolfgang (2014): *Buying Time: The Delayed Crisis of Democratic Capitalism.* London: Verso.

Streeck, Wolfgang (2016): *How will Capitalism end? Essays on a failing system.* London: Verso.

Supiot, Alain (2007): *Homo Juridicus: On the Anthropological Function of the Law.* London: Verso.

Supiot, Alain (2013): »The public–private relation in the context of today's refeudalization«, in: *International Journal of Constitutional Law* 11(1), S. 129–145.

Supiot, Alain (2017): *Governance by Numbers: The Making of a Legal Model of Allegiance.* London: Verso.

Tanner, Jakob (2015): »Refeudalisierung, Neofeudalismus, Geldaristokratie. Die Wiederkehr des Vergangenen als Farce?«, in: Giovanni Biaggini/Oliver Diggelmann/Christine Kaufmann (Hg.), *Polis und Kosmopolis. Festschrift für Daniel Thürer.* Zürich: Nomos, S. 733–748.

Thürer, Daniel (2011): *Res publica: Von Menschenrechten, Bürgertugenden und neuen Feudalismen.* Zürich: Dike Verlag.

Tomasi di Lampedusa, Giuseppe (1959): *Der Leopard.* München: Piper.

van Krieken, Robert (2019): *Celebrity Society: The Struggle for Attention.* London: Routledge.

Veitch, Scott (2019): »Law and the public/private distinction«, in: Emilios Christodoulidis/Ruth Dukes/Marco Goldoni (Hg.), *Research Handbook on Critical Legal Theory.* Northampton: Edward Elgar Publishing, S. 135–150.

Wallerstein, Immanuel u. a. (Hg.) (2013): *Does Capitalism have a Future?* Oxford: Oxford University Press.

Warner, Jamie (2013): »The new refeudalization of the public sphere«, in: Matthew P. McAllister/Emily West (Hg.), *The Routledge Companion to Advertising and Promotional Culture.* London: Routledge, S. 285–297.

Weber, Max (2016 [1920]): *Die protestantische Ethik und der »Geist« des Kapitalismus.* Wiesbaden: Springer VS.

Strukturierte Verantwortungslosigkeit – Anmerkungen zu einem Grundprinzip der Marktvergesellschaftung

Jürgen Beyer

Bei Kolleg:innen bewundert man zuweilen bestimmte Fähigkeiten, weil man sie selbst nicht besitzt oder weil sie so überdeutlich zutage treten, dass sie gar nicht übersehen werden können. Bei meinem Hamburger Büronachbar Sighard Neckel bewundere ich u. a. seine Fähigkeit, Dinge auf den Begriff zu bringen. Mit einer seiner überaus schlüssigen Begriffskombinationen möchte ich mich in diesem Beitrag befassen, indem ich diese aufgreife und die Gedanken ein wenig schweifen lasse. Meine Gedankenreise wird mich in andere Gefilde führen, sodass ich am Ende eine andere argumentative Position als Sighard einnehmen werde, die aber letztlich nur eine andere Stimmlage im Chor der Kritik an den gesellschaftlichen Verhältnissen sein wird, in dem auch Sighard seine Stimme erhebt.

Die beschreibende Begriffskombination, mit der ich mich befassen möchte, ist jene der »strukturierten Verantwortungslosigkeit«. Im Zuge der Analyse der Bankenwelt im Anschluss an die Wirtschafts- und Finanzkrise haben Sighard und seine mit ihm forschenden Kolleg:innen diese Beschreibung der beobachteten Situation gefunden, welche die Aussagen der von ihnen befragten Personen trefflich auf den Punkt gebracht hat (Honegger/Neckel/Magnin 2010). Eine Finanzwirtschaft, in der komplexe Finanzprodukte entwickelt werden, die selbst im Bankensektor von kaum jemandem mehr verstanden werden. Der Glaube daran, dass sich Unsicherheit mit mathematischen Modellen in ein berechenbares Risiko verwandeln lässt. Die Hoffnung darauf, dass sich das eingegangene Hebelrisiko durch Bilanzbuchungstricks und die Gründung von Zweckgesellschaften unbeschadet kaschieren lässt. Ein Emotionsmanagement, das die Gier nach Profit in den Handelssälen ins Extreme steigert (Neckel 2011). Und die Kalkulation darauf, letztlich werde man schon »too big to fail« sein und im Krisenfall vom Staat vorm Konkurs gerettet werden. Ja, dies sind zweifelsohne Aspekte einer strukturierten Verantwortungslosigkeit.

Die Bezeichnung »strukturierte Verantwortungslosigkeit« reiht sich in Sighards Werk ein in weitere prägnante Kennzeichnungen, die er für die kritische Beschreibung aktueller Marktgesellschaften gefunden hat. Zusammen mit den Begriffen »Refeudalisierung« (Neckel 2010) und »Erfolgsgesellschaft« (Neckel 2008) ergibt sich etwa ein Begriffsdreieck, mit dem er auf eine Verfestigung einer statischen Sozialstruktur mit ständischer Beharrung hinweist, die auf der

Entkopplung von Leistung und Erfolg und dem Unwillen einer Reichtums-Oligarchie (Neckel 2016) beruht, individuelle Verantwortung für die gesellschaftlichen Folgen ihres Handelns zu tragen. Sighards Kritik zielt auf einen modernen Kapitalismus, dem die Bürgerlichkeit abhandengekommen ist: Die »ethische Geschäftsgrundlage« (Schnaas/Schwarz 2010) von Marktgesellschaften, wonach wirtschaftliches Wachstum und wirtschaftlicher Wohlstand durch Erwerbsfleiß und Leistungswillen zu gewährleisten sei und Individuen im Gegenzug auch Verantwortung für verursachten Schaden übernehmen müssten, lösten sich in Luft auf.

In meiner Gedankenreise habe ich mich stattdessen gefragt, ob die so beschriebene »ethische Geschäftsgrundlage« der Marktvergesellschaftung nicht eher als Schauseite einer Legitimationsfassade zu begreifen ist und ob die Verantwortungsentlastung bis hin zur strukturierten Verantwortungslosigkeit nicht vielmehr als eines der Grundprinzipien der Marktvergesellschaftung angesehen werden kann. Meines Erachtens spricht einiges für diese Deutung. Um dieses zu begründen werde ich im Folgenden (1) auf die freie Lohnarbeit, (2) auf Unternehmen mit beschränkter Haftung und (3) den Markttausch als Mechanismus der Güterübertragung eingehen. Abschließend werde ich Argumente dafür finden, (4) warum es der Fall sein könnte, dass die Verantwortungsentlastung in Marktgesellschaften zum Prinzip erhoben wird.

Freie Lohnarbeit

Im Unterschied zu früheren Gesellschaftsformen zeichnet sich die Marktvergesellschaftung dadurch aus, dass der Tausch von menschlicher Arbeit gegen monetäres Entgelt zur dominanten Grundlage für den Erwerb von Gütern geworden ist. Die abhängig Erwerbstätigen sind keine Sklav:innen oder Leibeigene. Sie sind insofern »frei«, weil sie ihr Arbeitsangebot verschiedenen Arbeitgeber:innen unterbreiten und in dieser Hinsicht auch räumlich mobil sein können (kein Grundherrschaftsverhältnis). Blickt man zurück auf die sich in der Frühindustrialisierung etablierende Marktvergesellschaftung, dann wird allerdings deutlich, dass den freien Lohnarbeitenden Arbeitsverträge angeboten wurden, die erkennen lassen, dass die Seite der Arbeitgebenden kaum gewillt war, Verantwortung für die Arbeitnehmenden zu übernehmen. Die mit dem Arbeitsvertrag eingegangene Verpflichtung beschränkte sich in der Regel auf die Zahlung eines Lohnes für eine vorab verabredete Arbeitsleistung. Vereinbart wurden nicht selten Arbeitszeiten von 14 bis 16 Stunden am Tag (Schneider 1984). Arbeitsunfälle oder Krankheit führten meist zur Kündigung, weil nicht mehr die volle Arbeitsleistung erbracht werden konnte. Ob der ausgehandelte Lohn überhaupt zum Leben reichte, konnte den Arbeitgebenden egal sein. Frauen und Kinder drängten zusätzlich auf den Arbeitsmarkt, was die Löhne weiter unter Druck setzte.

Bei der Beschreibung dieser Verhältnisse hat Karl Marx (1968 [1867]: 183) zurecht darauf hingewiesen, dass die freie Lohnarbeit als »doppelt frei« einzustufen ist. Frei von ursprünglicher Abhängigkeit, aber auch frei von allen zur Verwirklichung der Arbeitskraft nötigen Produktionsmitteln. Eine Voraussetzung der Marktvergesellschaftung war also, dass die Arbeitgebenden diese im Doppelsinn freien Arbeitnehmenden vorfinden konnten. Menschen, die nicht mehr an ein Lehnsverhältnis und die Scholle gebunden waren und auch keinem Schutz durch Grundherren mehr unterlagen. Auch wenn dieser Schutz im Feudalismus sicherlich nicht überhöht betrachtet werden sollte,[1] verschlechterten sich die Lebensbedingungen in den ersten Jahrzehnten der Industrialisierung zunächst deutlich. Die freie Lohnarbeit war ein verantwortungsbefreites Arrangement. Die Marktvergesellschaftung brachte Pauperismus und Verelendung mit sich.

Wenn heute im europäischen Wohlfahrtskapitalismus neben der Lohnzahlungspflicht weitere Haupt- und Nebenpflichten, wie die Entgeltfortzahlung bei Urlaub oder im Krankheitsfall, die Einhaltung von Mindestlöhnen, die Schutz- und Fürsorgepflicht oder die Pflicht zur Wiedereingliederung nach längerer Krankheit bestehen, dann ist dies das Ergebnis eines langen historischen Prozesses, bei dem rechtliche Regelungen und wohlfahrtsstaatliche Leistungen entwickelt und erstritten wurden, die das verantwortungsbefreite Arrangement der Lohnarbeit durch gesetzliche Pflichten und dekommodifizierend wirkende soziale Sicherungssysteme (Esping-Andersen 1990) sukzessive verändert und mit Verantwortlichkeiten angereichert haben. Die Garantie für einen angemessenen Lebensstandard und ein menschenwürdiges Leben gibt allerdings der Sozialstaat und nicht der:die Arbeitgebende. Die freie Lohnarbeit kann an sich weiterhin so gestaltet sein, dass menschenwürdiges Leben ohne staatliche Unterstützung nicht gesichert ist. Die strukturell angelegte Verantwortungslosigkeit des Arrangements der freien Lohnarbeit wird aufgefangen durch eine Staatlichkeit, die ein situativ variierendes Maß an Vertragspflichten regulatorisch vorschreibt und nötigenfalls für soziale Sicherung einsteht – und die damit verbundenen Kosten sozialisiert. Eine gewisse Tendenz zur Tolerierung der Privatisierung von Gewinnen bei gleichzeitiger Sozialisierung von Verlusten ist diesem gesellschaftlichen Gefüge eingeschrieben.

1 Letztlich waren es auch die Grundherren (Landed Gentry), die durch die Auflösung der Allmenderechte (Enclosure Movement) das Ende des Feudalismus herbeigeführt haben. Da viele Kleinbauer:innen nicht mehr auf die allen zur Verfügung stehenden Nutzflächen zugreifen konnten, blieb ihnen kein anderer Ausweg als die Lohnarbeit oder die Emigration (Black/Thomas 1974).

Blickt man über den Tellerrand wohlfahrtskapitalistischer Gesellschaften hinaus, dann wird zudem deutlich, dass das vermeintlich historisch Ferne eher als territorial fern zu betrachten ist. Laut UNICEF (2020) arbeiten weltweit 152 Millionen Kinder zwischen fünf und siebzehn Jahren unter Bedingungen, die ihre Entwicklung, ihre Bildung und ihre Gesundheit gefährden. Und das auch in vielen Betrieben, die weltweit zuliefernd in Produktionsketten eingebunden sind.[2] Das Welternährungsprogramm der Vereinten Nationen gibt die Anzahl der Menschen, die an Hunger leiden mit 821 Millionen an – also etwa jeder neunte Mensch auf der Welt (FAO 2018). Gemäß des globalen Rechtsindex des Internationalen Gewerkschaftsbundes (ITUC 2020) gibt es weltweit in 65 Prozent der Länder kein Recht auf Gründung von oder den Beitritt zu Gewerkschaften. In 87 Prozent der Länder gibt es kein Streikrecht bzw. dieses Recht wird systematisch verletzt. Dort wo eine staatliche Autorität nicht dafür sorgt, dass Arbeitnehmendenrechte gewährleistet und Arbeitsverträge menschenwürdig zu gestalten sind, führt die strukturierte Verantwortungslosigkeit der freien Lohnarbeit weiterhin systematisch zur Verelendung.

Unternehmen mit beschränkter Haftung

Eine bedeutsame Begleiterscheinung der Marktvergesellschaftung sind die Verbreitung und das Größenwachstum jener Unternehmen, deren Rechtsform beschränkte Haftung vorsieht. Kapitalgesellschaften gibt es zwar bereits seit 1602. Diese sahen aber noch die volle persönliche Haftung der Anteilseigner:innen vor. Die Kodifizierung von Rechtsformen mit beschränkter Haftung für privatwirtschaftliche Unternehmen ist ein Phänomen des 19. Jahrhunderts (z. B. 34th New York State Legislature 1811, Preußisches Aktiengesetz 1843, Limited Liability Act 1855 des Vereinigten Königreichs, GmbH-Gesetz 1892 des Deutschen Reiches). Bei Rechtsformen mit beschränkter Haftung fungiert das Unternehmen als juristische Person und die Anteilseigner:innen oder Gesellschafter:innen haften lediglich mit ihrem Anteil am Stamm- bzw. Grundkapital der Gesellschaft und nicht mit ihrem Privatvermögen. Die Beschränkung der Haftung erleichtert die Sammlung von Kapital und die rasche Skalierung und Ausdehnung der Geschäftstätig-

2 Im aktuell verhandelten deutschen Lieferkettengesetz sieht der Entwurf vor, dass die Sorgfaltspflicht für menschenwürdige Arbeitsbedingungen nur auf »unmittelbare Zulieferer« ausgedehnt werden soll. Das Gesetz ist zwar ein erster Schritt im Hinblick auf die Ausdehnung der unternehmerischen Verantwortung auch auf Lieferungen (Siakala/Müller 2020); die Beschränkung auf unmittelbare Zuliefer:innen macht es allerdings faktisch schlicht zu einem Förderprogramm zur Verlängerung von Lieferketten.

keit von Unternehmen. Unternehmen, die aufgrund ihrer Größe Skalenerträge und Verbundeffekte realisieren können, haben bei der Herstellung von Gütern häufig Kostenvorteile gegenüber kleineren Unternehmen.

Die Haftungsbeschränkung bei Kapitalgesellschaften wird zuweilen als soziale Innovation beschrieben, die für die wirtschaftliche Entwicklung von Marktgesellschaften erhebliche Bedeutung hatte. Gerne zitiert wird ein Beitrag aus dem Economist von 1926: »The economic historian of the future [...] may be inclined to assign to the nameless inventor of the principle of limited liability, as applied to trade corporations, a place of honour with Watt and Stephenson, and other pioneers of the Industrial Revolution.« (Economist zit. nach Hodgson 2015: 204). Das Prinzip der Entlastung von Verantwortung ist bei der Haftungsbeschränkung allerdings offensichtlich. Geraten Unternehmen mit beschränkter Haftung in die Insolvenz, können Forderungen an das Unternehmen unausgeglichen bleiben oder entstandene Schäden in Staatshaftung übergehen.[3]

Die Verantwortungslosigkeit von Vielen wird auch dadurch begünstigt, dass über die Bildung von Kapitalgesellschaften mit beschränkter Haftung Unternehmensgrößen realisierbar werden, bei denen sehr viele abhängig Beschäftigte einem Weisungsrecht der Arbeitgeber:in unterliegen. Die persönliche Haftung wird in Relation zur Unternehmensgröße auf einen sehr kleinen Kreis an Personen verengt. Persönlich haften die Mitglieder der Leitungsorgane aber auch nur dann, wenn sie eine Verletzung der Sorgfaltspflicht begangen haben. Insofern verbleiben in systematischer Weise Lücken in der Verantwortung gerade bei jenen Unternehmen, die aufgrund ihrer Größe gesellschaftliche Risiken in besonderem Maße erzeugen können. Bei unternehmerischem Fehlverhalten kommt dann noch ein »too big to fail«-Effekt zur Entfaltung. So wird bei juristischen Aufarbeitungen üblicherweise mit ins Kalkül gezogen, dass Mitarbeiter:innen in großer Zahl ihren Arbeitsplatz verlieren könnten (z.B. Abgasskandal Volkswagen, Deepwater Horizon Umweltkatastrophe). Unternehmen mit beschränkter Haftung sind insofern in mehrfacher Hinsicht ein prägnantes Beispiel dafür, dass eine Verantwortungsentlastung in marktvergesellschafteten Gesellschaften strukturell akzeptiert und als legitimer Anreiz zur Förderung unternehmerischer Aktivität wahrgenommen wird. Zum Ausfallgaranten werden entweder Gläubiger:innen, die Verlustrisiken mehr oder weniger bewusst einkalkulieren oder eben erneut der Staat, der unternehmerische Rechtsformen mit beschränkter Haftung regulatorisch überhaupt erst möglich gemacht hat.

3 Dies trifft insbesondere auch auf die Umwelthaftung zu (Godt 2012), etwa wenn insolvente Fracking-Unternehmen Bohrlöcher, aus denen Methangase entweichen, nicht mehr ordnungsgemäß schließen (Tabuchi 2020).

Markttausch

Historisch betrachtet gibt es verschiedene Formen des Wirtschaftens. So lassen sich etwa die vier Prinzipien Reziprozität, Redistribution, Haushaltung und Markttausch als Handlungsorientierung unterscheiden (Polanyi 1957). Im Gegensatz zu den drei anderen Prinzipien, in denen Menschen dauerhaft in Beziehung zueinanderstehen, handelt es sich beim Markttausch um einen entpersonalisierten Transfer: »Der indizierte Partner für das Geldgeschäft [...] ist die uns innerlich völlig indifferente, weder für noch gegen uns engagierte Persönlichkeit.« (Simmel 1900: 211) Der Tausch ist vollzogen, wenn das Eigentumsrecht an einem Gut vollständig übertragen oder eine Dienstleistung erbracht wurde. Die Verantwortung für ein getauschtes Gut wird im Zuge der Güterübertragung abgegeben und die Sozialbeziehung wird nach Vollzug des Tauschs wieder aufgehoben. Die Marktvergesellschaftung ist insofern eine ephemere Form der Vergesellschaftung (Weber 1980 [1922]: 382).

Entpersonalisierte ökonomische Transaktionen zwischen anonymen Tauschpartner:innen sind allerdings in besonderer Weise anfällig dafür, dass Auswirkungen des Tauschs nicht in das Entscheidungskalkül mit einbezogen werden. Der Markttausch dient ja gerade nicht der Festigung von Sozialbeziehungen (wie z. B. im Gabentausch), sondern orientiert sich am größtmöglich erzielbaren Gegenwert.[4] Neben der möglichen intendierten Übervorteilung von Tauschpartner:innen hat die Entpersönlichung der Transaktionen zur Folge, dass externe Effekte (Pigou 1929) typische Begleiterscheinungen marktbasierter Transaktionen sind. In systematischer Weise treten Auswirkungen auf nicht in den Tausch einbezogene »Dritte« auf, die hierfür keinen Ausgleich erhalten. Prägnante Beispiele sind die durch die Allgemeinheit zu tragenden Folgen des Klimawandels, die nicht im Preis einer Schiffskreuzfahrt, einer Flugreise oder eines Rindersteaks enthalten sind, obwohl die dabei anfallenden CO2- bzw. Methan-Ausstoßmengen in einem erheblichen Maß zum Klimawandel beitragen. Oder die Gesundheitskosten, die durch die Luftverschmutzung von Kohlekraftwerken entstehen und nicht im Strompreis eingepreist werden, sondern gesamtgesellschaftlich abgegolten werden müssen.

Der Markttausch unterscheidet sich von den anderen Prinzipien der Reziprozität, Redistribution und Haushaltung dadurch, dass auftretende externe Effekte

4 Nichtsdestotrotz wird der Marktvergesellschaftung auch ein Beitrag zur Zivilisierung des menschlichen Sozialverhaltens zugeschrieben. In dieser auf Adam Smith zurückgehenden Perspektive koordinieren Märkte »die Handlungen eigeninteressierter Akteure so, dass Ressourcen effizient genutzt werden und die entstehenden Verteilungen von allen Beteiligten akzeptiert werden können, wodurch eine harmonische soziale Ordnung entsteht« (Aspers/Beckert 2008: 229).

nicht als Belastung für Sozialbeziehungen empfunden werden müssen. Die nicht in den Tausch einbezogenen »Dritten« sind meist nicht persönlich bekannte »Andere« (Reuter 2002), »Fremde« (Schütz 1972) oder die Allgemeinheit. Insofern wird die Verantwortung für die Verursachung externer Effekte nicht wahrgenommen oder bewusst abgewehrt. Die Marktvergesellschaftung erleichtert es, die volle Verantwortung für eigenes Handeln nicht zu übernehmen. Die gesellschaftliche Etablierung des Markttauschs als dominanten Mechanismus der Güterübertragung kann daher auch als ein Phänomen strukturierter Verantwortungslosigkeit wahrgenommen werden.

Verantwortungsentlastung als Prinzip

Mit den Ausführungen zu meiner Gedankenreise habe ich zu verdeutlichen versucht, dass ich im Unterschied zu Sighard keinen Verlust der Bürgerlichkeit als aktuell auftretendes Problem moderner Marktvergesellschaftung erkennen kann. Vielmehr halte ich die strukturierte Verantwortungslosigkeit für ein Wesensmerkmal der Marktvergesellschaftung. Die strukturierte Verantwortungslosigkeit im Bankensektor, auf die Sighard und seine mitforschenden Kolleg:innen gestoßen sind, ist meines Erachtens daher nur ein Phänomen unter anderen. So wie man hinterfragen kann, wieso sich im Bankensektor Strukturen etablieren konnten, die Verantwortungslosigkeit zum Prinzip wurden ließen, so kann man sehr viel genereller ebenso hinterfragen, warum die Entlastung von Verantwortung in Marktgesellschaften derart institutionalisiert ist, dass die Tolerierung beschränkter Haftung (Kapitalgesellschaften), externer Effekte (bis hin zur Existenzbedrohung durch einen selbstverursachten Klimawandel) und Verelendung (Kinderarbeit und Hunger im globalen Süden) in Kauf genommen werden.

Eine erste und naheliegende Erklärung bezieht sich auf die Machtverhältnisse, die durch die Marktvergesellschaftung hergestellt werden. Profiteure der Gesellschaftsordnung sind Kapitalbesitzer:innen, die neben der Aneignung von Mehrwert (Marx 1968 [1867]: 605) zudem noch Chancen der begrenzten Haftung und der Externalisierung von Folgekosten zur eigenen Wohlstandsmehrung nutzen können. Die Entlastung von Verantwortung für negative Folgen unternehmerischen Handelns und ökonomischer Transaktionen gehört zu jenen »rules of the game« (North 1991), die geeignet sind, privilegierte gesellschaftliche Positionen abzusichern oder Unterschiede gar noch zu erweitern. Bürgerliche Weltanschauungen, die das Recht auf Freiheit, Eigenverantwortung sowie freie Entfaltung der einzelnen Person betonen, dienen dann primär zur Legitimation der Entlastung von Verantwortung für Andere und der Gesellschaft als Ganzes. Den chancengleich gedachten Anderen muss es genügen, dass auch ihnen freie Entfaltung zugestanden wird – auch wenn sie über diese »Freiheit« aufgrund unterschiedlicher Ausgangsbedingungen womöglich gar nicht verfügen. Ein Mehr an Verantwortung für Andere wird zur Zumutung, die geneigt ist, diese aus ihrer Eigenverantwortung zu entlassen. Die Verantwortung für die Gesellschaft als Ganzes wird durch den Glauben daran aufgelöst, dass sich »freies« individuelles Handeln schon irgendwie zum gesamtgesellschaftlichen Vorteil aggregieren wird. Insofern sind die bürgerlichen Weltanschauungen häufig nicht mehr als die Schauseite einer Legitimationsfassade, die der Abwehr von Verantwortlichkeit dient. Die strukturelle Verantwortungslosigkeit im Bankwesen, die Sighard interessiert hat, kann daher durchaus mit der Selbstwahrnehmung einer individuellen Zugehörigkeit der Banker:innen zur bürgerlichen Leistungselite koexistieren.

Eine zweite Erklärung für die strukturell angelegte Entlastung von Verantwortung ergibt sich daraus, dass in historischer Perspektive in überraschender Häufung Ausnahmezustände zur Regelgeltung gebracht wurden. So liest sich die Geschichte von Märkten so, dass interne Märkte über Jahrhunderte hinweg nur an bestimmten öffentlichen Orten – wie der Agora in antiken griechischen Städten – toleriert wurden, auf denen die Überwachung der Preisbildung, der Waren und der miteinander handelnden Menschen sichergestellt werden konnte. Das Handeln war auf die eigene soziale Gruppe (z. B. die Bürgergemeinde einer Polis) beschränkt und stark reguliert (Swedberg 2005: 234). Der lokale Markttausch war die große Ausnahme, der ansonsten überwiegend anderweitig sichergestellten Güterversorgung. Die strenge Regulierung und örtliche oder zeitliche Begrenzung von Märkten setzte sich im gesamten Mittelalter fort. Die Abkehr vom Prinzip des Marktes als einzuhegendem Sonderbereichs vollzog sich schrittweise erst im Merkantilismus und vollends mit der Industrialisierung. Eine Entwicklung von der Ausnahme zur Regelgeltung ist auch bei der beschränkten Haftung von Kapitalgesellschaften festzustellen. Die ersten Kodifizierungen von beschränkter Haftung waren zeitlich begrenzt, als Ausnahmeregelung für den Kriegszustand gedacht oder an staatliche Konzessionierungen gekoppelt. So war im »Act Relative to Incorporations for Manufacturing Purposes« der 34th New York State Legislature 1811 eine Begrenzung der Geltung der beschränkten Haftung auf zwanzig Jahre vorgesehen. Die Ausnahmeregelung für eine Beschränkung der Haftung sollte die im Vorfeld des britisch-amerikanischen Krieges durch Embargopolitik entstandene Knappheit an Textilien und Manufakturgütern durch Stimulierung der Binnenproduktion lindern helfen. Das Preußische Aktiengesetz von 1843 sah eine strenge staatliche Konzessionierung vor. Die im Vorfeld der Gesetzgebung thematisierte zwingende Verpflichtung der Aktiengesellschaften auf Gemeinnützigkeit wurde zugunsten der Konzessionierungsregel aufgegeben. Der Limited Liability Act 1855 des Vereinigten Königreichs wurde während des Krimkriegs unterzeichnet. Im Gesetzgebungsverfahren, das starken Widerstand erzeugt hat, wurde die Ausnahmesituation des Kriegszustandes zu einem zentralen Argument für die Einräumung einer beschränkten Haftung für Aktiengesellschaften (Djelic 2013; Howard 1938; Mayer 2000). Die Entlastung von Verantwortung wurde somit als gezielter Anreiz für unternehmerisches Handeln eingesetzt, um Ausnahmesituationen zu überwinden und staatliche Ziele zu erreichen. Insofern ist die Entlastung der Verantwortung in der Marktvergesellschaftung ein Akt, der immer auch einen Staat vorausgesetzt hat, der Verantwortung dafür übernommen hat, dass der Ausnahmezustand zur Regelgeltung gelangte. Die Koevolution von Markt und Staat im Zuge der Marktvergesellschaftung hat die Marktakteur:innen von Verantwortung entlastet und den Staat in Richtung Garant für soziale Sicherheit und soziale Gerechtigkeit gerückt.

Um auch in diesem Teil der Ausführungen einen Dreiklang der Argumente herzustellen, möchte ich schließlich hervorheben, dass die Marktvergesellschaftung mit ihrer strukturell angelegten Verantwortungsentlastung auf dynamische Entwicklung ausgerichtet ist – und nicht auf Resilienz oder Beständigkeit. Da die Mehrheit der Menschen auf Lohnarbeit zur Sicherung der Lebensgrundlage angewiesen ist, sorgt die Marktvergesellschaftung für einen steten Veränderungsinput durch Arbeit. Dies treibt die Verwandlung von Natur in Kultur mit großer Dynamik voran. Die in Kauf genommenen externen Effekte des Markttauschs und die Stimulierung des Unternehmerischen durch Verantwortungsentlastung führen inzwischen zu selbsterzeugten Gefahren, die in der Logik der Marktvergesellschaftung wiederum nur durch Arbeitseinsatz und Innovationen beseitigt werden können. Mehr Markt (z. B. Green Bonds, Wachstumsstimulierung) und mehr Verantwortungsentlastung (z. B. *solvency guarantees*) könnten daher erneut die Antworten auf gesellschaftliche Herausforderungen sein.

Literatur

Aspers, Patrick/Beckert, Jens (2008): »Märkte«, in: Andrea Maurer (Hg.), *Handbuch der Wirtschaftssoziologie*. Wiesbaden: Springer VS, S. 225–246.

Black, Bennett D./Thomas, Robert P. (1974): »The Enclosure Movement and the Supply of Labor during the Industrial Revolution«, in: *Journal of European Economic History* 3(2), S. 401–423.

Djelic, Marie-Laure (2013): »When Limited Liability was (Still) an Issue: Mobilization and Politics of Signification in 19th-Century England«, in: *Organization Studies* 34(4–5), S. 595–621.

Esping-Andersen, Gøsta (1990): *Three Worlds of Welfare Capitalism*. Princeton: Princeton University Press.

FAO – Food and Agriculture Organization of the United Nations (2018): *The State of Food Security and Nutrition in the World*, letzter Zugriff: 15.01.2020, http://www.fao.org/state-of-food-security-nutrition/2018/en.

Godt, Christine (2012): »›Zivilistische‹ Haftung von und in Unternehmen für Umweltschäden«, in: Alexandra Proelß (Hg.), *Verantwortlichkeit und Haftung von Umweltschäden*. Berlin: Erich Schmidt Verlag, S. 237–256.

Hodgson, Geoffrey M. (2015): *Conceptualizing Capitalism: Institutions, Evolution, Future*. Chicago: University of Chicago Press.

Honegger, Claudia/Neckel, Sighard/Magnin, Chantal (2010): *Strukturierte Verantwortungslosigkeit – Berichte aus der Bankenwelt*. Frankfurt a. M.: Suhrkamp.

Howard, Stanley E. (1938): »Stockholders' Liability under the New York Act of March 22, 1811«, in: *Journal of Political Economy* 46(4), S. 499–514.

ITUC – International Trade Union Confederation (2020): *2020 ITUC Global Rights Index*, letzter Zugriff: 15.02.2021, https://www.ituc-csi.org/IMG/pdf/ituc_globalrights-index_2020_en.pdf.

Marx, Karl (1968 [1867]): *Das Kapital. Kritik der Poltischen Ökonomie*, Bd. 1, MEW 23. Berlin: Dietz.

Mayer, Justus (2000): *Haftungsbeschränkung im Recht der Handelsgesellschaften*. Berlin: Springer.

Neckel, Sighard (2008): *Flucht nach vorn: Die Erfolgskultur der Marktgesellschaft*. Frankfurt a. M./New York: Campus.

Neckel, Sighard (2010): »Refeudalisierung der Ökonomie: Zum Strukturwandel kapitalistischer Wirtschaft«, in: *MPIfG Working Paper* 10(6).

Neckel, Sighard (2011): »Der Gefühlskapitalismus der Banken: Vom Ende der Gier als ›ruhiger Leidenschaft‹«, in: *Leviathan* 39(1), S. 39–53.

Neckel, Sighard (2016): »Die neuen Oligarchien – Vorboten der Refeudalisierung«, in: *Neue Gesellschaft/Frankfurter Hefte* 6, S. 20–23.

North, Douglass C. (1992): »Institutions, Ideology, and Economic Performance«, in: *Cato Journal* 11(3), S. 477–496.

Pigou, Arthur C. (1929): *The Economics of Welfare*. London: Macmillan.

Polanyi, Karl (1957): *The Great Transformation. The Political and Economic Origins of Our Time*. Boston: Beacon Press.

Reuter, Julia (2002): *Ordnungen des Anderen – Zum Problem des Eigenen in der Soziologie des Fremden*. Bielefeld: transcript.

Schnaas, Dieter/Schwarz, Christopher (2010): »Soziologe Sighard Neckel – Die strukturierte Verantwortungslosigkeit der Banken«, Interview, in: *Wirtschaftswoche*, 01.02.2010, letzter Zugriff: 15.02.2021, https://www.wiwo.de/finanzen/soziologe-sighard-neckel-die-strukturierte-verantwortungslosigkeit-der-banken/5210090-all.html.

Schneider, Michael (1984): »Der Kampf um die Arbeitszeitverkürzung von der Industrialisierung bis zur Gegenwart«, in: *Gewerkschaftliche Monatshefte* 35(2), S. 77–89.

Schütz, Alfred (1972): »Der Fremde. Ein sozialpsychologischer Versuch«, in: Ders. (Hg.), *Gesammelte Aufsätze II*. Den Haag: Martinus Nijhoff, S. 53–70.

Siakala, Sara/Müller, Martin (2020): »Das Potential eines Lieferkettengesetzes einen Beitrag zur Optimierung bestehender sozial-ökologischer Konditionen zu leisten«, in: *Zeitschrift für Wirtschaftspolitik* 69(1), S. 34–43.

Simmel, Georg (1900): *Philosophie des Geldes*. Leipzig: Duncker & Humblot, letzter Zugriff: 25.02.2021, https://www.deutschestextarchiv.de/simmel_geld_1900/235.

Swedberg, Richard (2005): »Markets in Society«, in: Neil J. Smelser/Richard Swedberg (Hg.), *The Handbook of Economic Sociology*. Princeton: Princeton University Press, S. 233–253.

Tabuchi, Hiroko (2020): »Fracking Firms Fail, Rewarding Executives and Raising Climate Fears«, in: *New York Times*, 12.07.2020, letzter Zugriff: 15.02.2021, http://www.saltedlands.org/images/uploads/news/fracking-firms-fail.pdf.

Unicef (2020): »Kinderarbeit: Die 7 wichtigsten Fragen und Antworten«, in: *Unicef-Blog*, letzter Zugriff: 15.02.2021, https://www.unicef.de/informieren/aktuelles/blog/kinderarbeit-fragen-und-antworten/166982.

Weber, Max (1980 [1921]): *Wirtschaft und Gesellschaft. Grundriss der verstehenden Soziologie*. Tübingen: J.C.B. Mohr/Paul Siebeck.

Kollektive Dissoziation. Wirtschaftliches Handeln im Lockdown

Klaus Kraemer

Über die Zukunft des Kapitalismus gibt es in den Sozialwissenschaften seit jeher mehr oder weniger endlose Spekulationen, je nach Konjunktur mal mit negativem, mal mit positivem Vorzeichen. Immer wieder ist der Untergang des Kapitalismus vorhergesagt worden. Untergangserzählungen sind damit begründet worden, dass der Kapitalismus an inneren ökonomischen und sozialen Widersprüchen zerbrechen werde. Oder es ist argumentiert worden, dass der Kapitalismus die kulturellen Grundlagen aufzehren würde, die er selbst nicht reproduzieren, auf die er aber unhintergehbar angewiesen sei, um dauerhaft zu funktionieren. Von solchen Untergangsszenarien können optimistische Erzählungen unterschieden werden, die bis in die jüngste Gegenwart hinein große Popularität genießen. Diese schreiben dem Kapitalismus vitale Erneuerungskräfte zu, welche moderne Gesellschaften überhaupt erst in die Lage versetzen würden, periodisch wiederkehrende wirtschaftliche Krisen und soziale Umbrüche erfolgreich zu meistern (Hirschman 1982; Kraemer 2017; Boldizzoni 2020). Wenn man von diesen bipolaren Großerzählungen absieht, die die Zukunft des Kapitalismus entweder in düsteren oder optimistischen Bildern ausmalen, dann scheint ein heterogenes Diskursfeld auf, in dem dafür plädiert wird, den Kapitalismus »zivilisatorisch« zu bändigen, um Marktwirtschaft und Innovationswettbewerb zum Wohle des gesellschaftlichen Fortschritts entfalten zu können (vgl. Wallerstein u. a. 2013; Streeck 2016).

Allen sozialwissenschaftlichen Szenarien über die Zukunft des Kapitalismus, ganz gleich, ob diese dystopisch, pragmatisch oder utopisch ausgerichtet sind, ist gemeinsam, dass sie der politischen Ordnung eine maßgebliche Bedeutung beimessen. Entweder wird der Politik die Aufgabe zugeschrieben, einen Übergang in eine »postkapitalistische« Gesellschaft zu organisieren (Mason 2015). Oder es wird von der Politik erwartet, die Marktkräfte zur freien Entfaltung zu bringen. Hingegen schreibt die »mittlere« Position der Politik die Aufgabe zu, regulierend in die Marktkräfte einzugreifen, um diese in sozial verträgliche und wohlfahrtssteigernde Bahnen zu lenken. In der »Epoche des Neoliberalismus« (Crouch 2011) sind jene Debatten weitgehend verstummt, die für grundlegende Alternativen zum Kapitalismus plädieren. Allerdings sind seit geraumer Zeit wieder Stimmen deutlich vernehmbar, die für eine Eindämmung der ökologisch und sozial destruktiven Triebkräfte des Kapitalismus votieren (vgl. zum Verhältnis von Nachhaltigkeit und Kapitalismus Neckel 2018).

Mit dem Ausbruch der SARS-CoV-2-Pandemie hat sich die Deutungslage über die Zukunft des Kapitalismus erneut verschoben. Zahlreiche Beobachter diagnostizieren eine »Staatsbedürftigkeit« (Bude 2020) der Gesellschaft, um die Pandemie sowie die wirtschaftliche und soziale Begleit- bzw. Folgekrise zu bewältigen. Im Folgenden möchte ich nicht den Diskurs über die widerstreitenden Deutungen zur Zukunft des Kapitalismus aufgreifen, sondern der Frage nachgehen, wie sich das Verhältnis von Ökonomie und Politik in der gegenwärtigen Pandemie darstellt.

Selektive Lockdowns

Mit dem ersten Lockdown im Frühjahr 2020 drängte sich zunächst der Eindruck auf, auch vor dem Hintergrund hektischer Grenzschließungen und der Einschränkung internationaler Flugverbindungen, dass der Maßnahmenstaat – nach anfänglichem Zögern – die Wirtschaft weitgehend »herunterfahren« wolle, um ein unkontrolliertes Überspringen des Virus und eine exponentielle Ausbreitung des Infektionsgeschehens einzudämmen. Rasch ist allerdings offensichtlich geworden, dass von den ergriffenen Maßnahmen all jene Sektoren der Ökonomie ausgenommen worden sind, denen für die Aufrechterhaltung der Wertschöpfungs- und Lieferketten sowie für die Sicherstellung der elementaren Versorgungsleistungen der Bevölkerung eine »systemrelevante« Bedeutung zugeschrieben wird. In diesen Branchen wurden keine allgemeinen oder partiellen Lockdowns, bis auf ganz wenige temporäre Ausnahmen (Schlachtbetriebe), keine Betriebsschließungen und Kontaktbeschränkungen und auch keine Masken- oder Homeoffice-Pflicht behördlich verfügt, sondern letztlich nicht-sanktionsbewehrte Empfehlungen ausgesprochen. Eingedenk der unvermeidbaren Mobilitätserfordernisse der modernen arbeitsteiligen Ökonomie ist auch der grenzüberschreitende Verkehr von Waren, »systemrelevanten« Arbeitskräften und Berufspendlern nicht untersagt worden. Hingegen sind in allen Lockdown-Phasen die behördlichen Einschränkungen und Schließungsverfügungen auf den »nicht-systemrelevanten« stationären Einzelhandel, die Gastronomie und Eventökonomie, die Tourismus- und Reisebranche sowie alle sonstigen körpernahen Dienstleistungsberufe beschränkt worden.

Von einem exekutiv verfügten, allgemeinen »Herunterfahren« der Ökonomie kann selbst in den Lockdown-Hochphasen nicht gesprochen werden. Die Gründe für die selektive Vorgehensweise des Maßnahmenstaats zur Eindämmung der Pandemie sind naheliegend. Zuallererst sind pragmatische Gründe für die Selektivität der staatlichen Verordnungen anzuführen: In einer arbeitsteiligen Ökonomie, die so weit vorangeschritten ist, dass sprichwörtlich die Lichter ausgehen würden, wenn elementarste Lieferketten unterbrochen werden, würde ein totaler Lockdown über kurz oder lang auf einen Kollaps der Versorgungssicherheit der Bevölkerung hinauslaufen. Neben diesen pragmatisch motivierten Gründen können aber auch weitere politikökonomische und fiskalische Faktoren angeführt werden, warum das virologische Primat einer radikalen Reduktion menschlicher Kontakte selbst dann nicht zur Richtschnur behördlicher Eindämmungsmaßnahmen geworden ist, als diese von politischen Entscheidern in fast schon heroischer Weise öffentlich propagiert wurden (»Treffen Sie Niemanden!«). Von der Aufrechterhaltung einer mehr oder weniger leistungsfähigen Ökonomie hängt in einer modernen, »funktional differenzierten, kapitalistischen Gesellschaft« (Schimank 2009) äußerst viel ab, keineswegs nur die Sicherung pekuniärer materieller Interessen, die in den Hochphasen der Pandemie schnell unter Verdacht gerieten, man würde »über Leichen gehen« und nicht alles tun, um »Leben zu schützen«, wenn man zu rasch »die« Wirtschaft wieder »hochfahren« würde. Bei nüchterner Betrachtung und ganz unabhängig von einer Bewertung einzelner Coronamaßnahmen muss konstatiert werden, dass die staatliche Ordnung und die gesellschaftliche Wohlfahrt gerade auch in Pandemiezeiten am Tropf der ökonomischen Leistungsproduktion hängen (Goldscheid 1976 [1917]). Diese Leistungsproduktion ist inzwischen in weiten Teilen kapitalistisch organisiert, auch wenn ein noch immer beträchtlicher Teil der Daseinsvorsorge wie etwa Infrastruktursysteme gemeinwohlorientiert organisiert ist. Gelingt es nicht, den ökonomischen Output in einer pandemischen Krise halbwegs aufrechtzuhalten oder zumindest einen radikalen Einbruch der wirtschaftlichen Aktivitäten abzufedern, dann sind auf längere Sicht nicht nur die Einkommenschancen breiter Bevölkerungsgruppen gefährdet, sondern auch die längerfristigen Refinanzierungschancen des gesamten Wohlfahrts- und Gesundheitssystems. Gerät hingegen der ökonomische Output vollständig ins Stocken, dann würde mutmaßlich nicht nur die Stabilität der monetären Ordnung wanken, sondern auch die politische Ordnung in Schieflage geraten (Output-Legitimation, Scharpf 1970). Selbst in Gesellschaften, die besonders hart von der Pandemie getroffen worden sind und in denen nationale Regierungen einschneidende Maßnahmen zur Eindämmung des Infektionsgeschehens verfügt haben, gab es – vielleicht mit Ausnahme des Frühjahrsschocks 2020 – keinen harten Lockdown, der die physischen Kontakte und die Mobilitätsprofile auch aller wirtschaftlichen Aktivitäten auf ein absolutes Minimum reduziert hätte. Wenn man einmal von allgemeinen Empfehlungen zum Infektionsschutz in den nicht vom Lockdown betroffenen Branchen absieht, dann ist die Frage weitgehend ausgeklammert worden, wie es um das Infektionsgeschehen in wirtschaftlichen Sektoren bestellt ist, die in der Pandemie als »systemrelevant« gelten. Das vorherrschende Narrativ »Menschenleben retten!« beschränkte sich in den Kernfeldern der industriellen Ökonomie auf dringliche Appelle, so weit wie irgend möglich Schutzvorschriften einzuhalten, »Homeoffice« zu ermöglichen und ansonsten die Digitalisierung von Arbeitsprozessen und Kundenkontakten voranzutreiben. Ganz unabhängig davon, wie die selektiven Lockdown-Maßnahmen epidemiologisch, rechtlich, pragmatisch oder auch normativ zu beurteilen sind, in jedem Fall ist ein Nichtlockdown der Produktionsökonomie »alternativlos«, um dieses in der Pandemie viel strapazierte Wort zu verwenden.

Zudem sind interessenpolitische Gründe anzuführen, warum etwa in Deutschland ein radikalerer (»No-Covid«) oder sogar totaler Lockdown (»Zero-Covid«) unter Einschluss der Produktionsökonomie bis dato nicht erwogen worden ist (Stand Februar 2021). Ein solcher Lockdown wäre wohl auch gegenüber den einflussreichen Kapital- und Eigentümerinteressen, selbst im Bündnis mit organisierten Arbeitnehmerinteressen, kaum durchsetzbar. Hingegen konnten der stationäre Einzelhandel, die Gastronomie und Eventökonomie weder eine vergleichbare *bargaining power* mobilisieren noch virologische Expertisen zur Entkräftung von Infektionsängsten in diesen Branchen in Stellung bringen. Zudem wurden in Deutschland, gerade auch im internationalen Vergleich, umfangreiche Rettungspakete angekündigt und geschnürt, die Insolvenzpflicht temporär suspendiert, Kurzarbeiterregelungen ausgeweitet sowie Kreditstundungen und Überbrückungshilfen gewährt, um die unmittelbarsten wirtschaftlichen und sozialen Folgen der Pandemie abzumildern. Nicht zuletzt ging es wohl auch darum, einen latenten Unmut in den betroffenen Unternehmen und Gewerbetreibenden einzudämmen, einer ausufernden Klagewelle vorzubeugen und in diesen Branchen Zustimmungsbereitschaft zu den Maßnahmen zu organisieren.

Wir haben es also mit selektiven Lockdown-Maßnahmen zu tun, wobei »systemrelevante« von »nicht-systemrelevanten« Wirtschaftssektoren unterschieden und in den letztgenannten Bereichen wirtschaftliche Aktivitäten durch staatliche Verordnungen verboten worden sind. Mit wissenschaftlicher Evidenz über die Wege und Risiken des Infektionsgeschehens ist eine solche Präjudizierung von Eindämmungsmaßnahmen begründet worden, wobei anzumerken ist, dass valide epidemiologische Daten über das tatsächliche Infektionsgeschehen in diesen wirtschaftlichen Feldern nur lückenhaft vorliegen, die die Selektivität der Maßnahmen rechtfertigen würden. Auch liegen keine validen virologischen Befunde zu den Infektionsgefahren in all jenen wirtschaftlichen Sektoren vor, die nicht vom »harten Lockdown« betroffen gewesen sind. Wohlmöglich sind weitere, über rein virologische und epidemiologische Begründungen hinausgehende Entscheidungsmotive zu berücksichtigen, um die politische Selektivität der Maßnahmen besser erklären zu können. Bemerkenswert ist jedenfalls, dass der stationäre Einzelhandel, Gastronomie, Theater und Oper schließen mussten, obwohl diese nach dem ersten Lockdown umfangreiche Hygienekonzepte erprobt hatten. In den Hochphasen der Pandemie sind die wirtschaftlichen Aktivitäten in diesen Feldern allesamt als »gefährlich« eingestuft worden, zuweilen auch mit dem Hinweis, dass sie ökonomisch durchaus verzichtbar und im Zweifelsfall die Risiken einer Ausbreitung des Infektionsgeschehens höher einzuschätzen seien. Der stationäre Einzelhandel und die Gastronomie, aber auch der Tourismus sowie die Reisebranche sind unisono als »Hotspots« des Infektionsgeschehens klassifiziert worden, welche den Fortgang der Pandemie unkontrollierbar machen würden. Während öffentliche Verkehrsmittel nicht direkt von den Lockdown-Maßnahmen betroffen waren, mussten hingegen etwa in Deutschland Skigebiete schließen. An dieser Stelle muss die Frage ausgeklammert werden, inwiefern die selektiven Eindämmungsmaßnahmen angemessen und verhältnismäßig waren. Anzumerken ist allerdings, dass staatlicherseits weitreichende Schließungen auf Basis einer doch unsicheren Datenlage verfügt worden sind, und dies, obwohl bereits in der Frühphase der Pandemie darauf aufmerksam gemacht worden ist, dass die Fixierung auf absolute Fallzahlen von positiv Getesteten und davon abgeleitete Inzidenzwerte unzureichend und repräsentative Erhebungen zum Infektionsgeschehen (Prävalenz- und Verlaufsstichproben, Ex-mortem-Sample) und seiner sozialen Struktur unverzichtbar seien (Schnell/Smid 2020). Obendrein hat sich selbst nach einem Pandemiejahr an der mangelhaften Datenlage zu den Quellen und Übertragungswegen von Ansteckungsrisiken sowie zur Dunkelzifferproblematik wenig geändert (Schrappe 2020). Dieser Umstand muss umso mehr überraschen, zumal die wirtschaftlichen Kollateralschäden für die von den selektiven Lockdowns betroffenen Branchen nicht nur als gravierend, sondern zum Teil auch als bestandsgefährdend einzuschätzen sind. Wenn man von solchen Evidenzproblemen der Eindämmungsmaßnahmen absieht, dann fällt auf, dass selektive Lockdowns nicht nur die wirtschaftlichen Aktivitäten der direkt betroffenen Branchen negativ beeinträchtigt haben. Unter dem Strich ist jedenfalls eine staatlich exekutierte Priorisierung wirtschaftlicher Aktivitäten sichtbar geworden, die noch Anfang 2020 undenkbar erschien.

Bei der Frage, welche Sektoren der Wirtschaft im Lockdown zu schließen sind, folgten die politischen Entscheider im Frühjahr 2020 zunächst einem virologischen Primat, das durch hypothesengestützte epidemiologische Simulationsmodelle und mathematische Berechnungen einer exponentiellen Ausbreitung des Infektionsgeschehens begründet worden ist (Ferguson u. a. 2020; Heiden/Buchholz 2020). Grundlage des virologischen Primats sind wissenschaftliche Befunde zur molekularen Struktur des Virus, die mit der Annahme unterlegt werden, dass das Infektionsrisiko für alle Individuen »gleich verteilt«, also sozial »strukturlos« ist, bei gleichzeitiger Ausblendung der »sozialen Struktur menschlicher Kontakte« (Streeck 2020).[1] Dieses Primat wird auf dem exekutiven Verordnungsweg durchgesetzt. Zugleich bedarf es aber einer narrativen Rahmung, um unter den »Leuten« (Vobruba 2019) Folgebereitschaft und Zustimmung zu organisieren. In apodiktischen Aussagen wie »Bleiben Sie Zuhause!«, »Verreisen Sie nicht!« und »Reduzieren Sie Ihre privaten Kontakte auf ein absolutes Minimum!« ist nicht nur die faktische Unbestreitbarkeit, sondern auch die moralische Richtigkeit des virologischen Primats reklamiert worden. In allen Ländern der OECD-Welt ist das Narrativ »Leben schützen!« mit wissenschaftlicher Evidenz gegründet worden, bemerkenswerterweise auch im »Sonderfall« Schweden, dort allerdings mit umgekehrtem Vorzeichen, um eine Nicht-Maskenpflicht in öffentlichen Räumen und Nicht-Schließungen des stationären Einzelhandels, gastronomischer Betriebe oder von Skigebieten zu begründen. Diesem Narrativ ist im Verlauf der Pandemie eine Bedeutung zugewachsen, die die berühmte These Max Webers (1988 [1920]: 252) zur Wirkung von in die Zukunft projizierten Heilserwartungen (»Weltbilder«) auf die Legitimität wirtschaftlichen Handelns unwillkürlich in Erinnerung ruft. Es hat im Verlauf der Pandemie eine überragende diskursive Wirkmächtigkeit entfaltet, den Raum des Legitimen auf die Norm des unbedingten »Lebensschutzes« ausgerichtet (zum »Tunnelblick« der medialen Perzeption der Pandemie vgl. Gräf/Hennig 2020) und alle jene unter den Generalverdacht des »egoistischen«, »hedonistischen« und »unsolidarischen« Handelns gestellt, die zu abweichenden Einschätzungen der Pandemierisiken kommen. In Paraphrase Webers kann dieses Narrativ als kultureller »Weichensteller« der Eindämmungsmaßnahmen interpretiert werden, wodurch die »Bahnen« vorgegeben werden, in denen in Pandemiezeiten wirtschaftliche Marktchancen noch als rechtlich legal und moralisch legitim verfolgt werden können. Alle anderen wirtschaftlichen Aktivitäten werden als »Gefährdung des Allgemeinwohls« und damit als »unverantwortlich« klassifiziert. Folgt man diesem Narrativ, dann gefährden alle vom Lockdown betroffenen Wirtschaftsaktivitäten zumindest potenziell das Wohlergehen der Menschen, soweit jedenfalls diese in physischer Kopräsenz und nicht online abgewickelt werden können. So betrachtet erscheinen alle staatlichen Verbote in diesen »gefährlichen« Branchen als unausweichlich. Sie werden als »alternativlos« hingestellt, jedenfalls solange, wie die Bahnen des vorherrschenden, kollektiv ge-

1 Das Infektionsrisiko und das Risiko für schwere Krankheitsverläufe sind sehr ungleich verteilt, zuungunsten der niedrigen sozioökonomischen Statusgruppen, wie zahlreiche Studien aus den USA und Großbritannien sehr deutlich zeigen (Wachtler u. a. 2020a). Für Deutschland liegen allerdings keine zuverlässigen Daten vor. Die Erfahrungen aus vergangenen Epidemien mit viralen Erregern akuter Atemwegserkrankungen deuten allerdings darauf hin, dass sozioökonomisch benachteiligte Personen ein höheres Risiko für eine Infektion mit SARS-CoV-2 haben könnten. Der Zusammenhang zwischen dem sozioökonomischen Status und der Inzidenz von SARS-CoV-2-Infektionen ist allerdings bisher für Deutschland nur unzureichend erforscht worden (Wachtler u. a. 2020b).

teilten Narrativs nicht verlassen werden und ein von heterodoxen Experten angemahnter Pfadwechsel des Maßnahmenregimes (Schrappe 2020) ausbleibt. Im Folgenden möchte ich die Aufmerksamkeit auf die von den Lockdowns direkt betroffenen Branchen richten, die wie keine anderen Marktsektoren besonders hart von der wirtschaftlichen Begleit- und Folgekrise der Covid-19-Pandemie getroffen worden sind. Insbesondere die Lage der Eventökonomie macht wie unter einem Brennglas sichtbar, was das wirtschaftssoziologisch Besondere an dieser Begleit- und Folgekrise der Pandemie ist.

Wirtschaftliches Handeln in »nicht-systemrelevanten« Branchen – das Beispiel der Eventökonomie

In der neueren Wirtschaftssoziologie wird das klassische Problem sozialer Ordnung auf den Untersuchungsgestand der Ökonomie übertragen und problematisiert, wie soziale Ordnungen auf Märkten möglich sind, wie wirtschaftliche Akteure fundamentale Ungewissheiten bewältigen und wie sie handeln, ohne zu wissen, was die generalisierten Anderen (Mead 1968) auf Märkten in Zukunft tun oder unterlassen werden. Dieses Koordinationsproblem wird in der Wirtschaftssoziologie bekanntermaßen in dreifacher Hinsicht diskutiert: als Kooperationsproblem, Wettbewerbsproblem und Wertproblem (Beckert 2007). Die gängige Antwort lautet, dass auf Märkten Koordinationsprobleme durch die in der Soziologie seit jeher untersuchten soziale Tatbestände wie Erwartungen, Normen, soziale Strukturen und Institutionen bewältigt werden können. Mit der Coronakrise steht die neuere Wirtschaftssoziologie nun allerdings vor dem Problem, dass sie – wenn man einmal von den zahlreichen Studien zur Finanzmarktkrise von 2008 absieht (vgl. exemplarisch Krippner 2011) – üblicherweise keine wirtschaftlichen Krisen systematischer untersucht, sondern zuvorderst stabile Marktordnungen. Das leitende wirtschaftssoziologische Erkenntnisinteresse hat sich ganz überwiegend auf die Frage konzentriert, wie wirtschaftliches Handeln unter Bedingungen von Ungewissheit in *normal times* erklärt werden kann, also in Nicht-Krisen-Zeiten. Bereits Weber (1980 [1921]: 382) argumentierte, dass die Wirtschaft solange eine stabile soziale Ordnung ausbildet, wie die Erwartungen der Marktakteure in die Zahlungsfähigkeit und Vertragserfüllung »unbestimmt vieler realer oder vorgestellter« Marktteilnehmer nicht fortlaufend enttäuscht werden. Wie verhält es sich nun aber, wenn die an unbestimmt viele andere Marktakteure adressierten Normalitätserwartungen in der Coronakrise fortlaufend enttäuscht werden?

Die wirtschaftliche Begleit- und Folgekrise der Pandemie stellt sich als eine fundamentale Erwartungskrise dar, vor allem für all jene Unternehmen und Branchen, die vom Lockdown betroffen sind. Für diese ist eigentlich alles ungewiss. Ungewiss ist der Fortgang der Pandemie, weil dieser nicht mathematisch modellierbar ist. Auch können die zukünftigen staatlichen Eindämmungs- und Lockerungsmaßnahmen kaum abgeschätzt werden. Nicht zuletzt sind die sozialen Reaktionsmuster in Wirtschaft, Politik und Gesellschaft auf die staatlichen Maßnahmen kaum antizipierbar (zur Prognostizierbarkeit der »zukünftigen Gegenwart« und ihren paradoxen Effekten vgl. Esposito 2007; zuvor Luhmann 1992). Das Gleiche gilt ebenso für die pandemischen Kollateralschäden in Unternehmen und Privathaushalten, die nicht wirklich vorhersehbar sind. Trotz dieser verschärften, krisenbedingten Zukunftsungewissheiten müssen wirtschaftliche Akteure, die vom Lockdown betroffen sind, selbst in Hochphasen der Pandemie unablässig handeln. Sie müssen Entscheidungen von erheblicher Tragweite treffen, wenn sie nicht scheitern, sondern überleben wollen.

Bereits im ersten Lockdown des Frühjahrs 2020 haben Unternehmen ihre Aktivitäten wieder »hochgefahren«, Waren gegen Rechnung an Kunden ausgeliefert, Notkredite aufgenommen usw., um zahlungsfähig zu bleiben. Solche Entscheidungen sind inmitten des Lockdowns allein schon deswegen hochriskant gewesen, weil zunächst unabsehbar war, wie die Nachfrage auf die in jeder Hinsicht außeralltägliche Pandemielage reagieren wird, ob Lieferketten funktionieren, ob Großkunden weiterhin zahlungsfähig sein werden oder ob Kredite bedient werden können. In der neueren Wirtschaftssoziologie wird argumentiert, dass Marktakteure – in Nicht-Krisenzeiten – Ungewissheitsprobleme bewältigen, indem sie sich an stabilen sozialen Netzwerken, informellen und institutionalisierten Regeln, tradierten Handlungspfaden, vertrauten kulturellen Scripts oder auch an populären Narrativen orientieren. Ich möchte nun am Beispiel der Eventökonomie zeigen, dass die in Nichtkrisenzeiten erfolgreich erprobten »Einbettungen« (Granovetter 1985) wirtschaftlichen Handelns im Ausnahmezustand des Lockdowns außer Kraft gesetzt sind. Die These lautet, dass auf dem Höhepunkt der Krise ein anderer sozialer Mechanismus zur Geltung gekommen ist, um fundamentale Erwartungsungewissheiten wirtschaftlichen Handelns im Ausnahmezustand temporär zu überbrücken. Hierbei handelt es sich um ein soziales Phänomen, dass als »kollektive Dissoziation« bezeichnet werden kann. Dazu greife ich einen Vorschlag von Frithjof Nungesser (2020) auf, der an neuere sozialpsychologische Forschungen zum »Fleischparadoxon« anschließt, allerdings das klassische, auf Leon Festinger (1957) zurückgehende Theorem der »kognitiven Dissonanz« als soziologisch unzureichend kritisiert. Der Einwand Nungessers lautet, dass dieses Theorem seit Festinger – aufgrund von methodologischen Restriktionen – auf innerpsychische Herausforderungen projiziert wird, welche von sozialen Erwartungen, kulturellen Narrativen und institutionellen Arrangements abgekoppelt werden. Im hier verstandenen Sinne soll kollektive Dissoziation ein wirtschaftliches »Durchhalten« oder »Durchstehen« von stationären Einzelhändlern, Kleingewerbetreibenden, Soloselbständigen und allen sonstigen Unternehmen ermöglichen, die im Verlauf der Pandemie von unmittelbaren Einschränkungen und Verboten ihrer Erwerbstätigkeit im Feld der kulturellen Ökonomie betroffen sind. Wie sogleich gezeigt werden soll, ist kollektive Dissonanz allerdings an zahlreiche soziale Rahmenbedingungen und institutionelle Arrangements gebunden.

Die Eventökonomie ist von den staatlichen Eindämmungsmaßnahmen der Pandemie in besonderer Weise betroffen, vor allem durch die Absage und Verbote von Konzerten und Kulturveranstaltungen aller Art. Und diese Branche wird wohl zu den letzten gehören, in der sich wieder Normalität einstellen wird. Die Eventökonomie ist bereits zu Beginn der Krise buchstäblich stillgelegt worden. Im März 2020 kollabierte die Nachfrage fast vollständig. So brach etwa der Umsatz von ETS Eventim, einem führenden Unternehmen in Europa, das Tickets für Konzert-, Musik-, Theater- und Sportveranstaltungen verkauft sowie Festivals und »Live-Entertainment« plant, vorbereitet und durchführt, im dritten Quartal um 97 Prozent ein. Auch Monate nach Beginn der Pandemie ist unkalkulierbar, wann und unter welchen Bedingungen die Vermarktung von Live-Events wieder möglich sein wird (F.A.Z. Podcast für Deutschland 2020). Problemverschärfend kommt hinzu, dass alternative Vermarktungspfade nicht vorhanden sind, um sich auf eine »neue Normalität« einzustellen. Die Gründe liegen auf der Hand: Live-Events und Publikumsveranstaltungen sind im Format sozialer Kopräsenz essenziell, also in einem buchstäblichen Sinne alternativlos. In diesem Marktsegment funktionieren neue digitale Geschäftsfelder und Produktinnovationen gleich welcher Art nicht, obschon im letzten Jahrzehnt Vertriebskanäle (Ticketing) sehr erfolgreich digitalisiert worden sind. Liveveranstaltungen können vielleicht ins Internet verlegt werden, als kostenlose Zoom- und Streaming-Konzerte. Auch wurden im Frühsommer 2020 Präsenzformate von Popkonzerten exemplarisch erprobt, die das Publikum unter Hygienebedingungen in Plexiglasboxen mit vorgeschriebenen Laufwegen platzieren sowie Ausweispflicht, kontaktlose Einlässe, Getränke- und Speisenverbote und Maskenpflicht obligatorisch machen. Schon früh zeigte sich jedoch, dass sich solche Formate weder ökonomisch rechnen noch kulturell attraktiv und narrativ darstellbar sind. So betrachtet kommt der staatlich verfügte Lockdown der Kulturbranche nicht nur einer ökonomischen Entwertung ihrer »Produkte« gleich, sondern er geht mit einer beispiellosen kulturellen Entwertung einher, gerade auch im Vergleich zu Super- oder Baumärkten, die unter Hinweis elementarer Versorgungsfunktion als »systemrelevant« klassifiziert worden sind. In Anlehnung an die pragmatistische Preis- und Werttheorie von Luc Boltanski und Arnaud Esquerre (2018) lässt sich zeigen, dass mit den staatlichen Schließungsverfügungen der soziale Modus der Preisermittlung stillgelegt worden ist: Der Preis einer Eventware kann nämlich nicht mehr von den

Konsumenten in Augenschein genommen, also im Sinne von Boltanski und Esquerre »geprüft« werden, mit der Folge, dass der soziale Konstruktionsprozess der Ermittlung und Zuschreibung von Wert unterbrochen ist. Kurzum, im Lockdown ist nicht nur die Wertschöpfung der Eventökonomie über Nacht suspendiert, sondern auch die gemeinschaftliche, kulturelle Anreicherung der Produkte durch die Konsumenten (»Konzerterlebnis«) unter den sonst üblichen Bedingungen von Kopräsenz. Eventprodukte sind in der Krise allesamt wertlos geworden, und zwar gänzlich unabhängig davon, wie hoch die jeweiligen Produktionskosten und Faktorkosten im Sinne der ökonomischen Theorie sein mögen oder wie viele Arbeitsquanten durchschnittlich veräußert werden müssten (Marx), um diese »Produkte« bereitzustellen.

Vor diesem Hintergrund stehen Unternehmen der Eventökonomie vor der existenziellen Frage, was zu tun ist, um die Krise zu überleben. Wie die neuere Wirtschaftssoziologie gezeigt hat, fungieren in normalen Zeiten gemeinsam geteilte Markterwartungen und kalkulatorische Praktiken wie Leitplanken, die die Risiken des wirtschaftlichen Handelns in eine ungewisse Zukunft hinein einhegen sollen. Auf dem Höhepunkt des Lockdowns sind allerdings alle auf die Zukunft gerichteten Markterwartungen suspendiert. Die Unternehmen befinden sich in einem Erwartungsvakuum. Der Horizont der Erwartungen schrumpft darauf zusammen, die Bewährungsprobe der Krise zu überstehen, ohne jedoch die eigene Zukunft proaktiv gestalten zu können. Und dieser Zukunftshorizont schrumpft im Verlauf der Pandemie von Lockdown zu Lockdown. Auf der Krisenagenda rücken Fragen des »objektiven« und »subjektiven Liquiditätsstatus« (Schmölders 1966: 65ff.) ganz nach oben, während alle darüber hinaus gehenden »fiktionalen Erwartungen« (Beckert 2016) über Absatz- und Profitchancen oder neu zu erschließende Geschäftsmodelle auf Zukunftsmärkten abrupt in den Hintergrund treten. Gerade weil die Pandemie in ihrem weiteren zeitlichen (Dauer), räumlichen (geografische Ausbreitung), sachlichen (Infektionsgeschehen, Virusvariationen) und sozialen (staatliche Eindämmungs- und Lockerungsmaßnahmen, Kollateralschäden) Verlauf unabsehbar ist, sind die betroffenen Unternehmen zuallererst genötigt, alle Zukunftsplanungen zurückzustellen. Die Zukunft der Unternehmen »im« Lockdown steht und fällt nicht mit der Verteidigung der präpandemischen Marktstellung (Fortschreibung einer erfolgreichen »vergangenen Gegenwart«) oder der antizipativen Erschließung neuer Marktchancen (Erwartungen einer »zukünftigen Gegenwart«, Esposito 2007), sondern damit, ob es gelingt, die Außeralltäglichkeit des wirtschaftlichen Schockzustands in Echtzeit abzufedern und temporär zu neutralisieren. In einem solchen Ausnahmezustand kann es nicht darum gehen, Investitionen über Bankkredite zu finanzieren, sondern nur darum, auflaufende Verluste bilanziell abzusichern. Wenn nämlich Umsätze wegbrechen, die Kostenstruktur aber trotz staatlicher Hilfen wie Steuerstundungen und Kurzarbeitergeld weitgehend unverändert bleibt, dann wird mit der Aufnahme neuer Kredite keine erweiterte Wertschöpfung finanziert, die in der Zukunft Einnahmen verspricht, sondern die Erhaltung der Zahlungsfähigkeit in der Jetztzeit.

In der singulären Krise sind die Ungewissheiten überbordend. Obwohl eigentlich nichts mehr kalkuliert werden kann und selbst die unmittelbare Zukunft der vom Lockdown betroffenen Unternehmen unabsehbar ist, ist zumindest in den ersten Monaten der Pandemie eine relative soziale Stabilität von Erwartungen unabdingbar. Eventunternehmen sind nämlich gezwungen, auch im Lockdown »wirtschaftlich« zu handeln. Dieses »wirtschaftliche« Handeln kann sich allerdings nicht am Prinzip der »formalen Rationalität« der Kapitalrechnung des Erwerbsbetriebs im Sinne der klassischen Wirtschaftssoziologie Webers (1980 [1921]: 44f.) oder entlang der äquivalenten Marxschen Formel G-W-G' orientieren. Schließlich sind alle Marktaktivitäten zum Erliegen gekommen, die es erlauben würden, Geld als Kapital zu investieren, um Produkte zu produzieren, die auf Märkten zu Preisen verkauft werden können, welche wiederum eine mehr oder weniger lukrative Ertragsrendite versprechen. Im Ausnahmezustand des Lockdowns muss sich das »Wirtschaftliche« des Betriebszwecks am Gebot der »materialen Rationalität« orientieren. Diese materiale Rationalität ist von Weber (ebd.) als Form des wirtschaftlichen Handelns beschrieben worden, die sich nicht an abstrakten Zielen des kapitalistischen Erwerbens (Umsatzrendite) orientiert, sondern an substanziellen Zweckbestimmungen. Unternehmen »im« Lockdown sind genötigt, die Rationalität einer mehr oder weniger unbestimmten, beliebigen Mittelwahl zur Erzielung von G' durch die Rationalität des einen bestimmten Ziels temporär zu ersetzen. Gemeint ist damit, dass unternehmerisches Handeln im Lockdown einzig und allein auf die Sicherung der Liquidität ausgerichtet sein kann, um die Betriebsorganisation aufrechtzuerhalten und eine drohende Insolvenz abzuwenden. Das Überleben des Betriebs wird zur absoluten Zweckbestimmung des unternehmerischen Handelns. Dieser materialen Zweckbestimmung werden alle anderen, formal rationalen Kalkulationskriterien des Erwerbens untergeordnet. Konkret bedeutet dieser Umstand, dass mehr oder weniger alle betrieblichen Aktivitäten auf Sparflamme »heruntergefahren« werden müssen, um die noch vorhandene Liquidität zu schonen und nicht unnötig aufzuzehren. In der Ausnahmesituation des Lockdowns kann das »wirtschaftliche« Handeln nicht mehr darauf gerichtet sein, bisherige Marktanteile zu sichern, Absatzmengen zu steigern und Renditeerwartungen zu erfüllen. Es geht einzig und allein darum, die Aussicht des schieren betrieblichen Überlebens nicht von vorne herein zu verspielen. Verschärfend kommt hinzu: Unternehmen im Lockdown müssen ohne die Zuversicht auskommen, die Wirksamkeit des eigenen wirtschaftlichen Handelns beeinflussen zu können. Vermarktungsbeschränkungen und Betriebsverbote sind politisch vorgegebene, externe Daten, die nicht kontrolliert werden können. Pointiert formuliert: Solche Unternehmen sind für die Dauer des Lockdowns keine Marktunternehmen im eigentlichen Sinne.

Gleichwohl müssen die überbordenden Zukunftsungewissheiten kompensiert werden, um überhaupt noch handeln zu können. Sie werden durch den sozialen Mechanismus der Dissoziation temporär eingefangen. Mit dem Begriff der Dissoziation soll zum Ausdruck gebracht werden, dass Unternehmen, deren Marktaktivitäten im Lockdown untersagt werden, sich auf das Unmittelbare konzentrieren müssen, nämlich auf das situative Durchhalten, um einen finanziellen Kollaps der Betriebsorganisation abzuwenden. In dieser Ausnahmesituation müssen wirtschaftliche Aktivitäten, die nicht auf die primäre Bestandserhaltung des Unternehmens »in« der Krise gerichtet sind, bis auf weiteres eingestellt werden. Alle anderen Zeithorizonte sind auszublenden, vor allem die Ungewissheit über den weiteren Verlauf der Pandemie und selbst die alles entscheidende Frage, wann und unter welchen Rahmenbedingungen der Betrieb wieder »hochgefahren« werden kann. Mit anderen Worten müssen diese Unternehmen Entscheidungen zur Bestandssicherung des Betriebs treffen, ohne absehen zu können, ob nach dem Lockdown das gewohnte Geschäftsmodell noch lukrativ betrieben werden kann, wie sich das »Konsumklima« nach der Pandemie entwickeln wird, ob die Kunden zurückkehren werden oder ob sie abwandern.

Im hier verstandenen Sinne ist Dissoziation ein sozialer Mechanismus, um die selektive Temporalität der Ungewissheit zu bewältigen. Dissoziation muss allerdings kollektiv geteilt werden. Ansonsten wäre das Scheitern einzelner Unternehmen von vorne herein vorprogrammiert. Kollektive Dissoziation meint, dass die auf die unmittelbaren Erfordernisse des Durchhaltens geschrumpften Erwartungshorizonte an einige Rahmenbedingungen andocken müssen, die von den Unternehmen im Lockdown nicht durch eigenes Handeln beeinflusst oder gestaltet werden können. Entscheidend ist hierbei, dass diese kollektive Dissoziation nicht nur von den betroffenen Unternehmen, sondern insbesondere von staatlichen Akteuren gemeinsam geteilt werden muss. D. h., die Erwartungshorizonte der vom Lockdown betroffenen Unternehmen, die durch die staatlichen Erwerbsverbote auf die unmittelbare Jetztzeit geschrumpft sind, müssen durch »fiktionale« Realitätsdefinitionen kompensiert werden, um Dissonanz im wirtschaftlichen Ausnahmezustand zu lindern. Im Zentrum einer solchen Realitätsdefinition steht das Narrativ der »neuen Normalität«, das tradierte Praktiken und Rechtfertigungen unter Bedingungen der Pandemie für obsolet erklärt. Zweifel an der Richtigkeit dieser Realitätskonstruktion müssen entkräftet oder zumindest neutralisiert werden, etwa indem staatliche Akteure beschwichtigen und öffentlich verkünden, dass »wir« die historische Krise »gemeinsam« bewältigen werden. Um erst gar nicht den Eindruck eines leeren Versprechens aufkommen zu lassen, werden fiskalische Glaubensgrundsätze des staatlichen Handelns, die bis dato mehr oder weniger unumstößlich galten (Haffert 2016), buchstäblich über Bord geworfen, frei nach dem Motto: »Jetzt ist nicht die Zeit der schwarzen Null.« (Finanzminister Olaf Scholz) Hierbei ist allerdings entscheidend, dass das narrativ eingebettete staatliche Krisenmanagement monetär unterfüttert wird. Staatliche Rettungsschirme, Ausgleichszahlungen und Umsatzentschädigungen für Unternehmen im Lockdown sind an dieser Stelle ebenso zu nennen wie befristete Umsatzsteuersenkungen, Kreditgarantien und Kreditstundungen, Kurzarbeiterregelungen oder die ausgesetzte Insolvenzpflicht. Das finanzielle Volumen dieser staatlichen Hilfsmaßnahmen ist in Deutschland beispiellos. Für 2020 und 2021 sind knapp 1.500 Milliarden Euro Unterstützungsgelder für notleidende Branchen und Unternehmen in Aussicht gestellt worden, das entspricht etwa 30 Prozent des jährlichen Bruttoinlandsprodukts (Stand Dezember 2020). Diese Maßnahmen zielen allesamt darauf ab, die unmittelbaren wirtschaftlichen Folgen der exekutiv verfügten Erwerbs- und Marktverbote abzumildern. Zugleich sollen sie die Hoffnung aufrechterhalten, die Krise trotz Lockdown überstehen zu können, und nicht zuletzt politische Unterstützung für die staatlich verfügten Lockdowns sicherstellen. Ansonsten wären solche Realitätsdefinitionen, die mit dem Versprechen verbunden werden, dass die Krise nur durch gemeinsames »solidarisches« Handeln zu meistern sei, auf Sand gebaut. Hierbei handelt es sich insofern um gegenwartsbezogene Fiktionen, die rasch wie ein Kartenhaus in sich zusammenfallen können, sobald Hilfsmaßnahmen auslaufen, bei den betroffenen Unternehmen nur schleppend ankommen oder sogar ausbleiben, Kreditstundungen nicht mehr gewährt werden und aufgrund des Pandemieverlaufs unabsehbar ist, wann »normale« wirtschaftliche Aktivitäten wieder aufgenommen werden können.

Wie der weitere Fortgang der Pandemie zeigt, steht und fällt die Plausibilität einer solchen, staatlich bezeugten Realitätsdefinition mit der Erwartung, dass Betriebe, die zwangsweise, also unverschuldet ihre Marktaktivitäten »herunterfahren« müssen, nicht im Regen stehen bleiben. Von staatlichen Akteuren ist deswegen eine gemeinsame »nationale Kraftanstrengung« ausgerufen worden, um die »Jahrhundertkatastrophe« (Angela Merkel) zu meistern. Mit diesem Narrativ wird beteuert, dass die Kraftanstrengung nicht zu einem uneinlösbaren Versprechen verkommen soll. Schon früh zeigt sich allerdings, dass es auch in Lockdown-Branchen ökonomische Gewinner und Verlierer geben wird. Diese Trennlinie verläuft entlang von Unternehmen, die über ausreichende, privat oder staatlich garantierte Liquiditätsreserven verfügen und denen es gelingt, ihr analoges Geschäftsmodell zumindest teilweise auf Digitalisierung umzustellen und solchen, die an beidem scheitern. Da es nicht allen Unternehmen unter dem Eindruck des Pandemieschocks gelingt, Marktstrategien, an denen bislang unbeirrt festgehalten worden ist, zur Disposition zu stellen und Produktpaletten oder

Vertriebskanäle zu modernisieren, wird eine Insolvenzwelle und ein harter wirtschaftlicher Verdrängungswettbewerb unausweichlich sein. Dies wird wohl die insbesondere vom Lockdown direkt betroffenen Einzelhandelsgeschäfte und Gewerbetreibenden treffen, soweit es ihnen nicht gelingen sollte, die dauerhafte Abwanderung ihrer Kunden zur Onlinekonkurrenz abzuwenden. In diesem Zusammenhang kommt dem Exit-Szenario Impfung eine besondere Bedeutung zu, das seit Anbeginn der Pandemie von staatlichen Institutionen verfolgt wird. Dieses Exit-Szenario soll »Licht am Ende des Tunnels« verheißen. Nicht selten wird es sogar mit dem Erlösungsversprechen verbunden, dass erst die Durchimpfung der Bevölkerung die Rückkehr zur »alten Normalität« erlauben würde. Das Exit-Szenario soll jedenfalls auch die perspektivlose Lage der Lockdown-Unternehmen aufhellen und den Weg aus dem Erwartungsvakuum weisen. Die zum Jahreswechsel 2020/21 aufgekommenen Sorgen vor einer unzureichenden Schutzwirkung des Impfstoffs gegenüber Virusmutanten wie der »britischen« (B.1.1.7) oder »südafrikanischen« (B.1.351) Variante stellen dieses Erlösungsversprechen allerdings auf die Probe und gefährden die hochgesteckten Erwartungen der Impfstrategie.

Fazit: Fiktionale Realitätserwartungen im Coronaschock

Es steht außer Frage, dass die Fragilität der vom Lockdown direkt betroffenen Branchen und Unternehmen nicht auf »systemrelevante« Marktsegmente übertragen werden kann, die von der Pandemie profitieren oder denen es gelingt, die Krise proaktiv zu bewältigen. Die singuläre SARS-CoV-2-Pandemie bedeutet nicht nur Stillstand in Lockdown-Branchen. Sie fungiert auch als Innovationskatalysator. Die Pandemie stimuliert allerlei Zukunftserwartungen, etwa in der Biotechnologie, der KI-Industrie und digitalen Ökonomie, und löst, ganz im Sinne von Joseph Schumpeters (2005 [1942]: 134ff.) »schöpferischer Zerstörung« »Marktbereinigungen« aus, deren Reichweite allerdings nicht abzuschätzen ist. In diesem Beitrag habe ich mich auf die ökonomischen Schattenseiten der Lockdown-Maßnahmen konzentriert und wirtschaftliches Handeln von Unternehmen in den Blick genommen, die von staatlichen Gewerbeverboten betroffen sind und in der Krise dem Grundsatz der materialen Rationalität folgen müssen. Wie gezeigt, ist das Ziel des wirtschaftlichen Handelns in Lockdown-Branchen nicht Rentabilität, sondern Durchhalten. Die materiale Rationalität des Durchhaltens wird durch fiktionale Realitätsdefinitionen stabilisiert, jedenfalls solange, wie das durch virologische Expertise gestützte Narrativ der »nationalen Notstandslage« kollektive politische Geltung beanspruchen kann und monetäre Rettungsschirme nicht wirkungslos verpuffen. Beckert (2016) hat mit der Theorie »fiktionaler Erwartungen« eine innovative wirtschaftssoziologische Erklärung zur Dynamik des modernen Kapitalismus vorgelegt. Im Gegensatz zu seinen Annahmen sind fiktionale Realitätsdefinitionen in Lockdown-Branchen, die in diesem Beitrag am Beispiel der Kulturökonomie thematisiert worden sind, allerdings nicht auf zukünftige, bislang unerschlossene Marktchancen gerichtet. Vielmehr handelt es sich um Erwartungsmuster, die unter Krisenbedingungen auf den Zeithorizont der unmittelbaren Gegenwart geschrumpft sind. Imaginationen sind in der von staatlichen Marktverboten betroffenen Eventökonomie nicht auf die Erschließung neuer Marktchancen gerichtet, sondern darauf, herkömmliche Marktaktivitäten überhaupt wieder aufnehmen zu können. Die staatlichen Institutionen strukturieren den temporären Bereich, auf den sich die Unsicherheit in den Lockdown-Branchen überhaupt noch beziehen kann. Die Lockdown-Unternehmen befinden sich in einem Erwartungsvakuum. Die tradierten sozialen »Einbettungen« des wirtschaftlichen Handelns sind stillgelegt, die in normalen Zeiten Ungewissheiten kompensieren sollen. Dieses Erwartungsvakuum dehnt sich in der Zeit aus; jedenfalls solange wie ungewiss bleibt, ob Lockerungen der Maßnahmen zur Eindämmung der Pandemie rückgängig gemacht oder Maßnahmen noch weiter verschärft werden. Unter diesen Bedingungen sind die fiktionalen Realitätsdefinitionen der Pandemie (»Rettungsschirme für alle«) auf die unmittelbare Gegenwart bezogen. Sie müssen sich bewähren. Das gelingt, bis auf weiteres, durch das Instrument der indirekten monetären Staatsfinanzierung, also dadurch, dass die staatlichen Rettungsmaßnahmen und Unterstützungsprogramme für die notleidenden Unternehmen und Branchen durch Staatsanleihen finanziert werden, die in erheblichem Umfang nicht von privaten Finanzmarktakteuren, sondern von der Europäischen Zentralbank (PEPP – Pandemic Emergency Purchase Programme) aufgekauft und in den Bilanzen der Zentralbank wohl für die nächsten Jahrzehnte verbucht werden, möglicherweise bis zum Sankt Nimmerleinstag (zum signifikanten Anstieg des Geldmengenwachstums M3 in der Eurozone seit Beginn der Pandemie vgl. ECB 2020).

Ich habe argumentiert, dass auf dem Höhepunkt der Pandemiekrise fiktionale Zukunftserwartungen im Beckert'schen Sinne in den Lockdown-Branchen suspendiert werden müssen, um das schiere Überleben zu sichern. Allerdings geht es selbst in den vom Lockdown betroffenen Branchen nicht ganz ohne Zukunftserwartungen. Irgendwann veralltäglicht sich selbst in diesen Branchen der Schock des Lockdowns. Die fiktionale Realitätsdefinition politischer Institutionen, kein Lockdown-Unternehmen im Regen stehen zu lassen, wird mit dem Zukunftsversprechen verbunden, die Pandemiekrise »solidarisch« zu bewältigen und eine schrittweise Rückkehr zu »normalen« Marktaktivitäten zu ermöglichen. Zugleich wird für eine weitere Verschärfung von Lockdown-Maßnahmen mit dem Versprechen geworben, die Zeit des wirtschaftlichen Stillstands für eine Durchimpfung der Bevölkerung gegen das Coronavirus zu nutzen. Bleibt allerdings der Zukunftshorizont auf längere Zeit unvorhersehbar, kann auch die Folgebereitschaft gegenüber den staatlichen Institutionen in Schieflage geraten. In dieser singulären Pandemiekrise zeigt sich, dass Staatsvertrauen darauf beruht, nicht nur die Realität der Gegenwart als stabil wahrzunehmen, sondern auch die Plausibilität staatlicher Zukunftserwartungen. Diese werden allerdings in den vom Lockdown betroffenen Branchen enttäuscht, sobald die Krise eskalieren sollte und Betriebsaufgaben unvermeidbar werden. Überbordende Ungewissheit kann dann in wirtschaftliche Agonie einmünden.

Wirtschaftliche Entwicklung ist ohne Zukunftserwartungen nicht vorstellbar. Die ökonomische Folgekrise der Coronakrise unterstreicht die zentrale Bedeutung der Realitätsdefinitionen staatlicher Institutionen. Sie lässt erahnen, was passieren kann, wenn diese Realitätsdefinitionen erschüttert werden. Fiktionale Erwartungen im Beckert'schen Sinne können in den Lockdown-Branchen auf die Erwartung schrumpfen, dass eine »Rückkehr zur Normalität« möglich sei. Eine solche geschrumpfte Zukunftserwartung basiert nicht auf Imaginationen über neue Zukunftsmärkte, sondern stimuliert in den Lockdown-Branchen ein krisenbedingtes »Muddling Through« (Lindblom 1959). Alle zukunftsorientierten Investitionen und Innovationen müssen zurückgestellt werden. In einer solchen Ausnahmesituation überführen Zukunftserwartungen allgemeine Ungewissheiten nicht in fiktionale Gewissheiten, sondern in relativ unbestimmte Hoffnungen, die Krise irgendwie durchzuhalten. Eine wirtschaftliche Erholung in den Lockdown-Branchen ist erst dann möglich, wenn restriktive staatliche Marktverbote aufgehoben werden, die Zukunftserwartungen der Marktakteure sich aufhellen und ein »soziales Klima« der Zuversicht unter Unternehmen und Konsumenten sich wieder ausbreiten kann.

Literatur

Beckert, Jens (2007): »Die soziale Ordnung von Märkten«, in: Jens Beckert/Rainer Diaz-Bone/Heiner Ganßmann (Hg.), *Märkte als soziale Strukturen. Mit einem Vorwort von Richard Swedberg*. Frankfurt a. M./New York: Campus, S. 43–62.

Beckert, Jens (2016): *Imagines Futures. Fictional Expectations and Capitalist Dynamics*. Cambridge: Harvard University Press.

Bude, Heinz (2020): »Verwundbarkeit macht solidarisch«, in: *Der Tagesspiegel*, 20.04.2020, letzter Zugriff: 26.02.2021, https://www.tagesspiegel.de/kultur/soziologe-bude-ueber-corona-folgen-fuer-die-gesellschaft-verwundbarkeit-macht-solidarisch/25757924.html.

Boldizzoni, Francesco (2020): *The End of Capitalism. Intellectual Misadventures since Karl Marx*. Cambridge: Harvard University Press.

Boltanski, Luc/Esquerre, Arnaud (2018): *Bereicherung. Eine Kritik der Ware*. Berlin: Suhrkamp.

Crouch, Colin (2011): *The Strange Non-Death of Neo-Liberalism*. Cambridge: Polity Press.

ECB – European Central Bank (2020): *Euro Area – Monetary Aggregate M3*, letzter Zugriff: 13.02.2021, https://sdw.ecb.europa.eu.

Esposito, Elena (2007): *Die Fiktion der wahrscheinlichen Realität*. Frankfurt a. M.: Suhrkamp.

F.A.Z. Podcast für Deutschland (2020): *Stefanie Heinzmann: Live-Auftritte sind essentiell*, 25.8.2020, letzter Zugriff: 13.02.2021, https://www.faz.net/podcasts/f-a-z-podcast-fuer-deutschland/saengerin-stefanie-heinzmann-live-auftritte-sind-essentiell-16920783.html.

Ferguson, Neil M. u. a. (2020): *Report 9: Impact of non-pharmaceutical interventions (NPIs) to reduce COVID-19 mortality and healthcare demand*. Imperial College COVID-19 Response Team, letzter Zugriff: 16.03.2020, https://doi.org/10.25561/77482.

Festinger, Leon (1957): *A Theory of Cognitive Dissonance*. Stanford: Stanford University Press.

Goldscheid, Rudolf (1976 [1917]): »Staat, öffentlicher Haushalt und Gesellschaft«, in: Rudolf Hickel (Hg.), *Die Finanzkrise des Steuerstaats. Beiträge zur politischen Ökonomie der Staatsfinanzen*. Frankfurt a. M.: Suhrkamp, S. 317–328.

Gräf, Dennis/Hennig, Martin (2020): »Die Verengung der Welt. Zur medialen Konstruktion Deutschlands unter Covid-19 anhand der Formate ›ARD Extra – Die Coronalage‹ und ›ZDF Spezial‹«, in: *Magazin des Graduiertenkollegs Privatheit* (Universität Passau) 14, S. 14–22.

Granovetter, Marc (1985): »Economic Action and Social Structures. The Problem of Embeddedness«, in: *American Journal of Sociology* 91(3), S. 481–510.

Haffert, Lukas (2016): *Die schwarze Null – Über die Schattenseiten ausgeglichener Haushalte*. Berlin: Suhrkamp.

Heiden, Matthias an der/Buchholz, Udo (2020): *Modellierung von Beispielszenarien der SARS-CoV-2-Epidemie 2020 in Deutschland*. Robert Koch-Institut, letzter Zugriff: 20.03.2020, DOI 10.25646/6571.2.

Hirschman, Albert O. (1982): »Rival Views of Market Society«, in: *Journal of Economic Literature* 20(10), S. 1463–1484.

Kraemer, Klaus (2017): »Gibt es eine soziologische Kapitalismusforschung? Zur Vergangenheit und Zukunft einer umstrittenen Kategorie«, in: Patrick Sachweh/Sascha Münnich (Hg.), *Kapitalismus als Lebensform? Deutungsmuster, Legitimation und Kritik in der Marktgesellschaft*. Wiesbaden: Springer VS, S. 47–77.

Krippner, Greta R. (2011): *Capitalizing on Crisis. The Political Origins of the Rise of Finance*. Cambridge: Harvard University Press.

Lindblom, Charles E. (1959): »The Science of ›Muddling Through‹«, in: *Public Administration Review* 19(2), S. 79–88.

Luhmann, Niklas (1992): »Die Beschreibung der Zukunft«, in: Ders. (Hg.), *Beobachtungen der Moderne*. Opladen: Westdeutscher Verlag, S. 129–147.

Mason, Paul (2015): *PostCapitalism. A Guide to Our Future*. London: Allen Lane/Penguin Books.

Mead, George Herbert (1968): *Geist, Identität und Gesellschaft aus der Sicht des Sozialbehaviorismus*. Frankfurt a. M.: Suhrkamp.

Neckel, Sighard (2018): »Die Gesellschaft der Nachhaltigkeit. Soziologische Perspektiven«, in: Ders. u. a. (Hg.), *Die Gesellschaft der Nachhaltigkeit. Umrisse eines Forschungsprogramms*. Bielefeld: transcript, S. 11–23.

Nungesser, Frithjof (2020): »Das Fleischparadox. Zur soziokulturellen Genese eines moralischen Problems«, in: *WestEnd. Neue Zeitschrift für Sozialforschung* 2, S. 43–70.

Scharpf, Fritz W. (1970): *Demokratietheorie zwischen Utopie und Anpassung*. Frankfurt a. M.: Campus.

Schimank, Uwe (2009): »Die Moderne – eine funktional differenzierte kapitalistische Gesellschaft«, in: *Berliner Journal für Soziologie* 19, S. 327–351.

Schmölders, Günter (1966): *Psychologie des Geldes*. Reinbek bei Hamburg: Rowohlt.

Schnell, Rainer/Smid, Menno (2020): »Methodological Problems and Solutions in Sampling for Epidemiological COVID-19 Research«, in: *Survey Research Methods* 14(2), S. 123–129, letzter Zugriff: 13.03.2021, https://doi.org/10.18148/srm/2020.v14i2.7749.

Schrappe, Matthias (2020): *Die Pandemie durch SARS-CoV-2/CoViD-19 – Zur Notwendigkeit eines Strategiewechsels*. Thesenpapier 6 Teil 6.1: Epidemiologie, letzter Zugriff: 25.03.2021, http://www.matthias.schrappe.com/index_htm_files/Thesenpap6_201122_endfass.pdf.

Schumpeter, Joseph (2005 [1942]): *Kapitalismus, Sozialismus und Demokratie*. Tübingen: A. Francke/UTB.

Streeck, Wolfgang (2016): *How Will Capitalism End? Essays on a Failing System*. London: Verso.

Streeck, Wolfgang (2020): »Wissenschaftlern folgen? Ja doch, aber welchen?«, in: *Frankfurter Allgemeine Zeitung* 8, S. 13.

Vobruba, Georg (2019): *Die Gesellschaft der Leute*. Wiesbaden: Springer VS.

Wachtler, Benjamin u. a. (2020a): »Socioeconomic inequalities and COVID-19 – A review of the current international literature«, in: *Journal of Health Monitoring* 5 (Special Issue 7), S. 3–16.

Wachtler, Benjamin u. a. (2020b): »Socioeconomic inequalities in the risk of SARS-CoV-2 infection – First results from an analysis of surveillance data from Germany«, in: *Journal of Health Monitoring* 5 (Special Issue 7), S. 18–28.

Wallerstein, Immanuel u. a. (2013): *Does Capitalism Have a Future?* Oxford: Oxford University Press.

Weber, Max (1980 [1921]): *Wirtschaft und Gesellschaft. Grundriss der verstehenden Soziologie*. Tübingen: J. C. B. Mohr/Paul Siebeck.

Weber, Max (1988 [1920]): *Gesammelte Aufsätze zur Religionssoziologie*, Bd. 1. Tübingen: J. C. B. Mohr/Paul Siebeck.

Äußerer Wohlstand bei verinnerlichtem Elend? Zur Wachstumsdynamik des Kapitalismus

Ulrike Froschauer und Manfred Lueger

Gesellschaftlicher Wandel: Der Ausgangspunkt

Auch wenn sich Gesellschaftsdiagnosen in vielen Bereichen unterscheiden, so sind sie sich in einem Punkt einig: Was moderne Gesellschaften auszeichnet, ist deren rasanter Wandel. Neckel (2020) streicht in diesem Prozess den Wettbewerb als einen entscheidenden Faktor heraus, der andere zu potenziellen Konkurrent:innen macht und in dem das Streben nach Erfolg eine permanente Rastlosigkeit in der ökonomischen und sozialen Selbstbehauptung nach sich zieht. Da sich aber Leistung und Erfolg zunehmend entkoppeln, werden steigende Anforderungen im Konkurrenzkampf keineswegs durch materielle oder immaterielle Wertschätzung entgolten. Erfolg verschafft kurzfristig Genugtuung; jedoch schläft die Konkurrenz nicht, sodass es ständiger Erneuerung durch immer bessere Leistungen im Vergleich zu anderen bedarf, um nicht zu den Wettbewerbsverlierer:innen zu zählen. Nicht selten mündet dies in Burnout, das zwar individuell zugerechnet wird, tatsächlich aber ein gesellschaftliches Problem darstellt und gerade durch das Streben befeuert wird, selbst unrealistischen Erwartungen gerecht zu werden (Neckel/Wagner 2013).

Neckel schließt dabei nahtlos an Sennett (2009) an, der sich mit dem modernen flexiblen Menschen befasst. Dieser sollte bereit sein, mobil die eigenen Fähigkeiten einzusetzen, sie ständig zu neuen Ansprüchen kompatibel zu halten und das gesamte Leben auf die Arbeits- und Leistungsanforderungen einer kapitalistischen Wirtschaft abzustimmen. Die dabei fragmentierten Lebensgeschichten zerstören Kontinuität, Verlässlichkeit und soziale Bindungen; selbst der erlangte Wohlstand verschmilzt mit permanenten Verlustängsten. Auf der Vorderbühne wird Kooperation demonstriert, auf der Hinterbühne kommt der Druck keineswegs nur von oben, sondern vor allem von Kolleg:innen, zu denen man im Wettstreit steht. Die Maske der Freundlichkeit und Solidarität bleibt dennoch aufgesetzt, die damit verbundenen Probleme bleiben den Einzelnen überlassen.

Bauman (2009) sieht das ähnlich, wenn er über die fluide Gesellschaft schreibt, in der sich dauerhafte Strukturen auflösen, das Arbeitsleben zerteilt und Sicherheitsnetze geschwächt werden. Auch bei ihm hat gegenwärtiges Wissen schnell ausgedient, hingegen gewinnt Ungewissheit an Boden. Während die verlässliche Welt Träumer:innen vorbehalten bleibt, mutieren Freiheit und Eigenverantwortlichkeit zur Illusion und Risiken des Wandels werden den Schultern der Individuen aufgebürdet.

Bei all diesen reichlich pessimistischen Prognosen, die eher die Pathologie moderner Gesellschaften aufzeigen, stellt sich natürlich die Frage, was eine solche Dynamik fördert. Wenn die sozialen Folgen so wenig wünschenswert sind, warum schreitet diese Entwicklung weiterhin rasant voran und kann offenbar nicht gestoppt werden?

Wachstum: Der Motor des Kapitalismus

Versucht man an den Ausgangspunkt dieser Entwicklungen zu kommen, so landet man bei zwei entscheidenden Bedingungen, welche die kapitalistische Dynamik in Gang setzten: Zum einen ist das der Zwang zur Marktteilnahme, die in England im 16. Jahrhundert mit der Erhöhung der Pachtverträge begann und die eigentumslosen Pächter drängte, effizient zu arbeiten, um nicht die Pacht an potenzielle Konkurrent:innen zu verlieren. Indem zugleich Allmenden und öffentliche Güter der Allgemeinheit entzogen und einer systematischen Verwertung unterworfen wurden, erhöhte sich die Zahl jener Menschen, die sich am kapitalistischen Wirtschaftssystem durch Verkauf ihrer Arbeitskraft zur Sicherung ihres Lebensunterhalts beteiligen und sich gegen Konkurrenz durchsetzen mussten (Marx 1979 [1867]: 741ff.). Zum anderen gelang es mit der Entwicklung neuer Maschinen im Zuge der ersten industriellen Revolution, die Produktion pro Arbeiter:in in einem bis dahin in der Menschheitsgeschichte unvorstellbarem Maße zu steigern. Dabei konnte sich zunehmend eine Logik entfalten, die es für Unternehmer:innen attraktiv macht, neue Maschinen und Produktionsmethoden einzusetzen, sofern diese jenen der Konkurrenz überlegen sind und den Umsatz erhöhen. Wer sich dieser Wachstumslogik und Produktivitätssteigerung verweigert, scheitert wirtschaftlich und wird im Konkurrenzkampf durch willigere Marktteilnehmer:innen ersetzt. Oder wie Marx (1978 [1885]: 255) es formuliert hat: Die permanente Entwicklung der Produktionsmethoden und die damit verbundene unentwegte Entwertung des Kapitals führen dazu, ständig die Produktion zu verbessern – »bloß als Erhaltungsmittel und bei Strafe des Untergangs«, wobei sich der ausdehnende Markt zunehmend der Kontrolle entzieht.

Aber damit sich dieses frühe kapitalistische System stabilisieren konnte, bedurfte es einer Reihe von Begleitkomponenten: Da diese unentwegte Ausweitung und Produktionsveränderung Investitionen erfordert, wird Kapital nun zur Gewinnsteigerung eingesetzt, wobei der für dessen Entlehnung bezahlte Zins es attraktiv macht, Kapital zur Verfügung zu stellen. In der Folge kann mit den durch das Kapital bewerkstelligten Investitionen nicht nur der Zins bezahlt, sondern auch noch ein Gewinn erwirtschaftet werden. Wenn im Zuge dessen Anteile dieses Gewinns nicht umverteilt oder konsumiert, sondern wieder als Kapital reinvestiert werden, so schafft das einen weiteren Antrieb, mit gesteigerten Erträgen Zinsen zu generieren. Es sind Wetten auf die Zukunft, welche Unternehmer:innen und Besitzende eingehen, weil sie für das vorgeschossene Geld mehr zurückbekommen wollen. Und entscheidend ist nicht die erbrachte Leistung an sich, sondern deren Marktgängigkeit in Form von Produkten und Dienstleistungen sowie damit verbundene Kosten und erzielbare Gewinne. In diesem Zusammenhang ist es durchaus willkommen, den Konsum auf Kredit zu fördern, weil dieser den Menschen die Befriedigung vieler Bedürfnisse ermöglicht und als Begleiterscheinung die Menschen in Abhängigkeit von Erwerbsarbeit hält. Wer auf Kredit konsumiert, fördert die Wirtschaft in zweierlei Hinsicht: Zum einen über den Absatz von Produkten oder Leistungen, zum anderen über den dafür erforderlichen Druck, mittels eigener Erwerbsarbeit nicht nur den Konsum, sondern auch die Zinsen zu finanzieren.

Damit das alles funktioniert, müssen Produkte am Markt abgesetzt werden. Diese werden für Massen leistbar, wenn Kosten reduziert und Löhne angehoben werden. Der Konsum hält die Menschen bei Laune und gibt ihnen die Hoffnung auf ein Erklettern der Erfolgsleiter, sodass auch die Besitzlosen in diesem Hamsterrad weiterlaufen. Deshalb ist es wichtig, dass möglichst viele an den Vorzügen des Systems partizipieren können, wobei es keineswegs um eine gleiche oder gerechte Verteilung geht, sondern um den Glauben, durch eine Beteiligung am Kapitalismus zu profitieren. Das ermöglicht eine mit dieser Entwicklung einhergehende Ungleichheit, die mit dem unterschiedlichen Einsatz von Kapital legitimiert wird, welches man aus erbrachten Leistungen stammend darstellt (auch wenn das meist die geerbte Leistung der Vorfahren oder die Ausbeutung der Leistung anderer ist). Zugleich wird damit Wachstum als wesentliche Wohlstandsvoraussetzung als unabdingbar vermittelt. Gerne verweisen deshalb Unternehmer:innen und Arbeitgeber:innen auf den Slogan: »Geht's der Wirtschaft gut, geht's uns allen gut!« Das klingt einleuchtend, weil das Einkommen der Arbeitnehmer:innen dadurch gesichert wird. Allerdings bezieht sich das »Gutgehen« vor allem darauf, die Wirtschaft zu stützen (und nicht die Arbeitnehmer:innen) und blendet völlig aus, dass für die Wirtschaft geringe Löhne, verlängerte und frei verfügbare Arbeitszeiten, eingeschränkte Umweltauflagen, reduzierte Steuern für Vermögen und höhere Einkommen oder zurückgestutzte Sozialleistungen attraktiv sind, was nicht unbedingt zum Wohlergehen aller führt, sondern eher zu mehr Ungleichheit und zum Auseinanderdriften von Arm und Reich (Ptak 2005: 64), was wiederum längerfristig den sozialen Frieden gefährden könnte.

Um den Widerstand gegen eine zu starke Ausbeutung der Arbeitskraft hintanzuhalten, wirken die Errungenschaften der Arbeitnehmer:innen und der Gewerkschaften als deren Interessenvertretung letztlich als Absicherung der kapitalistischen Wirtschaftsordnung, weil sie durch die Limitierungen der destruktiven Marktdynamik zu deren Legitimation beitragen: Das bezieht sich nicht nur auf die Löhne, sondern auch auf die Absicherung gegen mögliche Erwerbsunfähigkeit durch Krankheit oder gegen Armut im Alter. Allerdings lassen sich die Vorzüge des Sozialsystems nur lukrieren, wenn man sich dauerhaft aktiv in das Wirtschaftssystem einbringt. Auf diese Weise trägt das Sozialsystem nicht nur zum Erhalt des Lebensstandards bei, sondern sichert auch eine kontinuierliche und verlässliche Teilnahme am Gesamtsystem. Der Staat ist an stetem Wachstum interessiert, weil er sich im Bewusstsein verschulden kann, dass in Zukunft höhere Steuereinnahmen winken und er mehr Geld ausgeben und damit die Bevölkerung befrieden kann.

Der Erfolg dieses Systems ist enorm: Der Wohlstand für die breite Masse ist kräftig angestiegen (wenngleich dieser sehr ungleich verteilt ist), soziale Sicherungssysteme verhindern zumindest drastische Armut (wenngleich viele dennoch in Armut leben), die Gesundheit hat sich massiv verbessert und die durchschnittliche Lebenserwartung ist deutlich gestiegen (wenngleich gesundheitliche Vorsorge nicht für alle gleichermaßen leistbar ist). Und wir leben in einer Welt, in der wir von jeder Menge Gegenständen umgeben sind, die unser Leben nachhaltig erleichtern und die noch vor 100 Jahren in dieser Form oder Qualität nicht herstellbar gewesen wären, wie etwa Smartphones, Autos, Fernseher, Videokameras oder Medizinprodukte. Dazu gehört auch die Infrastruktur, wie die Energie- und Wasserversorgung oder das Straßennetz. Und letztlich ist die durch Polizei kontrollierte Sicherheit erwähnenswert, die im Zweifelsfall das staatliche Ordnungssystem schützt, sollte der soziale Friede dennoch in Frage gestellt werden, was in Krisenzeiten demokratische Verfahren zugunsten eines autoritären Staates unterminieren könnte.

Diese Wachstumslogik sickert aufgrund des Erfolgs in viele andere gesellschaftliche Bereiche ein, wobei der Neoliberalismus den ideologischen Überbau zum Kapitalismus liefert, der, wie Ptak (ebd.: 59) meint, den »Referenzrahmen für Wirtschafts-, Sozial- und Gesellschaftspolitik« vorgibt. In der moderaten Vorstellung dient der starke Staat dazu, die wirtschaftliche Macht zu beschränken (etwa über das Kartellrecht), den Wettbewerb zu erhalten und negative soziale Folgen abzumildern; er schafft den Ordnungsrahmen für Wirtschaft und Politik, ohne sich von rivalisierenden Interessen beeinflussen zu lassen. Die Verabsolutierung marktwirtschaftlicher Vorstellungen, die zentrale Bedeutung des Wettbewerbs, die Privatisierung und Liberalisierung öffentlicher Leistungen und die Interdependenz von Rechts- und Wirtschaftsordnung werden dann zum Antrieb der Gesellschaft. In Verbindung mit der Globalisierung von Wirtschaftsbeziehungen führt das zu einer Hegemonialisierung neoliberaler Vorstellungen, die aufgrund der staatlichen Begrenzungen und der sozialpolitischen Pufferzonen sogar ethische Vorstellungen mitformen.

Genau genommen handelt es sich hierbei um eine umfassende Ökonomisierung des Geistes, die Bildungseinrichtungen, Krankenhäuser oder Familien wie auf Märkten agierende Wirtschaftsunternehmen behandelt, die immer mehr und immer effizienter produzieren sollen: mehr und bessere Bildung, bessere Gesundheit, besser angepasste Menschen. In dieser Vorstellungswelt verursacht eine Universität mit vielen Studienabbrecher:innen nur unnötig Kosten; sie soll Studierende mit sinkenden Pro-Kopf-Investitionen produzieren, die Durchlaufzeit verkürzen und die Jobchancen der Absolvent:innen erhöhen. Indem wir nur mehr durch die Blickschneise der Ökonomie sehen, gerät Bildung als eigener Wert aus dem Blick, während die kostengünstige Produktionsweise von verwertbarem Wissen zum entscheidenden Faktor (auch für öffentliche Forschungsförderung) wird. Wichtig ist hier zu beachten, dass nicht nur einfach die Expansionslogik eine Rolle spielt (mehr Wissen), sondern diese auch mit einem Preisschild versehen werden (Wissen soll nicht nur mehr, sondern auch billiger und ökonomisch nutzbar werden). Und Familien sollen mithelfen, dass die Kinder sich am Bildungs- und Arbeitsmarkt besser einfügen können, also zum Humankapital beitragen.

Update und Upgrade: Die Modernisierung des Kapitalismus

Dieses System verlangt seinen Tribut, nämlich nicht nur einfach Wachstum, sondern ständige Erneuerung. Ein Aspekt ist die Erhöhung des Tempos, mit dem die Wirtschaft zu immer neuen Höchstleistungen angetrieben und der Alltag insgesamt rastloser wird. Was Rosa (2005) mit der umfassenden Beschleunigung aller Lebensbereiche beschreibt, ist Teil dieser Wachstumsdynamik: Auf technischer Ebene geht es nicht nur um die Fortbewegungsgeschwindigkeit, sondern auch um Kommunikation oder um Produktionstechnologien. Der soziale Wandel verändert Organisationsprozesse, verkürzt die Gültigkeit von Parteiprogrammen und beschleunigt den Verfall von Handlungserfahrungen und Erwartungen. Ereignisse verdichten sich in immer kürzeren Zeiträumen und Zeitressourcen verknappen, was das Lebenstempo drastisch erhöht. Das alles löst vormals gefestigte Strukturen auf und fördert eine schnelle Anpassung an momentane Erfordernisse, die auf Personenebene durch einen chamäleonartigen Wechsel von situativen Identitäten erleichtert wird.

Diese Beschleunigung ist nur eine Seite: Die andere sind krisenhafte Entwicklungen, welche immer wieder Innovationsschübe auslösen. Der Grund dafür liegt in den Bewältigungsstrategien, die teilweise ein Umdenken verlangen und dadurch neue Entwicklungspfade erschließen, denn in der Regel verwandelt sich der Erfolg in ein Innovationshemmnis, weil ihm hohe Legimitationskraft zukommt und daher Veränderungen einer besonderen Begründung bedürfen. Krisen erzeugen eine solche Begründungsstruktur, weil sie die alte Erfolgsgeschichte delegitimieren und damit Platz für Neues schaffen. Nicht zuletzt deshalb wird im Zuge des Durchsetzens von Änderungen gerne auf eine Krisenargumentation gesetzt, um alte Strukturen aufzuweichen, was etwa über das Erzeugen von Ängsten (zum Beispiel potenzieller Arbeitsplatzverlust, Gefährdung der Gesundheit) erreicht werden kann, weil diese eine Alternativlosigkeit suggerieren.

Aber Beschleunigung und Krisenbewältigung sind meist nur die laufenden Updates des Kapitalismus, gleichsam ein Flickwerk, das einerseits mehr von demselben verspricht, nur schneller und besser, und andererseits eine Strategie darstellt, die Unzulänglichkeiten des Systems immer wieder auszubügeln, um dessen Funktionsfähigkeit zu erhalten. Interessanter sind jedoch die radikalen Veränderungen, die im Sinne eines Upgrades die Systemdynamik nachhaltig modifizieren, sodass der Kapitalismus in neuen Erscheinungsformen auftaucht. Zwei Formen von Upgrades sind an dieser Stelle besonders hervorzuheben:

Von der Maschine zur digitalen (Selbst-)Steuerung

Die Entwicklung der Technik war lange darauf konzentriert, Energie für Arbeitsprozesse zu liefern, Kräfte zu übertragen, über mechanische Prozesse die Arbeitsabstimmung zu regeln und ganze Arbeitsschritte zu übernehmen. Kaum eine Behörde, ein Unternehmen oder ein Privathaushalt kommt heute ohne technische Geräte aus, seien das Computer, Fräsen oder einfach Waschmaschinen. Traditionelle Technikformationen sind auf die einzelnen Geräte oder deren mechanische Verkoppelung konzentriert, die im Laufe der Zeit verfeinert und in ihren Anwendungsbereichen erweitert wurden. Werden diese Geräte in Kombination mit anderen Geräten eingesetzt, so entstehen daraus im Zuge der industriellen Entwicklung überaus komplexe Technikstrukturen. Diese Technik entlastete die Menschen zunehmend von extrem anstrengenden Aufgaben und brachte eine enorme Steigerung der Präzision von erbrachten Leistungen.

Das entscheidende Upgrade in diesem Steigerungsprozess ist nicht die Verbesserung der Qualität, die Erhöhung der Effizienz, die Beschleunigung oder das Zusammenschalten der Maschinen, sondern der Wandel in der Maschinensteuerung sowie der Transfer kommunikativer Funktionen zwischen den Maschinen auf diese selbst. Das ist das typische Feld der Digitalisierung, die gerne mit der Bezeichnung Industrie 4.0 versehen wird (Reinhart 2017). In der Produktionsindustrie führt das zu einer engen Vernetzung verschiedenster Bereiche, wobei die Technik anhand von Algorithmen weitreichende Steuerungsfunktionen übernimmt und der Mensch für die Basisprogrammierung selbstlernender Systeme sowie deren Überwachung zuständig ist. Begonnen hat dieser Prozess mit dem Computer Integrated Manufacturing, der bis zur digitalen Fabrikation erweitert wurde und die betrieblichen Abläufe von der Auftragsplanung über die Auftragserteilung, die Vorbereitung und Durchführung des Produktionsprozesses, die Auslieferung bis hin zur Verwaltung integriert und damit die Koordinierung fast aller betrieblicher Funktionen umfasst. Digitale Fabriken werden auf diese Weise zu gläsernen Fabriken mit gläsernen Menschen.

Kommunikation zwischen Menschen wird weitgehend durch Kommunikation zwischen Maschinen ersetzt, wodurch sich die Arbeit in solchen Zusammenhängen dramatisch verändert, wie etwa Holtgrewe u. a. (2015) festgestellt haben. Die Arbeit lässt sich nun in vier Teile aufspalten: Einen Teil bilden jene Programmiertätigkeiten und Serviceleistungen, die für einen zuverlässigen Produktionsablauf und eine reibungslose Verkaufsabwicklung sorgen und aufgrund der bereits verfügbaren Programme Routineaktivitäten (wie die CAD/CAM-Programmierungen) oder Arbeiten nach Vorgabe der Maschinen (wie etwa Werkzeugbestückung) umfassen. Ein zweiter Teil setzt sich aus durchaus anspruchsvollen Tätigkeiten zusammen, wenn es gilt, Schwierigkeiten in der komplexen Vernetzung der Steuerung oder mit einzelnen Maschinen zu beseitigen sowie deren Wartung zu übernehmen. Den dritten Teil bilden Überwachungstätigkeiten, welche für die Kontrolle eines reibungslosen Gesamtprozesses sorgen und in diesem Kontext Managemententscheidungen über Produktionsabläufe, Investitionen, Personal oder die Außendarstellung des Unternehmens unterstützen, was die Verarbeitung komplexer Daten (etwa Bestellungen, Lagerbestände, Maschinendaten, Rüstzeiten, Ausschussraten, Kostenstrukturen, Personaldaten) voraussetzt. Dahinter steht als vierter Teil die Planung solch komplexer digitalisierter Produktionsanlagen, die hohe technische Kompetenzen bezüglich der Geräteanforderungen und deren Umsetzung sowie die Vernetzung und Gesamtintegration der Anlage mit ihren Schnittstellen nach innen und außen erfordert. Dabei entsteht ein cyber-physisches System, bei dem informations- und softwaretechnische sowie mechanische Komponenten verbunden sind und Informationen zu »Smart Data« aufbereitet werden (Fink u. a. 2017).

Inzwischen drängen Digitalisierungsprozesse in viele Bereiche vor: In Bildungseinrichtungen muss man nicht mehr vor Ort sein, sondern kann jederzeit viele Informationen über das Internet abrufen, während Interaktionen im virtuellen Raum stattfinden. Lehrende und Studierende werden gewissermaßen zu

Teilen einer Maschinerie, in der es nicht mehr um den Austausch oder um eine kritische Auseinandersetzung vor Ort geht, sondern um die Aneignung von Ausbildungsinhalten, die standardisiert und professionell aufbereitet standortunabhängig für die Berechtigten verfügbar gemacht und abgeprüft werden. Für einen sicheren Straßenverkehr werden autonome Fahrzeuge entwickelt, die von den Passagieren nur mehr das Ziel benötigen und dann selbständig zu diesem navigieren und im Falle eines Unfallszenarios die nach Meinung der Programmierer:innen beste Strategie wählen und entsprechend über Leben und Tod der potenziell betroffenen Verkehrsteilnehmer:innen entscheiden. Und im Militärbereich urteilen automatisierte Abwehr- und Angriffssysteme anhand vorgegebener Algorithmen autonom über Ziele und Menschenleben.

Dabei rückt ein zweiter Aspekt in den Vordergrund: Selbstlernende Steuerungssysteme beruhen auf Datenverarbeitung als Schlüsselelement, deren Algorithmen zunehmend intransparent werden. In diesem Kontext verdrängt die Monopolisierung und Zentralisierung des Datenzugriffs den Wettbewerb, weil künstliche Intelligenz (und auch Überwachung oder Kontrolle) am besten funktioniert, wenn sie möglichst viele Daten immer besser verarbeiten kann, und nicht, wenn Daten verteilt sind. Das betrifft die Integration betrieblicher Daten (zum Beispiel Enterprise Resource Planning-Software) genauso wie die Verwertung von Daten aus Suchmaschinen (zum Beispiel Google), Einkaufsplattformen (zum Beispiel Amazon), aus der Gesundheitsvorsorge (zum Beispiel elektronische Krankenakte) oder Daten aus Überwachungssystemen (zum Beispiel Contact Tracing Apps, Gesichtserkennung). Daraus lässt sich umfassendes Herrschaftswissen generieren, was autoritäre Systeme beflügelt und permanente Wachsamkeit des Datenschutzes erfordert. Der gläserne Mensch wird zum Spielball der neuen Baumeister der Macht, die neben öffentlichen Einrichtungen (Polizei, Geheimdienste oder Ministerien) auch Konzerne, Medien, Meinungsforschungsinstitute oder Universitäten umfassen.

Diese schöne neue Welt wird in der Literatur inzwischen überaus drastisch beschrieben, wenn man etwa an die attraktiven Arbeitsplätze im tollen Internetkonzern im Roman *The Circle* (Eggers 2014) denkt, in dem sich das vermeintliche Paradies als tatsächliche Hölle erweist. Natürlich hat dieser Prozess viele Vorzüge, aber wenn man annimmt, dass die Menschen glücklich die angenehmen Seiten des Lebens und die erweiterte Freizeit genießen können, so beruht das auf einer Fehleinschätzung. Es handelt sich eher um die Frage, in welcher Form und mit welchen Be- oder Entlastungen man an diesem System partizipieren kann.

Von der Behandlung zur Modifikation der Menschen

Ein Vorzug dieser beschleunigten Entwicklung ist die Erhaltung des Körpers und seiner Gesundheit und der Ausgleich möglicher Schwächen. Dazu zählen schon seit langem Medikamente oder Behelfsmittel zum Erhalt der Körperfunktionen. Wir nehmen Medikamente gegen Krankheiten oder zur Stimmungsaufhellung, gleichen die Sehkraft durch Brillen aus (oder erweitern sie durch Mikroskope und Ferngläser) und Ärzte können die Herzfunktion durch Schrittmacher stabilisieren. Mit Kapitalismus hängt das insofern zusammen, als Medizin, Pharmazie oder die Produktion von Gegenständen zur Unterstützung des Körpers der zentralen Wirtschaftslogik unterworfen sind. Gelingt es beispielsweise einer Firma einen Impfstoff gegen den Erreger einer Pandemie zu entwickeln und sich die Verwertungsrechte absichern zu lassen, so winkt ein überaus lohnendes Geschäft, das Investitionen magisch anzieht. In diesem Kontext werden beispielsweise Hörgeräte immer kleiner und leistungsfähiger – allerdings für einen entsprechenden Preis, der trotz Sozialversicherung sozial diskriminierend wirkt. Es kommt daher nicht von ungefähr, dass Gesundheit und die Lebenserwartung mit der sozioökonomischen Lage korrespondieren.

Bei Pflanzen und Tieren hat man weiterreichende Vorarbeiten geleistet, die inzwischen auch auf den menschlichen Körper übertragen werden: Die Zucht von Kühen zur effizienten Milchproduktion, die Entwicklung von schädlingsresistenten Pflanzen für verschiedenste Bodenanforderungen und reiche Erträge oder die Selektion von wunderbar bunten oder wohlriechenden Pflanzen, die Hobbygärtner:innen erfreuen. Auch hier werden die früheren Updates der Leistungsfähigkeit auf Grundlage der natürlichen Gegebenheiten durch ein radikales Upgrade abgelöst, das die natürlichen Gegebenheiten selbst modifiziert: Beim Menschen stehen nunmehr nicht bloß die Behandlung von Krankheiten oder die Unterstützung der Körperfunktionen im Zentrum, sondern Genmanipulation macht den menschlichen Körper zum biologischen Designobjekt (Knöpfler 2016). Der einfachste Fall ist die künstliche Befruchtung mit Spendersamen oder Eiern, die nach bestimmten Erwartungen und Wünschen selektiert werden, um ein Kind mit den erhofften Eigenschaften zu bekommen. Der Möglichkeitsraum ist noch keineswegs ausgeschöpft: Krankheiten können frühzeitig diagnostiziert und anschließend eliminiert werden, besondere Eigenschaften lassen sich besser fördern oder modifizieren. Die Interessen der Eltern oder von Eliten werden so auf eine Gesellschaft übertragen, deren Menschen in ihren Eigenschaften so modelliert werden, dass sie gut hineinpassen, erfolgreich sind und letztlich die Sehnsüchte anderer erfüllen.

Diese Möglichkeiten lassen sich gut instrumentalisieren und wirtschaftlich verwerten: Wer über das erforderliche Kapital verfügt, kann sich nun nicht nur körperlich fitter machen und sein eigenes Leben verlängern; Eltern können sich sogar in den Wunschkindern genetisch verwirklichen, indem sie ihnen eine besondere Eignung für bestimmte Sportarten oder für die Künste verpassen, sie mit einer herausragenden Intelligenz ausstatten, sie dem elterlichen Schönheitsideal annähern oder einfach mit einem angenehmen Sozialverhalten versehen, bei dem die unerwünschten Seiten bereits genetisch blockiert sind. Der Wunschraum lässt sich beliebig erweitern: für die Industrie vielleicht gut angepasste Arbeitnehmer:innen, für das Militär angst-, schmerz- und reflexionsbefreite Erfüllungsgehilfen und Führungskräfte mit soziopathischen Einschlägen (zur Bedeutung des Emotionsmanagements siehe Neckel 2008: 119ff.).

Mit entsprechender Vorstellungskraft ergeben sich daraus neue Perspektiven, nicht nur für die Optimierung der Menschen, sondern auch für die Entwicklung der Gesellschaft, welche der Logik der Ausdehnung folgen und mit Durchsetzungsstrategien verknüpft sind – und das ist der Haken an der Geschichte: Ungleichheit ist nun nicht einfach vererbt, sondern zunehmend systematisch geplant und einer eigenen Dynamik unterworfen. Das Tor zu diesen Modifikationen steht voraussichtlich nicht allen offen, sondern vorrangig jenen, die über entsprechendes Kapital verfügen und in die gewünschten Eigenschaften investieren können. Dahinter steht die Verwertungslogik von Zuchterfolgen und macht den Menschen bereits vor seiner Geburt zur Manipulationsmasse: Wer nicht in dieses System passt, kommt gar nicht mehr zur Welt. Man kann aber nicht erwarten, dass diese Menschen ein Paradies für alle begründen, sondern neue Eliten und neue Ungleichheiten schaffen und stabilisieren.

Im Hintergrund vollzieht sich eine tiefgreifende Veränderung des gesellschaftlichen Zusammenlebens: Digitalisierung verändert nachhaltig Kommunikation und damit auch soziale Beziehungen. Man redet nicht mehr in direktem Kontakt, sondern kommuniziert medienvermittelt. Wenn man etwas kaufen möchte, muss man nicht mit Verkaufspersonal sprechen, sondern gibt die Bestellung im Online-Shop auf und der Paketdienst liefert die Waren. Bankgeschäfte erfordern keinen Besuch einer Filiale, sondern lassen sich bequem am PC oder am Smartphone erledigen – und sollte man dafür Hilfe benötigen, kann man immer noch über diese Verbindung mit einer Mitarbeitenden der Bank sprechen (solange sie nicht durch einen Roboter mit künstlicher Intelligenz ersetzt werden). Sucht jemand eine Beziehung, geht er:sie nicht zu Treffpunkten oder spricht jemanden an, sondern stellt den Kontakt auf einer Vermittlungsplattform für Singles her, welche die Kompatibilität der Interessen prüft und der Passung entsprechend vorselektiert. Man verständigt sich mehr über Telefon, Mail, Twitter oder WhatsApp als im direkten persönlichen Gespräch. Schon jetzt leben viele Menschen in einer Informationsblase, die sie vor alternativen Sichtweisen »schützt«. Bei all dem füttern Menschen unentwegt Daten in die Verarbeitungssysteme und liefern die

Grundlage für Wissen, dessen Verwendung intransparent bleibt und das unterschiedlichsten Macht- und Herrschaftszwecken dienen kann, vor allem, wenn der Zugriff höchst selektiv gestaltet ist.

Zwischen Maschinen braucht es zur Vermittlung keine Menschen; sie kommunizieren inzwischen selbständig. Menschen bedienen die Maschinen nach deren Regeln und richten ihr Leben nach diesen aus. Man muss niemanden mehr nach dem Weg fragen, weil das Navigationssystem weiß, wo man sich befindet und einem Sprachanweisungen gibt, die (hoffentlich) auf kürzestem oder schnellstem Weg zum Ziel führen. Was nicht im Netz verfügbar ist, hört auf zu existieren; und was verfügbar ist, dessen Herkunft und Wahrheitsgehalt sind unbestimmt. Kommunikation wird effizient gestaltet und damit der Wirtschaftslogik unterworfen. Das ermöglicht weltweit Freundschaften, wenngleich man diese Freund:innen niemals persönlich trifft oder nie genau weiß, ob die Person tatsächlich oder als virtuelles Fake existiert.

Aber das soziale Leben braucht auch den direkten Kontakt – und dieser findet entweder Zuhause oder komprimiert auf Veranstaltungen statt: Man besucht Partys, nimmt an Kursen teil, trifft sich mit Freund:innen an öffentlichen Orten – und selbst wenn hier nur Kontakt zu wenigen meist bekannten Personen besteht und jeder intensiv sein Smartphone für seine anderen Kontakte nutzt, ist man Teil eines großen Events und einer großen Community und gehört dazu. Das alles ist kein Gegenprogramm zum neuen Kapitalismus, es ist eher ein Ergänzungsprogramm, das die Illusion der Freiheit stärkt und die Schattenseiten wirkungsvoll verhüllt. Autonomie, Freiheit, Selbstverwirklichung und Glück sind der Lohn der Mitwirkung am Kapitalismus und werden als Freizeitangebote und Selbstdarstellungsoptionen der Marktlogik unterworfen – die Teilnahme an der besten Party, der schönste Urlaub und die Zahl der Follower, Freund:innen und Likes werden zur neuen Währung der selbstbestimmten Fremdbestimmtheit, aus der Influencer:innen, Firmen und Parteien geschäftstüchtig Kapital schlagen.

Konflikte werden nur mehr im engen Kreis persönlich ausgetragen. Gleichzeitig haben sich die Möglichkeiten virtueller Beziehungen ungemein ausgedehnt: Wenn man jemandem seine Meinung sagen möchte, können soziale Medien wertvolle Dienste leisten. Konflikte können mithilfe der virtuellen Kontakte schnell zu einem Shitstorm oder zu Mobbing anwachsen. Zugleich werden zwischen Staaten im großen Stil Netzwerke und Kommunikationen bespitzelt, gehackt oder lahmgelegt. Für Überwachungsaufgaben und Angriffe aus der Luft stehen Drohnen zur Verfügung, die aus fernen Büros gesteuert werden, ohne eigenes Leben zu riskieren. Die Menschen kann man an diese Erfordernisse anpassen, sodass man die Hoffnung hegen kann, dass die Kinder sich erfolgreich in der Gesellschaft etablieren können. Und wenn sie schon nicht glücklich werden, so leben sie doch länger.

Das Elend künftigen Wohlstands

Die obigen Ausführungen haben gezeigt, dass Kapitalismus nicht einfach Wohlstand, Zufriedenheit oder die Lebensqualität erhöht, sondern massive Folgen sowohl für die Natur als auch für das öffentliche und private Leben schafft. Bezüglich der Natur werden schon seit langem die Grenzen der Ressourcenausbeutung und Denaturierung der natürlichen Ausstattung unserer Welt diskutiert. Wir nutzen viel Energie, aber diese stammt in hohem Maße aus fossilen Treibstoffen; wir haben überaus praktische und vielfältig einsetzbare Plastikprodukte, aber diese werden meist in der Erde nicht zersetzt, sondern verpesten die Luft, wenn sie zur Entsorgung verbrannt werden, oder verseuchen als Mikroplastik das maritime Leben und gelangen über die Nahrungskette in den menschlichen Körper; auch nutzen wir riskante Technologien, die immer wieder zu Katastrophen führen. Wir sprechen von Treibhauseffekten und Klimawandel oder vom Tiersterben. Das permanente Streben nach mehr schafft es, den Planeten umfassend und in rasantem Tempo zu verändern und in den Ruin zu treiben. Ein Ende ist trotz aller Absichtserklärungen nicht absehbar.

Ähnlich dramatisch verhält es sich im sozialen Bereich. Piketty (2014) hat darauf hingewiesen, dass ökonomische Ungleichheiten nicht reduziert, sondern im Gegenteil sogar noch gesteigert werden. Verteilungsfragen sind auch Fragen nach Gerechtigkeit und danach, wem das Wachstum bevorzugt zugutekommt: Das sind nicht die Ärmeren, sondern es sind die Reicheren und jene, die am Wohlstand zu partizipieren hoffen und deshalb die Wachstumsdynamik stützen sowie bereitwillig an die Leistung als Erfolgsvoraussetzung glauben. Der Mensch wird zur Ich-AG, die selbst ihr Schicksal in die Hände nehmen muss: Wer versagt, hat selbst Schuld. Suggeriert wird die Freiheit zum Erfolg und die Gleichheit der Marktchancen – aber dafür, so die gängige Marktlogik, braucht es eben Wachstum, das der Staat absichern muss. Wer würde steigendes Einkommen, steigende Kosten des Gesundheitssystems oder der Bildung sowie die Pensionen einer zunehmend älteren Bevölkerung finanzieren, wenn wir nicht den Kuchen für die Verteilung vergrößern?

Vor dem Hintergrund der Globalisierung und ökonomischen Deregulierung scheint, so schreibt Neckel (2005: 199), der »gesellschaftliche Widerstand gegen die Allmacht des Marktes erlahmt zu sein«. Es ist ein Rentabilitätsdenken, mit dem wir inzwischen das Leben betrachten und mit dem wir das Ergebnis einer Tätigkeit mit dem eingesetzten Kapital ins Verhältnis setzen. Ökonomische Anforderungen drängen sich als Sachzwänge auf, denen man sich vernünftigerweise in allen Bereichen unterwirft: Das macht in Schulen und Universitäten die Bildung zur kostengünstigen und wirtschaftlich verwertbaren Ausbildung; in Krankenhäusern wird Gesundheit zunehmend nach Effizienzgesichtspunkten organisiert, sodass die Reduktion der Aufenthaltsdauer zum Erfolgsfaktor wird; im Rechtssystem wird überlegt, wie man Aufenthalte in Haftanstalten reduzieren kann, hat dabei aber weniger die Prävention im Vorfeld als vielmehr die Überlastung der Haftanstalten und die damit verbundenen Kosten im Auge; Zeitungs- und Fernsehnachrichten setzen nicht so sehr auf den Informationsgehalt, sondern mehr auf die Aufmerksamkeit ihrer Zielgruppen, weil sie dadurch ihre Reichweite oder Auflagenstärke erhöhen; für viele Arbeitskräfte steht nicht so sehr das Interesse an der Arbeit im Vordergrund, sondern das Interesse am Lohn oder an den sonstigen Leistungen ihrer Arbeitgebenden; das Urlaubsdomizil wird nach der Preislage ausgesucht, nach dem vermittelten Prestige und den Unterhaltungsmöglichkeiten. Die Ökonomie und ihr Wachstum werden zum Heilsversprechen und zum Mantra der Zukunftssicherung. Wer dagegen ankämpft, gilt als Wohlstandsgegner:in, als Versager:in – also meist als gesellschaftlicher Problemfall.

Es ist daher nicht ganz überraschend, dass sich vor allem Randgruppen und Jüngere einer wachstumskritischen Lebensweise zuwenden, und diese als Unterscheidungsmerkmal auch auf moralischer Ebene verwenden, auch wenn dieser Protest mitunter einer wahrgenommenen Chancenlosigkeit im Konkurrenzkampf entspringt und diese positiv (um)deutet. Diese Personengruppe nimmt einiges auf sich: geringere Partizipationschancen am Mainstream der Konsumgesellschaft, einen Verzicht auf viele Elemente der Bequemlichkeit, die soziale Diskriminierung durch andere. Was man vielleicht für sich und die eigene Community als Sinn generiert und an Lebensqualität gewinnt und was vielleicht der Gesellschaft, der Solidarität in ihr und der Natur entgegenkommt, gilt aus dem Blickwinkel des Mainstreams als herber Verlust. Man müsste also die Wertigkeiten verschieben, um zu einem zufriedenstellenden Leben zu gelangen. Wachstumskritische Stimmen können jedoch kaum als Vorboten eines Wandels zum Mainstream durchdringen, weil sie zu sehr die Alltagsnormalität in Frage stellen; aber sie zeigen Alternativen auf und ergeben sich nicht vermeintlichen Sachzwängen und der Hoffnung auf Glück durch Partizipation am Wachstum. Der Verzicht auf einen erhöhten Lebensstandard mit allen Vorteilen anerkannter positiver Distinktion durch demonstrativen Konsum, der zeigt, dass man erfolgreich im Leben steht, bleibt ein Minderheitenprogramm. Im günstigsten Fall schmückt sich die Gesellschaft mit besonderen Exemplaren solcher Exot:innen und Außenseiter:innen, um Offenheit zu demonstrieren.

Zu erwarten ist nicht eine Revolution durch Kritiker:innen des Mainstreams, sondern im Gegenteil: Zu befürchten ist die Herausbildung neuer Eliten mit ungeahnter Kontrolle und Macht im Namen des Wohlstands und einer vorgegaukelten Leistungsgerechtigkeit, gestützt durch das Rechtssystem. Und es ist fraglich, ob die neuen Möglichkeiten die Demokratie befeuern, oder ob nicht neue Formen des Populismus entstehen, gesteuert durch Eliten und große Organisationen, welche die Generierung und Auswahl von Informationen sowie den Zugang zu diesen und dadurch die Entwicklungsoptionen der Menschen vorstrukturieren.

All das erweckt den Eindruck, als stünde der Mensch im Vordergrund. Veränderungen werden als seinem Wohl dienend präsentiert, egal ob es die Arbeitsqualität und den Lebensstil oder ob es den eigenen Körper betrifft. Aber im Hintergrund dominieren Herrschaft und Kontrolle. Es geht darum, die Illusion von Eigenverantwortung, von Partizipation am Wohlstand und vom sozialen Aufstieg als Befriedungsstrategie zu erhalten und Chancenungleichheit zu verschleiern. Krisen stärken vielleicht die Kritik an diesem System, aber die Konfliktlinien verlaufen nicht mehr zwischen Kapital und Arbeit oder zwischen Arm und Reich, sondern eher zwischen jenen, die vom System profitieren und sich aus mobilen Kosmopoliten mit gutem Zugriff auf Wissen zusammensetzen und jenen, die am Erfolg und dessen Vorzügen (wie Bildung, Einkommen, Körperkontrolle) nicht in ähnlichem Ausmaß partizipieren können. Indem die meisten Menschen danach streben, ihre Situation zu verbessern und den eigenen Wohlstand zu sichern, fungieren sie, wenngleich aus unterschiedlichen Motivlagen, als Antriebsmotor des Wachstums, selbst, wenn viele darunter leiden, was sie sich äußerlich kaum anmerken lassen. Aber das Glück und der Lebenssinn lassen sich weder so leicht erarbeiten noch erkaufen. Von außen betrachtet dominiert der Wohlstand, aber das Elend frisst sich in die Psyche.

Natürlich ist die Welt komplexer als soeben beschrieben. Manche versuchen, global zu denken und lokal zu handeln und damit die Welt zumindest ein Stück weit besser zu machen. Manche rebellieren gegen den kapitalistischen Mainstream. Aber sich aus dem System zu verabschieden ist äußerst schwierig. Auf eine Trendwende zu hoffen – dafür braucht man derzeit schon einen außerordentlichen Optimismus. Auch, weil global gesehen viele Menschen selbst zum westlichen Minimalwohlstand noch reichlich Aufholbedarf haben und weil Herrschaftswissen und der Zugang zu Machtmitteln ungleich verteilt sind.

Vielleicht sollten wir wieder über Lafargue (2018 [1883]) und Russell (o. J.) nachdenken, die beide, wenn auch mit verschiedenen Akzentsetzungen, den Kapitalismus und die Glorifizierung der Arbeit kritisierten und ihnen die Bedeutung des Müßiggangs entgegensetzten. Vielleicht sollten wir mehr an der Erhöhung der Lebensqualität arbeiten als an der selbstzerstörerischen Steigerung von Leistung, Konsum, Aufrüstung und protziger Selbstdarstellung. Oder, wie Russell es in seiner nobelpreisgewürdigten Schrift ausdrückte (ebd.: 88): »Bisher sind wir noch immer so energiegeladen arbeitsam wie zur Zeit, da es noch keine Maschinen gab; das war sehr töricht von uns, aber sollten wir nicht auch irgendwann einmal gescheit werden?«

Literatur

Bauman, Zygmunt (2009): *Flüchtige Moderne*. Frankfurt a. M.: Suhrkamp.

Eggers, Dave (2014): *Der Circle*. Köln: Kiepenhauer & Witsch.

Fink, Marcel/Wetzel, Petra/Valkova, Katarina (2017): *Arbeit 4.0, Bildung und Qualifikation: Herausforderungen und Lösungsansätze. Forschungsbericht*. Wien: Institut für Höhere Studien.

Holtgrewe, Ursula/Riesenecker-Caba, Thomas/Flecker, Jörg (2015): *»Industrie 4.0« – eine arbeitssoziologische Einschätzung. Forschungsbericht*. Wien: Forschungs- und Beratungsstelle Arbeitswelt.

Knöpfler, Paul (2016): *Genmanipulierte Menschheit. Evolution selbst gemacht*. Berlin/Heidelberg: Springer Verlag.

Lafargue, Paul (2018 [1883]): *Das Recht auf Faulheit. Widerlegung des »Rechts auf Arbeit« von 1848*. Berlin: Matthes & Seitz.

Marx, Karl (1979 [1867]): *Das Kapital. Kritik der Poltischen Ökonomie*, Bd. 1, MEW 23. Berlin: Dietz.

Marx, Karl (1978 [1885]): *Das Kapital*, Bd. 2, MEW 24. Berlin: Dietz.

Neckel, Sighard (2005): »Die Marktgesellschaft als kultureller Kapitalismus. Zum neuen Synkretismus von Ökonomie und Lebensform«, in: Kurt Imhof/Thomas S. Eberle (Hg.), *Triumph und Elend des Neoliberalismus*. Zürich: Seismo, S. 198–211.

Neckel, Sighard (2008): *Flucht nach vorn. Die Erfolgskultur der Marktgesellschaft*. Frankfurt a. M./New York: Campus.

Neckel, Sighard (2020): »Die Ordnung der Selbstzuständigkeit: Leistung, Wettbewerb, Erfolg«, in: Michael Pfadenhauer/Elisabeth Scheibelhofer (Hg.), *Interpretative Sozial- und Organisationsforschung. Methodologie und Methoden, Ansätze und Anwendung*. Weinheim/Basel: Beltz, S. 306–314.

Neckel, Sighard/Wagner, Greta (2013) (Hg.): *Leistung und Erschöpfung. Burnout in der Wettbewerbsgesellschaft*. Frankfurt a. M.: Suhrkamp.

Piketty, Thomas (2014): *Das Kapital im 21. Jahrhundert*. München: C. H. Beck.

Ptak, Ralf (2005): »Etappen des Neoliberalismus«, in: Kurt Imhof/Thomas S. Eberle (Hg.), *Triumph und Elend des Neoliberalismus*. Zürich: Seismo, S. 59–73.

Reinhart, Gunther (Hg.) (2017): *Handbuch Industrie 4.0: Geschäftsmodelle, Prozesse, Technik*. München: Hanser.

Rosa, Hartmut (2005): *Beschleunigung. Die Veränderung der Zeitstrukturen in der Moderne*. Frankfurt a. M.: Suhrkamp.

Russell, Bertrand (o. J.): *Lob des Müßiggangs*. Nobelpreis für Literatur 1950, Bd. 45. Zürich: Coron Verlag.

Sennett, Richard (2009): *Der flexible Mensch. Die Kultur des neuen Kapitalismus*. Berlin: Berlin Verlag.

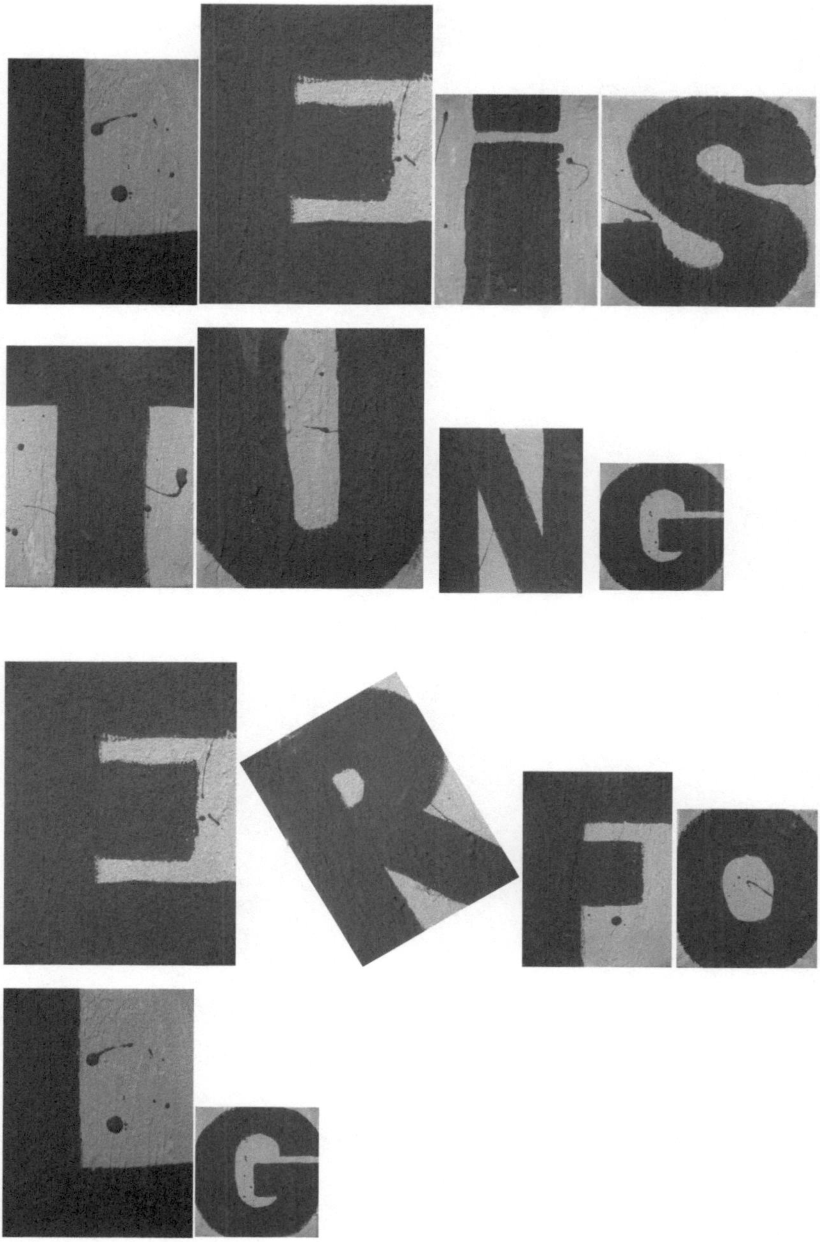
LEiS
TUNG
ERFO
LG

»Arbeit«. Kurzgeschichte eines modernen Begriffs

Axel Honneth

Weder die Denker der Antike noch des Mittelalters hatten bekanntlich ein besonderes Interesse daran, nach dem gesellschaftlichen Wert oder gar dem ethischen Sinn der Arbeit zu fragen; was der Einzelne aus Erwerbsgründen und damit unter Zwang an Arbeit zu verrichten hatte, wurde während dieses langen Zeitraums mehr oder weniger nur als eine schwere Bürde verstanden, die standesmäßige Unselbständigkeit, alltägliche Mühe und persönliche Abhängigkeit verriet, sodass es kaum Veranlassung gab, sie moralischer Betrachtungen zu unterziehen – ja, es findet sich weder »im Griechischen noch im Lateinischen«, wie Moses Finlay (1991: 81) berichtet hat, überhaupt nur »ein Wort«, »mit dem man die allgemeine Bedeutung von ›Arbeit‹ oder die Vorstellung von ›Arbeit‹ als einer anerkannten sozialen Funktion« hätte ausdrücken können (vgl. auch Arendt 1998 [1958]: 81ff.). Das alles verkehrt sich bekanntlich mit der beginnenden Moderne nahezu ins Gegenteil, als in Folge einer Überkreuzung von Prozessen der kulturellen Umwertung und wirtschaftlicher Veränderungen die Arbeit zu einem Ausweis von freier Existenz und zur Voraussetzung gesellschaftlicher Vollwertigkeit avanciert: Die protestantische Ethik führte zu einer allmählichen Aufwertung des arbeitenden Tuns, weil es als Zeichen einer Befähigung zur innerweltlichen Askese gedeutet wurde. Die rechtliche Freisetzung der Arbeit von persönlicher Abhängigkeit im Zuge der Etablierung kapitalistischer Wirtschaftspraktiken ließ die Idee entstehen, dass die Erwerbsarbeit von nun an der Beleg einer freien Entscheidung sei und damit die Voraussetzung für individuelle Selbstständigkeit geschaffen habe.[1] Je stärker der gedankliche Pakt wurde, den diese beiden Umwälzungen mit der Zeit eingingen, desto deutlicher prägte er von nun an das kulturelle Selbstverständnis der modernen Gesellschaften des kapitalistischen Westens: Was vorher purer Zwang zum Broterwerb war, die Arbeit, wird nun als Zeugnis von sozialer Emanzipation und Freiheit verstanden. Kaum einer hat diese veränderte Selbstdeutung besser auf den Begriff gebracht als Georg Wilhelm Friedrich Hegel, der

1 Neben Finlay (1991) und Arendt (1998 [1958]) vgl. auch die Studie von Christopher Leslie Brown (2006), der zeigt, wie stark die gegen die Sklaverei gerichtete Abolitionsbewegung den Verweis auf die »freie Arbeit« auch als Mittel der Propaganda für kapitalistische Werte benutzte.

in seiner 1821 veröffentlichen »Rechtsphilosophie« dem emanzipatorischen Wert der Arbeit ein ganzes Kapitel gewidmet hat; darin heißt es, dass jedes (männliche) Mitglied der bürgerlichen Gesellschaft durch »seine Tüchtigkeit« und »sein ordentliches Aus- und Fortkommen« »etwas ist«, also einen sozialen Status als vollwertiger Bürger besitze, und in diesem anerkannten Dasein als Betreiber eines Gewerbes »seine Ehre« finden werde (Hegel 1970 [1821]: § 253).[2]

Allerdings blieb es bei dieser ethischen Aufwertung der Arbeit von Beginn an vollkommen undurchsichtig, welche der unzähligen, täglich zu verrichtenden Tätigkeiten in den sich allmählich industrialisierenden Gesellschaften eigentlich unter die normativ ausgezeichnete Kategorie fallen sollten. Die protestantische Ethik mit ihrer Orientierung auf der »innerweltlichen Askese« und dem Erwerbsfleiß operierte offensichtlich mit ganz anderen Maßstäben als zum Beispiel die entstehende Wirtschaftstheorie, die sich zunächst nur an das Kriterium der ohne jeglichen äußeren Druck vertraglich vereinbarten Arbeitsleistung halten wollte und damit jede Art von erzwungener Tätigkeit aus ihrem Blickfeld ausschloss. In den Wirren der anfänglichen Unklarheiten und Meinungsverschiedenheiten begann sich freilich alsbald ein philosophischer Diskurs breitzumachen, in dem führende Vertreter des Faches über die Grenzen der Länder hinweg in eher lockerer Beziehung die Frage zu beantworteten suchten, was nun eigentlich die neue, als statusverleihend begriffene Arbeit auszeichne und worin daher ihr besonderer Wert bestehen könne. Das Resultat dieses intellektuellen Austausches, der mit John Locke einsetzte und bis Karl Marx und Hannah Arendt reichte, bestand in der stillschweigenden, dafür aber umso folgenschwereren Einigung auf eine Modellvorstellung von Arbeit, nach der diese die Eigenschaft der Umformung eines physischen Objekts zum Zwecke der Produktion einer verkäuflichen Ware oder eines Gebrauchsgegenstandes besitzen müsse; was man in Folge einer solchen Festlegung jedoch entweder ungewollt oder absichtlich in Kauf genommen hatte war der Umstand, dass nun fortan unzählige Verrichtungen anderer, sei es dienender, handelnder oder kurativer Art, nicht länger als »Arbeit« im originären Sinn zählen durften und somit schnell in einem begrifflichen Niemandsland verschwanden. Gleichwohl folgte die öffentliche Meinung schnell dem Ergebnis des philosophischen Diskurses und ließ sich von der Vorstellung leiten, das Arbeiten bestünde im Grunde immer nur in der physischen Umformung eines Gegenstandes mit dem Ziel der Verfertigung eines konsumierbaren Sachgutes. Im Schatten dieses Reduktionismus' ihrer Anfänge ist die Geschichte der Moderne im 20. Jahrhundert auch zu einer Geschichte des Kampfes um die Bedeutung von »Arbeit« geworden; jede Epoche in ihr, all ihre Phasen sind unterschwellig und kaum sichtbar von Streitigkeiten darüber geprägt, ob nicht auch andere Arten von

2 Zum Versprechen »freier«, sozialen Status verleihender Arbeit vgl. u. a. Steinfeld (1991) und Gourevitch (2014).

gesellschaftlich erforderlichen Tätigkeiten es verdienten, als »Arbeit« wahrgenommen und sozial anerkannt zu werden. Die Geschichte dieser begrifflichen Auseinandersetzungen über das Assoziationsfeld von »Arbeit« hier kurz nachzuerzählen ist Aufgabe des vorliegenden Beitrags; er wird uns mit einigen Stationen einer erkämpften Erweiterung des Arbeitsbegriffs konfrontieren, an deren Ende sich die Frage stellen wird, wie der Begriff noch sinnvoll zu verwenden ist, ohne jegliche Kontur zu verlieren.

I.

Der Begriff der »Arbeit« findet Eingang in die moderne Gesellschaftstheorie zunächst nur in einer erstaunlich engen Fassung. Den Beginn mit dieser äußerst beschränkten Vorstellung macht schon John Locke (2012 [1689]: 48f.), als er in seinem *The Second Treatise on Government* darangeht, den Anspruch auf Eigentum zu begründen; dieses resultiere, so der englische Philosoph, aus der Arbeit, die, indem sie durch Formung einem Gegenstand etwas hinzufüge, einen zusätzlichen Wert schaffe, der dann als Quelle eines berechtigten Besitzes an dem verfertigten Produkt gelten könne. Nahezu unmerklich fließt in diese Grundlegung der Arbeitswerttheorie, die beinah zweihundert Jahre später auch Marx noch als Vorbild dienen sollte, eine Vorstellung von »Arbeit« ein, die daran ausschließlich den Aspekt der Verfertigung oder Umgestaltung eines Objekts in den Blick nimmt; alle Verrichtungen, die einem solchen Muster nicht folgen und daher nicht in der formierenden Herstellung eines Produkts münden, werden hingegen aus der Definition ausgeschieden, sodass jedes Dienen, Sorgen und Liefern nicht als »Arbeit« im eigentlichen Sinn betrachtet werden kann. Wie unangemessen die Beschränkung tatsächlich ist, die Locke damit vornimmt, wird schlagartig deutlich, wenn man sich die Beschäftigungsverhältnisse zu seiner Zeit kurz vor Augen führt: Auch wenn im England des 17. Jahrhunderts weiterhin die meisten Arbeitskräfte in der Landwirtschaft und im Handwerk beschäftigt sind – Tätigkeiten also, auf die Lockes Bestimmung durchaus anwendbar sein dürfte –, so verrichten doch gleichzeitig unzählige Frauen und Männer dienende Aufgaben, die vom Kochen für reiche Familien über notwendige Botengänge bis hin zu Ammendiensten und reinigenden Erledigungen reichen und also nicht mit der Verfertigung von Produkten befasst sind. Nimmt man hinzu, dass auch auf dem Land viele von Knechten und Dienstmägden ausgeführten Arbeiten gerade nicht in der Mithilfe bei der Produkterzeugung bestehen, sondern wiederum im Anliefern, Besorgen, Kochen und der Betreuung des Viehs, so fällt die Ungeheuerlichkeit des Locke'schen Arbeitsbegriffs sofort ins Auge: Als sei es das Selbstverständlichste der Welt, lässt er all diese dienenden Verrichtungen nicht als »Arbeit« gelten, obwohl sie für die Aufrechterhaltung des wirtschaftlichen Lebens von derselben unverzichtbaren Bedeutung sind wie die produzierenden Tätigkeiten. Die Bindung des Eigentums an die Voraussetzung umformenden Tuns macht die Arbeit allein an den Bezug auf ein zu verfertigendes Objekt fest und schließt damit alle diese Umformung vorbereitenden und sie ermöglichenden Leistungen aus der unterbreiteten Definition stillschweigend aus. Der Schatten, der damit auf das Dienstpersonal fällt, ist so tiefschwarz, dass auch noch die nächsten beiden Jahrhunderte Mühe haben werden, Licht in die dunklen Kammern des Kochens, Reinigens und Transportierens zu werfen.

Was John Locke begonnen hatte, setzt trotz größerer Bedenken und innerer Widersprüchlichkeiten Adam Smith in seinem wirtschaftstheoretischen Hauptwerk fort. Mit der Frage, was sinnvoll als »Arbeit« zu begreifen sei, tut er sich anfänglich schwer, weil er zunächst mit zwei verschiedenen Bestimmungen des Nutzens gesellschaftlicher Arbeit operiert: Auf der einen Seite will er all die Verrichtungen schlicht als Arbeit verstanden sehen, die in irgendeiner Weise zur Befriedigung der subjektiven Wünsche nach einem angenehmen Leben beitragen, auf der anderen Seite aber will er darunter auch nur fassen, was einen »produktiven« Beitrag zur Wohlstandsmehrung leistet.[3] Die erste Vorstellung hätte bedeutet, auch die unzähligen Dienstleistungen der damaligen Zeit im vollen Sinn des Wortes als »Arbeit« zu begreifen, weil sie der Bevölkerung doch einen erwünschten »Nutzen« verschaffen, die zweite indes, nur diejenigen Tätigkeiten der Kategorie zuzuschlagen, die, indem sie einem Objekt durch Formung etwas hinzufügen, dieses gleichzeitig mit einem Mehr an ökonomischem Wert ausstatten. In der Spannung zwischen beiden Ideen befangen, entschließt sich Smith (2009 [1776]: 363) schließlich, Partei nur für die zweite Assoziationskette zu ergreifen: »Die Arbeit einiger der achtbarsten Klassen der Gesellschaft bringt wie die der Dienstboten keinen Wert hervor und verfestigt oder verwirklicht sich nicht in einem dauerhaften Gegenstand oder einer verkäuflichen Ware, die über die Vollendung der Arbeit hinaus Bestand hätte und für die später eine gleiche Menge beschafft werden könnte.« Vergessen hat Smith hier vollkommen, was er doch zuvor auch über die »Produktivität« der Arbeit gesagt hatte, dass diese nämlich sich nur daran bemesse, ob sie irgendeinen »Nutzen«, gleich welcher Art, für die Gesellschaft erbringe; und so neigt er am Ende wie schon vor ihm John Locke dazu, als Arbeit im eigentlichen, ehrbringende und statussichernde Tätigkeit zu fassen, was durch Formung eines Gegenstandes eine auf dem Markt verkäufliche »Ware« schafft. Allerdings hat Smith Locke voraus, dass er immerhin registriert, welch großen Platz im Beschäftigungsgefüge die Dienstleistungen im pri-

3 Vgl. zu diesem Widerspruch bei Smith die hochinformative »Einführung« von Erich W. Streissler (2005: 6).

vaten Haushalt und im öffentlichen Leben tatsächlich einnehmen; nicht mehr zu übersehen ist zu seiner Zeit nämlich, dass mit dem wachsenden Reichtum der adligen und bürgerlichen Klassen die Zahl des Dienstpersonals in den Küchen, Gärten, Ankleidezimmern und Ställen unentwegt zunimmt und bis zum Beginn des 19. Jahrhunderts schon beinah die Hälfte aller Beschäftigten in ganz Europa ausmachen wird. Smith verkennt diese nicht mit dem Produzieren beschäftigten Massen nicht einfach, sondern behält sie im Auge, aber wertet deren Leistung doch massiv herab; von sekundärer Bedeutung für den gesellschaftlichen Wohlstand sind sie für ihn, weil sie statt mit der Fertigung eines Produkts nur mit der Erbringung mehr oder weniger nützlicher Dienste befasst sind.

Wer angesichts des enormen Anstiegs der Dienstleistungen im 19. Jahrhundert – kurz nach 1900 machen allein die häuslichen Dienste in England die umfangreichste Kategorie im Beschäftigungssystem aus (Osterhammel 2009: 991) – nun erwartet hätte, dass sich auch die herrschende Arbeitskategorie allmählich der zu Tage liegenden Realität durch begriffliche Erweiterungen annähern würde, wird schnell eines Besseren belehrt. Was nach Smith vor allem in der deutschen Sozialphilosophie mit Hegel und Marx in Hinblick auf den Begriff der Arbeit einsetzt, ist nahezu das Gegenteil dessen, was eine theoretische Berücksichtigung der expandierenden Zahl der Dienstleistungen verlangt hätte. Beide Denker knüpfen an die begrifflichen Vorgaben Lockes an, nur dass sie diesen eine Wendung ins Anthropologische geben und damit die Bindung der Arbeit ans Verfertigen noch einmal um einiges vertiefen. Bei Hegel (1970 [1807]) kehrt die Locke'sche Bestimmung in Gestalt eines wesentlichen Elements seiner Geistesphilosophie wieder, wenn er behauptet, Arbeit habe eine das Selbstbewusstsein bildende Funktion, weil sich darin ein Subjekt in einem äußeren Objekt vergegenständliche und damit seiner eigenen Kräfte und Fähigkeiten ansichtig werden könne.[4] Mit dieser Idee der Bildung durch »Vergegenständlichung« bindet Hegel die Arbeit so fundamental an den Prozess der Herstellung oder Fabrikation eines Gegenstandes, dass demgegenüber alle anderen, sich nicht in einem Objekt realisierenden Verrichtungen letztlich wie schale und bewusstseinslose Tätigkeiten erscheinen müssen; dementsprechend werden, sobald er in seiner *Rechtsphilosophie* die verschiedenen Stände der modernen Gesellschaft aufführt, die Arbeit des Landwirts als bloß »empfangend« und nicht-reflektiert gebrandmarkt und die Dienstleistungen für private Haushalte nicht einmal der Erwähnung für nötig erachtet[5] – obwohl Hegel doch bekanntlich selbst über Dienstpersonal verfügte. Was wirkliche »Ar-

4 Vgl. exemplarisch Hegel (1970 [1807]: 154): »das arbeitende Bewußtsein kommt also hierdurch (»formierendes Tun«) zur Anschauung des selbständigen Seins seiner selbst«.

5 Eine Ausnahme bildet der »Handelsstand«, der sicher Dienstleistungen verrichtet und den Hegel dem Stand des produzierenden Gewerbes zurechnet (Hegel 1970 [1821]: § 204).

beit« ist und daher »Ehre« und »Selbstständigkeit« verschafft, ist daher für Hegel erst das herstellende Tun des Handwerkes oder Produzenten.

Wenige Jahrzehnte nach dem Tod Hegels, zu Lebzeiten von Marx also, wächst die Zahl der Dienstleistungen noch einmal an, weil nun mit der Expansion von Handel, Verkehr und Bankgeschäften ganz neue Verrichtungen der Buchführung, des Verkaufs und des Transports in großer Zahl erforderlich werden; keiner der in diesen Tätigkeitsfeldern Beschäftigten ist mit der Verfertigung irgendeines Produkts befasst, keiner vermag seine Fähigkeiten in dem hergestellten Produkt wiederzuerkennen – und doch schneidet Marx in seinen *Ökonomisch-Philosophischen Manuskripten* seinen Arbeitsbegriff im Anschluss an Hegel wieder nur auf die Fabrikation von Gegenständen zu. Von der Tätigkeit, welche die menschliche Gattung im Unterschied zum Tier auszeichnen soll, heißt es dort, dass der Mensch »sich« in ihr »nicht nur wie im Bewußtsein intellektuell, sondern werktätig, wirklich verdoppelt und sich selbst daher in einer von ihm geschaffnen Welt anschaut« (Marx 1968 [1844]: 517). Marx übernimmt von Hegel die Vorstellung, alle wirkliche Arbeit sei Vergegenständlichung, aber behauptet natürlich gegen diesen, unter Bedingungen der kapitalistischen Warenproduktion sei eine solche Wiederspiegelung der eigenen »Wesenskräfte« im fabrizierten Gegenstand nicht möglich, weswegen sie hier als »entfremdet« begriffen werden müsse. Je weiter Marx allerdings in der Entwicklung seines politisch-ökonomischen Ansatzes fortschreitet, desto stärker betont er an der weiterhin als entfremdet verstandenen Industriearbeit zugleich auch deren mehrwertschaffenden und damit »produktiven« Charakter; wie Smith vor ihm, allerdings mit dem entscheidenden Unterschied der Hervorhebung der privatkapitalistischen Einbehaltung des erzeugten Mehrwerts, klammert er aus dem, was er »Produktivität« nennt, all die notwendigen Dienstleistungen als bloß externe Faktoren aus, die doch für die Verfertigung von Gebrauchsgegenständen eine unerlässliche Voraussetzung bilden – sei es nun die Ernährung der Arbeitskraft durchs Kochen, den Transport der Rohmaterialien oder die Berechnung von Produktmargen, kurz, alles, was als notwenige Infrastruktur für die Produktion dieser selbst zugeschlagen werden müsste.

Der Makel, mit dem damit alle dienstleistenden Tätigkeiten versehen wurden, war in der Summe der von Locke bis Marx vorgebrachten Argumente daher gleich zweifach: Sie konnten weder als Verrichtungen gelten, die im originären Sinn »Arbeit« leisteten, weil ihnen jeder direkt herstellende Charakter fehlte, noch schienen sie zur Wohlstandsmehrung irgendetwas beizutragen, da sie keinerlei verkäufliche Warendinge zu erzeugen vermochten. Was durch diese begriffliche Marginalisierung an gesellschaftlich Imaginärem erzeugt wurde, besaß einen geradezu paradoxen Charakter: Obwohl die Industriearbeit während des gesamten 19. Jahrhunderts ein nur verschwindend kleiner Beschäftigungsbereich blieb, wurde sie im kulturellen Selbstverständnis der damaligen Gesellschaften so sehr in den Mittelpunkt der Aufmerksamkeit gerückt, dass selbst die Bevölkerung alsbald dem Mythos von der Dominanz der Industriearbeit zu folgen bereit war: Man begann sich als Industriegesellschaft zu begreifen, wo davon nur in ersten bescheidenen Ansätzen etwas zu erahnen war, glaubte an die treibende, ja revolutionäre Kraft des Proletariats, obwohl die Arbeiterbewegung zunächst vor allem von standesbewussten Handwerkern vorangerieben wurde,[6] und vergaß über all dem, dass man im Falle der unteren Schichten die paar Annehmlichkeiten des sozialen Lebens im Wesentlichen der Landwirtschaft verdankte, im Falle der oberen Schichten den Luxus und die Muße zusätzlich den häuslichen Dienstleistungen und den ganz verschiedenen Verwaltungstätigkeiten. Ein Nebeneffekt dieser seltsamen Verkehrung durch den herrschenden Arbeitsbegriff war es, dass sich kein Denker von Statur der besonderen Verfassung und Qualität der dienstleistenden Tätigkeiten anzunehmen bereit war. Gewiss, es gab kaum einen Roman des bürgerlichen Realismus, in dem nicht Dutzende von Köchinnen, Dienstboten, Gouvernanten, Pferdekutscher und Haushaltsgehilfinnen still und leise ihre Tätigkeiten im Hintergrund verrichteten; und Émile Zola (1986 [1884], 1986 [1873]) hat bei seinem Versuch, die Arbeitswelt im Frankreich des ausgehenden 19. Jahrhunderts zu schildern, auch der Verkäuferin im Warenhaus und dem Kleinhändler ein literarisches Denkmal gesetzt. Aber weder innerhalb der entstehenden Sozialwissenschaften noch innerhalb der Sozialphilosophie fand sich jemand, der auch nur das leiseste Interesse für die Frage entwickelte, ob nicht vielleicht auch die typischen Dienstleistungen etwas Besonderes an sich haben könnten, das einer genaueren Analyse harrte; so gab es keinerlei begriffliche Bemühungen, zwischen personen- und verwaltungsbezogenen Dienstleistungen zu unterscheiden, dementsprechend an den ersten das Erfordernis der Perspektivübernahme und damit des Erwerbs von kommunikativen Fähigkeiten, an den zweiten aber die Bedeutung der Tätigkeitskontrolle anhand von Symbolen und Tabellen zu betonen, kein Wort auch zur anderen Rhythmik dieser Tätigkeiten, die nicht vom Takt der Maschinen diktiert waren und daher gelegentlich mehr Spielraum für Eigensteuerung boten. All diese Besonderheiten der dienenden Verrichtungen blieben damals theoretisch vollkommen unerschlossen, sie fielen der Konzentration allein auf die industrielle Fertigung zum Opfer, die entgegen jeder empirischen Evidenz als Normalfall des Beschäftigtseins der arbeitenden Massen genommen wurde.

Es sollte Jahrzehnte dauern, bis die Dienstleistungen aus dem langen Schatten des herrschenden Arbeitsbegriffs herauszutreten vermochten und als solche zu öffentlicher Wahrnehmung gelangen konnten. Ein erster Anstoß dazu ging aber nicht von den Beschäftigten selber aus – eine in sich viel zu gespaltene Großgrup-

6 Zur allmählichen Konstruktion des Industrieproletariats als revolutionärer Klasse im 19. Jahrhundert mit Hilfe von literarischen Mitteln vgl. Eigen-Offe (2017), zum Industriearbeiterkult vgl. bes. ebd.: 220ff.

pe, um gemeinsam Belange haben zu können –, sondern von der Soziologie, die allerdings ein Licht nur auf den bislang kleineren Teil der riesigen Schar der im Dienstleistungssektor Beschäftigten warf. Zu Beginn des 20. Jahrhunderts wurde unter Anregung der Soziologie Max Webers (1976 [1921]: 551ff.) realisiert, dass die vorangegangenen Jahrzehnte nicht nur eine Phase der wachsenden Industrialisierung, sondern ebenso stark, wenn nicht noch viel stärker, eine solche der zunehmenden Bürokratisierung gewesen waren. Damit wand sich das Blatt und zum ersten Mal wurde für die breitere Öffentlichkeit sichtbar, welche unendliche Masse an Arbeit in den öffentlichen Verwaltungseinrichtungen, in den privaten Unternehmen und im Banken- und Versicherungswesen täglich erforderlich war, um die soziale Infrastruktur aufrechtzuerhalten und die wirtschaftlichen Transaktionen zu sichern. Es war nicht gerade ein wohlwollendes Licht, das auf diese verwaltungsbezogenen Dienstleistungen fiel, galten sie doch schon in der Beschreibung Webers als wenig kreativ, eigentümlich seelenlos und regelfixiert; aber selbst die trübe, wenig vorteilhafte Beleuchtung reichte aus, um endlich die weit verbreitete Vorstellung zu korrigieren, die gegebene Gesellschaft verdanke ihre soziale Reproduktion und ihren Wohlstand einzig der in der Industrie geleisteten Arbeit – die verwaltungsbezogenen Dienstleistungen waren unter dem Sammelbegriff der »Bürokratie« oder der »bürokratischen Verwaltung« nun in den Kreis der für die soziale Reproduktion unverzichtbaren Arbeiten aufgenommen worden und wurden fortan als die typischen Verrichtungen von »Angestellten« oder Staatsbeamten verstanden. Warum der Terminus des »Angestellten« gewählt worden war, obwohl doch auch die nicht vom Staat Beschäftigten formal als »freie« Lohnarbeiter gelten mussten und ihre Dienste daher gegen eine vertraglich vereinbarte Entlohnung verrichteten, blieb schon damals im Vagen; bis heute lautet die inoffizielle, wenig plausible Erklärung für diese Namensgebung, dass mit ihr der Unterschied zur Handarbeit der »eigentlichen« Arbeiterschaft hervorgehoben werden könne.

Von der zwiespältigen Aufwertung der Dienstleistungen ausgenommen blieben indes weiterhin die personenbezogenen Tätigkeiten, wie sie in privaten Haushalten, im Gesundheits- und Sozialwesen, in der Erziehung und im Gastgewerbe erbracht wurden; so groß auch die Beschäftigungszahlen in diesen Sektoren waren, ja, so sehr sie gerade um die Jahrhundertwende auch noch weiter anstiegen, man machte sich nach wie vor nicht klar, wie viel an für die soziale Reproduktion vollkommen unverzichtbaren Verrichtungen hier gegen eine meistens nur geringe Entlohnung ausgeübt wurden. Mit der soziologischen Diagnose der wachsenden Bedeutung von Bürokratie und Verwaltung war zwar ein Teil der Dienstleistungen, wie ambivalent auch immer, aus dem Schattendasein gerissen worden, in dem sie im gesamten 19. Jahrhundert verblieben waren; aber der andere, der auf die Pflege, Unterstützung, Erziehung und Versorgung anderer Personen gerichtete Teil dieser Dienstleistungen fristete weiterhin ein Dasein unterhalb der öffentlichen Wahrnehmungsschwelle. Das mag der Grund dafür gewesen sein, warum die Arbeit bis zu diesem Zeitpunkt weiterhin begrifflich als eine sich allein zwischen einem Subjekt und einem Objekt, entweder dem zu verfertigenden Produkt oder der Rechen- oder Schreibmaschine, abspielende Tätigkeit gefasst wurde; noch trat gar nicht in den Blick, dass Arbeit häufig auch die Form einer zwar materiell vermittelten, aber doch primär auf andere Personen gerichteten, kommunikativen Tätigkeit besitzen konnte.

Die weiterhin bestehende Marginalisierung personenbezogener Dienstleistungen färbte in besonderem Maße auf die vor allem von Frauen ausgeübten Tätigkeitsfelder ab. Nicht, das weibliche Arbeitskräfte zu Beginn des 20. Jahrhunderts vornehmlich in diesen Sektoren beschäftigt gewesen wären; sie sind aufgrund der nach wie vor herrschenden Existenznöte noch in allen Bereichen des wirtschaftlichen Lebens tätig, aber der größte Teil von ihnen ist doch in den privaten Haushalten des reichen Bürgertums angestellt, um hier das Kochen, die Kindererziehung, das Putzen und das Einkaufen zu erledigen (Müller 1985). Weil der geringe Lohn dieses weiblichen Dienstpersonals, aber auch derjenige der in den Büros oder in den Kaufhäusern beschäftigten Sekretärinnen und Verkäuferinnen nicht dazu reichte, eine Familie zu ernähren, hatte sich schon in der Nationalökonomie des 19. Jahrhunderts eine Logik von perfider Zirkularität breitgemacht, die Joan Scott (2006: 463) treffend analysiert hat: Die Minderbezahlung der von Frauen ausgeübten Tätigkeiten wurde einerseits mit der geringeren »Produktivität« dieser eben nicht-herstellenden, sondern »dienenden« Verrichtungen erklärt, was dann umgekehrt wiederum als Beweis dafür herhalten musste, dass jene Verrichtungen eben tatsächlich weniger anstrengend und produktiv seien als die von Männern erbrachten Leistungen. Die Domäne der weiblichen Dienstleistungen in privaten Haushalten, im Warenhandel oder in Restaurants blieb daher ein nicht nur unerforschtes, sondern auch öffentlich kaum wahrgenommenes Terrain, das als von keinerlei wirtschaftlicher Bedeutung galt; was sich darin täglich an kleinen Schicksalen der Herabwürdigung, der autoritären Bevormundung, der sexuellen Nachstellung und der persönlichen Schikane vollzog, fand Ausdruck vielleicht im Groschenroman, nicht aber in den Bildungs- und Kulturmedien der Zeit, geschweige denn in den Sozialwissenschaften. Die stille Verachtung für diejenigen Arten von Tätigkeiten, die nicht mit der Fabrikation von Sachwerten, sondern mit dem Besorgen, Pflegen, Verwalten und Transportieren von bereits Existierendem befasst waren, hatte mit Locke und Smith begonnen, war von Hegel und Marx vertieft worden und beeinflusste noch nachhaltig das Denken in der ersten Hälfte des 20. Jahrhunderts: Als Hannah Arendt (1998 [1958]) sich daranmachte, mit ihrem Buch *The Human Condition* das allmähliche Dominantwerden des Arbeitens über das kommunikative Handeln im öffentlichen Raum zu analysieren, unterschied sie an den arbeitenden Tätigkeiten nur die dem Handwerk ähnelnde »Arbeit« und das durch die Maschine vermittelte »Erzeugen«, ohne die Dienstleistungen auch nur mit einem Wort zu erwähnen – eine begriffliche, ans Skandalöse grenzende Auslassung, die auch später kaum je registriert wurde.

Eine erste, noch sehr halbherzige Befreiung vom Makel des Überflüssigen und vollkommen Randständigen erfuhren die personenbezogenen Dienstleistungen in den anschließenden Jahrzehnten eher durch geschichtliche Umwälzungen als durch gezielte, kämpferische Bemühungen der Beschäftigten selber; eine tendenziell demütig ihrem Schicksal ergebene, für jede Erwerbstätigkeit dankbare Schicht meist mittelloser Nachkommen von Bauern, Tagelöhnern und Handwerkern, waren diese im Gesundheitswesen, in privaten Haushalten und im Gastgewerbe tätigen jungen Frauen und Männer von sich aus kaum in der Lage, die Öffentlichkeit auf ihre eigenen Tätigkeiten aufmerksam zu machen und Anerkennung dafür zu verlangen. Es waren der Erste Weltkrieg und seine sozioökomischen Folgen, die dafür sorgten, dass zumindest einem Teil dieser Dienstleistungen größere Beachtung geschenkt wurde, womit sie zugleich zum ersten Mal als unverzichtbare Arbeitsleistungen öffentlich in Erscheinung traten. Die Pflege und Betreuung, die Abertausende von Krankenschwestern den im Kriegsgeschehen verwundeten Soldaten zugutekommen ließen, machte selbst den verstocktesten Mitgliedern der herrschenden Schichten deutlich, dass ohne solche aufopfernden Tätigkeiten das Wegsterben und Verelenden der Betroffenen gar nicht zu verhindern wäre; zumindest für die Dauer des Krieges hatte man sich daher auf die Unverzichtbarkeit der pflegenden und kurativen Berufe zu besinnen, deren Dienste zuvor bei der Registrierung der sozial erforderlichen Arbeiten kaum ins Gewicht gefallen waren. Das gestiegene Interesse hielt allerdings nicht allzu lange vor und meldete sich immer nur dann zurück, wenn die historischen Umstände die unverzichtbaren Dienste der Krankenschwestern und -pfleger unmittelbar ins Auge springen ließ. Erst mit der wachsenden Überalterung der westlichen Gesellschaften fand dieses Verkennen der sozialen Bedeutung der kurativen Berufe wohl endgültig ein Ende – ohne sich allerdings in einer besseren Bezahlung und öffentlichen Aufwertung des damit befassten, heute meist aus dem ärmeren Ausland stammenden Dienstpersonals niederzuschlagen.

Aus einem ganz anderen Grund als dem, der die personenbezogenen Dienste des Krankenhauspersonals im Ersten Weltkrieg plötzlich sichtbar werden ließ, wurde kurz danach auch dem häuslichen Gesinde und Dienstpersonal eine größere Aufmerksamkeit zuteil. Wie absurd deren geringe Bedeutung in der öffentlichen Wahrnehmung von Arbeit bis dahin gewesen war, zeigt sich schon daran, dass diese Form von Erwerbstätigkeit noch in der ersten Dekade des neuen Jahrhunderts im Mutterland des Kapitalismus, in England, die mit Abstand größte Beschäftigungskategorie ausgemacht hatte – noch heute reibt man sich ja verwundert die Augen darüber, dass angesichts einer so großen Zahl so wenig über die Alltagserfahrungen und Arbeitsbedingungen dieser arbeitenden Schichten in der damaligen Zeit in Erfahrung zu bringen ist. Die Situation ändert sich allerdings ein wenig zugunsten einer erhöhten Sichtbarkeit der häuslichen Dienstleistungen, als nach dem Ersten Weltkrieg aufgrund der länderübergreifenden Wohlstandsverluste die Beschäftigungszahlen in den vermögenden Haushalten rapide abnahmen und das Personal dort binnen kurzem bis auf nur durchschnittlich eine Person zusammenschrumpfte; an der entsprechend rasch wachsenden Menge von aus den Privathaushalten entlassenen Arbeitslosen ließ sich im Rückblick plötzlich erkennen – als sei dies zuvor schlechterdings nicht möglich gewesen –, welche unendlich vielen Aufgaben vom Kochen übers Ankleiden und Servieren bis zum Reinigen und Kindererziehen in den vier Wänden der bürgerlichen oder adeligen Wohnstätten von Dienstkräften bislang verrichtet worden waren.

Die rasante Schrumpfung des Dienstpersonals in den 1920er Jahren bedeutete umkehrt aber auch den Beginn eines Prozesses, der einen Typ des Arbeitens in den Blick rücken ließ, der bislang überhaupt noch nicht in das Register der Tätigkeiten von gesellschaftlich notwendigem Charakter gefallen war. Mit dem Wegbrechen des häuslichen Gesindes wurden nun auch die Frauen aus den begüterten Schichten mit einem Mal dazu angehalten, all die Arbeiten im eigenen Haushalt aus freien Stücken zu übernehmen, für die ihnen vorher bis zu einem halben Dutzend von »dienstbaren Geistern« (Müller 1985) zur Verfügung gestanden hatten; was im 19. Jahrhundert in den Haushalten der unteren Schichten zumeist die ebenfalls häufig erwerbstätigen Frauen an häuslich erforderlichen Arbeiten unter Hinzuziehung von Verwandten und Nachbarn im Nebenhin erledigt hatten, wurde nun zur Aufgabe auch der weiblichen Mitglieder der bürgerlichen Klassen. Die anfängliche Bereitschaft, dies widerstandlos auf sich zu nehmen, ergab sich natürlich aus verinnerlichten Vorstellungen über typisch weibliche Befähigungen und Vorlieben, die schon im 18. Jahrhundert kulturell Fuß gefasst hatten: Die sich damals unter männlicher Vorherrschaft breit machende Ideologie war die, dass sich Mann und Frau in den von ihnen bevorzugten Verrichtungen insofern ideal ergänzten, als der weibliche Part aus natürlichem Antrieb alles im Haushalt zu Erledigende zu übernehmen geneigt war, während es den männlichen Part wiederum aus seiner Natur heraus in die politische Öffentlichkeit und ins Erwerbsleben drängte – bei Hegel (1970 [1821]: § 167) hieß es dementsprechend kurz und bündig, der »Stand der Frau« sei »die Hausfrau«. Seither galt es im gesellschaftlichen Bewusstsein mit den wenigen Ausnahmen einiger Strömungen der frühen Frauenbewegung und des Sozialismus als ausgemacht, dass Frauen eine natürliche, aus Gefühlen der Fürsorge und der Liebe geborene Bereitschaft besitzen, alle im Haushalt anfallenden Verrichtungen gerne und passioniert zu erledigen. Mit der verstärkten Einbeziehung der bürgerlichen Frauen in die familiale Arbeitsteilung geriet nun diese überkommene Ideologie zwar selbst noch nicht unter Druck, aber doch deren wirtschaftliche Grundlage und Konsequenz; denn schon in den 1920er Jahren meldeten sich erste Vertreterinnen der bürgerlichen Frauenbewegung mit der Forderung zu Wort, die Hausarbeit sowohl gesellschaftlich als auch ökonomisch aufzuwerten; das Argument für das zweite Ansinnen lautete, dass der Erwerbslohn des Mannes einen Anteil für die haushälterischen Tätigkeiten der Frau beinhalten müsse, da diese dadurch erst die Voraussetzungen für die außerhäusliche Arbeit des Mannes schaffe (Greven-Aschoff 1981). Auch wenn derartige Forderungen damals weder in den Parlamenten noch in den entsprechenden Ausschüssen auf größeres Gehör stießen, so war damit die Frage nach der wirtschaftlichen Vergütung »privater« Hausarbeiten doch auf die Tagesordnung gesetzt; es sollte mehr als fünfzig Jahre dauern, bis das Thema allgemeine Aufmerksamkeit in der politischen Öffentlichkeit fand und damit den letzten Anstoß zu einem ganz grundsätzlichen Wandel im Begriff der gesellschaftlich notwendigen Arbeit gab.

Die tiefsitzende Unfähigkeit, das, was an notwendigen Tätigkeiten im Haushalt ohne jede Entlohnung von Seiten der Frauen geleistet wurde, als »Arbeit« wahrzunehmen, hatte nicht nur deren begriffliche Reduzierung aufs Verfertigen und Herstellen zum Grund; diese Verkürzung war schon, wie wir gesehen haben, für die großen Schwierigkeiten verantwortlich gewesen, die der sich selbst als »industriell« imaginierende Kapitalismus mit der Wahrnehmung und Bewertung von Dienstleistungen aller Art gehabt hatte. Für die vollständige Blindheit gegenüber dem Arbeitsaufwand der Hausfrau spielte aber eine zweite Ursache eine mindestens ebenso große Rolle, die ebenfalls mit einigen, bislang aber kaum berührten Prämissen des klassischen Arbeitsbegriffs zusammenhing: Darin wurde im Nachvollzug der politischen Ökonomie nämlich nur das als gesellschaftlich erforderliche Arbeit gewertet, wofür es eine auf dem Markt quantitativ erkennbare Nachfrage gab. Auch wenn die verschiedenen Dienstleistungen, für die eine solche ökonomische Nachfrage im 19. Jahrhundert ja durchaus existierte, davon anfänglich kaum profitieren konnten, weil sie dem Bann auf den nicht-herstellenden Tätigkeiten erlagen, so kam ihnen diese begriffliche Verknüpfung von gesellschaftlichem Bedarf und marktvermittelter Nachfrage dann später doch zu Hilfe, als die Ächtung allen Vermittelns, Bedienens, Reinigens und Pflegens geringer wurde. Nicht aber so die unentgeltlich in den eigenen vier Wänden geleisteten Tätigkeiten der Hausfrau, die vom Putzen übers Kochen bis zur Kindererziehung reichten; auf diese fiel weiterhin der Schatten des althergebrachten Arbeitsbegriffs, aber nicht allein deswegen, weil die häusliche Tätigkeit scheinbar nichts von wirtschaftlichem Wert hervorzubringen schien, sondern vor allem, weil für sie ersichtlich keine ökonomische Nachfrage vorlag. Die feministische Kampagne für die Bezahlung der Hausarbeit in den 1970er Jahren ließ diese Kopplung fragwürdig werden; auch wenn die Forderung damals nicht primär auf die Bezahlung selbst gerichtet war, sondern ein Sprungbrett sein sollte, um die geschlechtsspezifische Zuweisung der privaten Arbeit im Haushalt an die Frauen öffentlich zu skandalisieren, brachte sie doch eine weitere bislang nicht hinterfragte Prämisse im überlieferten Bild der Arbeit ins Wanken; denn auf der Tagesordnung stand plötzlich die Frage, ob es tatsächlich angemessen ist, den notwendigen Bedarf an gesellschaftlichen Arbeitsleistungen nur einseitig an deren Nachfrage auf dem Arbeitsmarkt zu messen. Mit der Thematisierung dieser Crux stürzte die letzte Grundfeste des Arbeitsbegriffs, der spätestens seit dem 18. Jahrhundert die Phantasiewelt des Kapitalismus bestimmt hatte.[7]

II.

Wie es für solche umstürzlerischen Momente typisch ist, kamen mit dem Fall des letzten Steins zugleich alle fadenscheinigen Bestandteile des althergebrachten Begriffs der Arbeit noch einmal gemeinsam zum Vorschein. Von Anfang an hatte dieser nur deswegen ausschließlich dem herstellenden Tun das Vermögen zur Wertschöpfung zuschreiben können, weil die dafür erforderlichen Vorleistungen, sei es an sach- oder personenbezogenen Dienstleistungen, einfach als externe Faktoren dem Blick entzogen worden waren; je deutlicher wurde, dass diese Trennung rein artifiziellen Charakter besaß und damit die vor- wie nachbereitenden, aber nichtdestotrotz unverzichtbaren Leistungen des Transports, Berechnens, Nachrichtenübermittelns, Pflegens, Kochens und Kindererziehens unsichtbar werden ließ, desto weniger war der Unterschied zwischen produktiver und nicht-produktiver Arbeit aufrechtzuerhalten.

Ähnlich erging es der Prämisse, wonach alle wirkliche Arbeit sich immer zwischen dem Menschen und einem Gegenstand vollziehen müsse, wie es die Blickverengung allein aufs Fabrizieren eines Sachgutes nahelegte; schon mit der ganz allmählichen Aufnahme der pflegenden Dienste in die Kategorie der gesellschaftlich erforderlichen Arbeit musste ja deutlich werden, dass solche Tätigkeiten auch den Charakter von auf die Person gerichteten, ihre individuellen Zwecke fördernden Verrichtungen besitzen konnten. Das Ziel eines solchen arbeitenden Tuns ist hier ganz anders bestimmt, als es der klassische Arbeitsbegriff wahrhaben wollte: Der Zweck ist in diesem Fall nicht feststehend der, ein Objekt so zu formen, dass aus ihm eine nutzenbringende Ware oder ein Gebrauchsgegenstand entsteht, vielmehr muss der Zweck der pflegenden Tätigkeit vorgängig erst durch kommunikative Perspektivübernahme erschlossen werden, bevor gewusst werden kann,

7 Vgl. dazu mit Hinweisen auf weitere Literatur Komlosy (2018).

welche instrumentellen Verrichtungen bei der Hilfe die jeweils angemessenen sein könnten. Weder die alte Unterscheidung zwischen körperlicher und geistiger Arbeit noch die jüngere zwischen materieller und immaterieller Tätigkeit wird diesem Sonderfall der personenbezogenen Dienstleistungen gerecht: Die Kommunikation, nämlich das Hineinversetzen in die Person, die auf fremde Unterstützung angewiesen ist, geht hier jeder instrumentellen Erwägung, der Suche nach den angemessenen Mitteln, notwendigerweise voraus (vgl. exemplarisch Gürtel 2005). Wahrscheinlich ist es sogar sinnvoll, wenn man die verwaltungsbezogenen Dienstleistungen als gesonderte Kategorie hinzunimmt, also insgesamt drei Tätigkeitsprofile zu unterscheiden, die für die Gesamtsumme der gesellschaftlichen Arbeit heute gefordert sind: Die Bearbeitung von natürlichen oder von Menschen geschaffenen Gegenständen zum Zwecke der Herstellung nützlicher Güter, den Umgang mit Personen zum Zwecke des Pflegens, Beratens und Unterrichtens und schließlich das Operieren mit Symbolen zum Zwecke des Berechnens, Analysierens und Verarbeitens von Daten, die der Verwaltung von sozialen und wirtschaftlichen Vorgängen von Nutzen sind.[8] Mit einer solchen Dreiteilung ist die überlieferte Einspannung der »Arbeit« in das Mensch-Natur-Verhältnis endgültig zu Fall gebracht: Als gesellschaftlich erforderliche Tätigkeit muss nun gelten, was entweder in einen eher stärker gegenstandsbezogenen, in einen symbolbezogenen oder in einen kommunikativen Bezugsrahmen an Aufgaben erledigt wird, die von einem übergreifenden Wert für die Gesellschaft zu sein scheinen.

Mit der feministischen Hinterfragung der unbezahlten Hausarbeit musste dann schließlich auch die dritte Säule im bislang vorherrschenden Arbeitsbegriff zum Einsturz kommen: Wenn überzeugend gezeigt werden konnte, dass es unzählige Verrichtungen im privaten Haushalt gab, die ausgeübt werden mussten, ohne dass dafür eine Entlohnung entrichtet wurde, dann war die wirtschaftstheoretische Vorstellung falsch, wonach sich das gesellschaftlich erforderliche Arbeitsvolumen immer nur an der Nachfrage auf dem Markt bemessen ließ; sobald diese Klammer beseitigt war, mussten jene unzähligen Verrichtungen sichtbar werden, mit denen tagtäglich von unbezahlten Arbeitskräften Aufgaben erledigt wurden, die für die Reproduktion des sozialen Lebens in seiner gegenwärtigen Form gänzlich unverzichtbar waren, sei es das Kochen für die eigene Familie, die Kindererziehung durch die Großeltern oder der freiwillige Dienst in der Sozialfürsorge. Waren alle drei Korrekturen einmal vollzogen – die Preisgabe der Unterscheidung zwischen produktiven und unproduktiven Tätigkeiten, die Loslösung vom notwendigen Gegenstandsbezug alles wirklichen Arbeitens und die Verabschiedung vom Markt als einzigem Gradmesser für den gesellschaftlichen Arbeitsbedarf –, so schien mithin festzustehen: Als »Arbeit« im Sinne von sozial erforderlichen Tätigkeiten müs-

8 Hier folge ich dem Vorschlag von Martin Baethge (2011: 45).

sen alle regelmäßig ausgeübten Verrichtungen gelten, die in einer Gesellschaft dazu beitragen, die gegebene Lebensform in ihren allgemein gewünschten Bestandteilen zu erhalten.

Allerdings hat diese Öffnung des Arbeitsbegriffs für bislang darunter nicht oder kaum gefasste Tätigkeiten auch ein nicht unerhebliches Problem zur Folge; denn dadurch, dass jetzt viele nicht finanziell entlohnte Verrichtungen ebenfalls dem Bereich der gesellschaftlichen Arbeit zugeschlagen werden, scheint deren Abgrenzung gegenüber den aus rein privaten Gründen unternommenen Verrichtungen äußerst schwierig, wenn nicht sogar unmöglich zu werden; es ist nämlich gar nicht so leicht, im Vorhinein zu entscheiden, ob nicht etwa das individuelle Sammeln von wertvollen Vinyl-Schallplatten oder das private Musizieren im Freundeskreis am Ende einen Wert besitzen, den die soziale Gemeinschaft übereinstimmend für so wichtig halten könnte, dass sie auf dessen Erhalt Arbeit und Mühe verwendet sehen möchte. Öffnet man den Begriff der »Arbeit« zu weit, so entsteht die Gefahr, auch alle aus rein persönlichem Vergnügen oder subjektiven Neigungen unternommenen Verrichtungen darunter fallen zu lassen, schließt man ihn zu früh, so läuft man die umgekehrte Gefahr, Tätigkeiten auszuschließen, die sich nach genauerer Prüfung doch als unverzichtbar für die Bewahrung einer gegebenen Lebensform erweisen.[9] Zwischen beiden Risiken die richtige Mitte zu finden, ist daher die Aufgabe, der ich mich im zweiten Teil meiner Überlegungen zuwenden muss.

Den Schlüssel zu einer Lösung des Problems bietet vielleicht schon die Formulierung, mit der ich kurz zuvor den Umfang des weiter gefassten Begriffs der Arbeit zum ersten Mal umrissen habe. Dort hatte ich gesagt, dass alle die arbeitenden Verrichtungen als gesellschaftlich notwendig betrachtet werden sollten, die erforderlich sind, um alle die gegenwärtig für wertvoll gehaltenen Bestandteile des sozialen Lebens zu erhalten. Der Begriff des Für-Wertvoll-Haltens, der dabei verwendet wurde, darf nun natürlich nicht auf die Perspektive einer individuellen Privatperson zugeschnitten sein; es geht nicht darum, zu ermitteln, was ein x-beliebiges Individuum am sozialen Leben für wertvoll hält, sondern sich zu fragen, was eine soziale Gemeinschaft an ihrer Lebensform für so wertvoll hält, dass sie es für notwendig erachtet, gemeinsam Arbeit und Mühe auf dessen Bewahrung zu verwenden. Gewiss bewegt man sich bei der Einnahme einer solchen Perspektive gleich in mehrfacher Hinsicht auf brüchigem Boden; denn es ist weder klar, was eine soziale Gemeinschaft ist und wo ihre Grenzen jeweils verlaufen, noch kann als ausgemacht gelten, dass deren Mitglieder tatsächlich hinreichend viele Wert-

9 Vgl. zu diesen Schwierigkeiten, einen angemessenen Begriff der »Arbeit« zu definieren, der weder zu eng noch zu breit ist, auch Budd (2011: 2): »A meaningful definition of work, therefore, needs to lie somewhere between the overly narrow focus on paid employment and the excessively broad inclusion of all human activity.«

orientierungen miteinander teilen. Für unsere Zwecke mag vorläufig die Auskunft genügen, dass wir dort von einer sozialen Gemeinschaft sprechen sollten, wo eine größere Gruppe von Individuen existiert, die dank ähnlich verlaufender Bildungsprozesse dazu gelangt ist, in der normativen Beurteilung von Sachverhalten weitgehend übereinzustimmen und sich im Alltag an ungefähr den gleichen Werten zu orientieren (vgl. zu diesen Schwierigkeiten Honneth 2021). Von solchen Gemeinschaften – egal, ob es sich dabei um Gruppen im lokalen, nationalen oder transnationalen Maßstab handelt – lässt sich nun behaupten, dass sie im allgemeinen auch darin übereinstimmen werden, welche Elemente der eigenen Lebensform als erhaltens- und schützenswert gelten sollen; und dementsprechend dürften sie jeweils auch ziemlich gleichlautende Vorstellungen darüber besitzen, welche Tätigkeiten und Aktivitäten erforderlich sind, um diese gemeinsam als wertvoll erachteten Bestandteile ihrer Kultur zu bewahren. Aus der Perspektive einer solchen sozialen Gemeinschaft lässt sich also relativ leicht bestimmen, wo die Grenze zwischen gesellschaftlich notwendigen und allein privaten, aus bloß individuellen Antrieben heraus betriebenen Tätigkeiten verläuft: All die Verrichtungen sind notwendig und fallen daher in die soziale Verantwortung der Gemeinschaft, die nach allgemein geteilter Überzeugung der Aufrechterhaltung der für wertvoll gehaltenen Bestandteile der gemeinsamen Lebenswelt dienen, während solche Verrichtungen, die nach geteilter Einschätzung nur aus persönlicher Neigung ausgeübt werden und daher allein individuelle Wertüberzeugungen widerspiegeln, als bloße Privatangelegenheiten betrachtet werden sollten. In seiner »Rechtsphilosophie« hat Hegel (1970 [1821]: § 187) dieselbe Scheidung zwischen gesellschaftlichen und privaten Verrichtungen, zwischen Arbeit für gemeinschaftliche und Tätigkeiten für bloß individuelle Zwecke, in anderer, einfacherer Form artikulieren wollen: Jemand, der mit gesellschaftlich notwendiger Arbeit beschäftigt ist, muss sein »Wissen, Wollen und Tun auf allgemeine Weise bestimmen«, wohingegen für den privat Tätigen die Auflage entfällt, sich an allgemein geltende Standards des angemessenen Verrichtens halten zu müssen.

Im Folgenden will ich eine Kombination beider Kriterien zur Anwendung bringen, wenn ich von gesellschaftlich notwendiger oder, kürzer, von gesellschaftlicher Arbeit spreche. Dazu sollen mithin alle Tätigkeiten gehören, die nach gemeinschaftlich geteilter Überzeugung dem Wohle der ganzen Gesellschaft dienen und die daher allgemein gesetzten Standards der Angemessenheit zu unterliegen haben. Insofern müssen das Kochen oder die Kinderbetreuung im privaten Haushalt ebenso wie die bezahlte Beschäftigung im Betrieb oder im Büro gleichermaßen als gesellschaftliche Arbeit begriffen werden, weil es sich dabei jedes Mal um Tätigkeiten handelt, die einen gemeinschaftlich für wertvoll gehaltenen Zweck verfolgen; überdies gelten für alle diese Verrichtungen insofern entweder informelle oder rechtlich fixierte Standards, als beim Kochen zum Beispiel gemeinhin gültige Ernährungsvorschriften, beim Kindererziehen das Kindeswohl und bei vertraglich vereinbarten Tätigkeiten die rechtlich geltenden Ausführungsregeln berücksichtigt werden müssen. Alle diese normativen Auflagen entfallen nun aber, sobald Tätigkeiten rein aus persönlicher Neigung oder privatem Vergnügen ausgeübt werden: Ganz unabhängig davon, ob es sich dabei ums Heimwerkeln, um das als Hobby betriebene Angeln oder um das private Musizieren im kleinen Kreis handelt, müssen in solchen Fällen zwar gesetzliche Rahmenbedingungen eingehalten, aber weder gesellschaftlich verallgemeinerbare Zwecke realisiert noch generelle Standards der Ausführung respektiert werden – man kann hier gewissermaßen verfahren, wie es einem beliebt. Insofern erlischt in solchen Fällen die Verantwortung der Gemeinschaft, darauf zu achten und zu wachen, ob die Ausführung der Tätigkeit gemeinsam vereinbarten Standards genügt und wie sie angemessen organisiert werden sollte. Ganz im Sinne des Hegel'schen Vorschlags, zeichnet alle gesellschaftliche Arbeit aus, dass man sein »Wissen, Wollen und Tun« dabei auf allgemeine Weise bestimmt, indem man sich an die konventionell oder rechtlich festgelegten Regeln des guten und angemessenen Ausführens der Aufgabe hält.

Bevor der damit umrissene Begriff der gesellschaftlichen Arbeit allerdings als das sichere Ergebnis meiner Rekonstruktion eines zweihundertjährigen Prozesses der gesellschaftlichen Selbstaufklärung verbucht werden kann, muss zuvor noch kurz ein möglicher Vorbehalt ausgeräumt werden. Nach dem, was ich bislang ausgeführt habe, könnte es so klingen, als würde damit einer Fixierung auf den jeweils gegebenen Zustand der Unterscheidung von gesellschaftlichen und privaten Tätigkeiten Vorschub geleistet; denn es werden ja begrifflich immer nur die Arbeiten als »gesellschaftlich« bezeichnet, die zu einem bestimmten Zeitpunkt von einer sozialen Gemeinschaft aufgrund ihrer aktuellen Wertüberzeugungen de facto auch als Beiträge zum allgemeinen Wohlergehen anerkannt werden – und wie fragil und kurzlebig solche Grenzziehungen sein können, wird beispielsweise schon daran deutlich, dass vor nur etwa einem halben Jahrhundert die Verrichtungen des Kochens, Putzens und Kindererziehens im privaten Haushalt noch weit entfernt davon waren, als im wohlverstandenen Interesse der Gesellschaft liegend verstanden zu werden. Tatsächlich sind die kulturellen Unterscheidungen zwischen einerseits notwendigen Arbeiten und andererseits rein persönlichen Betätigungen ständig fließend, da sie dem Wandel der stets umkämpften Deutungen des gesellschaftlich Wertvollen unterworfen sind; was heute noch als purer Zeitvertreib und rein private Beschäftigung angesehen wird, kann morgen schon als eine Tätigkeit von allgemeiner Bedeutung und Zweckhaftigkeit geschätzt werden, sodass von nun an die Gemeinschaft die Verantwortung für deren Organisation und Alimentierung zu übernehmen hätte. Allerdings sind derartigen Verschiebungen in der moralischen Ökonomie einer Gesellschaft doch weitaus engere Grenzen gezogen, als es auf den ersten Blick erscheinen mag; denn nur die wenigsten der Tätigkeiten, die heutzutage aus rein persönlichen Neigungen heraus ausgeübt werden, verfolgen Zwecke, von denen auch bei Einsatz größter Phantasie vorstellbar ist, dass sie jemals sozial verallgemeinert werden könnten. Der Grund dafür ist, paradoxerweise, das moderne Faktum des kulturellen Pluralismus; je vielfältiger nämlich in einer Gesellschaft die ethischen Überzeugungen und Praktiken werden, desto schwerer muss es den bislang nur privat betriebenen Verrichtungen fallen, zukünftig von einer Mehrheit als unverzichtbar für das gemeinsame Wohlergehen anerkannt zu werden. Derselbe kulturelle Pluralismus, der aller Wahrscheinlichkeit nach die Ausbreitung ständig neuer privater Betätigungen fördert, verhindert gleichzeitig auch deren eilfertige Umwidmung in Tätigkeiten von allgemeinem Interesse; das Nadelöhr, durch das diese vorläufig nur aus persönlicher Vorliebe ausgeübten Aktivitäten nämlich hindurch müssten, um als gesellschaftlich unverzichtbare Beiträge angesehen zu werden, wird mit einer gewissen Notwendigkeit immer schmaler, je stärker die kulturellen Lebensstile in einer Gesellschaft voneinander abweichen. Insofern ist der Spielraum, der in modernen Gesellschaften für bahnbrechende Umwertungen des sozialen Charakters von Tätigkeiten besteht, doch relativ eng begrenzt; sie müssten erst die Schwelle einer aus einer verallgemeinerbaren Perspektive gewonnenen Anerkennung als bestandswichtige Tätigkeiten genommen haben, bevor sie als gesellschaftliche Arbeit gewertet werden dürften.

Die Befürchtung, mein Vorschlag zur Neufassung des Arbeitsbegriffes neige zu einem gewissen Konventionalismus, weil nicht mit der Möglichkeit zukünftiger Uminterpretationen des allgemeinen Wohls gerechnet wird, scheint mir daher nicht begründet. Zwar sollten kulturelle Veränderungen solcher Art stets im Auge behalten und nicht von vornherein kategorisch ausgeschlossen werden; aber Gründe, die dazu den Anstoß geben könnten, gibt es wenige, da der Bereich, der für eine soziale Aufwertung überhaupt in Frage kommenden Tätigkeiten aufgrund des wachsenden Pluralismus immer schmaler werden dürfte. Eher schon ist in Zukunft eine Entwicklung in die umgekehrte Richtung zu erwarten, derart nämlich, dass bislang wie selbstverständlich für gesellschaftlich unerlässlich gehaltene Verrichtungen ihren Rang wieder verlieren und in das Niemandsland der unzähligen Privatbeschäftigungen zurückversetzt werden; nicht das Absterben aufgrund von wirtschaftlichen Entwicklungen, sondern die Entwertung in Folge von veränderten gesellschaftlichen Zwecksetzungen wäre dann das Schicksal, das solchen Berufszweigen droht.[10] Alles in allem gibt es keinen Grund, dem hier vorgelegten Begriff der »gesellschaftlichen Arbeit« eine zu starke Bindung an die

10 Ein Beispiel für den ersten Fall ist der Arbeiter im Kohlebergbau (Raphael 2019: 45ff.), ein Beispiel für den zweiten Fall könnte die Berichterstatterin über Börsenvorgänge oder, bei Vereinfachung des Besteuerungssystems, der Steuerberater sein.

jeweils vorherrschenden Konventionen vorzuwerfen; die Theorie beglaubigt nicht bloß immer das, was nach Auffassung der Mehrheit einer sozialen Gemeinschaft als entweder notwendige oder verzichtbare Tätigkeiten zu gelten hat, sondern verfügt über eigene Mittel, um derartige Unterscheidungen zu prüfen und gegebenenfalls für angemessen zu halten. Nur solche Verrichtungen, die sich im ständigen Hin und Her zwischen sozialen Konventionen und theoretischen Erwägungen als bestandswichtig für eine kulturelle Lebensform erweisen lassen, sollten als Arbeit im gesellschaftlichen Auftrag gewertet werden. Blickt man nur auf die letzten zweihundert Jahre zurück, so ist inzwischen der Umfang dessen, was in diesem Sinn als Arbeit verstanden wird, gegenüber den Anfängen wesentlich größer geworden – und entsprechend angewachsen ist heute die Verantwortung der Gesellschaft dafür, mit den Mitteln einer neuen Arbeitspolitik für anständige, lebenswerte und zufriedenstellende Bedingungen in all den für sie unerlässlichen Tätigkeitszweigen zu sorgen.

Literatur

Arendt, Hannah (1998 [1958]): *The Human Condition*. Chicago: University of Chicago Press.

Baethge, Martina (2011): »Die Arbeit in der Dienstleistungsgesellschaft«, in: Adalbert Evers/Rolf G. Heinze/Thomas Olk (Hg.), *Handbuch Soziale Dienste*. Wiesbaden: VS Verlag, S. 35–61.

Brown, Christopher Leslie (2006): *Moral Capital. Foundations of British Abolitionism*. Chapel Hill: The University of North Carolina Press.

Budd, John W. (2011): *The Thought of Work*. Ithaca/New York: Cornell University Press.

Finlay, Moses I. (1991): *Die antike Wirtschaft*. München: dtv.

Gourevitch, Alex (2014): *From Slavery to the Cooperative Commonwealth. Labor and Republican Freedom in the Nineteenth Century*. Cambridge: Cambridge University Press.

Greven-Aschoff, Barbara (1981): *Die bürgerliche Frauenbewegung in Deutschland 1894–1933*. Göttingen: Vandenhoeck & Ruprecht.

Gürtler, Sabine (2005): »The Ethical Dimension of Work: A Feminist Perspective«, in: *Hypatia* 20, S. 119–134.

Hegel, Georg Wilhelm Friedrich (1970 [1807]): *Phänomenologie des Geistes*, Theorie-Werkausgabe, Bd. 3. Frankfurt a. M.: Suhrkamp.

Hegel, Georg Wilhelm Friedrich (1970 [1821]): *Grundlinien der Philosophie des Rechts*, Theorie-Werkausgabe, Bd. 7. Frankfurt a. M.: Suhrkamp.

Honneth, Axel (2021): »Recht und Sittlichkeit. Aspekte eines komplexen Wechselverhältnisses«, in: Rainer Forst/Klaus Günther (Hg.), *Normative Ordnungen*. Berlin: Suhrkamp, S. 42–71.

Komlosy, Andrea (2018): *Work. The last 1000 Years*. London: Verso.

Locke, John (2012 [1689]): *The Second Treatise of Government/Über die Regierung*. Stuttgart: Reclam.
Marx, Karl (1968 [1844]): *Ökonomisch-philosophische Manuskripte*, MEW, Bd. 40, Ergänzungsband 1. Berlin: Dietz.
Müller, Heidi (1985): *Dienstbare Geister. Leben und Arbeitswelt städtischer Dienstboten*. Berlin: Schriften des Museums für deutsche Volkskunde Berlin.
Osterhammel, Jürgen (2009): *Die Verwandlung der Welt. Eine Geschichte des 19. Jahrhunderts*. München: C.H. Beck.
Raphael, Lutz (2019): *Jenseits von Kohl und Stahl. Eine Gesellschaftsgeschichte Westeuropas nach dem Boom*. Berlin: Suhrkamp.
Scott, Joan (2006): »Die Arbeiterin«, in: Georges Duby/Michelle Perrot (Hg.), *Geschichte der Frauen. 19. Jahrhundert*, Bd. 4. Frankfurt a. M.: Suhrkamp, S. 451–479.
Smith, Adam (2012 [1776]): *Untersuchung über Wesen und Ursachen des Reichtums der Völker*. Tübingen: J. C. B. Mohr/Paul Siebeck.
Steinfeld, Robert J. (1991): *The Invention of Free Labor. The Employment Relation in English and American Law and Culture 1350–1870*. Chapel Hill: The University of North Carolina Press.
Streissler, Erich W. (2005): »Einführung«, in: Adam Smith, *Untersuchungen über Wesen und Ursache des Reichtums der Völker*. Tübingen: J. C. B. Mohr/Paul Siebeck, S. 1–31.
Eigen-Offe, Patrick (2017): *Die Poesie der Klasse. Romantischer Antikapitalismus und die Erfindung des Proletariats*. Berlin: Matthes & Seitz.
Weber, Max (1976 [1921]): *Wirtschaft und Gesellschaft. Grundriss der verstehenden Soziologie*. Tübingen: J. C. B. Mohr/Paul Siebeck.
Zola, Émile (1976 [1884]): *Paradies der Damen*. München: dtv.
Zola, Émile (1986 [1873]): *Der Bauch von Paris*. München: dtv.

Leistung? Nee, echt jetzt? Über die schwierige Wiederaneignung eines kritischen Konzepts

Kai Dröge

Eines der Themen, mit denen Sighard Neckel bekannt geworden ist, ist seine kritische Analyse der Erfolgskultur der Gegenwartsgesellschaft (Neckel 2008). Das Thema lässt sich bis in seine jüngeren Analysen etwa zu den globalen Eliten des Finanzwesens (Neckel u. a. 2018) oder zu Burnout (Neckel/Wagner 2013) als der »dunklen Seite« des gesellschaftlichen Erfolgskultes verfolgen. Erstmals aufgetaucht ist es bereits in seiner Antrittsvorlesung an der Universität Siegen, wo er 1997 seine erste reguläre Professur übernommen hat.

Diese Antrittsvorlesung steht eigentlich in der Tradition seiner emotionssoziologischen Studien und trägt den Titel »Blanker Neid, blinde Wut? Sozialstruktur und kollektive Gefühle« (Neckel 1999). Neid, so argumentiert er dort, ist in kapitalistischen Gesellschaften ein an sich höchst produktives Gefühl, weil es dazu antreibt, den Erfolgreichen nachzueifern. Aber um diese produktive Wirkung entfalten zu können, muss der Neid durch das Leistungsprinzip zivilisiert und eingehegt werden. Die Subjekte müssen zumindest ein Stück weit daran glauben, dass ihr Nacheifern zu etwas führen könnte, dass das Objekt ihres neidvollen Begehrens nicht völlig außer Reichweite liegt, dass sie nicht gänzlich von den Pfründen des sozialen und ökonomischen Erfolges abgeschnitten sind. Erodiert dieser Glaube, so büßt auch der Neid seine motivierende Kraft ein und schlägt in destruktive Missgunst und Wut um, wie es beispielsweise damals (und heute leider immer noch) in den französischen Vorstädten zu beobachten ist (Dubet/Lapeyronnie 1994).

In einer zentralen Passage seiner Antrittsvorlesung entwickelt Sighard Neckel nun die These, dass die Voraussetzungen für die Zivilisierung des Neides in der bundesdeutschen Gegenwartsgesellschaft der Jahrtausendwende immer weniger gegeben sind. Denn die Idee der Leistungsgerechtigkeit beginne aus dem moralischen Horizont der Gesellschaft zu verschwinden – u. a. deshalb, weil der soziale Aufstieg immer mehr durch Formen des Erfolges bestimmt sei, der »jeder Begründung [entbehrt], außer eben der, erfolgreich gewesen zu sein« (Neckel 1999: 158). Diese Überlegungen bildeten gewissermaßen die Keimzelle für die Auseinandersetzung mit der Erfolgskultur in der modernen Gesellschaft, die ein wichtiges Thema in den Arbeiten von Sighard Neckel in den Folgejahren werden sollte.

Ich möchte meinen Beitrag in dieser Festschrift aber gar nicht in erster Linie dieser Erfolgssoziologie widmen, sondern eher dem gewissermaßen »ungeliebten Kind«, dass er sich durch diese Gegenwartsdiagnose mit in die Wiege gelegt hatte: dem Leistungsprinzip. Warum »ungeliebtes Kind«? Das bedarf einer kurzen Erläuterung.

Das Leistungsprinzip: normativ dünnes Eis

Blickt man auf die gesellschaftspolitische und soziologische Debattenlage jener Zeit zurück, dann war es durchaus nicht ohne Risiko, sich in der Kritik an gesellschaftlichen Verhältnissen gerade auf das Leistungsprinzip als normativen Bezugspunkt zu berufen. Niemand anders als Helmut Kohl hatte den Slogan »Leistung soll sich wieder lohnen« in den 1980er Jahren bekannt gemacht und damit unter anderem für eine große Steuerreform geworben, die vor allem Vermögende entlasten und den Spitzensteuersatz senken sollte (Kleinert 2019: 476). Seit den 1990er Jahren hat dann die FDP diesen Slogan in zahlreichen Varianten so erfolgreich und hartnäckig plagiiert, dass er heute meist ihr zugeschrieben wird. Für die Debattenlage jener Zeit bedeutete das: Der emphatische Bezug auf »Leistung« als Rechtfertigung sozialer Ungleichheit war eher Teil der von Sighard Neckel kritisierten Erfolgskultur, nicht ein kraftvolles Gegenmodell dazu.

Die Lage wurde zusätzlich dadurch verkompliziert, dass auch aus der Soziologie selbst heraus wenig Unterstützung für einen gesellschaftskritischen Bezug auf das Leistungsprinzip zu erwarten war – zumindest nicht aus jenen Teilen des Faches, aus denen Neckel Unterstützung begrüßt hätte: Zu gründlich hatten die soziale Ungleichheitsforschung, die Bildungs-, Arbeits- und Geschlechtersoziologie die Selbstbeschreibung moderner Gesellschaften als Leistungsgesellschaften dekonstruiert und gezeigt, dass die tatsächliche Verteilung von sozioökonomischem Status, Prestige und Macht häufig Mechanismen folgt, die wenig mit individueller Leistung zu tun haben (Neckel/Dröge 2002). Das Leistungsprinzip wurde mit guten Gründen als Ideologie kritisiert, die die tatsächlichen Verteilungsmechanismen sozialer Ungleichheit eher verschleiern und mit einer (falschen) Legitimität versehen sollte.

Wenn Sighard Neckel vor diesem Hintergrund das integrative und zivilisierende Potenzial des Leistungsprinzips betonte und gegen die Erfolgskultur in Stellung zu bringen suchte, dann war das also eine durchaus riskante Argumentationsstrategie, die in mehrfacher Hinsicht Potenzial für Missverständnisse und falsche Vereinnahmungen barg.

Dennoch würde ich behaupten, dass es zumindest ein Stück weit gelungen ist, den Leistungsbegriff wieder in das Vokabular einer kritischen Gesellschaftsanalyse zu integrieren und dass Sighard Neckel dabei eine nicht unwichtige Rolle gespielt hat. Um zu sehen, wie es dazu gekommen ist, müssen wir jedoch die Szenerie wechseln: Vom beschaulichen Siegen, in dem Sighard Neckel seine Antrittsvorlesung hielt, in das rund 150 Kilometer südlich gelegene Frankfurt am Main und das dortige Institut für Sozialforschung an der Johann Wolfgang Goethe-Universität (wie sie zu jener Zeit noch hieß).

Leistungsprinzip und immanente Kritik

Das traditionsreiche Institut für Sozialforschung befand sich damals in einer Umbruchsituation. Ludwig von Friedeburg, der es praktisch seit Adornos Tod als geschäftsführender Direktor geleitet hatte, war auf dem Weg in den Ruhestand. Es gab eine Zeit der Ungewissheit, in der eine ganze Reihe langjähriger Mitarbeitenden das Haus verließen. Als Axel Honneth schließlich 2001 die Leitung übernahm, suchte er daher nach Unterstützenden, mit denen er die Forschung neu aufbauen konnte. Sighard Neckel wurde Teil dieses Kreises und trat in das Kollegium des Instituts ein.

Allerdings war der Umbruch des Instituts für Sozialforschung nicht nur personeller Natur. Auch inhaltlich wurden neue Wege gesucht. Honneth, die meisten verbliebenen Mitarbeitenden und das Kollegium wollten weder zurück zu einer stark marxistisch orientierten Gesellschaftsanalyse, die viele Arbeiten am Institut noch bis in die frühen 1990er Jahre hinein geprägt hatte, noch wollten sie einen anderen naheliegenden Weg einschlagen: Den der Selbstmusealisierung dieses historischen Ortes, wo es dann nur noch darum gegangen wäre, sich in den denkmalgeschützten Räumlichkeiten andachtsvoll zur gemeinsamen Exegese der Schriften von Adorno, Horkheimer und (vielleicht noch) Benjamin zu versammeln. Stattdessen suchten sie nach Wegen, die Kritische Theorie der Frankfurter Schule in zeitgemäßer Form fortzuschreiben, auf gegenwärtige soziale Probleme anzuwenden und damit in aktuelle gesellschaftliche Debatten in Wissenschaft, Politik und Zivilgesellschaft einzugreifen.

Axel Honneth war es dabei ein besonderes Anliegen, Sozialphilosophie und Sozialforschung wieder stärker miteinander ins Gespräch zu bringen. Kritische Theorie sollte als eine normative Theorie der Gesellschaft verstanden werden, die die Maßstäbe ihres Urteilens nicht einfach von außen ihrem Gegenstand überstülpt, sondern aus der (empirischen) Forschung selbst gewinnt. Sie sollte sich also am methodischen Prinzip der »immanenten« oder auch »rekonstruktiven«

Kritik (Honneth 2000) orientieren – einer Kritik, die nah an den gesellschaftlichen Verhältnissen selbst operiert und diesen den Spiegel ihrer eigenen normativen Selbstwidersprüche und gescheiterten Verheißungen vorhält. Oder, wie Marx (1956 [1844]: 381) es einmal so schön formuliert hat: Eine Kritik, die die »versteinerten Verhältnisse dadurch zum Tanzen zwing[t], daß man ihnen ihre eigene Melodie vorsingt«.

Allerdings hat eine solche Strategie den Nachteil, dass man als Kritische:r Theoretiker:in damit ein Stück weit die Verfügungsgewalt über die eigenen Begriffe und normativen Konzepte verliert. Man operiert notwendig mit Stichworten, die im gesellschaftlichen Diskurs bereits vielfältig mit zum Teil widersprüchlichen Bedeutungen aufgeladen sind und begibt sich selbst mitten in diese Deutungskämpfe hinein. Auf den Begriff der Leistung und dessen Relevanz als Legitimationsmuster sozialer Ungleichheit trifft dies in besonderem Maße zu, wie oben bereits ausgeführt. Axel Honneth hat diesen Begriff daher in seinen eigenen Analysen der Anerkennungsverhältnisse in der Arbeitswelt lange vermieden.[1] Sighard Neckel dagegen hatte weniger Berührungsängste, auch wenn er durchaus um die Schwierigkeiten dieses normativen Konzepts wusste: »Bei allen Problemen, die dieser Leistungsbegriff immer schon aufwarf«, schreibt er dazu in seiner Antrittsvorlesung, »brachte er doch Maßstäbe distributiver Gerechtigkeit hervor, die heute noch als moralische Intuition zum Alltagsbewußtsein gehören« (Neckel 1999: 153).

Damit stellte er sich mitten in den gesellschaftlichen Deutungskampf um dieses umstrittene Prinzip. Wie aber verwandelt man dies in einen wirksamen Standpunkt immanenter Kritik? Oder, um im obigen Bild zu bleiben: Wie bringt man Guido Westerwelle zum Tanzen, in dem man ihm sein eigenes krudes Leistungsverständnis vorhält?

Um es vorwegzunehmen: Das ist in dieser Form nicht gelungen oder zumindest nicht historisch belegt. Aber aus der Frage, inwiefern das Leistungsprinzip noch eine Basis für die immanente Kritik ungerechter Verhältnisse bilden kann, ist ein größeres Projekt geworden.

1 An diesen bei Axel Honneth fast schon körperlich spürbaren Widerwillen, den Begriff der »Leistung« in das eigene analytische und normative Vokabular aufzunehmen, erinnere ich mich noch lebhaft aus Diskussionen damals im Institut für Sozialforschung. Soweit ich sehe, weicht er davon erstmals in der Debatte mit Nancy Fraser ab, wo er in seiner Replik das Leistungsprinzip als »normative Ressource« bezeichnet, die »jenseits aller faktischen Verzerrungen den normativen Anspruch enthält, in Form einer wechselseitigen Wertschätzung fair und angemessen die individuelle Leistung aller Gesellschaftsmitglieder zu berücksichtigen« (Fraser/Honneth 2003: 175).

Das Spektrum gesellschaftlicher Leistungsverständnisse

Zunächst einmal muss man feststellen, dass Sighard Neckel nicht der Einzige war, der sich zu jener Zeit mit der Frage beschäftigte, inwiefern das Leistungsprinzip Anknüpfungspunkte für eine kritische Gesellschaftsanalyse bieten könnte. Speziell in Frankfurt schien das Thema geradezu in der Luft zu liegen. Im Institut für Sozialforschung selbst befasste sich unter anderem Stephan Voswinkel mit dem Wandel der leistungsbezogenen Anerkennung in der Arbeitswelt (Voswinkel 2002) und der Frage, was das für die Kritik am und mit dem Leistungsprinzip bedeutet (Voswinkel/Kocyba 2008). Schräg über die Straße, im damals noch existierenden AfE-Turm, der den Fachbereich Gesellschaftswissenschaften der Universität beherbergte, forschten Wolfgang Menz und Tilla Siegel (2001) zu gewandelten »Denkmustern« der betrieblichen Leistungspolitik. Und im selben Haus überlegte Ulrich Oevermann (2001), was es für das Bewährungsproblem des modernen Subjekts bedeutet, wenn ihm einerseits Belohnung für geleistete Arbeit versprochen wird, andererseits aber unter den Bedingungen von Massenarbeitslosigkeit das »Arbeit-haben« selbst schon zur Belohnung wird.

Sighard Neckel (2001) hatte seine Überlegungen zu Leistung und Erfolg inzwischen weiter ausgearbeitet. Außerdem entstand daraus ein Forschungsprojekt am Institut für Sozialforschung, das nach Bewilligung durch die Deutsche Forschungsgemeinschaft schließlich im Jahr 2002 seine Arbeit aufnehmen konnte. An diesem Projekt waren auch Irene Somm und ich selbst beteiligt. Ziel war es, die oben zitierte Behauptung, leistungsbezogene Rechtfertigungsmaßstäbe gehörten auch heute noch »als moralische Intuition zum Alltagsbewußtsein«, seien aber von »Erosion« bedroht, empirisch zu prüfen.

Ich kann und will die Ergebnisse dieser Forschung hier nicht in aller Breite darstellen (vgl. dazu Neckel u. a. 2004, 2005; Dröge/Somm 2005). Mir geht es vielmehr darum, den Weg anzudeuten, auf dem wir damals versucht haben, das Leistungsprinzip wieder anschlussfähig für kritische Gesellschaftsanalysen zu machen. Damit möchte ich zugleich auch exemplarisch zeigen, auf was man sich einlässt, wenn man versucht, Kritische Theorie auf Basis von immanenter Formen der Kritik aufzubauen und welche Rolle die Sozialforschung in diesem Zusammenhang spielen kann.

Wenn Kritische Theorie an Begriffe, normative Konzepte und Deutungen aus dem gesellschaftlichen Alltagsbewusstsein anknüpfen möchte, dann sollte sie sich davor hüten, nur jene Stimmen zur Kenntnis zu nehmen, die ihre Meinung auf Wahlplakate drucken, in Talkshows äußern oder zwischen Buchdeckel bringen können. Vielmehr muss sie den ernsthaften Versuch unternehmen, auch Deutungen und Sichtweisen weniger privilegierter Gruppen in ihre Überlegungen mit einzubeziehen. In der Folge wird die Formulierung des eigenen kritischen Standpunktes zu einem empirischen Problem, das sich nur mit den Mitteln der Sozialforschung lösen lässt. Ich würde sogar noch einen Schritt weitergehen: Es bedarf der Offenheit eines induktiven, mithin qualitativen Zugangs, der sich ohne allzu große eigene Vorfestlegung über die ganze Mannigfaltigkeit sozialer Deutungen informieren lässt. Wir haben dazu Gruppendiskussionen in einem breiten Spektrum unterschiedlicher Sozialmilieus durchgeführt (Dröge u. a. 2006).

Das Ergebnis war eine große Bandbreite an unterschiedlichen Leistungsverständnissen, die wir in unserem Material vorfinden konnten. Dies ist zunächst wenig überraschend angesichts des offenen empirischen Zugangs. Bei der näheren Analyse wurde jedoch schnell klar, dass sich diese unterschiedlichen Deutungen zwar durchaus zu gemeinsamen Mustern verdichten ließen, aber nur bis zu einem gewissen Grad. Es blieben Konfliktlinien, die unauflösbar waren. So lassen sich beispielsweise Leistungsverständnisse, die vor allem am Maßstab der harten Arbeit, Mühe und Anstrengung orientiert sind, kaum mit jenen Deutungen vereinbaren, die den Wert eines Leistungsergebnisses in erster Linie über den Marktpreis rechtfertigen. Davon wiederum zu unterscheiden sind stark subjektorientierte Sichtweisen, die die Kreativität und Innovationsfähigkeit der Einzelnen ins Zentrum stellen – unabhängig von Aufwand oder Markterfolg – oder Perspektiven, die den Wert einer Leistung vor allem an ethisch-moralischen Maßstäben messen wollen.

Insgesamt haben wir fünf idealtypische Deutungsmuster von Leistung unterschieden, die nicht weiter aufeinander reduzierbar sind (Neckel u. a. 2005). Außerdem konnten wir zeigen, dass diese Deutungsmuster sozial ungleich verteilt sind. Es handelt sich also nicht nur um Sprachspiele auf Diskursebene. Vielmehr werden hier gesellschaftliche »Deutungskonflikte um die Legitimationen sozialer Ungleichheit« (ebd.) ausgetragen, die ihre Wurzeln in sozialstrukturell unterschiedlichen Erfahrungswelten sowie normativen Kulturen und Traditionen haben.

Was aber macht man nun mit einem solchen Ergebnis? Wie geht eine Kritische Theorie damit um, wenn ihr die eigenen Begriffe und Konzepte durch die Konfrontation mit der Empirie derart zerfleddert werden? Zunächst einmal kann und sollte man daraus etwas lernen über das Phänomen, das man untersucht – im vorliegenden Fall: über die gesellschaftlichen Konflikte um Leistung, Erfolg und deren angemessene Honorierung. Die Einsicht, wie breit das Spektrum der gesellschaftlich etablierten Leistungsverständnisse ist, macht verständlich, warum sich so unterschiedliche Gruppen wie die CDU oder FDP, die Gewerkschaften und sogar die Frauenbewegung[2] durchaus mit einer je eigenen Plausibilität auf dieses

2 Zum Beispiel in der sogenannten »Hausarbeitsdebatte«, vgl. für einen Überblick Paulus (2013).

Gerechtigkeitsprinzip berufen können und sich dabei doch keineswegs einig werden – eben weil sie nicht von derselben Art von Leistung sprechen.

Bei diesem Befund stehenzubleiben, wäre aber unbefriedigend. Immanente Kritik bliebe ein stumpfes Schwert, wenn sie die Sprachspiele einer Gesellschaft einfach nur verdoppeln würde. Wie aber kann sie eine eigene kritische Position gegenüber diesen Sprachspielen und Deutungsmustern gewinnen, ohne doch wieder externe Kriterien der Bewertung an sie heranzutragen? Hier gibt es eine Reihe verschiedener Möglichkeiten.

Wir haben uns etwa gefragt, wo die tieferen Ursachen dafür liegen, dass das Leistungsprinzip in der Gesellschaft so unterschiedliche Auslegungen erfährt. Aufschlussreich ist hier ein Blick in die (Ideen-)Geschichte, der zeigt, dass dieses Prinzip immer schon ambivalent, mehrdeutig und umstritten war und dass in jüngerer Zeit auch noch einige zusätzliche Konfliktfelder hinzugekommen sind (Dröge 2016). So ist die oben angedeutete Spannung zwischen aufwands- und ergebnisorientierten Leistungskriterien bereits sehr alt. Claus Offe (1970: 47) spricht in diesem Zusammenhang von einem »unaustragbaren Dualismus«, der das Leistungsprinzip seit Anbeginn kennzeichne. Andere Widersprüche und Konfliktlinien sind dagegen historisch jüngeren Datums. Die besondere Wertschätzung der kreativen Leistungen eines Subjekts, das nach Selbstverwirklichung im Beruf strebt, ist zum Beispiel ein spätes Kind des Wertewandels der 1960er und 1970er Jahre – eine Entwicklung, die unter dem Stichwort »Subjektivierung der Arbeit« (Baethge 1991) vielfach beschrieben und untersucht wurde.

Nun könnte man davon ausgehen, dass eine solche historische Ausweitung und Vervielfältigung der gesellschaftlichen Leistungsverständnisse dieses Gerechtigkeitsprinzip sukzessive immer inklusiver und umfassender macht: Mehr Formen von gesellschaftlichen Leistungsbeiträgen erhalten die Chance auf soziale Anerkennung, mehr Personengruppen können partizipieren. Aber so einfach ist es leider nicht. Schaut man sich diese Deutungskämpfe um Leistung genauer an, so wird deutlich, dass darin nicht nur um eine Ausweitung der Leistungsbegriffe gestritten wird, sondern auch um neue Einklammerungen und Ausschlüsse, also um die Entwertung vormals anerkannter Aspekte von Leistung – sei es in der Entwertung von »Langsicht« und aufgeschobener Bedürfnisbefriedigung zugunsten des allzeit flexiblen und agilen unternehmerischen Selbst (Dröge/Somm 2005), sei es in Gestalt einer Kritik an pflichtethischer Arbeitsorientierung zugunsten einer Idealisierung der Selbstverwirklichung im Beruf, sei es in der Art und Weise, wie die »Herrschaft der Zahlen« (Vormbusch 2012) und vor allem der marktbezogenen Erfolgsgrößen sich tendenziell vor alle anderen Leistungsmaßstäbe schiebt, usw.

Erosion des Leistungsprinzips?

Was bedeutet dies alles aber für die Frage nach der Erosion des Leistungsprinzips im gesellschaftlichen Bewusstsein? Um dies zu erläutern, möchte ich abschließend zu einer Metapher zurückkehren, die Sighard Neckel an den Anfang seiner eingangs zitierten Antrittsvorlesung gestellt hat: den berühmten »Tunneleffekt« von Albert O. Hirschman (1993). Dieser entwirft das Bild eines Verkehrsstaus in einem mehrspurigen Tunnel. Wenn nun nach längerem Warten auf einer Spur Bewegung entsteht, so wird das bei den Menschen auf den anderen Spuren erstmal nicht Neid, sondern eher freudige Erwartung auslösen: »Obwohl ich immer noch regungslos dasitze, fühle ich mich aufgrund der Erwartung, daß es gleich weitergehen wird, viel besser als vorher« (ebd.: 72).[3]

Ähnlich, so meint Hirschman, ergehe es uns auch in der Gesellschaft. Das Fortkommen der Anderen müsse keineswegs immer Missgunst und Neid hervorrufen, sondern könne auch als Vorzeichen einer generellen Besserung der Lage gesehen werden, von der letztlich auch ich selbst profitieren werde. Allerdings weist Hirschman auch darauf hin, wie schnell diese freudige Erwartung in massive Enttäuschung und Wut kippen kann, wenn der erhoffte Effekt nicht eintritt, wenn die anderen vorbeiziehen, während die eigene Spur wie festgenagelt stehen bleibt.

Wir müssen das Bild ein wenig abwandeln, um es auf die oben entwickelten Beobachtungen zum Wandel der Leistungsverständnisse anzupassen: Nehmen wir an, wir stehen in einem Stau und bemerken, wie weiter rechts von uns eine neue Spur eröffnet wird. Für uns selbst ist die Spur unerreichbar, aber andere biegen darauf ein und beschleunigen – auch für uns ein gutes Zeichen, dass sich die Verkehrslage insgesamt entspannen und der Stau bald auflösen wird. In diesem Sinne könnte man auch die oben angedeutete Hoffnung lesen, dass eine Erweiterung der Leistungsverständnisse – sozusagen die Eröffnung alternativer Spuren zu sozioökonomischem Status und Anerkennung – das Leistungsprinzip insgesamt inklusiver und somit auch sozial ausgewogener und gerechter machen werde. Was aber, wenn wir bemerken, dass diese neuen Spuren eigentlich Überholstreifen sind, die sich privilegierte Verkehrsteilnehmer:innen eingerichtet haben, um möglichst ungehindert an dem stehenden Verkehr vorbei zu kommen? Was, wenn wir feststellen, dass wir selbst das Verkehrshindernis sind, das umfahren werden soll, unsere eigene Spur also zum Standstreifen degradiert ist?

3 Dieses Bild gehört in eine automobilzentrierte Epoche und mag heute nicht mehr für jede:n unmittelbar anschlussfähig sein. Alternativ kann man sich auch gerne zwei ICEs vorstellen, die vor einem gesperrten Streckenabschnitt warten und die Emotionen, die entstehen, wenn sich einer der beiden Züge in Bewegung setzt.

Die Wut und Enttäuschung, die eine solche Erfahrung auslösen kann, ist uns in unseren Gruppendiskussionen auf vielfältige Weise begegnet. Gesellschaftliche Milieus und Arbeitswelten, die sich mit ihrem Leistungsstolz, ihren Normen und Maßstäben guter Arbeit zunehmend allein gelassen fühlen. Die zwar immer wieder zu hören bekommen, wie wichtig Leistung ist, dann aber mit Anforderungen konfrontiert werden, die für sie unsinnig, ja entwürdigend sind. Denen sozusagen Spuren zum gesellschaftlichen Erfolg vor die Nase gebaut werden, auf die sie selbst nicht einbiegen können – oder nur um den Preis einer nachhaltigen Selbstbeschädigung und Selbstverleugnung, einer Aufgabe eigener Normen und Standards.

Wenn man von einer Erosion des Leistungsprinzips sprechen will, dann in diesem Sinne: Als Verblassen der Idee, dass die verschiedenen Spuren noch eine gemeinsame Straße bilden, oder anders: Als Verschwinden des grundlegenden Versprechens der bürgerlichen Gesellschaft, dass »Leistung« einen übergreifenden Maßstab bilden könne, um Statusunterschiede über alle Standes-, Klassen- und Milieugrenzen hinweg miteinander in Relation zu setzen und rechtfertigen zu können.

(Postskriptum: Während ich diese Zeilen abschließe, erreichen mich Berichte aus Washington, wo einige tausend Wütende von der Standspur aufgebrochen und in das Kapitol eingedrungen sind, um einem Millionärserben aus New York zu einer weiteren Amtszeit im Weißen Haus zu verhelfen. Kollektive Emotionen suchen sich mitunter seltsame Wege.)

Literatur

Baethge, Martin (1991): »Arbeit, Vergesellschaftung, Identität – Zur zunehmenden normativen Subjektivierung der Arbeit«, in: *Soziale Welt* 42(1), S. 6–19.

Dröge, Kai (2016): »Integration und Desintegration qua Leistung – zu den Ambivalenzen eines zentralen Anerkennungsprinzips der modernen Gesellschaft«, in: *Österreichische Zeitschrift für Politikwissenschaft* 45(1), S. 23–36.

Dröge, Kai/Neckel, Sighard/Somm, Irene (2006): »Das Leistungsprinzip als Deutungsressource. Zur Rekonstruktion von gesellschaftlichem Bewertungswissen«, in: Ralf Bohnsack/Aglaja Przyborski/Burkhard Schäffer (Hg.), *Das Gruppendiskussionsverfahren in der Forschungspraxis*. Opladen: Verlag Barbara Budrich, S. 203–215.

Dröge, Kai/Somm, Irene (2005): »Spurlose Leistung. Langsicht im flexiblen Kapitalismus«, in: *bios* 18(2), S. 215–235.

Dubet, François/Lapeyronnie, Didier (1994): *Im Aus der Vorstädte. Der Zerfall der demokratischen Gesellschaft*. Stuttgart: Klett-Cotta.

Fraser, Nancy/Honneth, Axel (2003): *Umverteilung oder Anerkennung? Eine politisch-philosophische Kontroverse.* Frankfurt a. M.: Suhrkamp.

Hirschman, Albert O. (1993): *Entwicklung, Markt und Moral. Abweichende Betrachtungen.* Frankfurt a. M.: S. Fischer.

Honneth, Axel (2000): »Rekonstruktive Gesellschaftskritik unter genealogischem Vorbehalt. Zur Idee der ›Kritik‹ in der Frankfurter Schule«, in: *Deutsche Zeitschrift für Philosophie* 48(5), S. 729–737.

Kleinert, Hubert (2019): *Das geteilte Deutschland. Die Geschichte 1945–1990.* Wiesbaden: Springer VS.

Marx, Karl (1956 [1844]): *Zur Kritik der Hegelschen Rechtsphilosophie.* Einleitung, MEW 1. Berlin: Dietz, S. 378–391.

Menz, Wolfgang/Siegel, Tilla (2001): »Markt statt Normalleistung – Denkmuster der Leistungs(lohn)politik im Wandel«, in: Christoph Ehlscheid (Hg.), *»Das regelt schon der Markt!«. Marktsteuerung und Alternativkonzepte in der Leistungs- und Arbeitszeitpolitik.* Hamburg: VSA, S. 133–152.

Neckel, Sighard (1999): »Blanker Neid, blinde Wut? Sozialstruktur und kollektive Gefühle«, in: *Leviathan* 27(2), S. 145–165.

Neckel, Sighard (2001): »›Leistung‹ und ›Erfolg‹. Die symbolische Ordnung der Marktgesellschaft«, in: Eva Barlösius/Hans-Peter Müller/Steffen Sigmund (Hg.), *Gesellschaftsbilder im Umbruch. Soziologische Perspektiven in Deutschland.* Opladen: Leske + Budrich, S. 245–265.

Neckel, Sighard (2008): *Flucht nach vorn. Die Erfolgskultur der Marktgesellschaft.* Frankfurt a. M./New York: Campus.

Neckel, Sighard/Dröge, Kai (2002): »Die Verdienste und ihr Preis: Leistung in der Marktgesellschaft«, in: Axel Honneth (Hg.), *Befreiung aus der Mündigkeit. Paradoxien des gegenwärtigen Kapitalismus.* Frankfurt a. M./New York: Campus, S. 93–116.

Neckel, Sighard/Dröge, Kai/Somm, Irene (2004): »Welche Leistung, welche Leistungsgerechtigkeit? Soziologische Konzepte, normative Fragen und einige empirische Befunde«, in: Peter A. Berger/Volker H. Schmidt (Hg.), *Welche Gleichheit, welche Ungleichheit? Grundlagen der Ungleichheitsforschung.* Wiesbaden: Springer VS, S. 137–164.

Neckel, Sighard/Dröge, Kai/Somm, Irene (2005): »Das umkämpfte Leistungsprinzip. Deutungskonflikte um die Legitimationen sozialer Ungleichheit«, in: *WSI-Mitteilungen* 58(7), S. 368–374.

Neckel, Sighard/Hofstätter, Lukas/Hohmann, Marco (2018): *Die globale Finanzklasse. Business, Karriere, Kultur in Frankfurt und Sydney.* Frankfurt a. M./New York: Campus.

Neckel, Sighard/Wagner, Greta (Hg.) (2013): *Leistung und Erschöpfung. Burnout in der Wettbewerbsgesellschaft.* Berlin: Suhrkamp.

Oevermann, Ulrich (2001): »Die Krise der Arbeitsgesellschaft und das Bewährungsproblem des modernen Subjekts«, in: Roland Becker (Hg.), *Eigeninteresse und Gemeinwohlbindung. Kulturspezifische Ausformungen in den USA und Deutschland.* Konstanz: UVK, S. 19–38.

Offe, Claus (1970): *Leistungsprinzip und industrielle Arbeit. Mechanismen der Statusverteilung in Arbeitsorganisationen der industriellen »Leistungsgesellschaft«.* Frankfurt a. M.: Europäische Verlags-Anstalt.

Paulus, Stefan (2013): *Hausarbeitsdebatte revisited. Zur Arbeitswerttheorie von Haus- und Reproduktionsarbeit.* Hamburg: TU Hamburg-Harburg, letzter Zugriff: 24.02.2021, http://doku.b.tu-harburg.de/volltexte/2013/1203.

Vormbusch, Uwe (2012): *Die Herrschaft der Zahlen. Zur Kalkulation des Sozialen in der kapitalistischen Moderne.* Frankfurt a. M./New York: Campus.

Voswinkel, Stephan (2002): »Bewunderung ohne Würdigung? Paradoxien der Anerkennung doppelt subjektivierter Arbeit«, in: Axel Honneth (Hg.), *Befreiung aus der Mündigkeit. Paradoxien des gegenwärtigen Kapitalismus.* Frankfurt a. M./New York: Campus, S. 65–92.

Voswinkel, Stephan/Kocyba, Hermann (2008): »Die Kritik des Leistungsprinzips im Wandel«, in: Kai Dröge/Kira Marrs/Wolfgang Menz (Hg.), *Rückkehr der Leistungsfrage. Leistung in Arbeit, Unternehmen und Gesellschaft.* Berlin: Sigma, S. 21–39.

Varianten der Leistungsgerechtigkeit

Patrick Sachweh

Einleitung

Das Leistungsprinzip ist die zentrale Legitimationsfigur sozialer Ungleichheit in der modernen Gesellschaft. Die Idee, dass ein mehr an »Leistung« auch höhere Ansprüche auf als wertvoll erachtete Güter, Ressourcen und Positionen – etwa Geld, beruflicher Status oder Ansehen – rechtfertigt, bildet eine gesellschaftliche »Fundamentalnorm« (Neckel 2012: 65). Entsprechend dokumentieren Bevölkerungsumfragen regelmäßig eine hohe Zustimmung zum Leistungsprinzip als Verteilungsregel. So waren in Deutschland im Jahr 2017 gut 90 Prozent der Bevölkerung der Auffassung, dass Personen, die im Beruf viel leisten, mehr verdienen sollten als andere. Zugleich war jedoch nur etwa die Hälfte der Ansicht, dass man in Deutschland auch für seine Leistung belohnt werde (Sachweh/Sthamer 2018). Diese Diskrepanz verweist auf eine Uneinigkeit bezüglich dessen, was als Leistung verstanden wird. Leistung bleibt folglich gesellschaftlich umstritten.

Vor diesem Hintergrund behandelt der Beitrag zwei Fragen: Erstens, welche Variationen im Leistungsverständnis können in der deutschen Gegenwartsgesellschaft identifiziert werden? Zweitens, unterscheidet sich die Art und Weise, wie diese differenten Leistungskonzeptionen zur Legitimation von Ungleichheiten beitragen, zwischen verschiedenen Sozialgruppen? Die empirische Grundlage zur Beantwortung dieser Fragen bilden standardisierte Umfragedaten einer repräsentativen Bevölkerungsumfrage (Sachweh 2020).[1] Dabei wird der Versuch unternommen, die Befunde eines qualitativen Forschungsprojekts zu unterschiedlichen Deutungen des Leistungsprinzips (Neckel u. a. 2004, 2005) in ein quantitatives Forschungsdesign zu übertragen und hinsichtlich ihrer Generalisierbarkeit zu überprüfen.

Im Folgenden werden zunächst der theoretische Bezugsrahmen sowie die Befunde der qualitativen Studie dargestellt, bevor der hier verwendete standardisier-

1 Die Daten wurden im Rahmen des DFG-Projekts »Ungleichheitsdeutungen und Gerechtigkeitsorientierungen in Deutschland« (SA 2812/1-1) erhoben, das vom Verfasser von 2015 bis 2018 an der Goethe-Universität Frankfurt am Main als Mitarbeiter an Sighard Neckels dortiger Professur durchgeführt wurde.

te Forschungsansatz näher erläutert wird. Anschließend werden die empirischen Ergebnisse präsentiert. Der Beitrag schließt mit einem Fazit.

Leistung in der Gegenwartsgesellschaft

Der Grundsatz, gesellschaftlich als wertvoll erachtete Güter und Ressourcen – wie ein hohes Einkommen oder Zugang zu qualifizierten Arbeitsplätzen – aufgrund von »Leistung« zu verteilen, bildet den normativen Kern der Rechtfertigung sozioökonomischer Ungleichheiten in modernen Gesellschaften (Young 1994 [1958]). In historischer Betrachtung stellt die Verbreitung der Idee, dass die gesellschaftliche Stellung nicht – wie in Feudalgesellschaften – durch soziale Vererbung zugewiesen, sondern durch individuelle Anstrengung und eigene Leistung erworben werden sollte, einen Fortschritt im Rahmen gesellschaftlicher Modernisierungsprozesse dar. Talcott Parsons (1996 [1972]) hat dies als den Wechsel von *ascription*, also der Zuschreibung des sozialen Status, hin zu *achievement*, dem selbstverantworteten Statuserwerb, bezeichnet. Moderne Gesellschaften sind damit in ihrem normativen Selbstverständnis Leistungsgesellschaften. Zwar hat die soziologische Ungleichheitsforschung schon früh auf die fortwährende Bedeutung askriptiver Merkmale – wie Geschlecht, ethnische Zugehörigkeit oder Klassenlage – für die Lebenschancen der Menschen auch in der modernen Gesellschaft verwiesen (Bourdieu 1977; Müller 1986; Erikson/Goldthorpe 1992; Schimank 2018). Dem meritokratischen Selbstbild hat dies bislang jedoch keinen Abbruch getan, scheint doch selbst in Zeiten steigender Ungleichheiten der Glaube an einen leistungsbasierten Statuserwerb unbeeinträchtigt (Mijs 2018; Sachweh u. a. 2018).

Folgt man dem Philosophen David Miller (1999), so besteht der normative Kern des Leistungsprinzips in der Auffassung, eine Person verdiene bestimmte Vorteile oder Begünstigungen, wenn sie eine Leistung erbracht hat. Wichtig ist dabei, dass diese Leistung kausal auf die betreffende Person zurückgeführt werden kann, die Erbringung der Leistung durch die Person intentional erfolgte und von der Gemeinschaft positiv bewertet und geschätzt wird (ebd.: 133ff.). Darüber hinaus können auch Zuschreibungen persönlicher Eigenschaften (zum Beispiel Intelligenz, Durchsetzungsvermögen) den Erhalt einer bestimmten Belohnung begründen. In diesem Fall ist nicht die tatsächlich erbrachte, sondern die erwartete Leistung die Grundlage für den Erhalt einer Belohnung (ebd.: 136f.). Folglich stellt das Leistungsprinzip zwei inhaltliche Anforderungen an gesellschaftliche Institutionen, die sich seiner Geltung verschrieben haben: Erstens müssen diese dem Grundsatz der »Äquivalenz« folgen, d. h. zwei Menschen mit äquivalenten Leistungen verdienen die gleichen Belohnungen (dies dokumentiert sich etwa in der Forderung »gleicher Lohn für gleiche Arbeit«). Zweitens müssen sie den Grundsatz der Differenzierung berücksichtigen, weshalb überlegenen Leistungen auch eine größere Anerkennung oder Belohnung zukommen muss (ebd.: 141).[2]

Wie eingangs verdeutlicht, ist die Zustimmung zum Leistungsprinzip als abstrakte Verteilungsnorm seitens der Bevölkerung ausgesprochen hoch. Repräsentative Bevölkerungsumfragen zeigen regelmäßig, dass die Mehrheit der Bevölkerung westeuropäischer Länder der Auffassung ist, dass Leistung einen großen oder sehr großen Einfluss etwa bei der Festsetzung des Einkommens haben sollte (Miller 1992; Wegener 1992; Marshall u. a. 1999; Liebig/Schupp 2008). Dem steht jedoch der ebenso regelmäßig erbrachte Befund entgegen, dass die bestehenden ökonomischen Ungleichheiten mehrheitlich als zu hoch erachtet werden und die Menschen eine gleichmäßigere Einkommensverteilung befürworten würden (Müller 1993; Dallinger 2008; Sachweh 2010, 2012; Sachweh/Sthamer 2018). Allgemeine Bevölkerungsumfragen können offenbar sowohl den tatsächlichen Bedeutungsgehalt, den die Menschen mit dem Leistungsprinzip verbinden, als auch was als »Leistung« angesehen wird, nicht oder nur sehr abstrakt erfassen.

Was von den Gesellschaftsmitgliedern selbst als eine relevante Leistung erachtet wird und auf welcher Grundlage diese Bewertung erfolgt, hat Sighard Neckel gemeinsam mit einem Team am Frankfurter Institut für Sozialforschung empirisch anhand qualitativer Gruppendiskussionen untersucht (Neckel u. a. 2004, 2005). Ausgangspunkt war die Frage, welche Bedeutung dem Leistungsprinzip angesichts umfassender gesellschaftlicher Vermarktlichungsprozesse zugemessen wird und was in ihren Augen eine Leistung vom reinen Markterfolg unterscheidet. Hierfür wurden den Teilnehmenden von Gruppendiskussionen verschiedene hypothetische Szenarien mit fiktiven Personenbeschreibungen vorgelegt. In der Rolle der »Leserjury einer großen Publikumszeitschrift« wurden sie gebeten, jene Personen auszuwählen, die unter der Überschrift »Erfolgreich in Deutschland« auf dem Titelblatt abgebildet werden sollten (Neckel u. a. 2005: 370). Die Szenarien enthielten eine große Bandbreite von marktbezogenen und marktfernen sowie leistungsnahen und leistungsfernen Darstellungen, wie etwa ein mittelständischer Unternehmer, ein wohltätiger Erbe oder ein talentierter Erfinder. Die unter den Teilnehmenden geführten Diskussionen geben Aufschluss darüber, welche Kriterien für die Bewertung und Begründung von gesellschaftlichem Erfolg herangezogen werden und welche Rolle das Leistungsprinzip hierbei spielt.

2 So kann unter Berufung auf das Leistungsprinzip die Funktionsweise bestehender gesellschaftlicher Institutionen kritisiert werden, wenn sie etwa nicht nach Leistung belohnen, sondern nach irrelevanten Kriterien (z. B. Geschlecht), wenn sie die »falschen« Leistungen zum Maßstab der Belohnung machen oder wenn ein Missverhältnis zwischen der Wertigkeit der Leistung und den Belohnungen, die aktuell mit ihr verknüpft sind, besteht (Miller 1999: 142f.).

Aus den Gruppendiskussionen lassen sich fünf verschiedene normative Bewertungsrahmen rekonstruieren, in deren Kontext es zu unterschiedlichen Bedeutungsgehalten von »Leistung« kommt. Gleichzeitig variieren diese auch zwischen verschiedenen Sozialgruppen:

- Im Bewertungsrahmen »Person« sind es besonders die spezifischen Eigenschaften, Fähigkeiten und Potenziale von Personen, die als Grundlage legitimer Statusunterschiede gelten. Hochgeschätzt werden hier Selbstverantwortung, Selbstmotivation und Selbstentfaltung, während der mit der Leistungserbringung verbundene Aufwand kaum in Betracht gezogen wird. Entsprechend sind es eher hochqualifizierte und jüngere Personen, die Leistung anhand dieser Kriterien bemessen (Neckel u. a. 2005: 371).
- Im Bewertungsrahmen »Arbeit« steht die qualitätsvolle und gekonnte Ausübung konkreter Arbeitstätigkeiten und -vollzüge sowie die dabei zum Ausdruck gebrachte Tüchtigkeit im Vordergrund. Während dieses Verständnis von Leistung von vielen Diskussionsteilnehmenden geteilt wird, erweisen insbesondere Geringqualifzierte der »mühevolle[n] Abarbeitung eines bestimmten Pensums« (Neckel u. a. 2005: 371) eine besondere Wertschätzung.
- Im Kontext des Bewertungsrahmens »Gesellschaft« heben die Diskutant:innen die soziale Nützlichkeit von Leistungsergebnissen hervor. Um Handlungen den Status einer Leistung zuzuerkennen, sollen sie auch gesellschaftlich wertvollen Zwecken dienen (Neckel u. a. 2005: 372). Insbesondere von Facharbeitenden, Verkäufer:innen, aber auch von Sozialleistungsbezieher:innen wird dabei auf die absichtsvolle Verfolgung gesellschaftlicher und dem Allgemeinwohl dienlicher Zwecke als Leistungskriterium verwiesen.
- Der Bewertungsrahmen »Sache« stellt als zentrales Kriterium einer Leistung die gekonnte Realisierung sachlich definierter Tätigkeiten in den Vordergrund. Einer ausgewiesenen und kontinuierlich erworbenen Fachkompetenz kommt dabei eine besondere Bedeutung zu (Neckel u. a. 2005: 372).
- Im Bewertungsrahmen »Markt« schließlich ist es der Markterfolg im Sinne einer »zahlungskräftige[n] Nachfrage« (Neckel u. a. 2005: 372), der eine bestimmte Handlung als anerkennungswürdige »Leistung« ausweist. Dabei ist einzig die Nachfrage bzw. der Erfolg von Belang – Arbeitsaufwand, Kompetenz, sachliche Qualität oder soziale Nützlichkeit finden in diesem Bewertungsrahmen keine Beachtung. Dieser Bewertungsrahmen wird insbesondere von Personen in besonders »marktnahen« Tätigkeitsfeldern als Grundlage zur Beurteilung von Leistungen herangezogen.

Diese qualitativen Befunde sind hinsichtlich der von unterschiedlichen Sozialgruppen vertretenen Verständnisse und Deutungen des Leistungsprinzips ausgesprochen aufschlussreich. Sie unterstreichen, dass unterhalb der Oberfläche der in

Bevölkerungsumfragen dokumentierten hohen Zustimmung zum Leistungsprinzip eine große Spannbreite spezifischer, teils miteinander in einem Spannungsverhältnis stehender Ausdeutungen von Leistung existiert. Kurz gesagt: Die Befunde verweisen auf die gesellschaftliche Umkämpftheit des Leistungsprinzips.

Varianten des Leistungsprinzips und ihre standardisierte Messung

Da qualitative Forschungsansätze von ihrer Anlage her wenig Aufschluss über die gesellschaftliche Verbreitung und Reichweite bestimmter Deutungsmuster und Wissensinhalte bieten können, wurde in dem eingangs benannten Forschungsprojekt der Versuch unternommen, diese Befunde in ein Forschungsdesign zu übertragen, das sich für eine standardisierte Erhebung im Rahmen einer repräsentativen Bevölkerungsumfrage eignet. Es handelt sich dabei um eine standardisierte Primärerhebung zu »Ungleichheitsdeutungen und Gerechtigkeitsorientierungen in Deutschland«, die im Frühjahr 2017 vom Umfrageinstitut KANTAR Public durchgeführt wurde. Befragt wurden insgesamt 2.089 deutschsprachige Personen in Privathaushalten ab einem Alter von 18 Jahren, die über eine mehrfach geschichtete dreistufige Zufallsstichprobe ausgewählt wurden. Neben der für diesen Beitrag relevanten Szenarien zum Leistungsprinzip, die sogleich näher erläutert werden, wurden Einstellungen zu Ausmaß, Gründen und Folgen sozialer Ungleichheit, die Zustimmung zu unterschiedlichen Gerechtigkeitsorientierungen sowie eine umfangreiche Soziodemografie erhoben (Thümmel/Geiss 2017).

Zur Operationalisierung der Wahrnehmung unterschiedlicher Verständnisse von Leistung und Leistungsgerechtigkeit wurde ein hypothetisches Szenario entwickelt. Die Befragten wurden gebeten, sich zwei fiktive Sachbearbeiter in einem Unternehmen vorzustellen, die gleich alt sind und denselben Tätigkeitsbereich haben, sich aber in den folgenden Eigenschaften unterscheiden, die den oben dargestellten Bewertungsrahmen von Leistung abbilden: die Menge erledigter Aufgaben (Bewertungsrahmen Arbeit), ihre Kreativität/Innovation (Bewertungsrahmen Person), ihre Ausbildung (Bewertungsrahmen Sache), die Betreuung von Azubis (Bewertungsrahmen Gesellschaft) und ihr Verhältnis von Anstrengung und Ertrag (Bewertungsrahmen Markt).[3] Aufgabe der Befragten war es nun zu

3 Die Operationalisierung des Bewertungsrahmens »Markt« im Szenario E zielt in unserer Operationalisierung nicht unmittelbar auf den Markterfolg, sondern auf die für Marktergebnisse spezifische Entkoppelung von Anstrengung und Erfolg, da Markterfolge auch anstrengungslos realisiert werden können. Gleichwohl kann man gegen die gewählte Operationalisierung kritisch einwenden, dass die dort angesprochenen Ergebnisunterschiede auch auf andere Weise – etwa ein größeres Talent – zustande kommen könnten als durch kontingente Marktprozesse.

entscheiden, welcher der beiden Sachbearbeiter mehr Gehalt erhalten soll oder ob beide gleich viel erhalten sollten. Das Erhebungsinstrument ist in Abbildung 1 dargestellt.

Stellen Sie sich nun zwei Sachbearbeiter (A und B) in einem großen Unternehmen vor, beide sind gleich alt und haben den gleichen Tätigkeitsbereich. Bitte geben Sie jeweils für die folgenden Fälle an, ob Sie finden, dass A oder B mehr Geld verdienen sollte oder beide gleich viel. Bedenken Sie bitte, dass alles andere gleich ist.				
	A sollte mehr Geld verdienen als B	B sollte mehr Geld verdienen als A	Beide sollten gleich viel Geld verdienen	Keine Angabe
A) A erledigt deutlich mehr Aufgaben in der gleichen Zeit als B.	☐	☐	☐	☐
B) A hat häufiger kreative/innovative Ideen, die er direkt in die Arbeitsabläufe einfließen lässt, als B.	☐	☐	☐	☐
C) A hat eine Ausbildung absolviert, während B als Quereinsteiger in den Beruf eingestiegen ist.	☐	☐	☐	☐
D) A betreut regelmäßig Auszubildende, während B dies aufgrund der zu großen Verantwortung abgelehnt hat.	☐	☐	☐	☐
E) A strengt sich mehr an, während B sich zwar weniger anstrengt, aber bessere Ergebnisse liefert.	☐	☐	☐	☐

Abbildung 1: Standardisierte Messung der fünf normativen Bewertungsrahmen von Leistung (Thümmel/Geiss 2017).

Die Antworten der Befragten zu jedem dieser fünf Szenarien bilden die abhängigen Variablen der folgenden Analysen. Eine deskriptive grafische Darstellung der entsprechenden Häufigkeitsverteilungen gibt Aufschluss darüber, von welchem Anteil der Befragten die jeweiligen Bewertungsrahmen zur Begründung von Entlohnungsunterschieden herangezogen werden. Damit wird die Geltungsreichweite unterschiedlicher Leistungskonzeptionen für die deutsche Bevölkerung abgebildet.

In einem zweiten Schritt wird mittels multinomialer logistischer Regressionsanalysen geprüft, inwiefern das Ausmaß, in dem die verschiedenen Bewertungsrahmen von Leistung Lohnunterschiede rechtfertigen, zwischen verschiedenen Sozialgruppen variiert. Dabei werden als unabhängige Variablen das Haushaltsnettoeinkommen der Befragten, ihre Bildung, die Geschlechtszugehörigkeit, ihr Alter sowie ihre Wohnregion (Ost-West) berücksichtigt. Das Haushaltsnettoeinkommen geht in drei Kategorien in die Analyse ein: niedrig (Einkommen unter 70 Prozent des Medians), mittel (Einkommen zwischen 70 und 150 Prozent des Medians) und hoch (Einkommen oberhalb von 150 Prozent des Medians). Bildung wird in Anlehnung an die CASMIN-Klassifikation ebenfalls in die drei Kategorien niedrig (kein Schulabschluss, Hauptschulabschluss mit oder ohne Berufsausbildung), mittel (Mittlere Reife, Fachhochschulreife oder Abitur, mit oder ohne Berufsausbildung) und hoch (Fachhochschul- oder Universitätsstudium) zusammengefasst. Das Alter der Befragten schließlich wird in vier Altersgruppen (18–34 Jahre, 35–50 Jahre, 51–64 Jahre, 65 Jahre und älter) kategorisiert. Die Ergebnisse der multivariaten Analysen werden grafisch präsentiert. Nach dem Ausschluss von Fällen mit fehlenden Werten beträgt die Fallzahl für die folgenden Analysen N = 1.416.

Empirische Befunde: Leistungsgerechtigkeit zwischen Anstrengung, Fähigkeiten und gesellschaftlichem Nutzen

In welchem Maße stimmen die Gesellschaftsmitglieder den fünf normativen Bewertungsrahmen von Leistung zur Begründung von Einkommensunterschieden zu? Abbildung 2 stellt die relativen Häufigkeiten dar, mit denen die Befragten in den fünf Szenarien angeben, dass einer der beiden fiktiven Sachbearbeiter mehr als der andere bzw. dass beide gleich viel erhalten sollten.

Betrachtet man das erste Szenario zum Bewertungsrahmen »Arbeit«, so zeigt sich eine große Zustimmung seitens knapp 80 Prozent der Befragten zu der Auffassung, dass Sachbearbeiter A mehr als Sachbearbeiter B verdienen sollte, wenn er in der gleichen Zeit mehr Aufgaben erledigt. Lediglich sechs Prozent votieren für das umgekehrte Verteilungsszenario (B mehr als A) und etwa 15 Prozent sprechen sich für eine Gleichverteilung aus. Eine größere, quantitativ gefasste Arbeitsleistung bildet demnach eine bedeutsame Variante des Leistungsprinzips, über die legitime Einkommensunterschiede begründet werden. Ähnliches zeigt sich im zweiten Szenario zum Bewertungsrahmen »Person«. Hier sind etwa 75 Prozent der Befragten der Auffassung, dass Sachbearbeiter A mehr als B verdienen sollte, wenn er häufiger kreative und innovative Ideen hat, die in die Arbeitsabläufe eingebracht werden. Wiederum sprechen sich lediglich etwa sechs Prozent für das umgekehrte Ergebnis (B mehr als A) und 19 Prozent für eine Gleichverteilung aus. Neben dem gewissermaßen »produktivistischen« Leistungsverständnis des Bewertungsrahmens »Arbeit« spielen also der Einsatz persönlicher Talente, Fähigkeiten und Po-

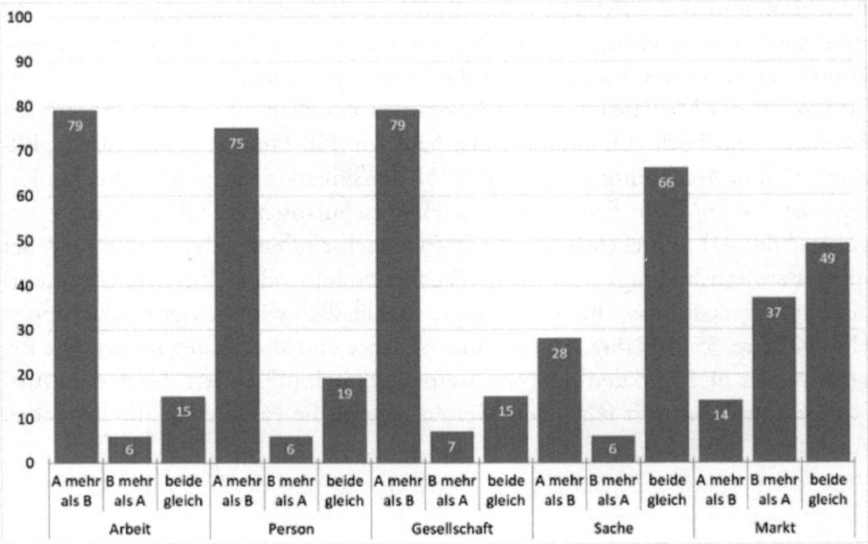

Abbildung 2: Zustimmung zu den fünf normativen Bewertungsrahmen von Leistung. Quelle: Survey (2017): »Ungleichheitsdeutungen und Gerechtigkeitsorientierungen in Deutschland«; N = 1.416.

tenziale, wie sie auch im Ethos eines »unternehmerischen Selbst« (Bröckling 2007) enthalten sind, eine wichtige Rolle bei der leistungsbasierten Rechtfertigung von Lohnunterschieden. Darüber hinaus zeigt sich in den Befunden zum dritten Bewertungsrahmen »Gesellschaft«, dass nicht nur quantitative Arbeitsleistung, Kreativität und Innovation einen leistungsbasierten Anspruch auf einen höheren Verdienst begründen können, sondern auch die Tätigkeiten zum Wohle aller. Knapp 80 Prozent der Befragten sind der Auffassung, dass A mehr als B verdienen sollte, wenn er häufiger Azubis betreut und damit eine größere Verantwortung übernimmt und zum betrieblichen Gemeinwohl beiträgt. Auch hier ist es erneut nur eine kleine Minderheit, die für ein umgekehrtes Verteilungsergebnis (B mehr als A, 7 Prozent) oder eine Gleichverteilung (15 Prozent) votiert.

Etwas anders sieht es dagegen bei dem Bewertungsrahmen »Sache« aus. Während 28 Prozent der Befragten der Auffassung zustimmen, dass A mehr als B verdienen sollte, wenn er eine Ausbildung hat und B Quereinsteiger ist, spricht sich eine Mehrheit von 66 Prozent in diesem Fall für einen gleichen Verdienst aus. Wiederum lediglich sechs Prozent würden B höher entlohnen als A. Unter sonst gleichen Umständen rechtfertigen durch formale Bildungszertifikate ausgewiesene Kompetenzen also keinen Einkommensvorsprung. Gespaltener zeigen sich die Befragten im letzten Szenario, dass die für Marktprozesse charakteristische Entkoppelung von Anstrengung und Erfolg abbildet. Hier ist lediglich eine Minder-

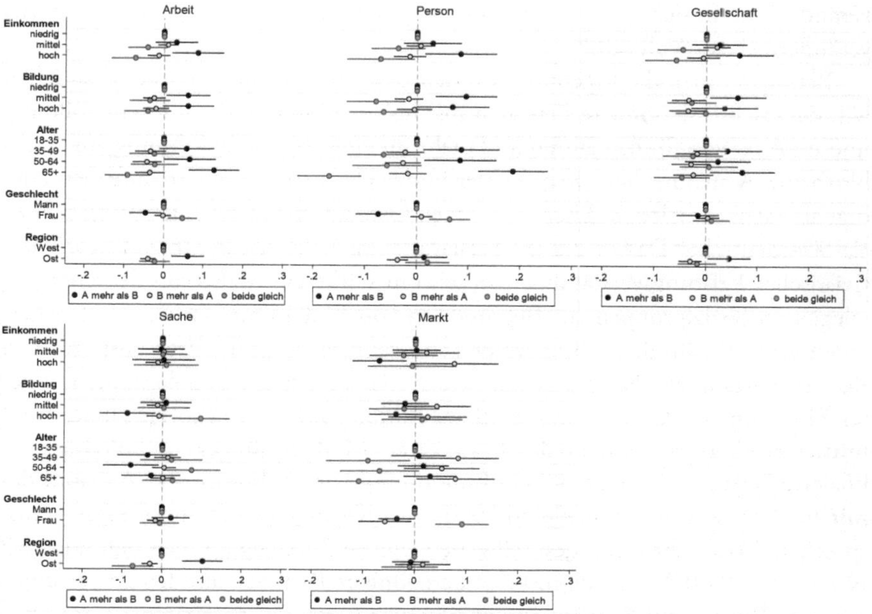

Abbildung 3: Gruppenunterschiede in der Zustimmung zu Entlohnungsunterschieden im Kontext der fünf Bewertungsrahmen von Leistung (Multinomiale logistische Regression, Survey (2017): »Ungleichheitsdeutungen und Gerechtigkeitsorientierungen in Deutschland«; N = 1.416).

heit von 14 Prozent der Auffassung, dass A aufgrund seiner größeren Anstrengung einen höheren Verdienst erhalten sollte, auch wenn B bei geringerer Anstrengung bessere Ergebnisse erbringt. Ein gutes Drittel (37 Prozent) der Befragten spricht sich dagegen für eine höhere Entlohnung von B aus, während knapp der Hälfte (49 Prozent) in diesem Falle eine Gleichverteilung angebracht erscheint. Das deutet darauf hin, dass eine größere Anstrengung allein keinen hinreichenden Anspruch auf einen Einkommensvorsprung zu begründen scheint, jedoch auch die mit geringerer Anstrengung seitens B erbrachten besseren Ergebnisse nur für einen Teil der Befragten einen höheren Verdienst rechtfertigt. Inwiefern sich eine Entkoppelung von Anstrengung und Erfolg auch in legitime ökonomische Vorteile übersetzen sollte, scheint also gesellschaftlich umstritten zu sein.

Wie unterscheidet sich nun das Ausmaß, in dem diese einzelnen Bewertungsrahmen zur Legitimation von Verdienstunterschieden beitragen, zwischen verschiedenen Sozialgruppen? Diese Frage wird anhand der Ergebnisse multinomialer logistischer Regressionsanalysen beantwortet, deren Ergebnisse in Abbildung 3 grafisch dargestellt sind. Abgebildet sind hier sogenannte *average marginal effects*, die angeben, wie sich die Wahrscheinlichkeit, einem der drei Verteilungsergebnisse (A mehr als B, B mehr als A, beide gleich) zuzustimmen, im Durchschnitt verändert, wenn sich die Merkmale der unabhängigen Variablen um eine Einheit verändern (Best/Wolf 2012).

Betrachtet man die Ergebnisse für den Bewertungsrahmen »Arbeit«, so sehen wir, dass sich insbesondere Personen mit hohen Einkommen, mittlerer Bildung und im Alter von fünfzig Jahren und mehr für eine höhere Entlohnung von Sachbearbeiter A aussprechen, wenn dieser in der gleichen Zeit mehr Aufgaben erledigt als Sachbearbeiter B. Ebenso stimmen Ostdeutsche dieser Auffassung eher zu als Westdeutsche. Das in diesem Szenario zum Ausdruck kommende »produktivistische« Leistungsverständnis wird also in stärkerem Maße von den eher privilegierten Sozialgruppen zur Begründung von Einkommensunterschieden herangezogen. Ein ähnliches Bild ergibt sich, wenn man auf die Ergebnisse für den Bewertungsrahmen »Person« schaut. Auch hier sind es die Bezieher:innen höherer Einkommen, Personen mit mittlerer Bildung sowie Angehörige älterer (und mittlerer) Altersgruppen, die sich in stärkerem Maße als jüngere und niedrig qualifizierte Personen für eine höhere Entlohnung von Sachbearbeiter A – und damit für Verdienstunterschiede auf Basis von Kreativität und Innovation – aussprechen. Dies steht zumindest teilweise nicht im Einklang mit den Befunden bei Neckel u. a. (2005), wo sich insbesondere jüngere Personen auf den Bewertungsrahmen »Person« zur Begründung von Statusunterschieden stützten.

Diskrepanzen zwischen den qualitativen Befunden und den hier präsentierten Ergebnissen zeigen sich auch beim Bewertungsrahmen »Gesellschaft«. Während in der Studie von Neckel u. a. (2005) die soziale Nützlichkeit insbesondere auch von Angehörigen benachteiligter Gruppen herangezogen wurde, sind es hier Personen mit mittlerer Bildung, Ostdeutsche und ältere Personen, die ein höheres Einkommen für Sachbearbeiter A aufgrund dessen größerer Verantwortung für Auszubildende für gerechtfertigt halten.

Überraschende Befunde zeigen sich mit Blick auf den Bewertungsrahmen »Sache«. Hier sind es insbesondere die Hochgebildeten, die eher eine gleiche Entlohnung von Sachbearbeiter B als Quereinsteiger befürworten und die sich mit geringerer Wahrscheinlichkeit dafür aussprechen, dass die höhere Ausbildung von A sich auch in einen Einkommensvorsprung übersetzen sollte. Die letztgenannte Auffassung wird dagegen eher von Ost- als von Westdeutschen vertreten, was in der Entwertung der beruflichen Qualifikationen von Ostdeutschen in der Nachwendezeit ihren Grund haben könnte (Mau 2019). Insgesamt ist im Kontext des Bewertungsrahmen »Sache« lediglich ein knappes Drittel der Befragten der Auffassung, dass Qualifikationsunterschiede einen Einkommensvorsprung begründen sollten, wohingegen die meisten Befragten sich für Gleichverteilung aussprechen. Damit ist der Stellenwert dieses Bewertungsrahmens nicht ganz so untergeordnet wie in Neckels qualitativer Studie. Verglichen mit anderen Bewertungsrahmen kommt es hier jedoch zu den höchsten Zustimmungswerten für die Option der Gleichverteilung.

Schließlich findet sich mit Blick auf den Bewertungsrahmen »Markt« bei Befragten mit einem hohen Einkommen eine deutliche Ablehnung einer höheren Entlohnung für Sachbearbeiter A aufgrund dessen größerer Anstrengung, wenn zugleich B bessere Ergebnisse liefert. Für ein höheres Einkommen für Sachbearbeiter B votieren auch ältere Befragte (über 65 Jahre) und solche im mittleren Alter (35–49 Jahre), die eine Gleichverteilung eher ablehnen. Das umgekehrte Muster findet sich hier dagegen bei Frauen, die eine Entkoppelung von Anstrengung und Erfolg kritischer zu sehen scheinen und sich für eine Gleichverteilung zwischen A und B aussprechen, während sie Entlohnungsunterschiede zugunsten von B eher ablehnen. Dies steht im Einklang mit Befunden, die generell stärker egalitäre Verteilungspräferenzen bei Frauen aufweisen (Davis/Robinson 1991; Davidson u. a. 1995; Sachweh 2010).

Insgesamt lassen sich bei jedem der fünf normativen Bewertungsrahmen gruppenspezifische Variationen zu der Frage feststellen, inwiefern Unterschiede in der Arbeitsleistung, den persönlichen Eigenschaften und Fähigkeiten, der übernommenen Verantwortung, der fachlichen Qualifikation und des Verhältnisses von Anstrengung und Ertrag eine unterschiedliche Entlohnung rechtfertigen. Daraus ergibt sich jedoch kein einfacher Gegensatz zwischen Angehörigen privilegierter und benachteiligter sozialer Lagen. Zwar befürworten Erstere in stärkerem Maße Entlohnungsunterschiede nach Arbeitsleistung und Kreativität, sprechen sich aber auch für eine Berücksichtigung übernommener Verantwortung aus. Zugleich sind Befragte mit hohen Einkommen am ehesten bereit, eine Entkoppelung von Anstrengung und Erfolg, wie sie im Rahmen von Marktprozessen auftritt, durch eine höhere Entlohnung zu honorieren. Kritischere Positionen gegenüber einer solchen »Marktlogik« werden hingegen von Frauen vertreten, die sich im Falle besserer Arbeitsergebnisse trotz geringerer Anstrengung für eine gleiche Entlohnung und folglich für eine Gleichverteilung aussprechen.

Fazit

Das Leistungsprinzip ist die wesentliche Rechtfertigung sozialer Ungleichheit in modernen Gesellschaften. Unterschiede in der sozioökonomischen Lage, dem sozialen Status oder im gesellschaftlichen Ansehen, die sich nicht durch Unterschiede in der erbrachten – oder in manchen Fällen auch der künftig zu erwartenden – Leistung rechtfertigen lassen, sind mit dem meritokratischen Selbstverständnis der modernen Gesellschaft schwer vereinbar (Young 1994 [1958]; Parsons 1996 [1972]). Während die Zustimmung zum Leistungsprinzip als abstrakter Verteilungsnorm auch seitens der Bevölkerung ausgesprochen hoch ist, sind die Einschätzungen in der Frage, inwiefern Leistungsgerechtigkeit realisiert ist und ob man in Deutschland für seine Leistungen angemessen belohnt wird, merklich verhaltener (Sachweh u. a. 2018; Sachweh/Sthamer 2018). Dies deutet auf die gesellschaftliche Umstrittenheit von als relevant erachteten Leistungen hin.

Vor diesem Hintergrund wurde in diesem Beitrag der Versuch unternommen, die in einer qualitativen Untersuchung von Sighard Neckel rekonstruierten Varianten des Leistungsprinzips mit dem Instrumentarium der standardisierten empirischen Sozialforschung hinsichtlich ihrer Geltungsreichweite und etwaiger sozialstruktureller Unterschiede zu untersuchen. Dabei zeigt sich, dass auf Basis der hier verwendeten Surveydaten insbesondere die Bewertungsrahmen »Arbeit«, »Person« und »Gesellschaft« von großen Mehrheiten der Befragten für die Rechtfertigung von Entlohnungsunterschieden zwischen den beiden Sachbearbeitern in dem hier zugrunde gelegten Szenario herangezogen werden. Demnach sind es Unterschiede in der quantitativ erbrachten Arbeitsleistung, der Kreativität und Innovation bei der Arbeit sowie die soziale Nützlichkeit bzw. die mit einer Tätigkeit verbundene Verantwortung, die leistungsbasierte Einkommensunterschiede rechtfertigt. Bei Unterschieden in der Qualifikation sowie besseren Arbeitsergebnissen bei geringerer Anstrengung – den Bewertungsrahmen »Sache« und »Markt« – votieren die Befragten hingegen häufiger für eine Gleichverteilung als in den anderen Szenarien.

Anders als die qualitativen Befunde zeigen die hier vorgelegten Ergebnisse mit Blick auf sozialstrukturell verankerte Gruppenunterschiede, dass auch Personen aus höheren Soziallagen einen arbeitszentrierten Leistungsbegriff zur Rechtfertigung von Lohnunterschieden heranziehen, während ein solches Leistungsverständnis in der Untersuchung von Neckel u. a. (2004, 2005) eher von Sozialhilfeempfänger:innen, Verkäufer:innen und Gewerkschafter:innen artikuliert wurde. Insgesamt scheinen die Angehörigen aus privilegierten Gruppen nach den hier präsentierten Befunden ein breiteres Verständnis von Leistung zu artikulieren, als dies in den qualitativen Befunden – wo sich dieses hauptsächlich auf die Bewertungsrahmen »Person« und »Markt« bezog – der Fall war. Dies mag auch dem standardisierten methodischen Vorgehen und dem hier gewählten spezifischen Versuch der Übertragung der Ergebnisse von Neckel u. a. (2005) in ein standardisiertes Forschungsdesign geschuldet sein. Insbesondere die Operationalisierung eines marktorientierten Leistungsverständnisses erwies sich als schwierig, sodass die Entscheidung hier zugunsten einer eher »mittelbaren« Operationalisierung im Sinne der für Marktprozesse typischen Entkoppelung von Anstrengung und Erfolg – also des Bruchs mit dem Äquivalenzprinzip – ausfiel. Weiterführende Studien können jedoch hier ansetzen und einen neuen Anlauf zur unmittelbareren Operationalisierung eines marktorientierten Leistungsbegriffs wagen.

Wie man den hier vorgelegten Versuch einer Übertragung nuancierter qualitativer Befunde in die groben Kategorien der standardisierten Surveyforschung letztlich auch beurteilen mag – es zeigt sich, dass der Leistungsbegriff weiterhin als ein zentrales Legitimationsmuster von Ungleichheit fungiert, über dessen konkrete Ausdeutung keine Einigkeit besteht. Insofern lohnt sich nicht nur die wissenschaftliche, sondern auch die gesellschaftliche Auseinandersetzung darüber, was nun eigentlich eine Leistung sei, wer sie erbringt und in welchem Ausmaß sie gesellschaftliche Vorteile zu begründen vermag.

Literatur

Best, Henning/Wolf, Christof (2012): »Modellvergleich und Ergebnisinterpretation in Logit- und Probit-Regressionen«, in: *Kölner Zeitschrift für Soziologie und Sozialpsychologie* 64(2), S. 377–395.

Bourdieu, Pierre (1977): »Cultural Reproduction and Social Reproduction«, in: Jerobel Karabel/A.H. Halsey (Hg.), *Power and Ideology in Education*. Oxford: Oxford University Press, S. 487–511.

Bröckling, Ulrich (2007): *Das unternehmerische Selbst. Soziologie einer Subjektivierungsform*. Frankfurt a. M.: Suhrkamp.

Dallinger, Ursula (2008): »Sozialstaatliche Umverteilung und ihre Akzeptanz im internationalen Vergleich: Eine Mehrebenenanalyse«, in: *Zeitschrift für Soziologie* 37(2), S. 137–157.

Davidson, Pamela/Steinmann, Susanne/Wegener, Bernd (1995): »The Caring but Unjust Woman? A Comparative Study of Gender Differences in Perceptions of Social Justice in Four Countries«, in: James R. Kluegel/David S. Mason/Bernd Wegener (Hg.), *Social Justice and Political Change. Public Opinion in Capitalist and Post-Communist States*. Berlin: Walter de Gruyter, S. 285–319.

Davis, Nancy J./Robinson, Robert V. (1991): »Men's and Women's Consciousness of Gender Inequality: Austria, West Germany, Great Britain and the United States«, in: *American Sociological Review* 56(1), S. 72–84.

Erikson, Robert/Goldthorpe, John H. (1992): *The Constant Flux. A Study of Class Mobility in Industrial Societies*. Oxford: Clarendon Press.

Liebig, Stefan/Schupp, Jürgen (2008): »Leistungs- oder Bedarfsgerechtigkeit? Über einen normativen Zielkonflikt des Wohlfahrtsstaates und seine Bedeutung für die Bewertung des eigenen Erwerbseinkommens«, in: *Soziale Welt* 59(1), S. 7–30.

Marshall, Gordon/Swift, Adam/Routh, David/Burgoyne, Carole (1999): »What Is and What Ought to Be. Popular Beliefs about Distributive Justice in Thirteen Countries«, in: *European Sociological Review* 15(2), S. 349–367.

Mau, Steffen (2019): *Lütten Klein. Leben in der ostdeutschen Transformationsgesellschaft*. Berlin: Suhrkamp.

Mijs, Jonathan J. B. (2018): »Visualizing Belief in Meritocracy, 1930–2010«, in: *Socius: Sociological Research for a Dynamic World* 4, S. 1–2.

Miller, David (1992): »Distributive Justice: What the People think«, in: *Ethics* 102(3), S. 555–593.

Miller, David (1999): *Principles of Social Justice*. Cambridge: Harvard University Press.

Müller, Walter (1986): »Soziale Mobilität. Die Bundesrepublik im internationalen Vergleich«, in: Max Kaase (Hg.), *Politische Wissenschaft und politische Ordnung*. Opladen: Westdeutscher Verlag, S. 339–354.

Müller, Walter (1993): »Social Structure, Perception and Evaluation of Social Inequality and Party Preferences«, in: Dagmar Krebs/Peter Schmidt (Hg.), *New Directions in Attitude Measurement*. Berlin: Walter de Gruyter, S. 94–117.

Neckel, Sighard (2012): »Die Wirklichkeit des Leistungsprinzips: Ansprüche, Krisen, Kritik«, in: *Kurswechsel. Zeitschrift für gesellschafts-, wirtschafts- und umweltpolitische Alternativen* 3, S. 64–70.

Neckel, Sighard/Dröge, Kai/Somm, Irene (2004): »Welche Leistung, welche Leistungsgerechtigkeit? Soziologische Konzepte, normative Fragen und einige empirische Befunde«, in: Peter A. Berger/Volker H. Schmidt (Hg.), *Welche Gleichheit, welche Ungleichheit? Grundlagen der Ungleichheitsforschung*. Wiesbaden: VS Verlag, S. 137–164.

Neckel, Sighard/Dröge, Kai/Somm, Irene (2005): »Das umkämpfte Leistungsprinzip – Deutungskonflikte um die Legitimationen sozialer Ungleichheit«, in: *WSI Mitteilungen* 58(7), S. 368–374.

Parsons, Talcott (1996 [1972]): *Das System moderner Gesellschaften*. Weinheim: Juventa.

Sachweh, Patrick (2010): *Deutungsmuster sozialer Ungleichheit. Wahrnehmung und Legitimation gesellschaftlicher Privilegierung und Benachteiligung*. Frankfurt a. M./New York: Campus.

Sachweh, Patrick (2012): »The Moral Economy of Inequality: Popular Views on Income Differentiation, Poverty, and Wealth«, in: *Socio-Economic Review* 10(3), S. 419–445.

Sachweh, Patrick (2020): *Ungleichheitsdeutungen und Gerechtigkeitsorientierungen in Deutschland. Projektbericht an die DFG*. Bremen: Universität Bremen.

Sachweh, Patrick/Lenz, Sarah/Sthamer, Evelyn (2018): »Das gebrochene Versprechen der Meritokratie? Aufstiegsdeutungen im Zeichen steigender Ungleichheit«, in: *WestEnd, Neue Zeitschrift für Sozialforschung* 15(1), S. 71–85.

Sachweh, Patrick/Sthamer, Evelyn (2018): »Sozialer Abstieg oder Stillstand? Work On Progress«, in: *WSI*, Bd. 21, letzter Zugriff: 05.04.2021, https://www.wsi.de/de/blog-17857-17874.htm.

Schimank, Uwe (2018): »Leistung und Meritokratie in der Moderne«, in: Sabine Reh/Norbert Ricken (Hg.), *Leistung als Paradigma. Zur Entstehung und Transformation eines pädagogischen Konzepts*. Wiesbaden: Springer VS, S. 19–42.

Thümmel, Kathleen/Geiss, Sabine (2017): *Ungleichheitsdeutungen und Gerechtigkeitsorientierungen in Deutschland. Feldbericht*. München: Verlag.

Wegener, Bernd (1992): »Gerechtigkeitsforschung und Legitimationsnormen«, in: *Zeitschrift für Soziologie* 21(4), S. 269–283.

Young, Michael (1994 [1958]): *The Rise of the Meritocracy*. London: Routledge.

Erfolgskultur im Datenkapitalismus

Steffen Mau

Ich möchte in diesem kurzen Stück Sighard Neckels These der Rolle der Erfolgskultur in Marktgesellschaften aufgreifen und fragen, ob diese These in der Ägide des Datenkapitalismus eigentlich noch greift und Überzeugungskraft besitzt. Seine Diagnose, dass wir uns von einer Leistungs- zu einer Erfolgsgesellschaft hinbewegen, lässt sich ja dahingehend konterkarieren, dass wir immer mehr Performanzmessungen durchführen, die sich in Gratifikationen niederschlagen. Nach einer skizzenhaften Andeutung der neuen Potenziale der Leistungsvermessung, möchte ich aber dann mit Neckel die Neckel-Gegenthese wieder relativieren und in ihrer Absolutheit zurückweisen. Auch im Datenkapitalismus und unter Bedingungen der Allvermessbarkeit von Leistung, bleiben wir Teil einer Erfolgskultur.

I

Wir kommen zum ersten Schritt: Die »Pflicht zum Erfolg« hat Sighard Neckel (2008) schon früh als kulturelles Programm des Spätkapitalismus ausgemacht. Damit verabschiedete er die Leistungsgerechtigkeit alter Couleur, welche die erbrachte Leistung jedes oder jeder Einzelnen als eng an die Belohnungsstrukturen der Gesellschaft angekoppelt verstand. Die meritokratische Gesellschaft ist eine der leistungsgerechten Gratifikationen, wobei Leistung als Investition in Bildung und Humanvermögen, Anstrengung oder Arbeitspensum verstanden werden kann. In jedem Falle sollte hier eine Proportionalität von Aufwendungen und Erträgen gegeben sein. Die Erfolgsgesellschaft hingegen braucht einen so verstandenen Leistungsbezug nicht mehr, für sie ist die »Pflicht zum Erfolg« wichtiger als die »Pflicht zur Leistung«, was auch heißt, dass der oder die Einzelne sich den Unwägbarkeiten des Marktes aussetzen muss und Leistungsgerechtigkeit immer mehr als Schimäre erkennbar wird.

Angetrieben ist die Erfolgskultur bei Sighard Neckel durch den fortschreitenden Prozess der Vermarktlichung. Märkte, so wusste schon Friedrich von Hayek, sind keine Instanzen der Gerechtigkeit, sondern Orte der Gelegenheiten und der Marktkräfte, sodass eine leistungsgerechte Zuteilung von Erträgen nicht zu erwarten ist. Zwar begreifen wir Erfolg oft als Ausdruck von Leistung, aber bei Neckel wird die Annahme plausibilisiert, dass es sich hierbei eher um einen Idealtypus der bürgerlichen und bildungsbasierten Industriearbeitsgesellschaft handeln sollte, deren Organisationsform und institutionelle Struktur (Einkommens-) Positionen stark an Bildung, Qualifikation und Arbeitspensum knüpfte. Heutige Marktökonomien seien hingegen eher als Gelegenheitsökonomien zu kennzeichnen, die nicht einfach Leistungsbeiträge in Gewinnchancen konvertieren, sondern stärker spekulativen Charakter haben. Erfolg produziert unentwegt Gewinner und Verlierer im Spiel der Gelegenheiten, des Einsatzes und des Risikos, weshalb er auch immer schwerer programmierbar ist. Leistungsfähige und Leistungsbereite können in der Erfolgskultur nicht damit rechnen, dass sie gewinnen. Leistung ist allenfalls eine notwendige, aber keine hinreichende Bedingung für Erfolg.

II

Was bedeutet nun der Datenkapitalismus für diese These? Mit der Verdatung verbinden sich nicht geringe Hoffnungen, beispielsweise dass sich die Zuweisung von Statuspositionen und Belohnungen mit den wachsenden Möglichkeiten der Erfassung von Personeninformationen rationalisieren ließe. In Unternehmen etwa lassen sich durch digitale Tools die Leistungsdifferentiale zwischen den Beschäftigten genau aufzeichnen. Ob der Clickworker am heimischen Computer, der Fahrer beim Lieferservice oder der mobile Pflegedienst mit Pflege-App – nunmehr sind Echtzeitüberwachungen zu vielen Tätigkeitsaspekten möglich. Pausenzeiten, Bewegungsprofile, Ablieferung oder Erledigung der Aufgaben, die Tippgeschwindigkeit auf der Tatstatur sind mit digitalen (End-)Geräten ohne weiteren Aufwand erfassbar, selbst Kunden oder Patienten rücken immer dichter an Arbeitende heran und können verfolgen, wann das Paket vor der Haustür landet oder wann der Pfleger oder die Pflegerin durch die Tür tritt. Die digitalisierte Aktivitäts- und Performanzdokumentation wird unmittelbar in den Arbeitszusammenhang eingebunden, es braucht keine zusätzliche Kontrollinfrastruktur, die Kosten verursachen und Personal benötigen würde. Die digitale Protokollierung auch kleinster Aktivitäten ist schon deshalb so einfach machbar, weil das Mobiltelefon zum ständigen Begleiter geworden ist und sich durch einfache digitale Anwendungen zum Bewegungsmelder, zur Registratur oder zur digitalen Überwachungsapparatur erweitern lässt. Kontrollschichten entstehen geradezu als Abprodukt unseres digitalisierten und allzeit vernetzten Lebens, weswegen manche vom Zeitalter des Überwachungskapitalismus sprechen (Zuboff 2018). Damit können Daten zur Leistungserfassung genutzt werden, rücken aus der Perspektive von Arbeitgebern dicht an das tatsächliche Verhalten der Arbeit- oder Auftragnehmer heran. Das »So-tun-als-ob« und das Geschäft der Blender wird schwieriger.

Auch ein zweiter Aspekt der Digitalisierung scheint der Leistungsmeritokratie in die Hand zu spielen: die inflationäre Verbreitung von Bewertungstools, die uns als Kunden, Patienten, Reisende o. ä. allerorts dazu aufruft, Interaktionen mit Mitarbeitern oder bestimmte Dienstleistungen zu bewerten. Zufriedenheitsabfragen per Mail nach einem Telefonat mit einem Kundendienstmitarbeiter, die Bewertung eines Airbnb-Gastgebers, Sterne für die Uber-Taxifahrer, der QR-Code in der Bahn, der einen die Zugfahrt bewerten lässt oder Noten für die Sauberkeit einer Raststätte auf der A 20, das alles sind uns aufgedrängte Bewertungsgelegenheiten, bei denen Unternehmen uns für die Leistungskontrolle einspannen. Wir werden, nolens volens, zum mitkontrollierenden Kunden bzw. zur Kundin, der bzw. die über eine Zufriedenheitsaussage wertvolle Informationen für die Unternehmensleitungen bereitstellt. Für die Arbeitgeber ist das eine praktische Sache, bearbeitet sie doch das jedem Beschäftigungs- oder Auftragsverhältnis immanente Principal-Agent-Problem. Das Leitungspersonal und die Unternehmensführungen können oft nicht gut beurteilen, wie ihre Mitarbeiterinnen und Mitarbeiter agieren, was sie wann tun und wie sie sich dabei verhalten. Übliche Leistungsmaße der Performanzmessung lassen nicht zweifelsfrei auf die Motivation, das Auftreten und die Professionalität der Mitarbeiterinnen und Mitarbeiter schließen, es gibt keine vollständige Deckung der Interessen zwischen Unternehmensleitung und den Beschäftigten; was die konkrete Tätigkeit angeht, gibt es zumeist eine Informationsasymmetrie zuungunsten der Leitungen.

Für alle Tätigkeiten mit Kundenkontakt – in der postindustriellen Dienstleistungsgesellschaft nehmen diese ohne Zweifel zu – sind Bewertungstools, welche die Kundinnen, Klienten, Patienten, Nutzer oder Bürgerinnen animieren, ihre Erfahrungen der Mitarbeiterinteraktion an das Unternehmen weiterzureichen, auf dem Vormarsch. Nach einem Anruf bei der Servicehotline der Telekom kann man sich heutzutage auf die SMS mit der Aufforderung zur Bewertung schon freuen. Hierbei werden dann auch weitere, nicht so einfach quantifizierbare Gesichtspunkte in die Bewertung einbezogen, etwa Fragen der Freundlichkeit, der Schnelligkeit oder der Ausstrahlung. Nicht immer erweitert der grassierende Bewertungsimperativ das Spektrum der Leistungsbewertung, aber an vielen Stellen können auch weiche Faktoren einbezogen werden, was wiederum als eine »realistischere« Form der Leistungserfassung interpretiert werden kann. Der Kunde oder die Kundin ist jetzt immer mit dabei, wenn es darum geht, Feedback zu geben, Punkte oder Sterne zu verteilen. Er oder sie wird zum unbezahlten Qualitätsprüfer im unternehmerischen Auftrag, wobei auch das Eigeninteresse daran, dass der Service gut ist, nicht gering sein dürfte. Hier treffen sich die Interessen der Unternehmen und der Klienten, die nun fast allerorten aufgefordert sind, Zufriedenheitsskalen anzukreuzen oder Sterne zu vergeben. Bewertungssterne können als Bienchen der außerschulischen Leistungskultur verstanden werden – mit ihnen geben wir Rückmeldung, motivieren, kontrollieren.

III

Kommt es nun zur Bändigung der Neckel'schen Erfolgskultur durch digitale Überwachung und digitalisierte Bewertungen, zu einem neuen Leistungsimperativ? Wird nun, statt sich auf ungenaue Indizien, Bauchgefühl, kognitive *biases* und bewusste und unbewusste Vorurteile zu verlassen, die tatsächliche Performanz sichtbar belohnt? Verdrängt »Leistung« den »Erfolg« von der Überholspur, weil nunmehr objektivierte und unabweisbare Zahlenwerke vorhanden sind, die den von Leistung entkoppelten Erfolg demaskieren? Bedeutet die omnivore Datenproduktions- und Verarbeitungsmaschinerie um uns herum nicht, dass unsere Performanz kontinuierlich auslesbar, erfassbar und berechenbar gemacht wird und sich die »Beobachtungslücken« verkleinern? Dürfen sich die Leistungsbereiten nun darauf verlassen, angemessen belohnt zu werden? Treten nun Dank digitalem Monitoring Schein und Sein zusammen?

Intuitiv scheint dies tatsächlich so zu sein, was allerdings den Nachteil hätte, dass man Sighard Neckels These des Umschlagens von Leistung auf Erfolg mindestens relativieren, wenn nicht gar zurückweisen müsste. Es gibt angesichts des Datenrausches tatsächlich ein Mehr an Bewertungsgrundlage, obwohl man im Einzelnen darüber streiten kann, inwieweit die Indikatoriken tatsächlich das messen, was sie messen sollen. Oft nämlich sind die verfügbaren oder erhobenen Daten nicht identisch mit der jeweiligen Leistungsdimension, die abgebildet werden soll, sondern allenfalls, wie wir in der Statistik sagen, Proxy-Variablen, die eine Eigenschaft messen, die nicht unmittelbar und objektiv beobachtbar ist. (Ein Beispiel wäre die Messung der Performanz von Lehrerinnen und Lehrern anhand von Abschlussnoten der Schülerinnen und Schüler oder aufgrund von Evaluationen – beides keine unproblematischen Maße.) Aber gesetzt den Fall, Daten bewirkten tatsächlich eine größere Abbildungstreue individueller und organisationaler Performanz und sie würden richtig eingesetzt und interpretiert, dann verlöre die Erfolgskultur tatsächlich an Boden. Diejenigen, deren Leistung lange ungesehen und geschmäht blieb, träten nun aus dem Schatten heraus, Gewinnertypen der Erfolgskultur würden entthront, wenn sich herausstellte, bei ihnen ginge es mehr um Schein als um Sein. Gewisse Analogien zur Leistungserfassung nach dem Prinzip des Taylorismus drängen sich auf, auch wenn die Digitalisierung den großen Vorteil hat, dass komplexe Arbeitsprozesse nicht kleinteilig zerlegt werden müssen, um sie nach dem Akkordsystem zu vergüten, sondern sich mit dem Voranschreiten von digitalen Endgeräten, Apps, Sensoren und Monitoringsystemen auch anspruchsvolle und weniger standardisierte Tätigkeiten überwachen lassen.

Die Digitalisierung wäre demnach eine Infrastruktur der Leistungserfassung, mit der sich Leistungsdifferenziale immer genauer, immer granularer abbilden ließen und die zudem noch die Zahl der Bewertungsdimensionen erhöhen würde. Jeder wird nun in dem erkannt, was er oder sie tatsächlich leistet: Über die Leistung des Pflegers gibt nun die Pflege-App Auskunft, die jeden Arbeitsschritt minutiös dokumentiert; dazu können die Patienten ihre Bewertung beisteuern. Im Restaurant in Berlin Mitte, wo man den Tisch nur über ein Onlinetool reservieren kann, erhält man danach ungefragt die Aufforderung, das Servicepersonal zu benoten, und Uber bittet um die Bewertung seiner Fahrer. Auch für die Autoversicherer wird es möglich, mittels Telematiktarifen das tatsächliche Fahrverhalten in die aktuarischen Preiskalkulationen einzubeziehen, als nur den Wohnort der oder des Versicherten. Für die echte Leistungsgesellschaft, so wusste schon Michael Young (2008 [1958]: 84), der Namensgeber der Meritokratie, braucht es ein andauerndes Leistungsrating – je präziser »the art of work measurement«, desto besser lassen sich die Belohnungen an die Leistungen der Einzelnen koppeln.

IV

Nicht überraschend für die Leserinnen und Leser dürfte sein, dass die Sache aber komplexer ist, und dass man die Erfolgsthese noch nicht abschreiben muss. Hier kommt also der letzte Schritt der Argumentation, für den ich zwei, auch bei Sighard Neckel bedeutsame Argumente aufzeigen und auf die Datenfrage anwenden möchte. Zum ersten das Argument, dass das Kippen von Leistung zu Erfolg auch in der Datengesellschaft ein wesentlicher Modus ist, und wir sogar breite Felder haben, wo die Leistungsmessung von einer Erfolgsmessung ersetzt wird. Man kann schließlich sagen, dass die Leistung eigentlich egal ist und in der Erfolgsgesellschaft allenfalls als Ersatzkriterium bereitsteht und es doch eigentlich um Erfolg – Markterfolg – geht. Die noch so detaillierte Messung von Leistungsaufwendungen der oder des Einzelnen gewinnt oft nur Relevanz, wenn sie auch in Erfolg umgesetzt werden kann. Es käme beispielsweise nicht darauf an, dass jemand etwas gut macht oder durch Arbeitspensum oder Anstrengung eine gute Leistung erbringt, sondern allenfalls, ob diese – beispielsweise bei den Kunden – ankommt, also marktlich verwertbar wird. Es ist ja allgemein irrelevant, wie lange und mit welcher Präzision jemand ein Möbelstück hergestellt hat, wenn es bei den Kunden keine Begeisterung hervorruft. Dementsprechend könnte man sagen, dass nur die Leistung, die »ankommt« auch gratifizierbar ist. Letztlich stellt sich hier die Möglichkeit der Entkopplung von Leistung und Erfolg ähnlich dar, wie in der vordigitalen Zeit, Sein und Schein können auseinandertreten, das Setzen auf Außenwirkung und Bluff kann sich auszahlen.

Das zweite Argument bezieht sich auf das auch bei Sighard Neckel so zentrale Theorem der »Winner-takes-all-Märkte«, worunter die übergroße Erfolgskonzentration verstanden wird. Die Verfügbarkeit der Daten, so mein Argument, erhöht die Markttransparenz und die Sichtbarkeit von Unterschieden auf eine Weise, die auf eine starke Aufmerksamkeitskonzentration auf Märkten hinwirkt. Ohne Zweifel ist die Digitalisierung bzw. die Quantifizierung geeignet, in manchen Bereichen die Gratifikationsdifferentiale enger an das tatsächliche Leistungsniveau anzukoppeln, man sollte für das gesamte Bild aber fragen, in welchen Verwendungszusammenhang derartige Daten oft hineingebracht werden (zu dem Folgenden siehe Mau 2017, Kapitel 10). Wir wissen aus den Arbeiten von Robert K. Merton (1968), dass kleine Unterschiede in der Performanz zu sehr ungleichen Reputationserträgen führen können. So hat er am Beispiel der Zitationshäufigkeit von Wissenschaftlerinnen und Wissenschaftlern zeigen können, dass die bekannteren Personen mehr Reputationserträge einfahren können, also überproportional häufig zitiert werden. Dieser Matthäus-Effekt lässt sich in unterschiedlichsten Feldern beobachten, wie etwa bei öffentlich einsehbaren Ratings und Rankings.

Die Datafizierung der Leistungsmessung bedeutet letztlich, dass wir in immer mehr Vergleichsachsen eingespannt werden. Damit weiten sich Vergleichsmöglichkeiten räumlich und sachlich aus, mit einer einheitlichen Metrik und mit digitalen Speicher- und Weitergabemöglichkeiten sind den Vergleichsmöglichkeiten im Grunde keine Grenzen gesetzt. Auf Märkten, seien sie Dienstleistungsmärkte, Warenmärkte oder Arbeitsmärkte, erhöht sich damit die Markttransparenz. Wenn, wie in der Plattformökonomie, alle einschlägigen Produkte und Dienstleistungen – ob Luftmatratzen, Hotels oder Ärzte – in ein einheitliches Bewertungskorsett gestellt werden können, dann intensiviert sich der Vergleich und damit der Wettbewerb. In den Bereichen, in denen Leistungsinformationen einen Öffentlichkeitscharakter besitzen, dirigieren sie die Nachfrage. Mit einem Klick lässt sich ein Ranking der am besten bewerteten Hotels oder des beliebtesten Arztes erhalten, durch die Verfügbarkeit von Informationen kann man sich nahezu mühelos durch Märkte navigieren, Preise vergleichen und Ranglisten auslesen. In dieser nun vollständig vermessenen und transparenten Welt der Angebote schlägt die »Ökonomie der Aufmerksamkeit« (Franck 1998) voll zu, kann sich die »Winner-takes-all-Welt« besonders gut verwirklichen. Per Mausklick können Kunden, Patienten, Nutzer etc. erfahren, wer wo steht. Wenn es Restaurants oder

Ärzte mit 4 oder 5 Sternen gibt, werden die weniger gut Bewerteten kaum noch nachgefragt werden, was im Umkehrschluss den etwas Besseren einen überproportionalen Marktvorteil verschafft. In der Folge würden durch die Bewertungsdaten der Digitalisierung Erfolge und Leistungen stärker auseinandertreten. Indem das neue Vergleichsregime sich aber auf scheinbar objektive (und womöglich durch die Nutzer selbst erstellte) Daten verlassen kann, besitzt es zugleich den Anschein von Fairness und Leistungsgerechtigkeit.

Was bleibt am Ende? Wohl können wir Leistung unter Bedingungen digitaler Allerfassbarkeit nun deutlich besser messen, und an vielen Stellen kann der Erfolgsfetisch zurückgedrängt werden. Auf der anderen Seite bleibt auch in der Datengesellschaft die Leistungsgerechtigkeit eine Schimäre, das ewig Unerreichbare, eine gewollte gesellschaftliche Selbstillusion. »Erfolgsspektakel« gibt es auch – oder gerade – im Zeitalter der Digitalisierung.

Literatur

Franck, Georg (1998): *Ökonomie der Aufmerksamkeit. Ein Entwurf.* München: Hanser.

Mau, Steffen (2017): *Das metrische Wir. Über die Quantifizierung des Sozialen.* Berlin: Suhrkamp.

Merton, Robert K. (1968): »The Matthew Effect in Science«, in: *Science* 159(3810), S. 56–63.

Neckel, Sighard (2008): *Flucht nach vorn. Die Erfolgskultur der Marktgesellschaft.* Frankfurt a. M./New York: Campus.

Young, Michael (1994 [1958]): *The Rise of Meritocracy.* New Brunswick: Transaction Publishers.

Zuboff, Shoshana (2018): *Das Zeitalter des Überwachungskapitalismus.* Frankfurt a. M./New York: Campus.

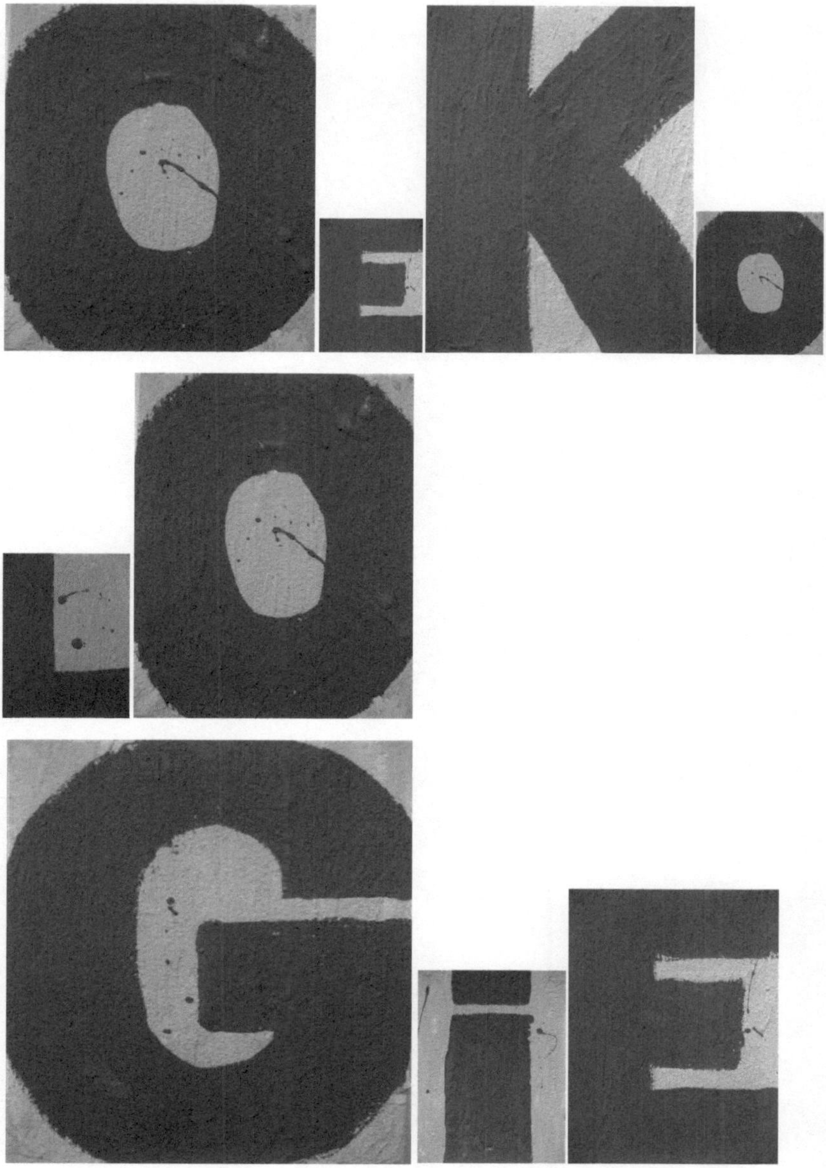
OEKO
LO
GiE

What's Sociology got to do with it? Hamburger Perspektiven auf Nachhaltigkeit

Natalia Besedovsky, Moritz Boddenberg, Martina Hasenfratz, Sarah M. Pritz und Timo Wiegand

Im Winter 2015 verbreitete sich auf dem Campus der Frankfurter Goethe-Universität ein Gerücht: Sighard Neckel würde dem Fachbereich den Rücken kehren und strebe zum kommenden Semester einen Wechsel nach Hamburg an. Schietwetter statt Äppelwoi, Containerschiffe statt Bankentürme, Alster-Romantik statt Mainmetropole, Hamburger statt Frankfurter Schule. Unter den Studierenden löste die Nachricht vom baldigen Abgang des Professors für Soziologie mit dem Schwerpunkt soziale Ungleichheit zunächst Verwunderung aus. So hatte Neckel gemeinsam mit Patrick Sachweh in seiner Zeit als Dekan nicht nur die beiden soziologischen Institute des Fachbereichs vereint, sondern mit dem Masterstudiengang Wirtschaftssoziologie auch gerade erst ein neues Lehrangebot entwickelt. Zwar sind die vielfältigen Reize der Hansestadt allgemein bekannt, doch musste es wohl auch fachliche Gründe geben, sich der Universität Hamburg anzuschließen.

Der Flurfunk auf den Gängen des neuen Campus Westend funktionierte in diesen Tagen einwandfrei. So sickerte schnell durch, dass die außerordentliche Berufung nach Hamburg mit der Aufgabe verbunden sei, ein neues Forschungscluster zum Thema Nachhaltigkeit aufzubauen. Dieses solle sich aus einer sozialwissenschaftlichen Perspektive der Nachhaltigkeitsdebatte nähern und der Hamburger Soziologie auf diese Weise ein neues Profil verleihen. Neckel lockte also offenbar nicht nur die intellektuelle Herausforderung, neue Blickwinkel auf ein brisantes Thema gesellschaftlicher Transformation zu eröffnen. Er würde zugleich einen institutionellen Rahmen schaffen können, der den wissenschaftlichen Austausch über disziplinäre Grenzen hinweg ermöglichte. Nur der Forschungsgegenstand, die gesellschaftliche Debatte um Nachhaltigkeit, leuchtete nicht allen unmittelbar ein. Denn ein Blick auf die Publikationsliste Neckels verrät schnell: Mit Nachhaltigkeit hatte sich dieser bisher, zumindest beruflich, noch nicht wirklich befasst. War vielen Studierenden seine frühere Mitgliedschaft in linken studentischen Gruppierungen durch die ein oder andere Anekdote im Seminar durchaus bekannt, hatte er seine grüne Seite bis dato erfolgreich verborgen. Würde Sighard Neckel im Norden des Landes nun zum

Öko-Soziologen avancieren, der fortan für die klima- und umweltfreundliche Verbesserung der Welt kämpft?

Rückblickend können wir wohl behaupten, dass mit dem Ruf in die Hansestadt nie die Renaissance des politischen Aktivisten Sighard Neckel verbunden war. Das mag auch daran liegen, dass er seine eigene Rolle in Sachen Umweltschutz und Nachhaltigkeit für durchaus ausbaufähig hält. Laut Aussagen vertrauenswürdiger Familienmitglieder soll er eines Tages sogar dabei beobachtet worden sein, wie er einen Verbundkunststoff zuerst etwas eigenwillig klassifizierte, daraufhin ordnungswidrig entsorgte und sich seither in Schweigen über diesen und ähnliche Vorgänge hüllt.

Es ist uns heute also allen klar: Die Verbindung zwischen Sighard Neckel, der Universität Hamburg und dem Forschungsschwerpunkt Nachhaltigkeit hat nicht die normative Neuausrichtung seiner Soziologie in Richtung eines gesteigerten Umweltbewusstseins oder moralisch einwandfreier Alltagshandlungen zum Ziel. Es geht ihm vielmehr darum, auf vorschnelle Beurteilungen und Parteinahmen zu verzichten, dabei Nachhaltigkeit als gesellschaftliche Leitidee anzuerkennen und auf diese Weise in reflexive Distanz zu ihr als soziologischem Forschungsgegenstand zu treten. Dadurch verliert Nachhaltigkeit zwar ihre bisherige Funktion als nahezu nebenwirkungsfreies Allheilmittel für alle möglichen Probleme der modernen Gesellschaft, seien es der Klimawandel und der Verlust der Biodiversität, ein durch Krisen gezeichnetes Wirtschaftssystem oder zunehmende soziale Ungleichheit. Die Soziologie gewinnt aber einen analytischen Begriff, mit dem zentrale gesellschaftliche Aushandlungsprozesse, Deutungskonflikte und Machtkämpfe der Gegenwart ausgetragen werden. Reflexive Distanzierung zum Leitbild der Nachhaltigkeit, wie sie am Hamburger Lehrstuhl für Gesellschaftsanalyse und sozialen Wandel praktiziert wird, ist die forschungspraktische Grundlage für soziologische Präzisionsarbeit – für das, was Adorno wohl die »Sachhaltigkeit« von adäquaten Untersuchungen der »Gesellschaft der Nachhaltigkeit« genannt hätte.

Dieser Zugang zum Forschungsgegenstand »Nachhaltigkeit« steht stellvertretend für eine Arbeitsweise, die Sighard Neckel schon seit Beginn seiner wissenschaftlichen Laufbahn verfolgt, weiterentwickelt und – wenn es sein muss – gegen jede akademische Verkürzung vehement verteidigt. Bereits seine frühen Forschungen zu *Status und Scham* gehen auf Distanz zu allzu einfachen Deutungen sozialer Alltagsphänomene. Hinter dem für die Soziologie bis dato »sperrigen Thema« der Scham als etwas Verborgenem, Verheimlichtem und scheinbar Persönlichem »legen sich ihre sozialen Merkmale erst allmählich, nicht ohne Zögern und Hemmnisse frei« (Neckel 1991: 17). Das scheinbar hochindividuelle Gefühl der Scham entlarvt Neckel als eine soziale Emotion, die »in der Ungleichheit zwischen Menschen besteht und für die Deutung und die Reproduktion von Ungleichheit eine große Bedeutung hat« (ebd.). Auch seine ethnografische Studie

Waldleben (Neckel 1999), zehn Jahre nach dem Fall der Mauer, schwimmt nicht etwa im Fahrwasser der unzähligen Gemeindestudien jener Zeit, sondern legt den Blick frei auf die Dynamiken zwischen politischen Überzeugungen, gesellschaftlichen Strukturen und sozialen Konfliktlinien in Phasen des gesellschaftlichen Umbruchs. Neckel zeigt, dass sich »an einem gut gewählten Beispiel [...] das Wesen einer Sache oft bestens erkennen [lässt]« (ebd. 14). An einem solchen »gut gewählten« Beispiel – die ostdeutsche Kleinstadt – offenbaren sich über die einzigartigen Facetten jedes Fallbeispiels hinaus immer auch die allgemeinen Bedingungen seiner Existenz, die über den jeweiligen Fall hinausweisen. Und auch die Finanzkrise von 2007/08 erkennt Sighard Neckel als ein dezidiert soziologisches Problem, das sich einer einfachen Bewertung entzieht. Sie sei, so Neckel, nicht das Werk von abgehobenen und unmoralischen Einzelakteur:innen, sondern beruhe auf gut etablierten und nur selten hinterfragten Praxisroutinen einer internationalen Finanzklasse, die mehr teile als die Gier nach immer höheren Gewinnen. Ihre Mitglieder beherrschten es heute nämlich, gesellschaftlich anerkannte Werte wie Offenheit, Diversität und Weltgewandtheit mit ihren finanzmarktkapitalistisch-individuellen Profitinteressen zu verbinden, ohne aber für Verluste wirklich haftbar gemacht werden zu können. Als »größte Exkulpationsmaschinerie« diene dabei die Narration eines scheinbar allmächtigen Marktes, »der das eigene Handeln angeblich wie eine Naturgewalt determiniert und der von der Glaubensbruderschaft der neoliberalen Ökonomen in den letzten dreißig Jahren zur absoluten Instanz erklärt worden sei« (Honneger/Neckel/Magnin 2010: 306). Und wer hinter Burnout bloß ein grassierendes Krankheitsbild vermutet, das unweigerlich zum Wandel der entgrenzten und beschleunigten Arbeitswelt führen muss, lernt, dass mittlerweile selbst im individuellen Scheitern an den Ansprüchen des modernen Kapitalismus die Wiederherstellung der eigenen Wettbewerbsfähigkeit angelegt ist: Gerade durch Therapie und Coaching sollen »Techniken erlernt werden, die einen erneuten Erschöpfungszustand ausschließen und den Zyklus von Verausgabung und Regeneration in einer Weise optimieren, dass ein nachhaltiger Energiehaushalt entsteht« (Neckel/Wagner 2013: 208).

So zeichnet sich die »Methode Neckel« letztlich wohl vor allem dadurch aus, dass sie mit dem bricht, was Pierre Bourdieu (1999: 52) mit den zwar nicht direkt falschen, aber analytisch häufig mangelhaften »Primärerfahrungen« und einer daran gebildeten »Spontansoziologie« bezeichnete. Sind Distanzierung, Reflexivität und Offenheit die Grundprinzipien der empirischen Vorgehensweise Sighard Neckels, sind es auf theoretischer Ebene anpassungsfähige Konzepte. In anderen Worten: Theorien müssen sich stets am Untersuchungsgegenstand analytisch bewähren. Nur wer bewusst auf sozialtheoretische Orthodoxien verzichtet, dem gelingt es, auch untypische Themen und Gegenstände in den Interpretationsrahmen der Soziologie zu übersetzen.

Auch das Hamburger Forschungsprogramm einer Soziologie der Nachhaltigkeit (Neckel u. a. 2018) zeichnet sich wesentlich durch diese Grundhaltung aus. So wissen wir mittlerweile, dass Nachhaltigkeit nicht nur eine Frage von Ökologie, Umweltschutz und Generationengerechtigkeit ist, sondern mit ihr auch der emotionale Haushalt des modernen Subjekts durcheinandergerät, neue Distinktionsmuster entstehen und sich die Strukturen sozialer Ungleichheit wandeln. Nachhaltigkeit berührt ökologische Fragen genauso wie die Ausgestaltung der Wirtschaft, Kultur und Politik. So stehen heute sowohl Finanzmarktakteur:innen als auch Unternehmen in der Pflicht, einer nachhaltigen Gesellschaft den Weg zu bereiten und den Kapitalismus zukunftsfähig zu machen. Die soziologische Betrachtung der Nachhaltigkeitsbestrebungen der Finanzmärkte macht aber deutlich, dass die In-Wert-Setzung von Nachhaltigkeit globale Ungleichheiten verschärft, anstatt sie abzubauen. Denn auch im Zeitalter der Nachhaltigkeit entscheidet weiterhin die Ausstattung mit ökonomischen Ressourcen darüber, wer mitspielt im Entscheidungskampf über die gesellschaftliche Legitimität nachhaltiger Investitionen. Und obwohl es immer mehr öko-zertifizierte Unternehmen gibt, ist auch das keineswegs nebenwirkungsfrei. Erfolgreiche Rechtfertigungen und Klassifikationen unternehmerischer Nachhaltigkeit folgen den Wettbewerbsbedingungen der globalen Wirtschaft, verfestigen die Hierarchien auf den Märkten und konzentrieren die Deutungsmacht über Nachhaltigkeit letztlich bei nur wenigen Organisationen.

Die Hoffnung vieler zivilgesellschaftlicher Akteur:innen liegt aufgrund der widersprüchlichen »Ergrünung« des Kapitalismus im transformativen Potenzial von Nachhaltigkeit. Und so ist es nicht zuletzt der Zukunftspfad von Nachhaltigkeit als Projekt einer sozial-ökologischen Transformation von unten, der für die soziologische Forschung neue Erkenntnisse verspricht. Dazu gehört etwa die Analyse von Prozessen, in denen vormals profitorientierte in nicht-gewinnorientierte ökonomische Praktiken überführt werden. Im Spiegel einer gesellschaftlichen Neuausrichtung auf Solidarität und Konvivialität verbinden unterschiedliche Initiativen, Vereine und Genossenschaften mit Nachhaltigkeit das Ziel, die eigene Lebensführung von den Anforderungen der konkurrenzbasierten Wachstumsgesellschaft zu entkoppeln. Verdichten sich jene Praktiken der ökonomischen Dissidenz zu neuen Lebensformen, kann dies jedoch ambivalente Effekte hervorbringen, denen sich eine reflexive Nachhaltigkeitsforschung stellen muss.

Und schließlich dringt die Nachhaltigkeitsorientierung auch tief in den Alltag des modernen Individuums ein. Der Subjektivierung von Nachhaltigkeit wohnen neben dem vermeintlich uneingeschränkt positiven und erstrebenswerten Effekt einer nachhaltigen Lebensführung auch schillernde Ambivalenzen und überraschende Kehrseiten inne. So ist Nachhaltigkeit als Subjektivierungsprogramm erstaunlich anschlussfähig an die Optimierungsstrategien eines flexiblen Kapitalismus, der resiliente, widerstandsfähige und damit nachhaltig zukunftstaugliche Subjekte einfordert.

Vor diesem Hintergrund wird Nachhaltigkeit selbst zum individuellen Handlungsproblem, das auch ganz intime und verschwiegene Alltagspraktiken nicht unberührt lässt. So wird der soziologische Blick auf ganz subtile und zuweilen sogar schambehaftete gesellschaftliche Aushandlungsprozesse gelenkt, wie sie etwa die kulturelle Praktik des Menstruierens darstellt. Nachhaltigkeit wird gegenwärtig zu einem Kriterium verantwortungsbewusster Weiblichkeit, das – in veränderte Menstruationspraktiken übersetzt – neue symbolische Grenzen zwischen dem richtigen, weil verantwortlichen, und dem falschen, weil umweltschädlichen Bluten zieht.

Diese am Hamburger Lehrstuhl entwickelten Perspektiven auf Nachhaltigkeit verdanken wir einem Lehrmeister, dem es Zeit seines Schaffens wieder und wieder gelingt, scheinbar Unscheinbares als soziologisch und gesellschaftlich Bedeutsames zu entlarven. Ob unsere Forschungsergebnisse aber auch zu einem empirisch signifikanten Wandel in der Lebensführung von Sighard Neckel führen (Stichwort: Mülltrennung), bleibt aber wohl bis auf weiteres sein Geheimnis. Um sich diesem Forschungsgegenstand explorativ zu nähern, empfehlen wir den uns nachfolgenden Generationen eine kritisch-reflexive Herangehensweise. Oder aber das Aufsuchen eines der Stammlokale des Professors: Königsberger Klopse oder Rotweine aus Apulien haben schon so manch erhellende Anekdote ans Licht gebracht.

Literatur

Bourdieu, Pierre (1993): *Sozialer Sinn. Kritik der theoretischen Vernunft.* Frankfurt a. M.: Suhrkamp.

Honegger, Claudia/Neckel, Sighard/Magnin, Chantal (2010): *Strukturierte Verantwortungslosigkeit. Berichte aus der Bankenwelt.* Berlin: Suhrkamp.

Neckel, Sighard (1991): *Status und Scham. Zur symbolischen Reproduktion sozialer Ungleichheit.* Frankfurt a. M./New York: Campus.

Neckel Sighard (1999): *Waldleben. Eine ostdeutsche Stadt im Wandel seit 1989.* Frankfurt a. M./New York: Campus.

Neckel, Sighard/Wagner, Greta (2013): »Erschöpfung als ›schöpferische Zerstörung‹ Burnout und gesellschaftlicher Wandel«, in: Dies. (Hg.), *Leistung und Erschöpfung. Burnout in der Wettbewerbsgesellschaft.* Berlin: Suhrkamp, S. 203–217.

Neckel, Sighard/Besedovsky, Natalia/Boddenberg, Moritz/Hasenfratz, Martina/Wiegand, Timo (2018): *Die Gesellschaft der Nachhaltigkeit. Umrisse eines Forschungsprogramms.* Bielefeld: transcript.

Ökologische Ideale – zur Typisierung ideologischer Positionen[1]

Ronald Hitzler

Einleitung

Neuerdings entwickelt sich in modernen Industrieländern eine – jedenfalls in ihren Ausmaßen und in ihrer gesellschaftlichen Relevanz – neuartige Polarisierung zwischen den Menschen, die eher technisch-hedonistisch (sozusagen auf ein elektronisches Schlaraffenland hin) und den Menschen, die eher ökologisch-integrativ (sozusagen auf den Mutter-Erde-Mythos hin) orientiert sind. Strittig ist dabei a) zwischen den ökologiebewussten und den ökologisch desinteressierten Teilen der Gesellschaft, worauf im Zweifelsfalle eher zu verzichten sei: auf eine technisch immer höher gerüstete, energieverbrauchsintensive Zivilisation, oder auf das globale Gleichgewicht der Natur, und b) unter den ökologiebewussten Teilen der Gesellschaft, ob es richtig sei, bei der »Rettung« der Natur als menschlicher Ressource anzusetzen (Prinzip: Umwelt-Erhaltung), oder ob nicht vielmehr der Natur eine eigene Qualität, ein eigenes »Recht« zukomme, die es (durch Menschen) auch gegen die Interessen der Menschen zu wahren und zu schützen gilt (Prinzip: Natur-Verschonung) (Gross/Hitzler 1990).

Als im öffentlichen Meinungsbild relativ artikulationsunfähig bzw. artikulationsunwillig erweist sich dabei (zumindest gegenwärtig) die Weltsicht derjenigen, die nach wie vor – sozusagen ohne Rücksicht auf ökologische Verluste – das Prinzip des »Höher, Schneller, Besser«, des »Mehr« von allem massenhaft Produzierbaren und des uneingeschränkten Konsums alles Konsumierbaren bejahen. Dass diese Einstellung gleichwohl noch existiert (ja vielleicht sogar noch durchaus verbreitet ist), erkennt man empirisch eher am faktischen Handeln in Bürokratien und Betrieben, insbesondere aber in den Supermärkten und auf den Straßen, als an explizit antiökologischen Meinungsäußerungen.

1 Wir bedanken uns bei der Analytica Verlagsgesellschaft dafür, dass wir diesen Text, der erstmals 1992 in der *Zeitschrift für angewandte Umweltforschung* 5(1), S. 119–124 veröffentlicht wurde, in dieser Festschrift abdrucken dürfen. Er wurde an die Manuskriptangaben des Campus Verlags und an die neue Rechtschreibung angepasst.

Zwischen »Apokalypse Now« und »New Age«

Antipodisch hierzu, auch hinsichtlich ihrer zunehmenden medialen Präsenz, stehen wohl die Ideologien, die (implizit oder explizit) eine (Re-)Sakralisierung der Natur propagieren. Der Tenor der, hierbei sozusagen den pessimistischen »Apokalypse-Now«-Gedanken prolongierenden, im Grunde traditionalistisch-gegenmodernen Erweckungsfraktion lautet im Wesentlichen: Noch tanzen wir auf dem Vulkan unserer Energiequellen, noch starren wir gebannt auf die Steigerungsraten unserer Wohlstandsindikatoren, noch bauen wir frohgemut an einer verschwenderischen Zukunft, die längst keine mehr ist, denn noch vermögen nur Wenige die Menetekel zu enträtseln, die das Ende verkünden: Der Zivilisationsmensch in seiner Massenhaftigkeit erstickt in seinem Unrat. Er muss sich radikal selbst beschränken, muss sich möglichst zurückziehen aus der vom Industriezeitalter geschundenen, zugrunde gerichteten Natur. Er muss seinen Irrweg erkennen, muss »sehen« lernen, dass nicht einmal mehr »Reformen«, dass nur noch Umkehr, Askese, Verzicht ihm anstehen. Dieser Prozess wird schmerzlich sein und voller Wehmut und Zorn. Gleichwohl, so das apokalyptische Credo, wird Armut heraufziehen müssen als ein unausweichliches Verhängnis, damit der Mensch sich (wieder) einzufügen lernt in die selbstregulativen Wirkkräfte der Natur. Wissenschaftlich-technische Seinsvergessenheit, babylonische Hoffahrt also, biblisch gesprochen, habe dem Zivilisations-Menschen vorgegaukelt, er stehe als Subjekt »außerhalb« der Natur. Aber diese kosmische Dissonanz wird, entsprechend der eher optimistischen Version, die sozusagen die postmodernistische »New-Age«-Fraktion innerhalb der (Re-)Sakralisierungs-Ideologien vertritt, gegenwärtig bereits transzendiert: Korrelierend mit vielfältigen sozialen Transformationsprozessen (wie dem Übergang zum Post-Industrialismus, wie der Informatisierung und Mediatisierung der Gesellschaft, wie der Pluralisierung der Lebensformen), findet demnach aktuell ein genereller Bewusstseinswandel statt. Aus dem allgemeinen Krisenbewusstsein (das sich in Phänomenen wie z. B. der öffentlichen Skepsis gegen technischen Fortschritt und wissenschaftliche Rationalität manifestiert), entstünden nun neue, sozial relevante Themenfelder (exemplarisch eben: Risikodiskurs bzw. Ökologiedebatte). Dabei werde zunehmend die für die bisherige Moderne symptomatische, aufklärungsphilosophische Subjekt-Objekt-Trennung durch eine Resubjektivierung der Natur und eine Renaturalisierung der Subjektivität, also durch ein qualitativ neues Subjektivitäts- und Naturverständnis, ersetzt.

Zwischen Wertkonservatismus und Liberal-Pragmatismus

Am massivsten aber (und wahrscheinlich auch am durchsetzungsfähigsten) artikuliert sich das ökologische Bewusstsein wohl in einer deutlich anthropozentrischen Ideologie der mannigfaltigen »kleinen« Schritte zu einem umfassenden Umweltschutz, der es zunehmend zu gelingen scheint, sowohl die bisherige technisch-rationale Ausbeutung der Natur als »grundsätzlich reflexions- und revisionsbedürftig« als auch die kosmisch-sakrale Verklärung der Natur als »nicht politikfähige Utopie« zu etikettieren und immer hörbarer dafür zu plädieren, unsere zivilisatorische Zuständigkeit dahingehend auszuüben, dass wir – vor allem aus Verantwortung für spätere Generationen – »unserer« (d.h., menschliches Leben ermöglichenden) Natur zur Wiederherstellung ihres als ihr immanent unterstellten und von uns (fahrlässig) zerstörten oder zumindest irritierten »Gleichgewichts« verhelfen. Die eher »wertkonservative« Version einer solchen anthropozentrischen Natur-Ideologie betont dabei nachhaltig die normative Bedeutung der grundsätzlichen »Achtung vor der Natur« für den praktischen Umgang mit ihr. D.h., dass, solange nicht existenzielle Interessen des Menschen bedroht sind, allem Natürlichen die gleiche Eigenwertigkeit zuerkannt werden soll. Auf dem Wegweiser in eine andere, in eine in diesem Sinne sozusagen ökologisch selbstbewusste Zukunft könnte mithin, gegen Marx und in Anlehnung an Odo Marquard stehen: Bislang haben wir die Natur nur verschieden verändert; es kömmt darauf an, sie zu verschonen. Mit dieser »Natur«, deren »Renaissance« es demnach nunmehr als kollektive Hebammenpflicht zu sichern und zu unterstützen gilt, ist allerdings – von raren ideologischen Extrempositionen abgesehen – einmal mehr eine ganz bestimmte, nämlich im Wesentlichen menschenbezogene, ja menschenfreundliche »Natur« gemeint. Keine Existenzberechtigung hingegen hat hier »selbstverständlich« jene »andere« Natur z. B. der großen Naturkatastrophen wie auch jene der kleinen – bakteriellen und viralen – Krankheitserreger, um nur auf zwei sozusagen phänomenal antipodische Beispiele zu verweisen.

Die liberal-pragmatische Version der anthropozentrischen Natur-Ideologie setzt hingegen eher auf ein »business as usual«, auf die Intensivierung technischer Anstrengungen zur Lösung der je sichtbar werdenden, ökologisch dysfunktionalen Folgen technischen Fortschritts. Zugleich wird hier intensiv über Modifikationen des geltenden Rechtssystems nachgedacht, mittels derer der Zerstörung »natürlicher Ressourcen«, also der Vernichtung des Gebrauchswertes der Natur wirksam Einhalt geboten werden könnte. Als zentrales Problem gilt dabei übrigens nicht die in den Medien so publikumswirksam vermarktete »Umweltkriminalität«, als zentrales Problem gilt die in der Regel absichtslose, aus der (bisherigen) modernen Lebensweise in der Regel ganz legal resultierende Umweltschädigung, also all das, was wir als nicht beabsichtigte, aber anscheinend auch nicht zu vermeidende »Nebenfolgen« der Massenzivilisation in Kauf zu nehmen gewohnt sind. Die ökologische Kritik auf dieser Argumentationsschiene lautet: Wenn wir unser bisheriges Verständnis von »Lebensqualität« unverändert fortschreiben, entziehen wir dieser »Lebensqualität« schlicht ihre Grundlagen.

Im ökologischen Bewusstsein manifestiert sich also, so würde ich vor diesem Hintergrund behaupten, wohl am massivsten das, was man den aktuellen »Zeitgeist« nennen könnte. Und idealtypisch gesprochen lässt dieses sich in der simplen Dichotomie von anthropozentrischem versus (re-)sakralisierendem Naturverständnis fassen: Entweder es geht um eine »gute« bzw. »bessere« Welt für den Menschen, also darum, die Lebensqualität für den Menschen zu maximieren bzw. zu optimieren, oder es geht um eine »gute« bzw. »bessere« Welt an sich, also darum, die Manipulation des Lebens durch den Menschen zu minimieren bzw. zu negieren (und d. h., Zivilisation einzufrieren, rückgängig zu machen, zu beseitigen). Die letztere »Logik« erfordert eine Reduktion menschlicher Einflussnahme, ein »Heraushalten« konsequent zu Ende gedacht: den Abschied von der spezifisch »menschlichen«, d. h. gegenüber anderen »extraordinären« (weil grundsätzlich destruktiv-konstruktiven) Lebensform.

Die Entdeckung des Ökomarktes

Der völlige Verzicht auf die Destruktion vorgängiger ökologischer Gleichgewichte durch den Menschen ließe sich letztlich wahrscheinlich nur dadurch realisieren, dass dieser in einem finalen manipulativen Akt seine eigene biologische Reproduktion unterbindet und sich damit als Gattung aus der Welt verabschiedet. Diese Denkweise erscheint, so unverhüllt betrachtet, möglicherweise einigermaßen absurd. Ihre »Spuren« aber durchziehen durchaus vielfältig und wirkungsvoll – und in aller Regel implizit und schwer aufweisbar – den ökologischen Diskurs. Um nur ein medial installiertes und deshalb besonders bekanntes Beispiel zu nennen: »Die Natur braucht uns nicht, aber wir brauchen die Natur!« (Wenn dem tatsächlich so sein sollte, dann hülfe in der Tat nur noch, die »Natur« – was immer sie ist – von menschlichen Taten zu verschonen.)

Die dem anthropozentrischen Naturverständnis entsprechende »Logik« hingegen erfordert fraglos ein Umdenken bei der Kalkulation von »Kosten« und »Gewinnen« menschlicher Produktion (und Reproduktion) überhaupt. Wie Ulrich Beck (1991) immer wieder konstatiert, gibt es – genau genommen – weder für den einzelnen Produzenten noch für die Gesamtgesellschaft mehr »Umwelt« in dem Sinne, wie die bisherige, halbierte Moderne sie veranschlagt hat: als etwas, das man als (rücksichtslos) nutz- und ausbeutbar behandeln konnte einerseits, und als etwas, auf bzw. in das man die nichtintendierten und nichtverwertbaren Folgen seines Handelns (also seinen »Abfall« im weitesten Sinne des Wortes) mehr oder weniger »kostenlos« abschieben bzw. abwälzen konnte.

Entgegen allen einschlägigen Public-Relations-Strategien ist inzwischen sogar allgemein bekannt, dass es auch im Hinblick auf Kapitalverwertungsinteressen keine umweltfreundlichen Branchen per se gibt: Auch wenn z. B. die Touristikindustrie – aus naheliegenden Beweggründen – gerne ihre Naturverbundenheit herausstreicht, der Fremdenverkehr selber wird immer nachhaltiger als Ökologie-Problem thematisiert. Auch wenn im Zusammenhang mit Umwelt-Belastungen immer wieder besonders auf die chemische Industrie verwiesen wird, manche der hier entwickelten Produkte tragen heute auch eindeutig zur Erhaltung natürlicher Lebensräume bei.

Galt bislang aber – in der »nur« industriellen Moderne – im Hinblick auf die Öko-Problematik zwischen den divergierenden Kapitalverwertungsinteressen eher mehr als weniger das Prinzip »Ein Krähe hackt der anderen kein Auge aus«, so agiert man neuerdings zeitgeistgerecht zunehmend nach dem Motto »Jeder drischt, so gut er kann«, denn mit dem ideologischen Gütesiegel »Umweltfreundlichkeit« wurde und wird ein in seinen ökonomischen Dimensionen noch keineswegs abschätzbarer Markt erschlossen, auf dem sich der eine Anbieter an den jeweils aufgeflogenen bzw. ruchbar gewordenen Umweltsünden des anderen »gesund stoßen« kann (und der deshalb auch, wie man schon jeden Abend im Werbefernsehen verfolgen kann, glänzend floriert und unaufhaltsam expandiert). Was der einen Kapitalfraktion recht ist, ist der anderen schon längst nicht mehr billig, sondern kommt sie vielmehr teuer zu stehen: Die Luft, die die einen verpesten, das Wasser, das die einen vergiften, den Wald, den die einen zerstören, das sind die Ressourcen, aus deren Vermarktung (und zunehmend auch: aus deren »Errettung«) die anderen ihren Profit schlagen.

Den ökologischen Ideologie-Diskurs als Auseinandersetzung auch zwischen Kapitalfraktionen mit divergenten bis widersprüchlichen Interessen zu begreifen ist also sicherlich richtig und bis zu einem bestimmten Punkt auch sinnvoll. Gleichwohl behaupte ich, dass nicht die Kapitalfraktionen diese Thematik sich ausgesucht haben, auch wenn zwischenzeitlich immer offensichtlicher wird, dass sich mit der Umweltthematik auf vielfältige Weisen viel Geld verdienen lässt. Die Kapitalfraktionen produzieren den ökologischen »Zeitgeist« weniger, als dass sie sozusagen auf ihm »reiten«. Sie erzeugen auch weniger das um sich greifende »schlechte Umweltgewissen«, als dass sie es (mehr oder weniger schamlos) zur relativen Profitmaximierung auszunützen bestrebt sind. Das ist, wie gesagt, quasi »business as usual« mit erweiterter oder auch modifizierter Produktpalette und birgt mithin empirisch auch kaum Überraschungen. Analytisch spannender erschiene mir die Frage, aufgrund welcher Bedingungen das Öko-Thema eigentlich sich von diesen Kapitalfraktionen so vielfältig und zumindest zum Teil gegensätzlich ausspinnen lässt.

Das ganz alltägliche Ökodilemma

Ich denke, es liegt am Prinzip des Öko-Diskurses selber, in dem die politischen Argumentationen und öffentlichen Polemiken eher taktischen als strategischen, geschweige denn Gesichtspunkten ihrer inneren »Logik« und Konsistenz folgen, dass heute sozusagen jeder beliebige Zugriff auf die Begriffshülsen »Natur«, »Umwelt«, »Ökologie« zu jedem beliebigen Zweck möglich ist, und dass ökologisches Denken in ein alltägliches Dilemma führt: Wenn nicht nur der abgasende Automobilist und der Fernflug-Urlauber, wenn auch der Badegast, der Segler und Surfer, der Pistenjäger und der Loipenläufer, der Klettermaxe und der Wildwasserkanut, der Mountainbiker und zwischenzeitlich sogar der simple Jogger und Wanderer, wenn allmählich jeder sich in der Natur ergehende Alltagsmensch angesichts seiner Massenhaftigkeit als destruktive Variable im »natürlichen« Gleichgewicht ausgemacht und abgemahnt wird, heißt das für den »wirklich« ökobewussten Zeitgenossen dann vielleicht ironischerweise doch wieder eher »heim ins Heim« und sich einspinnen und verdrahten in die elektronischen Sensorien, die die Welt für uns erblicken, ertasten und erfassen, die die Sensationen des Lebens »da draußen« zerstückeln, digitalisieren, und in verdaubaren und zumeist auch bekömmlichen Portionen wieder zusammensetzen, abbilden? Bedingt dies also – a tergo gewissermaßen – doch den massenhaften Rekurs auf Chemie, Technologie, Energie als Basis dafür, dass wir das, was wir als »Natur« betrachten, in Ruhe und möglichst sich selber überlassen und uns selbst möglichst zurückziehen, zwar nicht in uns, aber in unsere betonierten, zentral- und fernbeheizten, ver- und entsorgten, vollverkabelten und -vernetzten Wohnhöhlen?

Umweltsünder, wenn man denn schon in biblische Begrifflichkeit sich versteigt, Umweltsünder sind sie »natürlich« beide: der, der erfahrungshungrig ausschwärmt und frohgemut mitten hineintritt ins Ökogleichgewicht, und der, der sich in sein High-Tech-Gehäuse verkriecht und sich mit Wirklichkeiten »füttern« lässt. Am problematischsten ist natürlich der, der zugleich seine Wohnmaschine perfektioniert und trotzdem auch noch persönlich in der Welt herumfuhrwerkt. Ein reiner Umweltengel hingegen wäre wohl der, der sich meditierend über weitere Reduktionschancen seiner ohnehin schon minimierten Bedürfnisse auf einen minimalen und minimal ausgestatteten Lebensraum zu beschränken wüsste: Ökologisch »gut« wäre also ein massenhaftes Eremitentum klassischen Zuschnitts unter Nutzung bereits vorhandener, über die Zeiten hin dann romantisch verfallender Wohnstätten einer somit auch quantitativ allmählich im Wortsinne »verwehenden« Zivilisation. Ökologisch »böse« ist der Energie- und Rohstoffverprassende, rund um die Uhr konsumierende Freizeitnomade, der sich auch noch fortpflanzen oder gar vermehren zu sollen glaubt.

Aber die meisten von uns sind weder Engel noch Teufel, die meisten von uns auch wollen das eine so wenig sein, wie das andere. Die meisten »menscheln« mit ihren kleinen oder größeren Lastern und Tugenden so vor sich hin und verzeihen sich selber auch ganz gerne, was sie schon dem Nachbarn nur ungern nachsehen. Jeder schielt, auch dies verständlicherweise, vornehmlich nach dem Dorn im Auge des anderen: Wer zu Hause bleiben kann oder muss, schüttelt den Kopf über den, der sich auf den Straßen herumwälzt; wer viel und schnell fährt, begreift nicht, warum der andere den Ausbau des Verkehrsnetzes verhindern will; wer die Landschaft liebt, die Wälder und die Auen, auch und vielleicht gerade die exotischen und entlegenen, dem graut davor, in seinen vier Wänden zu sitzen; wer sich freiwillig allenfalls vom TV-Bildschirm zum Computerterminal bewegt, der fragt sich, warum man eigentlich die ganze Welt »da draußen« eigenfüßig niedertrampeln muss; wer Kinder zeugt, will ihnen in der Regel eine »bessere« Welt hinterlassen, wer hingegen keine Kinder zeugt, erhofft sich diese »bessere« Welt vielleicht gerade davon, dass die Menschen aus ihr verschwinden.

Fazit

Im Hinblick auf diese diskursiven Konfliktlinien sieht es derzeit aber so aus, als ob »keine« großen und allgemeinverbindlichen, »stimmigen« Gesamtlösungen zu erwarten wären, sondern eine Vielzahl kleiner alltäglicher Querelen zwischen den verschiedenen ideologischen Gruppierungen, die politisch voraussichtlich in so oder so »halbherzigen« ökologischen Kompromissen und nicht sonderlich gut koordinierten sozialtechnologischen Teil-Maßnahmen »kanalisiert« werden (Hitzler/Honer 1991).

Literatur

Beck, Ulrich (1991): *Politik in der Risikogesellschaft*. Frankfurt a. M.: Suhrkamp.

Gross, Peter/Hitzler, Ronald (1990): »Die Natur. Wildnis, Schöpfung, unsere Schöpfung«, in: *gdi impuls* 3, S. 37–40.

Hitzler, Ronald/Honer, Anne (1991): »Die Bleifuß-Lösung – oder: Was, wenn man nur noch mit fünf Mark dabei wäre?«, in: *Ästhetik und Kommunikation* 77, S. 41–46.

Demokratische Affektpolitik und die ökologische Frage

Frank Adloff

Dass aus Wissen nicht unmittelbar ein Handeln resultiert, überrascht Soziologinnen und Soziologen nicht. So ist es denn auch nicht weiter erstaunlich, dass wir zum einen in einer Gesellschaft der Nachhaltigkeit leben, in der man darum weiß, wie dringend ein Umsteuern geboten wäre, um die planetaren Grenzen zu wahren, also vor allem die Erderwärmung zu bekämpfen und dem Schwund der Biodiversität Einhalt zu gebieten (Rockström 2009; Adloff/Neckel 2019). Zugleich scheint dieses Wissen ein bloßes Lippenbekenntnis zu sein, denn es werden zu wenige Maßnahmen politisch ergriffen, die diese Selbstlimitierung bewirken könnten. Noch nicht einmal die Einhaltung der Ziele der Pariser Klimakonferenz wird ernsthaft verfolgt.

Offenbar gibt es viele inner- und zwischenstaatliche Politikblockaden, die ein beherztes Umsteuern verhindern. Diese hängen wiederum damit zusammen, dass auch unter den Gesellschaftsmitgliedern keine Einigkeit darüber besteht, was man unter Nachhaltigkeit genau zu verstehen habe und was nun zu tun sei. Seit Greta Thunbergs Engagement und der enormen Resonanz und Öffentlichkeitswirksamkeit von Fridays for Future gibt es auch so etwas wie einen politischen Gelbwesten- bzw. AfD-Faktor. Seitdem in Frankreich 2018/19 die Gelbwesten *(gilets jaunes)* gegen Präsident Macrons Pläne, die Mineralölsteuer zu erhöhen, auf die Straßenkreuzungen gingen und Massendemonstrationen durchführten, fürchten auch deutsche Politiker:innen, dass jede Mehrausgabe für den Klimaschutz eine weitere Stimme für rechtspopulistische Bewegungen und Parteien sein könnte. Verständlicherweise: Denn solange die Mehrausgaben für eine ökologisch nachhaltigere Gesellschaft hauptsächlich von den unteren und mittleren Schichten übernommen werden sollen, sind sie nur sehr eingeschränkt für den Klimaschutz zu gewinnen und rücken dann ggf. auch nach rechts. Für sozial-ökologische Transformation ließen sich nur Mehrheiten gewinnen, wenn diese Klassen auch materiell durch Umverteilungspolitiken von oben nach unten profitieren würden. Die soziale und die ökologische Frage hängen eben aufs Engste miteinander zusammen (Adloff 2019).

Ohne Auflösung von politisch-kulturellen Polarisierungen (Neckel 2020) und damit einhergehenden Stagnationen wird der ökologischen Frage nicht beizukommen sein. Denn wir erleben momentan erhebliche Konflikte zwischen der alten und neuen Mittelklasse, einem Prekariat und einer Oberschicht um materielle Ressourcen und Lebenschancen, aber vor allem auch um symbolische Anerkennung. Die Konflikthaftigkeit des Leitbilds der Nachhaltigkeit übersetzt sich in einen »Streit um die Geltung von Lebensführungen« (ebd.: 84). Das Nachhaltigkeitsverständnis unterschiedlicher Klassenmilieus (Vester 2001) drückt sich mit Bourdieu gesprochen in ganz unterschiedlichen ökologischen Habitus aus. Die Differenzen zwischen den Milieus und Lagern äußern sich nicht nur kognitiv in differierenden Einstellungen oder Praktiken, sie zeigen sich auch in unterschiedlichen Gefühlslagen, in unterschiedlichen »Climate Emotions« wie Scham, Angst, Wut, Schuld, Trauer, Hoffnung oder Melancholie (Neckel/Hasenfratz 2021).

Wenn die Frontstellungen zwischen Lebensführungen, Wertsetzungen, Praktiken, emotionalen Habitus und Imaginarien so stark sind, läge es im Zuge der kommenden ökologischen Katastrophen nahe, die liberale Demokratie durch eine ökologische Notstandspolitik zu ersetzen, wie sie mancherorts schon in der Coronapandemie erprobt wird. Dazu mehren sich auch schon die linksintellektuellen Stimmen: Leninisten kommen aus der Versenkung, nutzen die Gunst der Stunde und propagieren, dass, wenn ein kapitalistischer Staat die ökologischen Probleme nicht lösen könne, es eines »antistalinistischen Leninismus« bedürfe, einer »roten Armee der erneuerbaren Energien«, mit dem Ziel etwas Analoges zum Kriegskommunismus der russischen Revolution aufzubauen (Malm 2020).

Für überzeugte Demokraten kann dies in normativer Hinsicht auf keinen Fall die Lösung sein. Darüber hinaus gibt es epistemische Gründe zur Verteidigung der Demokratie. Schon John Dewey stellte heraus, dass kooperative Interaktion sowie inklusive und transparente Diskurse wissenschaftlichen Fortschritt ermöglichen, da nur so die Kreativität, die Meinungen, das Problembewusstsein und das Experimentieren vieler Personen auf eine Weise integriert werden können, dass neue Erkenntnisse entstehen (Jörke 2003). Daraus entwickelte sich in der politischen Philosophie die These, dass das Prinzip der Kooperation epistemisch nicht nur im Bereich der Wissenschaft begründbar ist, sondern auch für die Kooperation im Rahmen der Demokratie gilt. Ein freies Sammeln unterschiedlicher Meinungen kann im Sinne einer kollektiven Wahrheitssuche auch die besten politischen Entscheidungen und Ergebnisse hervorbringen. So hat Hilary Putnam (1992) Deweys Gedanken, dass Demokratie nicht eine beliebige Lebensform neben anderen ist, damit begründet, dass nur durch demokratische Verfahren das menschliche Vermögen zur Problemlösung voll entfaltet werden kann. Also auch konsequentialistisch betrachtet sind demokratische Problemlösungsprozesse am besten geeignet, gute Entscheidungen zu produzieren.

Aus diesen Rationalitätsvermutungen speisen sich die Vorstellungen deliberativer Demokratie, in denen letztlich der »zwanglose Zwang des besseren Arguments« (Habermas) zum Tragen kommen soll (Dryzek u. a. 2019; Kübler/Kirby/Nanz 2020). Große Aufmerksamkeit haben in letzter Zeit Bürgerräte erfahren, die per Losverfahren zusammengestellt werden und große Zukunftsfragen unvoreingenommen debattieren sollen. In Irland beispielsweise tagte erfolgreich die *Convention on the Constitution* oder in Frankreich die *Convention Citoyenne pour le Climat* (CCC), die Präsident Macron in Reaktion auf die Gelbwesten mit 150 Mitgliedern einberief. In diesen Mini-Öffentlichkeiten werden auf Grundlage von ausgefeilten Moderations- und Beratungsprozessen durch Experten die Bürgerinnen und Bürger befähigt, eigene politische Empfehlungen zu erarbeiten, die durchaus ambitioniert ausfallen können. Die Gruppen werden in der Regel repräsentativ zusammengesetzt (nach Geschlecht, Alter, Einkommen, Bildungsabschluss, Beruf, Region etc.) und es diskutieren Personen mit ganz unterschiedlichen Klassenhintergründen und Habitus miteinander. Die im Jahr 2020 vorgebrachten klimapolitischen Ziele der CCC, die die klimaschädlichen Emissionen Frankreichs bis zum Jahr 2030 um vierzig Prozent gegenüber dem Jahr 1990 senken sollen, werden als durchaus progressiv eingeschätzt. Es mehren sich also die Indizien, dass im »Feld der Deliberation« (Ryfe 2007) festgefahrene materielle und symbolische Auseinandersetzungen zwischen gesellschaftlichen Gruppen und Milieus ein Stück weit überwunden werden können.

Dennoch ist eine gewisse Vorsicht geboten. Am Konzept der Deliberation ist nämlich in den letzten Jahren auch bemängelt worden, dass es nicht klassenneutral sei, weil bestimmte Argumentationskompetenzen, aber auch gewisse emotionale Stile sich gegenüber anderen durchsetzen. Theorien deliberativer Demokratie zeigen sich häufig rationalistisch und kognitivistisch verengt und übersehen so diese Problematik (Weber 2012). Debatten und Argumentationen leben sowohl von kognitiven als auch von affektiven Dimensionen sozialen Handelns, ohne die sie ihre verständigungsorientierte Kraft nicht entfalten können. Deliberationen sind immer soziale Praktiken, in denen neben rational-sachlichen auch implizite Dimensionen wie eine spezifische Sprache, ein Gestus, eine gewisse Emphase, eine Stimmung oder auch politische Passionen wirksam sind. Die damit verknüpften Emotionen, Gestimmtheiten und vorbewussten Präferenzen der Beteiligten bestimmen maßgeblich über den Erfolg deliberativer Entscheidungsprozesse (Adloff/Jörke 2013). Diese werden jedoch weder in den Theorien einer deliberativen Demokratie noch in den deliberativen Beratungsprozessen selbst zureichend thematisiert. Somit geraten die affektiven Dimensionen von häufig implizit bleibender Anziehung und Abstoßung, von großer oder fehlender Überzeugungskraft, von Dominanz und Unterordnung aus dem Blick. Die Überzeugungskraft vorgebrachter Gründe ist affektiv und habituell grundiert. Bürgerkonvente müssten diese Dimensionen also reflektieren und aushebeln können, um tatsächlich einen gemeinsamen, gleichsam neutralen Boden für Deliberationen zu schaffen.

Empirische Untersuchungen über die Rolle von Emotionen in deliberativen Prozessen kommen denn auch zu dem Ergebnis, dass die Fähigkeit zur Emotionsarbeit (Hochschild 1979) sozial sehr ungleich verteilt ist. Längst nicht alle Emotionen können in Beratungsprozessen adäquat artikuliert werden. Zugespitzt gesagt: Menschen mit höherem sozialen Status gelingt der Umgang mit Scham und Enttäuschung besser als denjenigen aus den unteren Klassen, und den Oberen gelingt damit auch eine bessere Durchsetzung ihrer Positionen (Saam 2018). Die unterschiedlich verteilte Fähigkeit zur Emotionsarbeit reproduziert also auch in Deliberationen soziale Ungleichheiten.

Wie könnte dem nun entgegengesteuert werden? Sicher nicht durch das rationalistische Ausklammern von Emotionen. Nein, Emotionen müssten noch viel stärker thematisiert werden, jedoch anders und besser. Dazu ist es zunächst erforderlich, das Konzept der Emotionen um weitere Dimensionen zu erweitern. Emotionen sind relativ kurzlebige und recht klar konturierte affektive Zustände mit intentionalem Gehalt, die zumeist in Situationen entstehen, in denen etwas Unerwartetes passiert. Bei kontinuierlichen Handlungsabläufen liegen aber auch Gefühle vor – allerdings von niedrigerer affektiver Intensität. Jede Handlungssituation zeigt eine bestimmte affektive Hintergrundfärbung, die alles in ein spezifisches Licht taucht (Adloff/Jörke 2013). Affektive Qualitäten wie Ruhe, Hochgefühl, Niedergedrücktheit, Melancholie etc. sind durchgängig vorhanden und färben alle Wahrnehmungen und Denkprozesse situativ ein. Daher muss die Dichotomie von affektiven versus nicht-affektiven und rationalen Handlungen komplett überwunden werden, da affektive Färbungen in allen Handlungen eine Rolle spielen (Emirbayer/Goldberg 2005). Keine Vernunft ohne Affektivität: »›Reason‹ as a noun signifies the happy cooperation of a multitude of dispositions, such as sympathy, curiosity, exploration, experimentation, frankness, pursuit – to follow things through – circumspection, to look about at the context, etc., etc..« (Dewey 1988: 136) »Vernunft« besteht also im Austarieren verschiedener Dimensionen affektiver Erregbarkeit. Häufig bemerkt man die affektive Grundtönung von Handlungen und Situationen nicht – Menschen sind permanent affiziert, ohne immer zu wissen, dass sie es sind. Stimmungen und Hintergrundgefühle konstituieren einen Möglichkeitsraum für das empfindende Subjekt. Diese sich im Hintergrund befindenden Gefühle eröffnen einen Raum für das, was einem kognitiv möglich oder unmöglich erscheint (Slaby 2011). So erschließen sie uns die Welt in einer gewissen Färbung, in einem gewissen Ton, doch zunächst auf nicht-reflexive Weise.

Argumente überzeugen also nicht allein, sie müssen eine Verbindung mit Gefühlen, Stimmungen, Emotionen und Wünschen eingehen. Nur diejenige, die das Gefühl hat, einen Unterschied bewirken zu können, wird sich in demokratische Kooperations- und Konfliktformen produktiv hineinbegeben können.

Erscheint die Welt als von fremden Mächten gesteuert, fühlt man sich von ihr abgetrennt und entfremdet, vermögen auch keine guten Argumente vom Gegenteil zu überzeugen. Es ist entscheidend anzuerkennen, dass es verschiedene gesellschaftliche Emotionsmilieus gibt, die spezifische Hintergrundgefühle und Emotionen miteinander teilen (Schützeichel 2012). Diese sind habituell und sozialstrukturell ungleich verankert und stehen in einem intimen Verhältnis zu Herrschaftsverhältnissen.

Emotionen, Stimmungen und Hintergrundgefühlen gebührt ein legitimer Platz in den demokratischen Auseinandersetzungen. Die vornehm zurückhaltende Zivilität ist die Waffe der Mächtigen; die Ohnmächtigen haben nur ihre Scham oder ihre Wut, die wiederum von den Mächtigen als illegitime Ausdrucksformen abgelehnt werden (vgl. dazu auch Neckel 1991). Eine partizipative Demokratie muss, so ist von Dewey zu lernen, eine emotional intelligente Demokratie sein (Shalin 2004). Dazu gehört auch die Schulung emotionalen Verstehens – sowohl von anderen als auch des Verstehens von sich selbst. Emotionales Verstehen könnte Deliberationen über Klassenmilieus und Habitusgrenzen hinweg ermöglichen.

Das hier vertretene Konzept impliziert die Korrektur zweier theoretischer Probleme. Zum einen, wie oben schon gesagt, müssen Theorien der Deliberation in ihrer kognitivistischen Verengung kritisiert und korrigiert werden. Zum anderen neigen soziologische Ansätze der Distinktion, der Ressourcenauseinandersetzungen in Feldern und zwischen sozialen Milieus dazu, kreative Prozesse der Auseinandersetzung, die zu einer Veränderung eigener Haltungen und Positionen führen, zu unterschätzen. Bourdieus Ansatz ist beispielweise von einem enormen Strukturkonservatismus gekennzeichnet, der nicht erkennen lässt, in welchen Situationen es zu Verständigungsprozessen jenseits des utilitaristischen Kampfes um Kapitalsorten kommen kann. So ist beispielsweise die Thematik der emotionalen Kommunikation diesem Theorietypus einverleibt worden. Normalerweise heben Sozialwissenschaftlerinnen und Sozialwissenschaftler dann »kritisch« hervor, dass die Vertreter:innen der Mittelschicht therapeutisch gelernt haben, ihre eigenen Gefühle als Kapital zu betrachten. Aus dem Konzept emotionaler Intelligenz ist beispielsweise bei Eva Illouz (2009) emotionales Kapital geworden, das sich in andere Kapitalsorten konvertieren lässt. Emotionale Intelligenz gilt ihr als eine Führungsqualität, die instrumentell genutzt positive soziale Beziehungen ermöglicht. Der Kapitalismus setze nun also auch die Emotionen in Wert. Emotionen als emotionales Kapital zu betrachten, ist jedoch nur eine Möglichkeit. Emotionale Intelligenz kann auch als eine nicht-instrumentelle Kompetenz verstanden werden, die genau die Grenzen überschreitet, die die Bourdieu-Schule empirisch identifiziert, aber auch theoretisch hypostasiert.

Es müssen also herrschende Gefühlsregeln in Deliberationen in Frage gestellt werden können. Eine demokratische Affektpolitik sollte ermöglichen, sich den sozialen Erwartungen des Fühlens zu entziehen und sich der (impliziten und fast automatischen) Gefühlsabstimmung mit anderen bewusst zu werden. Ein solches *attunement* findet ja nicht nur dann statt, wenn Menschen gemeinsam das Gleiche fühlen (etwa gemeinsam feiern). Es findet auch eine Abstimmung statt, wenn sich Leute emotional in disjunkten Situationen befinden, sie also nicht dasselbe fühlen. Scham entsteht ja beispielsweise unter anderem in Situationen der Beschämung durch andere. Doch müssen die sozial standardisierten Gefühlsabstimmungen nicht so ablaufen; man kann auch beginnen, Situationen umzudeuten. Und diese Umdeutungen gehören mit in das Feld der Deliberation, um neue Spielräume für die Artikulation von Wertbindungen zu eröffnen, reflexive Distanzen, neue Empathien und Fähigkeiten für gemeinsames Handeln zu erschließen.

Auf erlernbaren Wahrnehmungsfähigkeiten und Reinterpretationen von Gefühlen beruht beispielsweise auch Marshall B. Rosenbergs Methode der *Gewaltfreien Kommunikation*, die in vielerlei Kriseninterventions-, Therapie- und Mediationsverfahren eine große Rolle spielt. Rosenberg (2013) empfiehlt, die Beobachtung einer Situation zunächst von den damit einhergehenden Gefühlen zu unterscheiden und dies auch differenziert zu kommunizieren. Im nächsten Schritt gelte es dann zu erkennen, welche Bedürfnisse, Werte und Wünsche hinter den Gefühlen liegen. Erst am Ende wendet man sich mit einer Handlungsbitte an den anderen. Es geht vor allem darum, zunächst eine Klarheit über die eigenen Gefühle und die anderer zu erlangen. Ziel dieses emotionalen und kommunikativen Lernens ist es, stärker im Einklang mit den eigenen Werten und Bedürfnissen zu leben und sich nicht vorschnell von positiven und negativen Bewertungen oder Sanktionen anderer »anstecken« zu lassen. Dabei kommt der Artikulation von Hintergrundgefühlen und Emotionen eine besondere Bedeutung zu: Die Gefühle selbst und auch die soziale Beziehung verändern sich allein durch ihre Artikulation. Gefühlsaussagen sind als performative Sprechakte aufzufassen: Sie verändern – für mich und den Adressaten – das, was sie beschreiben (Reddy 1997), und so können Kommunikationsräume eröffnet werden, die quer zu den sonst vorhandenen emotionalen Milieugrenzen stehen.

Solche Praktiken des Benennens und Kommunizierens (Scheer 2019) könnten dabei helfen zu lernen, sicherer emotional zu navigieren und größere emotionale Freiheit zu erlangen – anders formuliert: emotional authentischer zu werden und subkutan wirkende soziale Ungleichheiten in deliberativen Foren abzubauen. Nach meinem Dafürhalten geht es darum, solche neuen Praktiken der Konvivialität einzuüben, die keinesfalls bedeuten, Konflikte zu übertünchen und nicht auszutragen. Deliberationen, aber auch andere zivilgesellschaftliche Experimente können helfen, neue Erfahrungs- und Imaginationsräume zu eröffnen, wenn es gelingt, inklusiv zu sein und nicht den emotionalen Stil der

Mittelschichten als Standard zu setzen. Eine partizipative Demokratie sollte auch eine affektiv intelligente Demokratie sein und keinen emotionalen Stil aus den Verfahren ausschließen (Adloff 2015). Affektive Intelligenz müsste zudem erlernt werden, um ihr transformatives Potenzial zu entfalten.

Doch wozu soll das gut sein? Ein Beispiel: Angst ist eine antizipatorische, häufig kollektive Stimmung, die auf zumeist diffusen Zukunftserwartungen beruht. Expliziert man diese – statt sie als diffuses Hintergrundgefühl zu belassen – transformiert sie sich. Sie verschwindet dadurch nicht, aber sie wird konkreter, anschaulicher, intersubjektiv verständlich und dadurch unter Umständen auch veränderbar. Eine Atmosphäre der diffusen Angst hemmt, eine spezifische Furcht vor weiteren Pandemien, vor Megabränden, Dürren und Überschwemmungen kann hingegen mobilisieren und zum konkreten Handeln auch im Sinne einer radikaleren Klimapolitik bewegen.

Haben wir noch die Zeit, den hier vorgeschlagenen Pfad einer intelligenten, deliberativen, demokratischen Affektpolitik angesichts der Herausforderungen durch den Klimawandel und anderer ökologischer Verwerfungen zu gehen? Eigentlich nicht, die Zeit drängt – doch eine Abkürzung gibt es nicht.

Literatur

Adloff, Frank (2015): »Immer im Takt bleiben? Zu einer konvivialistischen Affektpolitik«, in: Frank Adloff/Volker M. Heins (Hg.), *Konvivialismus. Eine Debatte*. Bielefeld: transcript, S. 71–83.

Adloff, Frank (2019): »Prekarität vs. Klima? Ein konvivialistischer Rückblick auf die Gelbwesten«, in: *Berliner Debatte Initial* 30(3), S. 134–140.

Adloff, Frank/Jörke, Dirk (2013): »Gewohnheiten, Affekte und Reflexivität. Ein pragmatistisches Modell sozialer Kooperation im Anschluss an Dewey und Mead«, in: *Österreichische Zeitschrift für Soziologie*, Sonderheft 12 anlässlich des 150. Geburtstags von George Herbert Mead, S. 21–41.

Adloff, Frank/Neckel, Sighard (2019): »Futures of Sustainability as Modernization, Transformation, and Control: A Conceptual Framework«, in: *Sustainability Science*, Special Issue »The Politics of Making and Un-Making (Sustainable) Futures« 14, S. 1–11.

Dewey, John (1988 [1922]): *Human Nature and Conduct. The Middle Works 1899–1924*. Carbondale/Edwardsville: Southern Illinois University Press.

Dryzek, John S. u. a. (2019): »The crisis of democracy and the science of deliberation. Citizens can avoid polarization and make sound decisions«, in: *Science* 363, S. 1144–1146.

Emirbayer, Mustafa/Goldberg, Chad Alan (2005): »Pragmatism, Bourdieu, and collective emotions in contentious politics«, in: *Theory and Society* 34, S. 469–518.

Hochschild, Arlie (1979): »Emotion Work, Feeling Rules, and Social Structure«, in: *American Journal of Sociology*, 85(3), S. 551-575.

Illouz, Eva (2009): *Die Errettung der modernen Seele. Therapien, Gefühle und die Kultur der Selbsthilfe*. Frankfurt a. M.: Suhrkamp.

Jörke, Dirk (2003): *Demokratie als Erfahrung. John Dewey und die politische Philosophie der Gegenwart*. Wiesbaden: Westdeutscher Verlag.

Kübler, Lukas/Kirby, Nicolina E./Nanz, Patrizia (2020): »Alle Macht den Klimaräten? Demokratische Experimente für eine progressive Klimapolitik«, in: *Mittelweg 36. Zeitschrift des Hamburger Instituts für Sozialforschung* 29(6), S. 101–122.

Malm, Andreas (2020): *Klima X*. Berlin: Matthes & Seitz.

Neckel, Sighard (1991): *Status und Scham. Zur symbolischen Reproduktion sozialer Ungleichheit*. Frankfurt a. M./New York: Campus.

Neckel, Sighard (2020): »Der Streit um die Lebensführung. Nachhaltigkeit als sozialer Konflikt«, in: *Mittelweg 36. Zeitschrift des Hamburger Instituts für Sozialforschung* 29(6), S. 82–100.

Neckel, Sighard/Hasenfratz, Martina (2021): »Climate emotions and emotional climates: The emotional map of ecological crises and the blind spots on our sociological landscapes«, in: *Social Science Information* 60(2), S. 253–271.

Putnam, Hilary (1992): *Renewing Philosophy*. Cambridge: Harvard University Press.

Reddy, William M. (1997): »Against Constructionism. The Historical Ethnography of Emotions«, in: *Current Anthropology* 38, S. 327–351.

Rockström, Johan u. a. (2009): »A safe operating place for humanity«, in: *Nature* 461, S. 472–475.

Rosenberg, Marshall B. (2013): *Gewaltfreie Kommunikation. Eine Sprache des Lebens*. Paderborn: Junfermann.

Ryfe, David M. (2007): »Toward a Sociology of Deliberation«, in: *Journal of Public Deliberation* 3(1), Artikel 3.

Saam, Nicole J. (2018): »Recognizing the Emotion Work in Deliberation. Why Emotions Do Not Make Deliberative Democracy More Democratic«, in: *Political Psychology* 39, S. 755–774.

Scheer, Monique (2019): »Emotion als kulturelle Praxis«, in: Hermann Kappelhof u. a. (Hg.), *Emotionen: Ein interdisziplinäres Handbuch*. Stuttgart: Metzler, S. 352–362.

Schützeichel, Rainer (2012): »›Structures of Feelings‹ und Emotionsmilieus. Eine programmatische Forschungsskizze über den Zusammenhang von Emotionen und Sozialstruktur«, in: Annette Schnabel/Rainer Schützeichel (Hg.), *Emotionen, Sozialstruktur und Moderne*. Wiesbaden: Springer VS, S. 473–484.

Shalin, Dmitri N. (2004): »Liberalism, affect control, and emotionally intelligent democracy«, in: *Journal of Human Rights* 3, S. 407–428.

Slaby, Jan (2011): »Affektive Intentionalität – Hintergrundgefühle, Möglichkeitsräume, Handlungsorientierung«, in: Jan Slaby u. a. (Hg.), *Affektive Intentionalität. Beiträge zur welterschließenden Funktion der menschlichen Gefühle*. Paderborn: mentis, S. 23–48.

Vester, Michael u. a. (2001): *Soziale Milieus im gesellschaftlichen Strukturwandel. Zwischen Ausgrenzung und Integration*. Frankfurt a. M.: Suhrkamp.

Weber, Florian (2012): »Unterkühlter Diskurs. Zum Verhältnis von Emotion und Deliberation bei Jürgen Habermas«, in: Felix Heidenreich/Gary S. Schaal (Hg.), *Politische Theorie der Emotionen*. Baden-Baden: Nomos, S. 199–215.

Praktiken der gemeinsamen Nutzung in einer Wiener Damensauna. Ein praxistheoretisches Forschungsprotokoll

Beate Littig

Einleitung

In diesem Beitrag wird eine praxistheoretisch orientierte Nachhaltigkeitsstudie zum Thema gemeinsame Nutzung *(sharing)* vorgestellt. Das empirische Material dafür wurde durch jahrelange teilnehmende Beobachtung auf kleinstem Raum erhoben: in einer traditionsreichen städtischen Sauna in Wien, konkreter der dort wöchentlich für einige Stunden stattfindenden Damensauna. Doch geht es im Folgenden nicht um eine umfassende Praxeologie des Saunierens; vielmehr zielt die Analyse auf einen Beitrag zu den sozialen Voraussetzungen, Möglichkeiten und Hindernissen der gemeinsamen Nutzung einer sozio-technischen Einrichtung, des Sharings, dem in der Nachhaltigkeitsdiskussion schon seit längerem hohe Aufmerksamkeit zukommt (Littig 1997; Ministerium für Umwelt und Verkehr Baden-Württemberg; Schmitt u. a. 2017; Loske 2019).[1] Bevor das empirische Material vor diesem Hintergrund diskutiert wird, werde ich mich zunächst dem Phänomen Sauna und den Praktiken des Saunierens widmen. Im Sinne eines praxistheoretischen Forschungsprotokolls werden dabei auch die Praktiken des Forschens und der praxeologischen Methodologie thematisiert (Jonas u. a. 2017). Auf die nachhaltigkeitspolitische Einordnung des Saunierens als Sharing-Praktik folgt ein vorsichtiger Ausblick auf die Zukunft der gemeinsamen Nutzung, die zumindest teilweise aufgrund der Effekte der Coronapandemie einer ungewissen Zukunft entgegenblickt.

---

1 Der Hype um die sogenannte Sharing-Ökonomie geht allerdings weit über die Nachhaltigkeitscommunity hinaus und wird generell als zukunftsweisender Wirtschaftstrend interpretiert: https://www.forbes.com/sites/bernardmarr/2016/10/21/the-sharing-economy-what-it-is-examples-and-how-big-data-platforms-and-algorithms-fuel/, letzter Zugriff: 01.10.2020.

Zur Bedeutung und Geschichte der Sauna

Würde man Personen dazu befragen, was sie mit dem Wort Sauna assoziieren, käme man wahrscheinlich erneut zu folgender Einschätzung: »Sauna steht für vieles in unserer Gesellschaft: für Kontaktaufnahme, Körpererlebnis, Gesundheitsverhalten einerseits, wie auch für Politik, Geschäft, Sexualität andererseits.« (Norden 1987: 128) Mit diesen Worten schließt G. Norden seine soziologische Untersuchung der »Saunakultur« in Österreich, die er mittels Experteninterviews, Auswertung statistischer Materialien, teilnehmender Beobachtung und leitfadenorientierten Interviews zwischen 1984–86 durchgeführt hat. Norden vermutete 1987, dass sich Saunaeinrichtungen in den kommenden Jahren in Österreich weiterverbreiten würden. Der rasante Ausbau der Thermalbäder entlang der traditionsreichen sogenannten österreichischen Thermenlinie[2] in den letzten Jahren aufgrund des Wellnessbooms gibt ihm inzwischen Recht.[3]

Beim Saunieren handelt es sich – Norden folgend – um eine komplexe Praxis, die bereits vielfach Gegenstand wissenschaftlicher Forschung war, angefangen von der Anthropologie, der Archäologie, über (Kultur-)Geschichte bis zur Medizin (z. B. Hannuksela/Ellahham 2001). Aber was bezeichnet eigentlich »Sauna«? Im Englischen bezeichnet Sauna sowohl einen Ort als auch eine Aktivität (to sauna oder to take a sauna). Diese doppelte Bedeutung entspricht der ursprünglich altfinnischen Bezeichnung des Badeortes und der Badetätigkeit. Im Deutschen ist Sauna ein Ort; die dazugehörige Aktivität ist die verbalisierte Form des Substantives: saunieren. Doch trotz dieser sprachlichen Differenzen bezeichnet Sauna einen spezifischen Ort, an dem man entsprechende Tätigkeiten ausführt. Heuristisch lässt sich die Wikipedia-Definition des Saunierens heranziehen: »A sauna […] is a small room or building designed as a place to experience dry or wet heat sessions, or an establishment with one or more of these and auxiliary facilities. The steam and high heat make the bathers perspire.«[4]

Heutzutage ist eine Sauna häufig an eine öffentliche Schwimmhalle oder ein Fitnessstudio angeschlossen und kann mit anderen Einrichtungen wie Dampfbädern oder einem Thermalbad kombiniert sein. Saunen befinden sich aber auch in Hotels, in Spas, in Erotikcentern sowie in privaten Haushalten. Sie können also sowohl öffentliche Einrichtungen sein, zu deren Benutzung man Eintritt zahlt,

---

2 Im populären Überblick: https://de.wikipedia.org/wiki/Thermenlinie, letzter Zugriff: 01.10.2020.

3 Ohne diese hier weiter ausführen zu können, sei beim Wellnessboom auf die Zunahme Gesundheits- und Fitness-orientierter Körper- und Selbsttechniken verwiesen, die letztlich auch den Verwertungslogiken und -dynamiken des neo-liberalen Kapitalismus dienlich sind (Minas Dimitriou/Ring-Dimitriou 2019).

4 https://en.wikipedia.org/wiki/Sauna, letzter Zugriff: 01.10.2020.

oder auch Privatbesitz zur ausschließlich privaten Nutzung, zu der man allenfalls eingeladen werden kann.

Schwitzbäder gehören zu den traditionellen Formen menschlicher Badepraktiken (Fagan 2001). Historische Überlieferungen zeigen, dass sie seit Jahrtausenden in verschiedenen Kulturen praktiziert werden, sei es zu Heilzwecken oder als religiöse Rituale, sei es als gesellige Formen des Zusammenseins oder des Geschäftemachens oder als Ort sexueller Handlungen (eher in sog. Saunaclubs). Wie die Motivationen für das Schwitzbad historisch und kulturell variieren, so unterscheiden sich auch die Praktiken des Schwitzens. Bereits in der Antike waren nach Herodots Überlieferungen Schwitzbäder in Griechenland und später auch im römischen Reich in Thermalbädern und den Gymnasien verbreitet (ebd.). Im mittelalterlichen Japan gehörten Schwitzbäder zur Reinigungspraxis (Butler 2005). Die russische »Banja« ist nach wie vor weitverbreitet und mit einem Steinofen ausgestattet, der dem Verdampfen des Wassers dient (Vahros 1966). Auch die indigenen Völker Nord- und Südamerikas nutzten bereits vor Jahrhunderten sog. Schwitzhütten (sweat lodges) (Lopatin 1969). Mit dem Begriff Sauna wird heute oftmals die finnische Variante des Schwitzbade(n)s bezeichnet, die sich über die nordeuropäischen Länder inzwischen weit verbreitet hat (Mather/Kaups 1963). Bei der finnischen Sauna handelt es sich um einen zumeist holzverkleideten Raum, in dem mittels einer Heizquelle (Elektroofen, Holzofen, Holzfeuer, Infrarotlichter) eine Temperatur zwischen 80 bis 100 Grad Celsius erzeugt wird. Die Sitzbänke sind in zwei bis drei Stufen in einer Höhe von 0,5 bis 1,5 Metern angeordnet, wobei die Temperatur nach oben hin deutlich zunimmt. Um die Luftfeuchtigkeit und damit die gefühlte Temperatur in der Sauna zu erhöhen, wird Wasser auf die heißen Steine gegossen, die auf dem Saunaofen liegen. Dieser als Aufguss bezeichnete Vorgang wird von einer Person durchgeführt oder auch maschinell mittels einer Spritzanlage. Damit wird Wasserdampf erzeugt, der das Schwitzen fördert. Die Zugabe von ätherischen Ölen in den Aufguss sowie das Verteilen des Dampfes durch Luftschläge mit einem Handtuch sind im deutschsprachigen Raum und in Russland weit verbreitet, in Finnland dagegen selten.

Das Beobachten von Praktiken und Praktiken des Beobachtens

Im letzten Abschnitt wurde bereits dargelegt, dass sich im Falle der Sauna ein speziell eingerichteter Ort mit einem spezifischen Tun verknüpft. Vordergründig geht es ums Schwitzen von Körpern. Aber sowohl hinsichtlich der Orte als auch im praktischen Tun gibt es erhebliche Differenzen. Forschungspraktisch wirft dies die Frage auf, was denn in die Forschung überhaupt miteinbezogen werden soll?

Welche Arten von Saunen sollen aufgesucht und welche Praktiken sollen wie, also mit welchen Methoden, beforscht werden? Und unter welcher Fragestellung?

Zu den Praktiken des Beobachtens

Die vorliegende Studie orientiert sich an einer praxistheoretisch fundierten Methodologie (Jonas u. a. 2018). Praxistheoretisch orientierte Forschung wird dabei als eine spezifische Forschungshaltung verstanden (Reckwitz 2002). Diese stellt die an Materialität gebundenen, miteinander verflochtenen, überindividuellen körperlichen Praktiken ins Zentrum der empirischen und theoretischen Analyse (Shove 2012; Shove/Spurling 2013). Selbstauskünfte der Akteur:innen über ihr Tun (Interviews, Tagebücher, Erfahrungsberichte oder -austausch sowie Dokumente) sind dabei ein wichtiger methodischer Zugang.

Die Erforschung inkorporierter Körperpraxen (wie etwa das Tanzen, das Spielen eines Musikinstruments oder das Saunieren) bedarf neben der externen Beobachtung idealerweise des Einsatzes des eigenen Körpers der/s Forschenden als Erhebungsinstrument (Wacquant 2000). Der Beitrag plädiert deshalb dafür, systematische Selbstbeobachtung als Forschungsmethode im Rahmen einer erweiterten, multimethodischen Ethnografie zu nutzen.

Für die vorliegende Studie habe ich einen mehrphasigen Erhebungsprozess gewählt, bei dem die Beobachtung zunehmend fokussierter wird und sich Erhebungs- und Auswertungsphasen ineinander verschränken (Flick 1995; Breidenstein u. a. 2013). Dabei habe ich mich für ein offenes Vorgehen entschieden, das auch aufgrund meiner privaten, nicht professionell motivierten Besuche einer Wiener Damensauna über mehrere Jahre nahelag. Ich unternahm aufgrund meiner Mitgliedschaft im Forschungsfeld verdeckte teilnehmende Beobachtung im Sinne einer lebensweltlichen Ethnographie, wobei ich mich nicht auf eine »temporäre Mitgliedschaft« beschränkte, sondern eine bis heute dauernde, langfristige praktiziere (Honer 1993). Wenn man die innerethnografischen Debatten in die klassische Position der teilnehmenden Beobachtung einerseits (Hirschauer/Amann 1997; Breidenstein u. a. 2013) und der neueren Position der beobachtenden Teilnahme andererseits unterteilt, so ist meine Position im Feld letzterem Vorgehen zuzuordnen. Dieses ist durch eine tiefe Immersion und praktizierende Teilhabe an den Gepflogenheiten des Feldes gekennzeichnet. Die beobachtende Teilnahme zu Forschungszwecken ist inzwischen vielfach praktiziert und auch kritisch diskutiert worden (Yanow/Schwartz 2006). So wurde darauf hingewiesen, dass die unmittelbare Nähe zum und lange Verweildauer die analytische Distanzierung erschwert und zu missverständlichen (z. B. freundschaftlichen) Erwartungshaltungen im Feld führen kann. Beobachtende Teilnahme bedarf deshalb der kontrollierenden Reflexion seitens der Forschenden, um immer wieder ausreichend epistemologische Fremdheit herzustellen. Den problematischen Aspekten gegenüber werden von einigen Autor:innen die bisweilen geradezu notwendigen auto-ethnografischen Erfahrungen am eigenen Leib (Wacquant 2000; Atkinson 2006; Littig 2013), auch unter Einsatz möglichst aller Sinne betont. Mit diesem methodisch kontrollierten Vorgehen können Routinen und andere Praktiken, die im Alltagsbewusstsein kaum präsent sind, der Forschung zugänglich gemacht werden. Im Falle des Saunierens ist Ethnografie eine wortwörtlich schweißtreibende Angelegenheit, die neben entsprechenden ethnografischen Kenntnissen auch eine entsprechende körperliche Konstitution voraussetzt (van Maanen 1988).

Beobachtete Praktiken des Saunierens

Praktisch bedeutet dies, dass ich anderthalb Jahre lang (2006–2008) Gedächtnis-Protokolle darüber angefertigt habe, was mir bei meinen wöchentlichen zirka dreistündigen Saunabesuchen auffiel[5]: Praxistheoretisch gesprochen beinhalten die Aufzeichnungen die Beschreibung der *doings* (und *sayings*) sowie der materiellen Infrastruktur der Damensauna (Schatzki 2010; Jonas/Littig 2015); angefangen von der Beschreibung der Räumlichkeiten, dem Betreten des Gebäudes bis zum Erreichen der Saunakammer, den Unterhaltungen während der Aufgüsse bis zu den Badeutensilien und Accessoires (Seife, Salz-Peelings etc.), die die Besucherinnen während ihres Aufenthalts benutzten. Besonders auffällig bei dieser Sauna erschien mir, dass sich dort regelmäßig am Donnerstagabend eine Gruppe von etwa 8 bis 12 Frauen im Alter zwischen 45 und 75 Jahren traf, die sich untereinander gut zu kennen schienen. Jedenfalls begrüßten sich diese Frauen herzlich mit Umarmungen und Küssen, sie unterhielten sich unüberhörbar miteinander auch während der Aufgüsse[6], erkundigten sich nach ihrem Wohlergehen, tauschten Neuigkeiten aus, tratschten miteinander, planten gemeinsame Unternehmungen usw.[7] Doch gingen diese Frauen nicht nur sehr vertraut miteinander um, sie bestimmten auch maßgeblich die Abläufe und die Kommunikation in der Sau-

5 Beim Erinnern unterstützte mich regelmäßig Uli Linauer, mit der ich gemeinsam die Sauna besuchte. Dafür und für viele anregende Gespräche über die Beobachtungen möchte ich ihr herzlich danken.

6 (Laute) Unterhaltungen während des Aufgusses widersprechen der Saunaordnung. Ein Hinweisschild in der Saunakammer besagt: »Während des Aufgusses bitte Ruhe halten.« Flüsternde Unterhaltungen sind durchaus üblich und werden in den meisten Saunen auch geduldet.

7 Die Themen für die Gespräche während der Aufgüsse waren vielfältig und reichten von Gesundheits-, Pflege- und Kosmetiktipps, über aktuelle tagespolitische Ereignisse oder Medienereignisse, das Wetter bis zu Klatschgeschichten über andere Gruppenmitglieder, das Badepersonal usw.

na. So stellte die Gruppe etwa das Saunaöl für die Aufgüsse zur Verfügung; die mächtige Position der »Wachlerin« während der Aufgüsse wird fast ausschließlich von einer Frau aus der Gruppe eingenommen.[8] Darüber hinaus belegten die Frauen gleichsam mit Gewohnheitsrecht von ihnen bevorzugte Sitzplätze in der Saunakammer und im Frischlufthof und die Gruppenmitglieder dominierten die Gesprächsthemen während des Aufgusses. Außerdem wachten die Gruppenmitglieder (neben dem Badepersonal) über die Einhaltung der Badeordnung. In einem Beobachtungsprotokoll heißt es dazu:

»Heute waren zwei junge Frauen zum ersten Mal in der Sauna. Anscheinend waren sie mit der Saunaordnung nicht vertraut. Sie wagten es, die Saunakammer zu betreten, ohne vorher zu duschen. M. hatte die beiden genau beobachtet und wies sie mit den Worten zurecht, dass es ja gleich beim Eingang stünde, dass man zu duschen hätte. Eingeschüchtert von dem harschen Ton, hielten die beiden inne, entschuldigten sich die beiden, reinigten sich gründlich bevor sie die Sauna erneut betraten.«

Die offenkundige Dominanz dieser Gruppe lenkte meine Aufmerksamkeit in der Folge stark auf das Verhalten der Gruppenangehörigen untereinander und gegenüber Außenstehenden. Bei den ersten Reflexionen über das Datenmaterial kristallisierten sich verschiedene gruppensoziologische Themen und Fragestellungen heraus, die mir für die soziologische Untersuchung der sozialen Struktur und der sozialen Prozesse in der Damensauna wichtig erschienen. Dabei griff ich auf gruppensoziologisch relevante Themen und Konzepte zurück:

Etwa auf Fragen nach der sozialen Ungleichheit innerhalb der Gruppe: Woran lassen sich soziale Unterschiede in der Gruppe erkennen, wenn man bedenkt, dass in der Sauna nicht »Kleider Leute machen«? Mittels welcher Verhaltensweisen wird Distinktion inszeniert? Wie wird mit sozialen Unterschieden umgegangen?

Fragen nach Differenz und Integration: Mittels welcher Praktiken wird die Zugehörigkeit bzw. Nichtzugehörigkeit zur Gruppe bestimmt? Wie rekrutiert die Gruppe neue Mitglieder? Was hält die Gruppe zusammen?

Fragen nach den Außenverhältnissen der Gruppe: Wie geht die Gruppe mit dem Badepersonal als Repräsentation der Verwaltung um? Wie geht die Gruppe mit Nicht-Gruppenmitgliedern um?

---

8 Ein zentrales Ritual in österreichischen Saunen ist das sogenannte Wacheln. Beim Aufguss wird mit einer Schöpfkelle Wasser auf die heißen Steine des Saunaofens gegossen. Der aufsteigende Dampf wird durch das Schwingen, österreichisch Wacheln, eines Tuches, durch die Wachlerin verteilt. Es gibt hierbei unterschiedliche Techniken und oft sind die Wachlerinnen auf bestimmte Techniken spezialisiert. Das Aufgießen wird in der Regel ein bis zwei Mal wiederholt und die Wachler mit einem kurzen Applaus oder durch verbale Anerkennung bedankt. Der Aufguss kündigt sich durch ein Klingelsignal an und dauert etwa fünf Minuten. Während dieser Zeit sollte der Saunaraum nicht verlassen bzw. betreten werden. Üblicherweise wechseln sich beim Saunabesuch Ruhephasen mit zwei bis vier Saunagängen und anschließendem kaltem Brausen und Frischluftaufenthalt ab.

Fragen nach den Binnenverhältnissen der Gruppe: Gibt es spezielle Rollen innerhalb der Gruppe und welche? Gibt es Privilegien? Wer hat aufgrund welcher Legitimität Macht in der Gruppe? Gibt es Subgruppen? Gibt es eine Gruppenhierarchie?

Zum Brennpunkt meines Interesses entwickelten sich schließlich die Fragen nach den Binnenstrukturen, dem Zusammenhalt der Gruppe und nach der Zugehörigkeit sowie ihren Außenverhältnissen. Was die Angehörigen der Gruppe auf den ersten Blick miteinander verbindet ist, dass sie in einem bestimmten Zeitraum an einem bestimmten Ort miteinander schwitzen, genereller gesprochen, dass sie ihrer Körper- und Gesundheitspflege nachkommen. Das unterscheidet sie aber noch nicht von den Personen, die nicht Gruppenmitglieder sind. Fraglich ist also, was die Gruppe zu einer Gruppe macht? Besonders bedeutsam dafür erschien mir, dass die Gruppenmitglieder schon über viele Jahre eng miteinander befreundet sind. Wie sich aus Erzählungen während der Aufgüsse entnehmen ließ, gibt es auch über die Saunabesuche hinaus gemeinsame Unternehmungen, die die freundschaftlichen Bindungen noch verstärken.

Darüber hinaus koordiniert die Gruppe verschiedene Aufgaben für einen reibungslosen Saunabesuch, wodurch sie für die funktionalen Abläufe in der Sauna zuständig sind: Es gibt eine Person, die die ätherischen Öle für den Aufguss einkauft, mitbringt und auch von Zeit zu Zeit Geld für deren Anschaffung einsammelt. Diese Person bringt auch das sogenannte Wacheltuch mit, das für den Aufguss benötigt wird, und wäscht und bügelt es zu Hause.

Es gibt einige Personen, die für das »Wacheln« zuständig sind, wobei es phasenweise immer eine »Hauptwachlerin« gibt, die eher in seltenen Fällen abgelöst wird.[9] Eine Person führt eine Liste über die Gruppenmitglieder, in der ihre Telefonnummern und Geburtstage notiert sind. Vor einer anstehenden Geburtstagsfeier wird von der Gruppe Geld gesammelt und ein gemeinsames Geburtstagsgeschenk ausgewählt.

Bedeutsam für den Zusammenhalt der Gruppe ist auch der Umgang mit dem Badepersonal, dem gegenüber sich die Gruppe zwar in der Regel freundlich, bisweilen aber auch konfrontativ verhält. Die beiden Badefrauen haben Aufsichtsfunktionen in der Sauna, sie repräsentieren gleichsam die Bäderverwaltung. Konfrontative Begegnungen zwischen einzelnen Gruppenmitgliedern und dem Badepersonal werden zumeist mit großer Empörung berichtet und in der Folge heftig und mit eindeutiger Parteinahme für das Gruppenmitglied von den anderen kommentiert. Gleichzeitig ist die Gruppe um einen freundlichen Kontakt mit den Badefrauen bemüht, vermutlich um es sich nicht mit ihnen zu verderben.

9 Die Position der »Wachlerin« ist eine vergleichsweise machtvolle. Eine Gruppenzugehörige, die sich diese Position durch Übung und Beharrungsvermögen über mehrere Monate erobert hat, drückte dies bei der Vorbereitung eines Aufgusses mit folgenden Worten aus: »Die Insignien der Macht: Das Wacheltuch und die Schöpfkelle.«

Denn kraft ihres Amtes könnten die Badefrauen einige Aktivitäten der Gruppe in der Sauna untersagen, z. B. die Feiern. Um dies zu verhindern, werden die Badefrauen bei Feierlichkeiten regelmäßig mit einem kleinen Obolus vom Buffet und Getränken versorgt und gnädig gestimmt.

Die Dominanz der Gruppe in den Saunaräumen stellt gleichsam eine Inbesitznahme des (halb-)öffentlichen Raums Sauna dar. Personen, die nicht unmittelbar zur Gruppe gehören, müssen sich den Vorgaben der Gruppe anpassen, wodurch ihre Handlungsfreiräume erheblich beschränkt werden. Dies wird insbesondere dann offenkundig, wenn die Gruppe Feste wie Geburtstage, Weihnachten oder Karneval mit einem von ihnen selbst arrangierten Büffet und Getränken in den Saunaräumlichkeiten feiert und dann einen Großteil des Saunaraums einnimmt. Diese Inbesitznahme scheint nur kollektiv zu gelingen. Es sind nicht die Frauen als einzelne Personen, die sich den Raum aneignen, dazu bedarf es des Auftretens in einer größeren Gruppe. Dies wurde mir besonders deutlich, aufgrund einiger Beobachtungen während der Zeit, in der die angestammten Saunaräumlichkeiten ein halbes Jahr lang wegen Renovierungsarbeiten geschlossen wurden. Die Versuche der »exilierten« Gruppenmitglieder, die in kleine Gruppen zerfielen und sich auf verschiedene Wiener Saunen verteilten, die Aufgüsse zu übernehmen oder Gesprächsthemen während der Aufgüsse vorzugeben, schlugen fehl. Die kleine »Exil-Gruppe« kam nicht zum Zug, sie konnte die informelle Saunaordnung in der »Ersatzsauna« nicht maßgeblich beeinflussen, sich aber auch nicht mit den neuen Verhältnissen zufriedenstellend arrangieren. Darauf deuten die Kommentare der »exilierten Frauen« hin, dass sie sich in der neuen Sauna nicht wohl fühlten, weil das nicht »ihre« Sauna sei.

Doing sauna und soziale Aneignung

Die beobachteten Praktiken der quasi Inbesitznahme seitens der Saunagruppe möchte ich hypothetisch als kollektive soziale Aneignung des halböffentlichen Raums Sauna deuten. Mit Heinrich Popitz (1968) lassen sich die Prozesse der sozialen Aneignung auch als Prozesse der Machtbildung beschreiben. Mit der Betonung der kollektiven sozialen Aneignung möchte ich allerdings eine andere Fokussierung als Popitz vornehmen. Popitz (ebd.: 5) geht es bei seinen Überlegungen um die Frage, wie es geschieht, dass wenige Macht über viele gewinnen und dass sich diese Macht akkumuliert. Diese Frage versucht er durch die Analyse von Beispielen zu beantworten. Speziell sein erstes Beispiel hat deutliche Ähnlichkeiten mit der beschriebenen Saunaszenerie: Er beobachtet, wie eine Gruppe von Passagieren auf einem Schiff die an sich allen zur Verfügung stehenden Liegestühle zunächst reserviert und schließlich quasi in-Besitz-nimmt und damit die anderen Passagiere von der freien Benutzung ausschließt. Durch diese »Besetzung« entstehen gleichsam zwei Klassen, Besitzende und Nicht-Besitzende, die nur durch entsprechende Gegenleistungen über das einstmals gemeinsame Gut verfügen können. Nach seiner Analyse sind es im Wesentlichen zwei Prinzipien, die zur Machtbildung der besitzenden Gruppe beitragen: Erstens, die überlegene Organisationsfähigkeit der Privilegierten, die ihr jedenfalls einen kleinen Vorsprung gegenüber den anderen Beteiligten verschafft. Zweitens, die Entstehung der Legitimitätsbildung aus dem Gegenseitigkeitsprinzip, welches in einer Austauschbeziehung die wechselseitige Anerkennung der Ansprüche der Privilegierten beinhaltet. Die wechselseitige Anerkennung von Rechten findet zunächst nur innerhalb der privilegierten Gruppe statt, als Anerkennung der Ordnung, die sie privilegiert. Dieser Prozess verschafft, so nimmt Popitz an, den Privilegierten zunehmend Sicherheit, die sie auch nach außen ausstrahlen und die – ohne dass es unbedingt einer militanten oder aggressiven Durchsetzung bedarf – suggestives Einverständnis von außen bewirkt: »Die Suggestivkraft des Einverständnisses wirkt bereits, wenn der interne gegenseitige Anerkennungsprozess für andere sichtbar, beobachtbar wird; etwa im demonstrativen Zeremoniell der Privilegierten, das die Legitimität ›vorspielt‹, in einem darstellenden Verhalten versinnbildlicht (Grußformen, Kleidung, Anerkennungsgesten mit ihrer vor-bildlichen Wirkung).« (Ebd.: 16)

Vergleichbare Prozesse der Machtbildung finden meines Erachtens auch in der beschriebenen Sauna statt. Auch hier hat sich eine organisierte Gruppe im Laufe der Zeit gewisse Verfügungsrechte erworben, die ihr gegenüber Nicht-Mitgliedern Privilegien verschafft: das Belegen von Lieblingssitzplätzen, das Feiern von Festen usw. Auch im beschriebenen Fall werden die (Gewohnheits-)»Rechte« der Stammgäste nicht in Frage gestellt, ihre Vorherrschaft gleichsam anerkannt.[10] Und auch hier wird von der Gruppe die Rechtmäßigkeit der Verfügungsgewalt über die Saunaräumlichkeiten mit bestimmten Verhaltens- und Redeweisen demonstriert. Etwa dadurch, dass oftmals von »unserer Sauna« oder »unserem Saunaabend« gesprochen wird. Oder dadurch, dass Neulinge in die inoffizielle und offizielle Saunaordnung eingeführt werden, indem darauf geachtet wird, dass sie vor dem ersten Saunagang Seife benutzen, während des Aufgusses die Sauna nicht

10 Ich habe noch nicht beobachtet, dass eine Nicht-Angehörige sich öffentlich über das dominante Verhalten der Gruppe beschwert hat. Bemerkungen über das dominante Auftreten der Gruppe (z. B. das laute Reden während der Aufgüsse) werden nur dann geäußert, wenn die Nichtzugehörigen unter sich sind. Unbehagen führt vermutlich in vielen Fällen eher dazu, dass Personen den Saunabesuch nicht allzu oft wiederholen. Dass viele neue Besucherinnen nur ein oder zwei Mal kommen, ist jedenfalls auffällig.

verlassen bzw. betreten, die Anlage pfleglich behandeln und nicht verschmutzen (z. B. durch die Verwendung farbintensiven Hennas) etc.

Doch sind meines Erachtens diese Bemerkungen nicht als reine Machtdemonstrationen zu interpretieren. Die soziale Aneignung der Saunaräumlichkeiten lässt sich auch aus einer anderen Perspektive betrachten, nämlich den sozialen Bedingungen für die gemeinsame Nutzung von Gütern. Die beschriebene kollektive Inbesitznahme des halböffentlichen Raums Sauna stellt sich dann als eine Quasi-Privatisierung dar, die eine maßgebliche Voraussetzung für die auf lange Sicht funktionierende gemeinsame Nutzung von bestimmten Gütern zu sein scheint.

Nachhaltige Entwicklung, gemeinsame Nutzung und soziale Aneignung

Die Untersuchung der Prozesse sozialer Aneignung ist nicht nur als gruppensoziologisches Phänomen interessant oder als Befund lebensweltlicher Ethnographie (Honer 1993). Im Zusammenhang mit der gemeinsamen Nutzung von Gütern ist die Analyse dieser Prozesse für die Diskussionen um eine nachhaltige Entwicklung relevant. In diesem Kontext werden im Mieten oder Ausleihen von Alltagsgegenständen (z. B. Autos, Heimwerker- und Freizeitgeräte) und in der Inanspruchnahme von (haushaltsbezogenen) Dienstleistungen große Einsparungsmöglichkeiten im Ressourcen- und Energieverbrauch gesehen (Schmitt u. a. 2017). Unter dem Sharing-Motto »Nutzen statt Besitzen« sollen Produkte nicht gekauft, sondern der Kauf durch kollaborativen Konsum, also durch privates Ausborgen, gemeinschaftliche Nutzung und durch entsprechende Dienstleistungen ersetzt werden. Prominente Beispiele hierfür sind die kommerziellen und privaten Car-Sharing-Initiativen, Leihfahrräder oder Roller-Sharing, Wohnungs-, Office- oder Food-Sharing, Community Gardening, Couch-Surfing etc., die in verschiedenen Großstädten inzwischen Verbreitung gefunden haben. Der Ökonomie des Teilens wird dabei auch von kritischen Beobachtern Potenzial für die Überwindung rein wettbewerbsorientierter zugunsten kooperativer Wirtschaftsformen zugestanden (Loske 2019). Doch angesichts der Vielfalt von Akteuren, Organisation und Praktiken – angefangen bei idealistischen Gemeinschaftsprojekten[11] bis zu kommerziellen Anbietern mit klaren Profitinte-

11 Eine umfangreiche Sammlung von Projekten gemeinschaftlicher Nutzung stellt das Projekt FUTUREPERFECT vor, http://www.goethe.de/ins/cz/prj/fup/deindex.htm, letzter Zugriff: 02.10.2020.

ressen – bedarf es einer differenzierten Betrachtung der Sharing Economy und einer gemeinwohlorientierten politischen Gestaltung und Regulierung (ebd.). Denn inzwischen ist klargeworden, dass etwa die kurzfristige Vermietung von innerstädtischen Wohnungen über professionelle Vernetzungsplattformen den Wohnungsmarkt für die Dauervermietung belastet oder Fahrdienste wie Uber etablierte Taxiunternehmen in ihrer Existenz gefährden. Von einem sozial-ökologischen Siegeszug der Sharing-Ökonomie über den Eigentums-, Wettbewerbs-, Wachtsums- und Profit-fixierten Kapitalismus wie ihn etwa Rifkin (2014) prophezeite, kann längst keine Rede mehr sein.

Bei dem rezenten Debattenhype um die Sharing Economy werden ältere Befunde zum Thema gemeinschaftlicher Nutzung wenig wahrgenommen (Littig 2001). Dabei gab es schon in den 1990er Jahren unter dem Stichwort öko-effiziente Dienstleistungen im deutschsprachigen Raum Studien zu diesem Thema. Allerdings wurden auch damals schon traditionelle Formen gemeinsamer Nutzung, zu denen auch die öffentlichen Bäder und Saunen zählen, kaum berücksichtigt. Frühe sozialwissenschaftliche Erhebungen zum Thema gemeinsame Nutzung konzentrieren sich auf die Erfassung der gemeinsam genutzten Alltagsgegenstände und der Motive und Einstellungen von Personen, die gemeinsame Nutzung praktizieren oder diese ablehnen. Auch das Thema Besitz und Besitzstreben als Hindernis für gemeinsame Nutzung (und umweltverträglichen Konsum) wird in diesem Kontext behandelt (Turner 2016). Einer repräsentativen Haushaltsbefragung in Wien zufolge ist der Wunsch nach dem Besitz von Dingen sogar der zentrale Grund dafür, dass Personen den Produktkauf entsprechenden Leih- oder Serviceangeboten vorziehen (Littig/Machold/Steiner 1998).

Die sozialwissenschaftlichen Befunde zu den Motivlagen und Wertorientierungen der einzelnen Akteure widersprechen der zumeist eher pauschalen Annahme über eigentumslosen Konsum und gemeinsame Nutzung, nämlich der, dass die Verbraucher mehr am Nutzen als am Besitz von Gütern interessiert seien, sofern die Akteursebene überhaupt in Betracht gezogen wird (Empacher u. a. 1994: 45; Einert/Schrader 1996: 56). Zumeist zielt die Diskussion um die öko-effizienten Nutzungskonzepte stärker auf eine kritische Auseinandersetzung mit gängigen ökonomischen Begriffen und Definitionen, etwa der des Werts eines Produktes oder des Dienstleistungsbegriffs. So spricht z. B. Bierter (1997: 558) davon, dass Produkte primär »Dienstleistungserfüllungsmaschinen« sind, die spezifische Funktionen und damit menschliche Bedürfnisse erfüllen (Schmidt-Bleek/Tischner 1995). Hockerts u. a. (1994: 7) stellen den Wertbegriff in Frage: Nach ihrer Auffassung ist unter der Maßgabe ökologischer Effizienz der Wert eines Produktes nicht durch seinen Besitz bedingt, sondern durch seinen Nutzen, woraus folgt, dass durch steigende Nutzungskapazität auch der Wert des Produktes steigt. Konsequenterweise sollen die nachhaltigen Nutzungs- und Servicekonzepte die Nutzungskapazität von Produkten steigern.[12]

Die symbolischen und sozialen Funktionen des Erwerbs und Besitzes von Gütern, ihre Bedeutung für die Selbstinszenierung, soziale Distinktion und Identitätsbildung werden in den eher optimistischen Konzepten eigentumslosen, nachhaltigen Konsums bis heute kaum berücksichtigt (Einert/Schrader 1996: 58ff.; Neckel 2018). Ebenso wenig werden Formen gemeinschaftlicher Nutzung im Hinblick auf ihre sozialen Bedingungen und die sich vollziehenden sozialen Prozesse untersucht. Mit gemeinschaftlicher Nutzung ist zumeist auch eine zeitlich versetzte und nicht gleichzeitige Nutzung gemeint. Gruppenprozesse werden dabei wenig berücksichtigt. Dass aber gerade Gruppenprozesse eine große Rolle bei der gemeinschaftlichen Nutzung spielen, verdeutlicht die vorliegende Studie. Denn die beschriebenen Gruppenprozesse erheben die gemeinsame Nutzung der Sauna zu einem sozialen Ereignis. Und gerade dieses macht die öffentliche Gemeinschaftssauna für die Besucherinnen attraktiv – so meine Beobachtung. Bis heute treffen sich die Gruppenmitglieder regelmäßig zum wöchentlichen gemeinsamen Saunieren – trotz einiger Todesfälle und inzwischen teilweise hohen Alters. Eine derartige Kontinuität gibt es nicht bei Personen, die ohne Anschluss an eine Gruppe die Sauna besuchen.

Die beschriebene kollektive Inbesitznahme und Quasi-Privatisierung des gemeinsam genutzten Gutes Sauna kann als Ausdruck von Besitzstreben verstanden werden. Die beschriebene soziale Aneignung der Sauna bringt den Gruppenmitgliedern Nutzungsvorteile, da sie weitgehend über die Saunaräumlichkeiten verfügen können. Die Verfügungsgewalt über die Sauna geht im Sinne von Popitz mit einer sozialpsychologisch bedeutsamen Privilegierung der Gruppenmitglieder einher. Durch die Gruppenzugehörigkeit und die wechselseitige Anerkennung der Privilegien sowie der nach außen wirkenden »Suggestivkraft dieses Einverständnisses« wird das dominante Verhalten der Gruppe legitimiert. Vergemeinschaftung – in diesem Fall Mitglied der Saunagruppe zu sein – bringt also nicht nur Nutzungsvorteile, sondern auch soziale Vorteile.

12 Es lassen sich prinzipiell drei Formen von nutzenorientierten Servicekonzepten unterscheiden (Empacher u. a. 1994; Hockerts u. a. 1994; Bierter 1997): 1. Kommerzielles Mieten von Produkten, 2. Private oder genossenschaftliche gemeinsame Nutzung (Pooling oder Sharing), 3. Die Systemoptimierung: Bei dieser steht die Leistung selbst im Mittelpunkt und wird mit einer Kostenpauschale abgegolten.

Ein vager Ausblick

Das meiste hier vorgestellte empirische Material wurde lange vor der Coronakrise generiert. Im März 2020 wurden nun wegen der Ansteckungsgefahr alle Saunen in Wien geschlossen; jedenfalls die städtischen Saunen sind es nach wie vor. Manche privaten Betreiber haben mit erheblichen Besuchseinschränkungen wieder geöffnet. Welche Auswirkungen der Lockdown auf die zukünftige Saunakultur haben wird, ist gegenwärtig kaum abzuschätzen; nicht zuletzt deshalb, weil die längerfristige Finanzierung der Betriebe nicht geklärt ist. Damit sind weitere Beobachtungen und die weitere fokussierte Datengenerierung aufgrund der Coronapandemie wohl auf längere Zeit ausgesetzt. Das Beispiel Sauna könnte aber gerade im Hinblick auf die Veränderungen synchroner gemeinsamer Nutzung durch die Pandemie sehr aufschlussreich sein. Inzwischen sind eine Reihe pandemiebedingter Zweifel am Siegeszug der Sharing-Ökonomie laut geworden.[13] Dass dies alle Sharing-Bereiche – angefangen vom Verkehr über das Wohnen, das Crowdfunding, Nahrungsmittel oder Kleidungs-Sharing usw. – betrifft, ist unwahrscheinlich. Jedenfalls für die zeitgleiche gemeinsame Nutzung dürften diese Zweifel aber angebracht sein, ist doch *physical distancing* in Saunen, öffentlichen Verkehrsmitteln, Büros etc. deutlich schwieriger zu bewerkstelligen. Die Zunahme von Homeoffice, die bevorzugte Nutzung von privaten PKWs in der Coronakrise verweisen darauf, dass gemeinsame Nutzung auch in etablierten Nutzungsbereichen (Büroarbeit, öffentlicher Nah- und Fernverkehr) nicht mehr unproblematisch ist. Wer kann oder es sich leisten kann, greift vermutlich eher auf individuelle Lösungen zurück, um Abstand halten zu können. Und das könnte bedeuten, dass bestimmte Formen des Sharings – vor allem die der synchronen Nutzung – in erster Linie von ärmeren Bevölkerungsgruppen in Anspruch genommen werden. Inwieweit dadurch der Hype um die Sharing-Ökonomie allerdings zum Erliegen kommt, bleibt abzuwarten. Gebremst ist er jedenfalls bis auf weiteres.

Literatur

Atkinson, Paul (2006): »Rescuing Autoethnography«, in: *Journal of Contemporary Ethnography* 35(4), S. 400–404.

Bierter, Willy (1997): »Öko-effiziente Dienstleistungen und zukunftsfähige Produkte«, in: Hans-Jörg Bullinger (Hg.), *Dienstleistungen für das 21. Jahrhundert.* Stuttgart: Schäffer-Poeschel, S. 557–585.

13 OÖNachrichten (09.09.2020): »Sharing Economy: Wer will jetzt noch teilen?«, letzter Zugriff: 06.10.2020, https://www.nachrichten.at/meinung/kolumnen/wirtschaft-verstehen/sharing-economy-wer-will-jetzt-noch-teilen;art206790,3291565.

Breidenstein, Georg/Hirschauer Stefan/Kalthoff, Herbert/Nieswand, Boris (2013): *Ethnografie. Die Praxis der Feldforschung*. Konstanz: UVK.

Butler, Lee A. (2005): »›Washing off the Dust‹: Baths and Bathing in Late Medieval Japan«, in: *Monumenta Nipponica* 60(1), S. 1–41.

Dimitriou, Minas/Ring-Dimitriou, Susanne (Hg.) (2019): *Der Körper in der Postmoderne. Zwischen Entkörperlichung und Körperwahn*. Wiesbaden: Springer VS.

Einert, Dirk/Schrader, Ulf (1996): *Die Bedeutung des Eigentums für eine Ökologisierung des Konsums*. Universität Hannover: Institut für Betriebsforschung, Lehr- und Forschungsbericht Nr. 36.

Empacher, Claudia/Schultz Irmgard/Weller, Ines (1994): »Öko-Dienstleistungen. Begriff und Bedeutung«, in: *Materialien Soziale Ökologie MSÖ*. Frankfurt a. M.: Institut für sozial-ökologische Forschung.

Fagan, Garrett G. (2001): »The Genesis of the Roman Public Bath: Recent Approaches and Future Directions«, in: *American Journal of Archaeology* 105(3), S. 403–426

Flick, Uwe. (1995): *Qualitative Forschung. Theorie, Methoden, Anwendung in Psychologie und Sozialwissenschaften*. Hamburg: Rowohlt.

Hannuksela, Minna L./Ellahham, Samer (2001): »Benefits and risks of sauna bathing«, in: *American Journal of Medicine* 110(2), S. 118–26.

Hirschauer, Stefan/Amann Klaus (1997): »Die Befremdung der eigenen Kultur. Ein Programm«, in: Dies. (Hg.), *Die Befremdung der eigenen Kultur. Zur ethnographischen Herausforderung soziologischer Empirie*. Frankfurt a. M.: Suhrkamp, S. 7–52.

Hockerts u. a. (Hg.) (1994): *Kreislaufwirtschaft statt Abfallwirtschaft. Optimierte Nutzung und Einsparung von Ressourcen durch Öko-Leasing und Servicekonzepte*. Ulm: Universitätsverlag.

Honer, Anne (1993): »Das Perspektivenproblem in der Sozialforschung. Bemerkungen zur lebensweltlichen Ethnographie«, in: Thomas Jung/Stefan Müller-Dohm (Hg.), *»Wirklichkeit« im Deutungsprozeß. Verstehen und Methoden in den Kultur- und Sozialwissenschaften*. Frankfurt a. M.: Suhrkamp, S. 241–257.

Jonas, Michael/Littig, Beate (2015): »Sustainable Practices«, in: James Wright (Hg.), *The International Encyclopedia of the Social and Behavioral Sciences*. Oxford: Elsevier, S. 834–838.

Jonas, Michael/Littig, Beate/Wroblewski, Angela (2017): *Methodological Reflections on Practice Oriented Theories*. Dordrecht: Springer.

Littig, Beate (1997): »›Nutzen statt besitzen‹ – Umweltschutz und haushaltsbezogene Dienstleistungen aus geschlechterpolitischer Sicht«, in: Ute Behning (Hg.), *Das Private ist ökonomisch. Widersprüche der Ökonomisierung privater Familien- und Dienstleistungen*. Berlin: Edition Sigma, S. 171–186.

Littig, Beate (2001): »Eco-efficient services for private households. Looking at the consumer's side«, in: Eckart Hildebrandt/Børge Lorentzen/Eberhard Schmidt (Hg.), *Towards a Sustainable Worklife – European Approaches*. Berlin: Edition Sigma, S. 231–246.

Littig, Beate (2013): »On High Heels. A Praxeography of Doing Argentine Tango«, in: *European Journal for Womens' Studies* 20(4), S. 455–467.

Littig, Beate/Machold, Ingrid/Steiner, Peter (1998): *Motive für die gemeinsame Nutzung von Alltagsgegenständen. Ergebnisse einer telefonischen Befragung in Wien*. Studie im Auftrag der Gruppe für angepasste Technologie. Unveröffentlichter Zwischenbericht des Instituts für Höhere Studien, Februar 1998, Wien.

Lopatin, Ivan A. (1969): »Origin of the Native American Steam Bath«, in: *American Anthropologist* 62(6), S. 977–993.

Loske, Reinhard (2019): »Die Doppelgesichtigkeit der Sharing Economy. Vorschläge zu ihrer gemeinwohlorientierten Regulierung«, in: *WSI Mitteilungen* 72(1), S. 64–70.

Mather, Cotton/Kaups, Matti (1963): »The Finnish Sauna: A Cultural Index to Settlement«, in: *Annals of the Association of American Geographers* 53(4), S. 494–504.

Ministerium für Umwelt und Verkehr Baden-Württemberg (1996) (Hg.): *Nutzen statt besitzen: Mieten, Teilen, Leihen von Gütern, ein Zukunftsmodell?* Stuttgart.

Neckel, Sighard (2018): »Ökologische Distinktion. Soziale Grenzziehung im Zeichen von Nachhaltigkeit«, in: Ders. u. a. (Hg.), *Die Gesellschaft der Nachhaltigkeit. Umrisse eines Forschungsprojekts*. Bielefeld: transcript, S. 59–76.

Norden, Gilbert (1987): *»Saunakultur« in Österreich. Zur Soziologie der Sauna und des Saunabesuches*. Unter Mitarbeit von Mario Prinz. Wien/Köln/Graz: Böhlau.

Popitz, Heinrich (1968): *Prozesse der Machtbildung*. Tübingen: J. C. B. Mohr/Paul Siebeck.

Reckwitz, Andreas (2002): »Toward a theory of social practices: A development in culturalist theorizing«, in: *European Journal of Social Theory* 5(2), S. 243–263.

Rifkin, Jeremy (2014): *The Zero Marginal Cost Society: The internet of things, the collaborative commons, and the eclipse of capitalism*. Basingstoke: Palgrave Macmillan.

Schatzki, Theodore (1996): *Social Practices. A Wittgensteinian Approach to Human Activity and Social Life*. New York: Cambridge University Press.

Schatzki, Theodore (2010): »Materiality and Social Life«, in: *Nature and Culture* 5(2), S. 123 –149.

Schmidt-Bleek, Friedrich/Tischner, Ursula (1995): *Nutzen gestalten, Natur schonen*. Wien: Schriftenreihe des Wirtschaftsförderungsinstituts der Wirtschaftskammer Österreich, Nr. 270.

Schmitt, Martina/Leismann, Kristin/Baedeker, Carolin/Rohn, Holger (2017): »Sharing – eine innovative, soziale Praktik für einen ressourcenschonenden, nachhaltigeren Konsum?«, in: Melanie Jaeger-Erben/Jana Rückert-John/Martina Schäfer (Hg.), *Soziale Innovationen für nachhaltigen Konsum*. Wiesbaden: Springer VS, S. 71–96.

Shove, Elizabeth (2012): »Habits and their Creatures«, in: Alan Warde/Dale Southerton (Hg.), *The Habits of Consumption*. COLLeGIUM: Studies across Disciplines in the Humanities and Social Sciences 12, S. 100–112.

Shove, Elizabeth/Spurling, Nicola (Hg.) (2013): *Sustainable Practices – Social theory and climate change*. London: Routledge.

Turner, Matthew D. (2016): »Political Ecology III: The commons and communing«, in: *Progress in Human Geography* 41(6), S. 795–802.

Vahros, Igor (1966): »Zur Geschichte und Folklore der grossrussischen Sauna«, in: *Folklore Fellows Communications* 82(2), Nr. 197.

Van Maanen, John (1988): *Tales of the field: On writing ethnography*. Chicago: University of Chicago Press.

Wacquant, Loïc (2000): *Body and Soul: Notebooks of an Apprentice Boxer*. New York/Oxford: Oxford University Press.

Yanow, Dvora V./Schwartz-Shea, Peregrine (Hg.) (2006): *Interpretation and Method: Empirical Research Methods and the Interpretive Turn*. New York: Sharp.

Die Soziologie und das Anthropozän. Einige Beobachtungen von außen

Eva-Maria Engelen

Wesentliche klassische Bezugspunkte und Ordnungskategorien wie insbesondere die des Nationalstaates haben in den disziplinären Diskursen der Gesellschafts- und Sozialwissenschaften an Legitimation verloren und hinterlassen eine bislang ungefüllte Lücke, deren Auswirkungen für die genannten Wissenschaftsbereiche von erheblicher (sich erst in Umrissen abzeichnender) Tragweite sind. Auch deshalb werden derzeit sowohl in der Soziologie als auch in der Geschichtswissenschaft, in zweien der gesellschaftspolitisch wirkmächtigsten Disziplinen der vergangenen Jahrzehnte also, Gegenstand, Methode und disziplinäre Neuausrichtung intensiv diskutiert. Dabei lassen sich ähnlich gelagerte Beobachtungen, Analysen und Forderungen ausmachen, aber auch gegenläufige.

Sighard Neckel hat sich am 29. November 2019 in einem Vortrag mit dem Titel *Scholastische Irrtümer? Rückfragen an das Anthropozän* mit einigen für die Soziologie relevanten Aspekten befasst.[1] Wobei er unter anderem wissenschaftstheoretische Überlegungen angesprochen und insbesondere die Neuausrichtung der Soziologie hin zu einem Konzept des Anthropozäns kritisch reflektiert hat. Zunächst macht er geltend, dass nicht einmal innerhalb der Geowissenschaften Einigkeit darüber herrsche, ob es sich bei der Kategorie des Anthropozäns um eine sinnvolle geochronologische Kategorie handelt. Geistes- und Sozialwissenschaftler sollten mithin gewarnt sein, sie für ihre eigenen Disziplinen heranzuziehen und zu nutzen. Tue man dies jedoch und verwendet »Anthropozän« beispielsweise als Beobachtungskategorie in der Soziologie, solle man, so Neckel, nicht umstandslos von erdgeschichtlichen Befunden auf zu ziehende politische Konsequenzen schließen.

Wissenschaftstheoretisch ist dieser Sachverhalt schon seit David Hume bekannt: Vom Sein ist nicht ohne weiteres auf das Sollen zu schließen. Ein solcher naturalistischer Fehlschluss liegt auch hier vor: Naturwissenschaftliche Befunde implizieren keine politischen Handlungsaufforderungen. Dieses Caveat bildet die Basis von Neckels Analyse, in deren weiteren Verlauf er zeigt, dass das umstandslose Schließen von einer geologischen Kategorie auf gesellschaftliche Handlungsprozesse die Ursachen der gegenwärtigen ökologischen Probleme verdeckt. Denn

1 In Adloff/Neckel (2020) ist im Anschluss an diesen Vortrag der gleichnamige Aufsatz erschienen.

diese sind nicht geochronologischer Natur, sondern Ergebnis historisch-gesellschaftlicher Prozesse. Diese Klarstellung mag zunächst spitzfindig akademisch erscheinen, Neckel zeigt jedoch, dass die geochronologische Kategorie nicht ermöglicht, die Ursachen für die Zerstörung und Ausbeutung der Natur überhaupt in den Blick zu bekommen: nämlich bestimmte Ausgestaltungen des Kapitalismus und das damit einhergehende Konsumverhalten. Die Kategorie des Anthropozäns in den Sozialwissenschaften zu gebrauchen, verhindert also gesellschaftspolitische Analysen. Dieses Ergebnis wäre für sich allein schon beachtenswert, im Folgenden soll jedoch ein weiterer Aspekt beleuchtet werden, nämlich der sich abzeichnende Verlust primärer Forschungsgegenstände und Methoden in den geistes- und sozialwissenschaftlichen Disziplinen.

Sowohl in den Geistes- als auch in den Sozialwissenschaften verschwinden Forschungsgegenstände und Akteure oder werden, wie Neckel es für den Diskurs über das Anthropozän in der Soziologie dargelegt hat, durch einen unbestimmbaren und nicht existenten Akteur ersetzt. Politische Forderungen müssen von Akteuren umgesetzt werden. Im Anthropozän-Diskurs kommen dafür aber offensichtlich nicht mehr einzelne Gesellschaften oder ihre gewählten Vertreter in Frage, sondern, so Neckel, nur noch die gesamte Menschheit:

> »Die Vorstellung einer handlungsfähigen Weltbürgerschaft, die im Auftrag der gesamten Menschheit die Erde advokatorisch verwaltet, entspringt einem Akteursidealismus, der in der gesellschaftlichen Wirklichkeit keine Entsprechung hat. Sie übersieht alle tiefgreifenden ökonomischen, kulturellen, religiösen und politischen Fragmentierungen, durch welche die Weltgesellschaft gekennzeichnet ist. Das Bild eines globalen politischen Subjekts ist die normative Überdehnung eines Wunschbildes, das aus den Befunden einer globalen Bedrohung die Konstitution eines globalen Akteurs ableitet, ohne zu reflektieren, dass – wie die Soziologie weiß – die Herausbildung kollektiver Akteure keine einfache Funktion ihrer Notwendigkeit ist. Aufgabe der Soziologie wäre es, einen solchen normative overstretch zu analysieren, anstatt sich von ihm die Richtung vorgeben zu lassen.« (Neckel 2020: 159f.)

Der diagnostizierte Akteursidealismus hat unter anderem den unerwünschten Effekt, dass eigentlich niemand mehr angesprochen wird, aber auch keine Verantwortlichkeiten konkreten Akteuren zugewiesen werden. Ist historisch und tatsächlich die gesamte Menschheit für das Kippen des ökologischen Gleichgewichts verantwortlich? So direkt gefragt, wissen wir, dass dem nicht so ist, sondern in erster Linie ungehemmte Industrialisierung und das damit einhergehende Konsumverhalten ursächlich sind. Diese sind jedoch weder in der Vergangenheit noch in der Gegenwart allen Erdenbürgern gleichermaßen zuzuschreiben.

Darüber hinaus wirkt dieser Akteursidealismus wie ein Verzicht auf Akteure, wie wir ihn sonst nur aus den Naturwissenschaften kennen. In naturwissenschaftlichen Theorien gibt es keine Handelnden. Für Neckel ist der Rückgriff auf eine naturwissenschaftliche Kategorie wie das Anthropozän, das gerade auf das Einwirken des Menschen in die Naturkreisläufe hinweisen soll, daher auch ein Indiz für eine »Vernaturwissenschaftlichung« der Sozialwissenschaften.

Diese »Vernaturwissenschaftlichung globaler Probleme [und Prozesse], die keine anderen als historisch gesellschaftliche Ursachen haben« (ebd.: 162), findet sich, wenn auch anders gelagert, desgleichen in den Geschichtswissenschaften. So haben Stephanie Gänger und Jürgen Osterhammel (2020) kürzlich in ihrem Diskussionsbeitrag *Denkpause für Globalgeschichte* einer solchen Vernaturwissenschaftlichung das Wort geredet. Sie tun dies, indem sie ihrer Kritik an der Globalgeschichtsschreibung, Phänomene wie die Covid-19-Pandemie nicht in ihr Paradigma der »Geschichte von Wechselwirkungen, Mobilität und Beziehungen in und zwischen verschiedenen Teilen der Welt« integrieren zu können, die Aufforderung folgen lassen, in den Geschichtswissenschaften weniger die menschlichen Akteure als die nichtmenschlichen in den Blick zu nehmen:

»Die historischen Kultur- und Geisteswissenschaften, die sich auch nach Jahrzehnten umwelthistorischer Aufmerksamkeit und einer Faszination durch die ›Akteur-Netzwerk-Theorie‹ vorrangig in guter historistischer Tradition mit dem menschlichen ›Geist‹ und anthropogener Kultur befassen, werden sich auf eine weniger anthropozentrische Weltsicht und Semantik zubewegen müssen. Die oft als Spinnerei belächelte Frage nach der Geschichtsmächtigkeit (agency) nichtmenschlicher Akteure – Viren und andere Krankheitserreger etwa – ist unübersehbar beantwortet. Die environmental und medical humanities, ob global oder nicht, dürften von der Peripherie der verschiedenen Fächer zu deren Zentren hin driften.« (Ebd.: 85)

Dieses Fazit ist auch deshalb in vorliegendem Zusammenhang relevant, weil es im Anschluss an die Analyse folgt, wonach die Geschichte von Wechselwirkungen, Mobilität und Beziehungen in und zwischen verschiedenen Teilen der Welt eben gerade nicht unaufhaltsam fortschreite und die »fortwährende Beschleunigung der Existenz« eben kein zutreffendes soziologisches Theorem sei (ebd.: 81). Vielmehr sei »die Vorstellung vom nahenden ›Tod‹ des Nationalstaates weniger haltbar denn je«. (Ebd.: 82)

Dieser Befund steht ohne Frage in einem gewissen Spannungsverhältnis zu dem, was am Anfang dieses Beitrages konstatiert wurde, nämlich, dass das Konzept des Nationalstaates in den disziplinären Diskursen der Gesellschafts- und Sozialwissenschaften an Legitimation verliere und eine Lücke in deren Theoriebildung hinterlasse. Aber ist dem wirklich so?

Gänger und Osterhammel gehen gerade nicht auf die Akteursebene zurück. Damit bestätigen sie indirekt die Feststellung, wonach dieses Konzept in den disziplinären Diskursen der Gesellschafts- und Sozialwissenschaften keine Legitimation mehr habe und eine Lücke hinterlasse. Letztere füllen sie ebenso wie die Anthropozän-Protagonisten mit einer »Vernaturwissenschaftlichung« und schieben die »Verdigitalisierung« gleich hinterher. Wo menschliche Akteure nicht mehr

Teil der Untersuchung sind, kann auf Hermeneutik verzichtet werden: »Massenphänomenen entsprechen Massendaten, und die Digitalisierung der Geschichtswissenschaft wird weiter voranschreiten, wenn auch unter skeptischer Beobachtung durch analoge Humanisten.« (Ebd.: 86) Gänger und Osterhammel wollen also nicht zur nationalen Geschichtsschreibung zurückkehren. Sie sehen aber trotz der von ihnen propagierten Hinwendung zu Digitalisierung und Vernaturwissenschaftlichung der Geschichtswissenschaften eine Lücke, die bisher weder durch eine Globalgeschichtsschreibung noch durch eine Geschichtsschreibung, die sich vermehrt anderen als hermeneutischen Methoden zuwendet, geschlossen wurde. Wie diese zu füllen wäre, lassen sie offen, beschreiben sie aber teilweise:

»Diskussionsbedürftig ist auch, wie sich eine immer stärker relativistische globale Geschichtsschreibung in einer Zeit von Fake News, ›Infodemien‹ und Glaubensbekenntnissen öffentlich zu verhalten hat. Darf sie vor Fragen von ›Wahrheit‹ und Richtigkeit zurückscheuen? Wie kann sie dabei ein Maß an konstruktivistischer Sensibilität beibehalten?

Grundsätzlich steht die Frage im Raum, wie weit man den Erwartungen eines außerfachlichen Publikums entgegenkommen möchte, das Fakten und Narrative, ›Lehren aus der Geschichte‹, Wesenseinsichten in Jahrtausende und immer auch Prognosen erwartet.« (Ebd.)

Dieser Fragenhorizont geht deutlich über den einer vernaturwissenschaftlichten und digital betriebenen Geschichtswissenschaft hinaus. Er wird möglicherweise von Gänger und Osterhammel aufgerufen, weil sie mit guten Gründen nicht zu einer nationalen Geschichtsschreibung zurückkehren wollen, zugleich jedoch sehen, dass einer Geschichtsschreibung, deren Gegenstand menschlich verursachtes Naturgeschehen ist, welches mit naturwissenschaftlichen Methoden untersucht wird, der Gesellschaftsbezug fehlt.

Wie verhält es sich mit der Soziologie? Kann sie den »Einstieg ins planetare Denken« überdauern? Leggewie und Hanusch (2020), von denen dieser Titel stammt, deuten eine Antwort an. Auch sie nehmen das Verhältnis von Akteur und Anthropozän zum Ausgangspunkt ihrer Überlegungen:

»Die Conditio humana zu bestimmen war der eherne Monopolanspruch der Geistes- und Sozialwissenschaften in der Moderne. Im Mittelpunkt stand der Mensch. Soziologen wie Ulrich Beck oder Bruno Latour und Protagonisten der politischen Ökologie mahnten aus Anlass des Klimawandels eine Korrektur an: ›Was das neue Klimaregime in Frage stellt, ist weniger der zentrale Ort des Menschen als seine Zusammensetzung, seine Präsenz, seine Konfiguration.‹ So stellte Latours ›Terrestrisches Manifest‹ die Souveränitätsillusion individueller und kollektiver Akteure auf den Prüfstand und kehrte die vor allem von Ökonomen verhandelte Frage nach dem Verhältnis von Prinzipal und Agent um: Menschen haben tief in den Planeten eingegriffen und sind selbst zu einer geologischen Macht geworden, aber sie finden keinen Weg aus der von ihnen verursachten Zerstörung ihrer Umwelt. Der ›Prinzipal Mensch‹ hat versagt, die Natur tritt in Aktion, das besagt die Anthropozän-These.« (Ebd.: N4)

Leggewie und Hanusch kritisieren diesen Ansatz mit ähnlichen Argumenten wie Neckel. So weisen sie etwa zu Recht darauf hin, dass Appelle zur Veränderung der Lebensstile durch mikrosoziale Untersuchungen zu stützen sind und das Aufrufen einer Anthropozän-Sichtweise dafür nicht ausreicht. Zwar merken sie ferner an, dass der Geographie eine Vermittlerrolle zwischen Naturwissenschaften und Sozialwissenschaften zukommt, werden dann aber ein wenig zu defensiv, wenn sie einwerfen, dass auch die Soziologie Übersetzungsleistungen erbringen könne. Das klingt beinahe so, als brauche man die Soziologie nur noch als Transformationsriemen zwischen Natur und Mensch. So ist es aber sicherlich nicht gemeint. Schon allein, um den von Neckel (2020: 159) angesprochenen »tiefgreifenden ökonomischen, kulturellen, religiösen und politischen Fragmentierungen, durch welche die Weltgesellschaft gekennzeichnet ist«, gerecht zu werden, bedarf es Sozial- und Geschichtswissenschaften, die methodisch in der Lage sind, diese zu erfassen, zu analysieren und aus diesen Ergebnissen Schlussfolgerungen zu ziehen. Sozial- und Geschichtswissenschaften, die sich dem vornehmlich aus einer vernaturwissenschaftlichten Perspektive und mit einem dementsprechenden Methodenarsenal annehmen, dürften dazu nur unzureichend in der Lage sein.

Literatur

Adloff, Frank/Neckel, Sighard (Hg.) (2020): *Gesellschaftstheorie im Anthropozän*. Frankfurt a. M./New York: Campus.

Gänger, Stephanie/Osterhammel, Jürgen (2020): »Denkpause für Globalgeschichte«, in: *Merkur* 855, S. 79–86.

Leggewie, Claus/Hanusch, Frederic (2020): »Einstieg ins planetare Denken«, in: *Frankfurter Allgemeinen Zeitung*, 5. August 2020: N4.

Neckel, Sighard (2019): »Scholastische Irrtümer? Rückfragen an das Anthropozän«, in: *Soziopolis. Gesellschaft beobachten*, letzter Zugriff: 13.11.2020, https://soziopolis.de/artikeluebersicht/artikel/scholastische-irrtuemer/.

Neckel, Sighard (2020): »Scholastische Irrtümer? Rückfragen an das Anthropozän«, in: Frank Adloff/Sighard Neckel (Hg.), *Gesellschaftstheorie im Anthropozän*. Frankfurt a. M./New York: Campus, S. 157–189.

[illegible]
Frankfurt a. M.: Suhrkamp. [illegible]

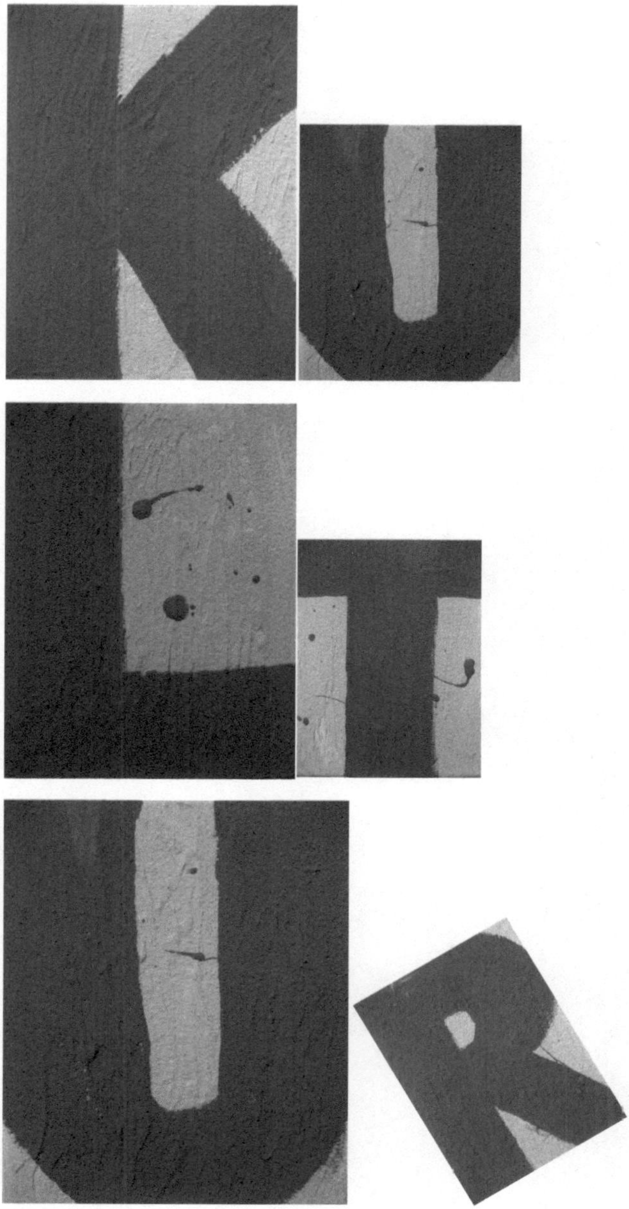
KULTUR

Die normative Kraft der Orte

Berthold Vogel

Mit seiner Nachwendestudie *Waldleben* stellte sich Sighard Neckel (1999) in die Tradition der soziologischen Lokalstudien. Marienthal, Middletown oder Winston Parva – sie alle zeigen grundlegende Muster des Sozialen in der Nussschale lokaler Begebenheiten. Es geht um die ermüdende Wirkung der Arbeitslosigkeit, um die fragmentierende Kraft industriellen Niedergangs und wirtschaftlicher Restrukturierung, oder um die Selbstbehauptung der Ansässigen gegen den Aufstiegswillen der Neuankömmlinge. Zudem kann die Waldleben-Studie in eine Reihe mit den politikwissenschaftlichen Kommunalforschungen der Darmstadt- und der Wertheimstudie (Kötter 1952; Ellwein/Zoll 1982) gestellt werden, die in der jungen Bundesrepublik die Ausgangsbedingungen lokaler Demokratie studierten und zu dem Schluss kamen, dass die Etablierung der Demokratie in einer posttotalitären Gesellschaft nur vom Kommunalen her gelingen kann. Alle diese Studien, ob soziologisch oder politologisch orientiert, zeigen die normative Kraft der Orte. Die soziale Wirklichkeit der lokalen Verhältnisse strukturiert Mentalitäten und Moral, Interessen und Institutionen, Konflikte und Konkurrenzen. *Waldleben* erzählt die Geschichte eines radikalen Wandels, dessen Grundmuster auf paradoxe Weise die Kontinuität ist. Alte Rechnungen werden beglichen, Neubürger aus dem Westen beargwöhnt, Positionskämpfe allerorten – und dennoch gelten auch die Trägheitsgesetze des Sozialen, die Pierre Bourdieu (1987) präzise im Begriff der »Hysteresis« gefasst hat. Bourdieu zeigt in seiner Sozioanalyse des Habitus, dass Einstellungen, Haltungen und Bilder der Gesellschaft sozialen Wandel überdauern bzw. mit ihm in Konflikt geraten. In Lokalstudien lässt sich diese Ungleichzeitigkeit des Gleichzeitigen besonders gut nachzeichnen.

Der vorliegende Text – eine Hommage an Sighard Neckel – nimmt seine Waldleben-Studie zum Anlass, die Veränderungen räumlicher Strukturen des Sozialen, in denen sich starker gesellschaftlicher Wandel nachzeichnen lässt, in den Blick zu nehmen. Dieser Aspekt scheint insofern bedeutsam zu sein, da sich das soziologische Denken Neckels seit geraumer Zeit auf den Konfliktgegenstand der Nachhaltigkeit bezieht. Nachhaltigkeit – so Sighard Neckel (2018: 13) in der Programmschrift *Gesellschaft der Nachhaltigkeit* – dient dabei als »Beobachtungskategorie, […] die Aufschluss darüber geben kann, welcher sozialökonomische

Wandel sich vollzieht, welche neuartigen Konfliktlinien entstehen und welche Ungleichheiten und Hierarchien sich heraus bilden, wenn Gesellschaften der Gegenwart zunehmend Kriterien von Nachhaltigkeit in ihre Institutionen, Funktionsbereiche und kulturelle Wertmuster integrieren«. In dieser Debatte um eine Neugestaltung des sozialen Lebens und die Zukunftsfähigkeit der wirtschaftlichen Aktivitäten kommt die normative Kraft der Orte in besonderer Weise zum Ausdruck. Nachhaltigkeit hat nicht nur einen temporalen, sondern auch einen räumlichen Effekt. Dieser Effekt wird verstärkt über die Relevanz der Artefakte im Diskurs über Nachhaltigkeit. So schreibt im bereits zitierten Zusammenhang der Programmschrift Martina Hasenfratz (2018: 107): »Die Gesellschaft der Nachhaltigkeit ist auf einen umfassenden Wandel alltäglicher Praktiken angewiesen. Technische Innovationen […] oder veränderte räumliche Konstellationen (beispielsweise Konzepte neuer Stadtentwicklung) können zur Infragestellung bestehender, nicht-nachhaltiger Praktiken führen und gleichzeitig Impuls für die Herausbildung neuer, nachhaltiger Praktiken sein.« Es bedarf daher neuer Impulse eines veränderten Welt- und Dingverhältnisses, um beispielsweise wirtschaftliche, soziale oder kulturelle Praxen der Nachhaltigkeit zu etablieren. Doch diese Veränderungen benötigen einen Ort, der nicht im globalen Allgemeinen zu finden ist, sondern im Handeln in konkreten sozialen Bezügen.

Von dieser räumlichen Gebundenheit von sozialen Interessen, Ideen und Institutionen ausgehend zeigt sich die normative Kraft der Orte an der tiefgreifenden Transformation insbesondere ländlicher Räume (I.), an der Etablierung Sozialer Orte (II.) und an der soziologischen Neubestimmung des Menschen als ortsgebundenes Wesen, wie sie in den Überlegungen von Bruno Latour auftaucht (III.).

I.

Wo sind die Orte gesellschaftlicher Transformation? Diese Frage führt uns aufs Land – und weg von Stadt und Urbanität. Das ist überraschend, da wir bis zum heutigen Tag davon ausgehen, dass es die Städte und urbanen Zentren sind, von denen die zukunftstragenden kreativen Impulse für den gesellschaftlichen Wandel ausgehen. Doch die Treiber der wirtschaftlichen, technologischen oder kulturellen Veränderungen, mithin die Schaufenster der Zukunft, sind mehr und mehr das Land, die Provinz, die Flächen mit Dörfern und Kleinstädten. Die kenianischen Architektinnen Linda Nkatha Gichuyia und Etta Madete bringen es in dem Ausstellungskatalog *Countryside – the future* (AMO 2020) auf den Punkt, indem sie betonen, dass der »leftover space« und die »rural villages« »[are] becoming the voice of reason on how to move forward« (ebd.: 91). Überall auf der Welt, auf allen Kontinenten, so die Feststellung, erleben wir den tiefsten Wandel und die radikalsten Veränderungen unserer Gesellschaften auf dem Land. Diese Transformationen sind global, sie werden allerdings jeweils in lokalen Konflikten um öffentliche Güter bearbeitet und ausgefochten. So nimmt die Zukunft der Digitalisierung, der Logistik, der Ernährung, der Energiegewinnung, der Biodiversität, des Alterns, der Demokratie ihren Ausgang jenseits der Metropolen. Über Nachhaltigkeit mag in den Städten nachgedacht werden. Deren Praxis funktioniert jedoch nur über den und im ländlichen Raum. Hierbei geht es nicht um die Aufwertung oder die Rehabilitation des Ruralen gegenüber dem Urbanen, sondern um die nüchterne Feststellung, dass der ländliche Raum anderes und weit mehr ist als nur urbanes Hinterland, nämlich Experimentierfeld und Anwendungslabor. In der Fläche und für die Fläche werden die sozialen und technischen Szenarien der Zukunft entworfen: Die Windräder und Solarparks, die großflächigen Logistik- und Serverzentren, die Giga-Factories für die Mobilität von morgen. In stark alternden Gesellschaften werden die neuen Wohn- und Lebensformen für alte und hochaltrige sowie pflegebedürftige Menschen jenseits der Zentren geplant und gebaut – und faktisch in vielen Fällen auch schon praktiziert. Es geht nicht um neue Ländlichkeit als Sehnsuchtsraum oder um provinzielle Idyllik, sondern um die basale Einsicht, dass unsere Gesellschaften ihre Zukunft verpassen, wenn sie in den alten Kategorien von Stadt und Land hängen bleiben. Ihnen muss eine Dezentrierung gelingen, d. h. der nicht zuletzt kognitive Schritt, Fläche, Region und Provinz nicht mehr als bloßes Hinterland zu betrachten.

Die Nachrichten aus dem ländlichen Raum, aus Dörfern und Kleinstädten sind dabei nicht eindeutig. Mal ist zu hören, dass dort nur noch Alte, Arme und Alkoholiker ihr abgehängtes Dasein fristen und aus Protest bevorzugt autoritäre Parteien wählen. Mal ist zu erfahren, dass sich gerade in der Provinz die *hidden champions* finden. Solche auf dem Land angesiedelten, hochspezialisierten Kleinbetriebe dominieren mit ihren Produkten der Medizintechnik, der Feinmechanik oder der Saatgutproduktion die Weltmärkte. Wie eine angemessene Beschreibung der gesellschaftlichen Verhältnisse jenseits der urbanen Zentren auch immer ausfallen mag, eines steht fest: Im Zuge der Debatte um Polarisierung und Zusammenhalt von Gesellschaft wendet sich sowohl das öffentliche wie auch das wissenschaftliche Interesse mehr und mehr dem Leben auf dem Land zu. Spaltung und Fragmentierung, Abstieg und Fortschritt sind längst nicht mehr nur Themen im Hinblick auf urbane Ballungszentren. Und diese Beobachtung trifft nicht nur hierzulande ins Schwarze. In Frankreich wird der Protest der »Gelbwesten« als militanter Aufstand der Peripherie gedeutet. In den USA sind die »Hillbillies« als Symbolfiguren devastierter und deindustrialisierter Landstriche zum Thema geworden. Der Drogenkonsum zersetzt in den ländlichen Regionen Ohios, West Virginias oder Missouris alle lokalen Sozialstrukturen. Keine heile Kleinstadtwelt, nirgends.

Die soziale Frage ist immer auch eine lokale Frage. Doch es geht nicht um Nacherzählungen sozialer Abstiege, wirtschaftlicher Verluste und kulturellen Niedergangs. Es geht um eine Empirie des radikalen Wandels räumlicher Wirklichkeiten im lokalen und globalen Maßstab – hierzu gehören ausufernde Gewerbegebiete ebenso wie eine durch und durch industrialisierte Landwirtschaft, tauende Permafrostböden in Sibirien und chinesische Infrastrukturprojekte in Afrika. Und mögen die Städte auch wachsen: Tatsache ist, dass 98 Prozent der bewohnbaren Erdoberfläche ländlicher Raum sind und nur zwei Prozent Städte. Wollen wir über ein neues sozialökologisches Regime der Nachhaltigkeit sprechen und forschen bzw. davon ausgehend handeln und die Dingwelt, die Artefakte verändern, dann müssen wir in die Fläche schauen – und entdecken eine ebenso beeindruckende wie bedrückende Vielfalt. Das Land, das Dorf und die Kleinstadt sind eine disparate Welt, die über ein beträchtliches Maß an Transformationsenergie verfügt. Nicht Stillstand oder gar Regression wird sichtbar, sondern Metamorphose. Blicken wir auf den ländlichen Raum, zeichnet sich eine beeindruckende Mischung aus Technopark und Dystopie ab, aus kraftvollen Sozialen Orten und zukunftsstarken Ideen. Das Objekt »Land« verändert sich radikal. Der Begriff »Provinz« erhält eine neue Beleuchtung. Die »Fläche«, auf der sich unsere Gesellschaften entfalten, entwickelt eine ganz eigene Dramaturgie, die mit den herkömmlichen Unterscheidungen von Stadt-, Regional- oder Dorfsoziologie nicht mehr einzufangen ist.

II.

Wir halten fest: Die lokale Frage, also der Blick auf Dorf, Landschaft, Provinz und Stadtquartier rückt transformative Prozesse in den Vordergrund, aber sie zeigt auch Prozesse wachsender Ungleichheit. Die neue wirtschaftliche Dynamik in ländlichen Räumen, die beispielsweise durch Digitalisierung und Energiewende angestoßen wird, wird begleitet von starken sozialen Fragmentierungen, die sich etwa daraus ergeben, dass mit dem Rückzug öffentlicher oder semi-öffentlicher Institutionen aus der Fläche auch die berufliche und soziale Mitte aus Dörfern und Kleinstädten verschwindet. Eine geschlossene Verwaltungs- oder Familienberatungsstelle, die aufgegebene Arztpraxis oder Kanzlei, die Preisgabe von Kirchorten oder Bankfilialen – alles das vermindert nicht nur Angebote für Bürger:innen, es reißt auch Lücken in die Sozialstruktur der jeweiligen Gemeinde. In dieser disruptiven Situation erhalten die öffentlichen Investitionen der Daseinsvorsorge und der öffentlichen Güter auf einmal mehr Aufmerksamkeit. Die Löcher im sozialen Gewebe einer Kommune werden sichtbarer. Denn Daseinsvorsorge und öffentliche Güter sind Motoren des sozialen und territorialen Zusammenhaltes.

Die Verteilung und Versorgung mit öffentlichen Gütern werden jetzt zum Konfliktfall. Abwanderung, Alterung und die Fragmentierung der Arbeitswelt stellen Leistungen der Daseinsvorsorge in Frage. Der skeptische Hinweis »lohnt sich das noch?« ist nun allgegenwärtig. Das bundespolitische und verfassungsrechtliche Ziel, gleichwertige Lebensverhältnisse für alle Bürger:innen anzustreben (Art. 72 Abs. 2 GG), sieht sich herausgefordert. Während urbane Ballungsräume boomen und jüngere Leute anziehen, verlieren viele ländliche Regionen Menschen und öffentliche Institutionen. Sie werden zu demografisch homogenen und von sichtbarem Leerstand geprägten Räumen. Dort, wo hohe Abwanderungsraten und eine stark alternde Bevölkerung gesellschaftliche Wirklichkeit darstellen, wächst das Gefühl der Zukunftslosigkeit. Ausgedünnte öffentliche Verkehrsnetzwerke, wegbrechende Freizeitangebote und kleiner werdende Vereine prägen das Lebensgefühl. Daran ändern auch Windparks und Logistikzentren nichts, denn deren ökonomische Effekte kommen nur begrenzt denen zu Gute, die (noch) vor Ort leben. Gerade in den ländlichen Räumen kommt es daher zu Nutzungs-, Verteilungs- und Abwicklungskonflikten.

Doch es gibt neue soziale Konstellationen, die aus der Not mehr als eine Tugend machen und ihre eigenen lokalen Antworten auf infrastrukturelle Lücken finden. Soziale Orte sind eine dieser Antworten (Vogel u. a. 2020). Sie entstehen in vielfältigen Formen in ganz unterschiedlichen Regionen des Landes und reagieren auf spezifische räumliche Problemlagen, wie zum Beispiel Leerstand, fehlender Tourismus, Verlust öffentlicher Einrichtungen. Sie entstehen aus zivilgesellschaftlichen Ideen, ehrenamtlichen Initiativen oder Konzepten, die gegen den Trend denken und so auf kreative und innovative Weise regionale Handlungsspielräume ermöglichen. Die Basis bilden die Ressourcen, die Potenziale und das Engagement von Bürger:innen im Konkreten sowie von Regionen, Gemeinden oder Bezirken im Allgemeinen. Soziale Orte müssen ihrer Gestalt nach nicht zwingend ein physischer Ort oder ein Projekt sein, sondern vielmehr Prozesse initiieren, die über sich selbst hinausweisen, indem sie unterschiedliche Akteure ansprechen sowie Netzwerke bilden. Soziale Orte sind die Voraussetzung, dass die oben beschriebenen Prozesse der Transformation ländlicher Räume integrativ und kohäsiv ablaufen. Die neue Präsenz ökonomischer Aktivitäten in der Fläche bei gleichzeitigem Rückzug öffentlicher Institutionen schafft eine prekäre Lücke, auf die die Etablierung Sozialer Orte reagiert.

Soziale Orte entstehen und etablieren sich freilich nicht aus freien Stücken, sondern sind auf bestimmte institutionelle Voraussetzungen und Rahmenbedingungen angewiesen. Fünf Punkte sind hier zu nennen: Erstens sind sie auf eine funktionierende öffentliche Infrastruktur und eine leistungsfähige Verwaltung angewiesen. Es bedarf eines öffentlichen Rahmens, rechtlicher Sicherheiten und einer gewährleistenden Verwaltung. Soziale Orte entwickeln sich nicht gegen oder ohne öffentliche Strukturen, sondern mit ihnen. Zweitens ist die Möglichkeit entscheidend, nicht nur ein Projekt zu installieren, sondern einen Prozess zu initiieren, da es nicht darum geht, immer wieder befristete Projekte zu ermöglichen, sondern Prozesse in Gang zu setzen, die nachhaltig nach dem Vorsorgeprinzip wirken können. Ein Wandel der Förderpolitik weg von der Projekt- hin zur Prozessförderung ist hier überfällig. Für die Initiierung und Stabilisierung Sozialer Orte sind drittens überdurchschnittlich engagierte und innovationsfähige Akteure erforderlich. Zum Ehrenamt kann man niemanden zwingen, aber ermutigen! Bürger:innen, die nicht nur die Hände in den Schoß legen, brauchen Wertschätzung und Freiräume. Ein weiterer zentraler Punkt ist viertens die Offenheit in der Verwaltung für partizipative Prozesse und innovative Kooperationen. In der Entwicklung Sozialer Orte kann es zu Konflikten kommen, die keineswegs destruktiv sein müssen, sondern vielmehr produktive Effekte für die jeweiligen Orte und Regionen haben können. Hilfreich wäre es, die Verwaltung als wichtige Partnerin bei der Produktion von Zusammenhalt »auf dem Schirm« zu haben und ihre Rolle als demokratische Infrastruktur anzuerkennen. Schließlich benötigen Soziale Orte fünftens überregionale Aufmerksamkeit und Einbindung. Nur dann funktionieren sie und entwickeln sich nicht zu Repräsentanten für lokale Engstirnigkeit und Kirchturmpolitik. Soziale Orte sind netzwerkbedürftig und benötigen Anerkennung über den engeren lokalen Zusammenhang hinaus.

Soziale Orte stellen gesellschaftliche Kreuzungspunkte dar. Sie verteidigen die Idee der Gleichwertigkeit als gesellschaftliches Gestaltungsprinzip. Hier begegnen sich Menschen, hier werden Brücken zwischen ihren Lebenswelten geschaffen, hier begründet sich Öffentlichkeit, hier ist gesellschaftliche Teilhabe und Mitgestaltung möglich. In pluralistischen Gesellschaften kommt es darauf an, Räume und Gelegenheiten zu schaffen, in Interaktion zu treten, sich auszutauschen, und ja: auch sich auszuhalten. Das Vorhandensein Sozialer Orte ermöglicht Toleranz, ebnet weiteren individuellen demokratischen Haltungen den Weg und hat einen positiven Effekt auf den gesellschaftlichen Zusammenhalt. Eine Politik, die darauf abzielt, demokratische Infrastrukturen und Institutionen zu schaffen, muss vom Lokalen her denken und Soziale Orte ermöglichen. Sie muss einen öffentlichen Rahmen schaffen, in dem sich Zivilgesellschaft entfalten kann.

III.

Wie selektiv die Strategie der Nachhaltigkeit auch einzuschätzen und wie sehr sie an Ent- und Bewertungen von Artefakten gebunden sein mag – ohne ein Mindestmaß an sozialem Ausgleich und Balancen wird das Thema Nachhaltigkeit gesellschaftlich nicht zu verankern sein. Nachhaltigkeit als sozialer Prozess bedarf Sozialer Orte und ihrer normativen Kraft. Diese normative Kraft benötigt wiederum Ankerpunkte, die Zusammenhalt schaffen, Öffentlichkeit herstellen und Konnektivität ermöglichen. Eine Theoretisierung dieses Zusammenhangs von Nachhaltigkeit und Orte bzw. Örtlichkeit als anthropologisches Grundprinzip des Sozialen findet sich in den Schriften Bruno Latours. Das gilt für das *Terrestrische Manifest* (2018) und die Vorlesungen *Kampf um Gaia* (2020). Latour spricht vom Zeitalter der »neuen geo-sozialen Frage« und er bemüht sich darum, zwischen den Strategien und den aus seiner Sicht falschen Alternativen des Globalen und des Lokalen, das »Terrestrische«, die Gebundenheit der Menschen an einen Ort, stark zu machen. Latours Denken ist eine doppelte Kritik – am Zeitpfeil des Fortschritts, der uns auffordert, Bindungen zu lösen, und am Raumpfeil der Bewegung vom Lokalen zum Globalen, der den Aufbruch in eine große weite Welt suggeriert. Er setzt diesen Debatten den Gedanken der »Re-Territorialisierung« entgegen, der uns die Chance gibt, die Gesellschaft der Menschen von einem bestimmten Ort her zu denken. Dazu bedarf es einer neuen Kartografie, die die Natur- und Kulturverhältnisse des Menschen nicht mehr trennt bzw. als Getrenntes markiert. Hier liegt der Schlüssel zu einer Politik der Nachhaltigkeit, die eine Politik der Orte sein muss. Latour (2018: 53) macht das an der Neubestimmung des Sozio-Geographischen sichtbar:

»Solange die Erde noch stabil schien, konnte man von Raum sprechen und sich darin und auf einem Stück Territorium, das wir angeblich besetzt hatten, platzieren. Was aber soll man tun, wenn das Territorium selbst an der Geschichte teilzunehmen beginnt. Schlag auf Schlag zurückgibt, kurzum: sich mit uns beschäftigt? Die Bedeutung des Ausdrucks ›Ich gehöre (zu) einem Territorium‹ hat sich gewandelt: Es bezeichnet jetzt die Instanz, die den Eigentümer in Besitz hat! Das Terrestrische stellt nicht länger allein den Rahmen menschlichen Handelns dar, es ist vielmehr Teil davon. Der Raum ist nicht mehr der mit ihrem Raster aus Längen- und Breitengraden erfasste der Kartografie, sondern ist zu einer bewegten Geschichte geworden, in der wir selbst nur Beteiligte unter anderen sind, die auf Reaktionen anderer reagieren.«

Mit anderen Worten: Soziale Orte sind nicht nur etwas Gemachtes, sie sind selbst Akteure und »bewegte Geschichte«. Übertragen auf die Frage der Nachhaltigkeit bedeutet das, dass Nachhaltigkeit nur dann zu einem Prinzip gesellschaftlichen Lebens werden kann, wenn sie mehr ist als nur ein Ziel neuen ökonomischen oder sozialen Handelns. Nachhaltigkeit muss und wird sich mit uns beschäftigen – genauso wie »Waldleben« nie nur ein Ort war, den man bewohnt. Als Ort hat sich »Waldleben« vielmehr derer bemächtigt, die dort aufgewachsen und zugezogen sind. Erst diese Erkenntnis von Latour schützt uns vor der Hybris der Machbarkeit und gibt uns die Gewissheit unserer örtlichen – in den Worten Latours – unserer terrestrischen Gebundenheit, in der wir Handelnde und Behandelte, Praktiker und Praktizierte sind. Das zur Kenntnis zu nehmen ist die Voraussetzung, Bilder, Ideen und Dingwelten der Nachhaltigkeit zu schaffen. Und wann bestünde eine bessere Gelegenheit zu dieser Einsicht als in einer Pandemie? Denn führt uns nicht gerade die Coronapandemie vor, dass wir nicht mehr die Damen und Herren des Verfahrens sind, sondern auf Viren und Umwelteinflüsse reagieren, die uns ihr Dasein aufzwingen. Sie agieren mit uns und wir reagieren auf sie. Vielleicht ist diese auf den ersten Blick bedrückende Erkenntnis auch eine soziologische Chance, die uns Spielräume als gestaltete Gestalter gibt. Sighard Neckel und sein Team werden im Sinne einer kritisch-reflexiven Sozialforschung diese Chance zu nutzen wissen – in Kenntnis der normativen Kraft der Orte.

Literatur

AMO/Koolhaas, Rem (2020): *Countryside. A Report*. Köln: TASCHEN.

Bourdieu, Pierre (1987): *Sozialer Sinn. Kritik der theoretischen Vernunft*. Frankfurt a. M.: Suhrkamp.

Nkatha Gichuyia, Linda/Madete, Etta (2020): »Ocha. African Avant Garde«, in: *AMO* a. a. O., S. 90–103.

Ellwein, Thomas/Zoll, Ralf (1982): *Wertheim. Politik und Machtstruktur einer deutschen Stadt*. München: Juventa-Verlag.

Hasenfratz, Martina (2018): »Die Nachhaltigkeit der Dinge. Praktiken, Artefakte, Affekte«, in: Sighard Neckel u. a. (Hg.), *Die Gesellschaft der Nachhaltigkeit. Umrisse eines Forschungsprogramms*. Bielefeld: transcript, S. 101–121.

Kötter, Herbert (1952): »Struktur und Funktion von Landgemeinden im Einflußbereich einer deutschen Mittelstadt«, in: Eduard Roether (Hg.), *Gemeindestudien des Instituts für Sozialwissenschaftliche Forschung*. Darmstadt, Monographie 1.

Latour, Bruno (2018): *Das terrestrische Manifest*. Berlin: Suhrkamp.

Latour, Bruno (2020): *Kampf um Gaia. Acht Vorträge über das neue Klimaregime*. Berlin: Suhrkamp.

Neckel, Sighard (1999): *Waldleben. Eine ostdeutsche Stadt im Wandel seit 1989*. Frankfurt a. M./New York: Campus.

Neckel, Sighard u. a. (2018): *Die Gesellschaft der Nachhaltigkeit. Umrisse eines Forschungsprogramms*. Bielefeld: transcript.

Neckel, Sighard (2018): »Die Gesellschaft der Nachhaltigkeit. Soziologische Perspektiven«, in: Ders. u. a. (Hg.), *Die Gesellschaft der Nachhaltigkeit. Umrisse eines Forschungsprogramms*. Bielefeld: transcript, S. 11–23.

Vogel, Berthold u. a. (2020): *Das Soziale-Orte-Konzept. Neue Infrastrukturen für den gesellschaftlichen Zusammenhalt*. Göttingen: SOK, letzter Zugriff: 26.02.2021, https://www.uni-goettingen.de/de/document/download/9ca2e0c8ec7a9ea00912705166a24217.pdf/SOK-Magazin_final.pdf.

Status und Mitleid. Zur Affektökonomie der Einfühlung

Greta Wagner

Ungleiche Gesellschaften zeichnen sich nicht nur durch eine ungleiche Verteilung von materiellen und kulturellen Gütern aus, sondern auch durch eine bestimmte affektive Ökonomie (Ahmed 2004). Die Weise, wie sich Akteure zueinander in Bezug setzen und wie sie emotional füreinander empfinden, welche Affekte also zwischen ihnen zirkulieren, sie zu Kollektiven verbinden und sie voneinander abgrenzen, wird durch Ungleichheiten geprägt. Dabei können Emotionen Ungleichheiten herausfordern, beispielsweise durch Wut und Empörung. Diese sind als emotionale Reaktion auf Ungerechtigkeit ein zentrales Movens sozialer Bewegungen. Ebenso aber können Emotionen Ungleichheiten auch reproduzieren, zum Beispiel, wenn jene, die ohnehin geringe Ressourcen haben, aus Scham über ihren Status ihre sozialen Rechte gar nicht erst wahrnehmen oder wenn in beschämenden Situationen ein gesellschaftlich inferiorer Status symbolisch festgeschrieben wird. *Status und Scham* (Neckel 1991) beginnt mit den Schamgefühlen, die aus der Entwertung der Lebensleistungen Ostdeutscher nach der Wiedervereinigung entstanden – beispielsweise beim Schlange-Stehen für das Begrüßungsgeld.

Beim Mitleid ist umstritten, ob es die symbolische Ordnung der Ungleichheit reproduziert oder herausfordert. Während einige es in seiner Bedeutung für sozialen Fortschritt verteidigen, sehen andere in ihm die affektive Seite symbolischer Dominanz. Dieses Spannungsverhältnis lässt sich an der Hilfe für Geflüchtete gut untersuchen. Eine Welle der Einfühlung in das Leiden flüchtender Menschen löste das 2015 viral verbreitete Foto von Alan Kurdi aus, dem kurdischen Jungen aus Syrien, der nach der Flucht über das Mittelmeer tot an der Küste aufgefunden wurde (Vis/Goriunova 2015). Von den Freiwilligen, die sich daraufhin in der Unterstützung für Geflüchtete zu engagieren begannen, taten dies 70 Prozent zum ersten Mal in ihrem Leben (Karakayali/Kleist 2016). Besonders überraschend war das Engagement im ländlichen Raum, wo nicht Studierende oder Angehörige alternativer Milieus Geflüchteten halfen, sondern Rentnerinnen und Rentner, von denen viele kaum je Kontakt zu Nichtdeutschen und Muslimen gehabt hatten. Sie stellten sich die Härten der Flucht vor und beschlossen, Kontakt aufzunehmen und Hilfe anzubieten (Wagner 2019). Im Folgenden werden kurze Schlaglichter auf Dynamiken des Mitleids am Beispiel der Hilfe für Geflüchtete geworfen.

Mitleid und soziale Transformation

Mitleid basiert auf Empathie, einem psychischen Mechanismus, der uns fühlen lässt, was andere fühlen, beziehungsweise was wir glauben, was andere fühlen.[1] Dass wir nicht nur mit dem Leid von Familienmitgliedern und Nachbarinnen mitfühlen, sondern mit Menschen in anderen Ländern und Angehörigen anderer Klassen hat historisch an Bedeutung gewonnen. Im Zuge der Säkularisierung ist dem Leiden seine religiöse Funktion als Gottes Strafe zunehmend verloren gegangen. Stattdessen wird Leiden vornehmlich als politisches und soziales Problem verstanden (Wilkinson 2005). Durch weltweite mediale Vernetzung müssen Zuschauer sich zu dem Leiden, dessen Zeuge sie werden, als moralische Akteure in Beziehung setzen (Boltanski 1999). Einige argumentieren – im Anschluss an Adam Smith, dass auch die Ausbreitung des Marktes dazu beitrug, dass der Radius derer, mit denen mitgelitten wird, sich gemeinsam mit dem Radius potenzieller Handelspartnerinnen erweiterte (Sznaider 1998). Diese Perspektive steht im starken Kontrast zur Diagnose der Kritischen Theorie, nach der die Ausweitung von Tauschbeziehungen mit der Zunahme instrumenteller Vernunft und Verdinglichung einhergeht, die gefühlskalt gegenüber dem Leiden anderer machen (Horkheimer/Adorno (2000 [1947]).

Ob der Markt das Mitleid nun fördert oder hemmt, wo er Wohlfahrtsstaatlichkeit verdrängt, wird mitleidsbasierte Hilfe dringlicher. Im Zuge von Prozessen der Vermarktlichung seit den neunziger Jahren ist eine Kultur der Selbstzuständigkeit entstanden, in der die Verantwortung für persönliches Versagen, Misserfolg, Armut und sogar Krankheit zunehmend auf die Individuen übertragen wird (Bröckling 2007; Neckel 2008). Während Luhmann (2005 [1975]: 180f.) noch behauptete, dass es mit dem »Pathos des Helfens« vorbei sei, weil es nur noch in Form der Überweisung an die geeignete Stelle erfolge, führt der Abbau wohlfahrtstaatlicher Unterstützung zur Wiederkehr des Pathos privater Hilfe. Institutionell zeigt sich dies in der Ausweitung des Spende- und Stiftungswesens bei gleichzeitigem Rückbau sozialer Rechte, was Sighard Neckel (2019) als Refeudalisierung der Gesellschaft kritisiert.

Ist aber Mitleid nur die affektive Seite von Ungleichheiten reproduzierender Wohltätigkeit? Oder kann die Einfühlung in das Leiden anderer auch zu Praktiken der Solidarität beitragen? Solidarität setzt die Erwartung gegenseitiger Hilfe im Bedarfsfall, eine Identifikation als Gemeinschaft und ein Gefühl der Zusam-

1 Dabei ist Mitleid nur eine mögliche Folge von Empathie mit einem Leidenden. Sie kann gleichermaßen zu Scham bei der sich Einfühlenden führen, weil sie ihrem eigenen Selbstbild als Helfende nicht genügt, und sie kann zu Wut und Empörung über die Ursachen des Leids führen (Davis 2006).

mengehörigkeit sowie ein gemeinsames Ziel voraus (Bayertz 1998: 12; Wilde 2007). Durkheims (1992 [1893]) Konzeptionen von auf Ähnlichkeit basierender mechanischer und auf gegenseitiger Abhängigkeit basierender organischer Solidarität erklären die Mechanismen sozialer Kohäsion ganzer Gesellschaften. Davon lässt sich ein engerer Solidaritätsbegriff unterscheiden, der sich auf die Verantwortung einer Gruppe für die Unterstützung schwächerer Mitglieder bezieht (Dallinger 2009: 12; Thome 1998). Die affektive Dimension dieser Unterstützung kann auch die Einfühlung in deren Leid sein. Um von Solidarität zu sprechen, ist aber darüber hinaus ein Wir-Gefühl mit den Empfängern des Mitleids nötig.

In der Hilfe für Geflüchtete zeigte sich die große mobilisierende Kraft des Mitleids, das eine Welle des Engagements auslöste. Wo daraus Praktiken der Vergemeinschaftung und ein gemeinsames transformatives Ziel entstehen, kann aus Mitleid mit der Zeit solidarische Hilfe werden (Trommer/Wagner 2019; Karakayali 2019).

Kritiken des Mitleids

Dennoch ist der Wert des Mitleids als Medium sozialer Transformation umstritten. Erstens ist es prekär: Wie auch Forschungen zur Empathie zeigen, erhalten Menschen mit langanhaltenden Leidenszuständen wie chronisch Kranke weniger Empathie, als solche, die plötzlich und vorübergehend leiden, beispielsweise nach einem Unfall (Breithaupt 2017). Auch wenn die Empfänger des Mitleids sich nicht gemäß den impliziten Gefühlsregeln für unverschuldet Leidende verhalten, erodiert das Mitgefühl schnell. Zweitens kann Mitleid symbolische Ungleichheiten reproduzieren: Häufig kommen im Mitleid (weiße) Überlegenheitsgefühle zum Ausdruck (Castro Varela/Heinemann 2016). Außerdem wird, wo das Mitleid zu wohltätiger Hilfe motiviert, auch eine einseitige Gabenbeziehung und damit ein Machtverhältnis etabliert (Mauss 1990 [1923]). Drittens kann Mitleid depolitisierend wirken: Das Leiden und Mitleiden verdrängt gesellschaftliche Fragen von Ungleichheit und Ungerechtigkeit und individualisiert strukturelle Ursachen von Leid (Fassin 2012). Viertens ist Mitleid geschlechtlich codiert, denn Frauen wird mehr Einfühlung abverlangt – in typisch weiblichen Berufen, in gemischtgeschlechtlichen Teams ebenso wie im Rahmen privater Fürsorge. Das Mitleiden ist somit sowohl Teil der Zumutung als auch Gegenstand der Abwertung von Frauen, die vermeintlich davon geleitet weniger rational urteilen. Schließlich ist die Einfühlung in das Leiden anderer fünftens partikular: Man fühlt eher mit denen mit, die einem ähnlich sind, weil es leichter fällt, sich in sie hineinzuversetzen (Bloom 2016).[2] So unterminieren autoritäre Regime das Mitleid mit den Opfern von Verfolgung, indem sie propagandistisch absolute Unterschiede zwischen der Mehrheit und verfolgten Minderheiten verbreiten. Aber auch extreme Unterscheide in der Einkommensverteilung können – ganz ohne Propaganda – zur Unmöglichkeit führen, sich in Angehörige anderer Klassen emotional hineinzuversetzen und »empathy gulfs« entstehen lassen (Shapiro 2002; Hartmann i. E.).

Die genannten Kritiken des Mitleids treffen auch in vielen Fällen ehrenamtlicher Hilfe für Geflüchtete zu. Immer wieder zeigen sich Überlegenheitsgefühle gegenüber den Empfängerinnen der Hilfe. Geholfen wird jenen, die nun im gleichen Dorf wohnen, ohne dabei das europäische Grenzregime oder die deutsche Asylgesetzgebung zu hinterfragen (Wagner 2019). Doch auch wenn Mitleid prekär ist, kann es langfristige Beziehungen initiieren. Einige der von mir interviewten Ehrenamtlichen sind gläubig und betrachten es als ihre Pflicht, Schwächeren zu helfen. Nach anfänglichem Mitleid wollen sie mit ihrem Engagement nun Gott etwas zurückgeben für das Gute, das ihnen widerfahren sei. Andere Ehrenamtliche haben sich nach anfänglichen Gefühlen des Mitleids weiter engagiert, um zur sozialen und normativen Integration ihrer Dörfer beizutragen (Wagner 2020). In beiden Varianten war das Mitleid ein Impuls, der das Engagement anstieß, die langfristige Hilfe aber war einem Gefühl der Verpflichtung geschuldet – gegenüber Gott oder der Kohäsion des Dorfes.

Deutlich wird aber auch ein Widerspruch in den Kritiken des Mitleids: Es soll Ungleichheit reproduzieren und gleichzeitig auf Ähnlichkeit basieren? Ist Mitleid die affektive Seite symbolischer Dominanz in einer ungleichen Welt oder ist es gerade die Beschränktheit des Mitleids auf Angehörige der Eigengruppe, seine Exklusivität also, die Kritik auf sich zieht?

Mitleid, Ungleichheit und Ähnlichkeit

In Interviews mit Ehrenamtlichen zeigt sich, dass diese Frage mit Art und Umfang der Einfühlung in Zusammenhang steht. In vielen Fällen des anfänglichen Mitleids finden sich Formen symbolischer Dominanz. Ein Grund liegt darin, dass die Einfühlung sich nur auf ein imaginiertes Bild des Leidens stützt, das aber die Zumutungen des Hilfe-Empfangens nicht einschließt. Das Mitleid basiert oft auf wenig konkreten Vorstellungen über elende Lebensumstände in den Herkunftsländern.

2 Für Martha Nussbaum (1998) ist das Mitfühlen essentiell für die Kritik an Ungerechtigkeiten und sollte durch eine »sentimental education« gefördert werden, bei der durch Bildung, Theater und Literatur die Fähigkeiten der Einfühlung in Menschen, die uns unähnlich sind, gestärkt werden.

So beschreibt eine Ehrenamtliche nach ihrer Motivation dafür gefragt, dass sie eine Familie im Dorf durch Fahrdienste unterstützt: »Dass es denen so schlecht geht in den anderen Ländern und so, das schreckt mich schon sehr auf, weil uns geht es ja hier wirklich super gut, ja?« Die Unbestimmtheit des Leids, das nachempfunden wird, führt immer wieder zu Enttäuschungen, wenn sich die Geflüchteten anders verhalten, als von ihnen erwartet. Sowohl Passivität bei der Weiterqualifizierung als auch Mittelschichtsaspirationen und Konsumwünsche rufen bei einigen Ehrenamtlichen Skepsis hervor. Das Bild vieler Ehrenamtlicher von Kriegsflüchtlingen ist durch die Erwartung an deren Demut und Dankbarkeit geprägt.

Von ihnen aber unterschieden sind solche Engagierte, die sich mit den Geflüchteten aufgrund eigener Erfahrungen identifizieren. Einige der älteren Ehrenamtlichen haben als Kinder in den letzten Jahren des zweiten Weltkrieges ihr Zuhause verlassen müssen – entweder flohen sie aus ausgebombten Städten zu Verwandten auf das Land oder aus den ehemaligen deutschen Ostgebieten. Sie verknüpfen in ihren Erzählungen ihre Erlebnisse aus Kindertagen mit den Erfahrungen heutiger Kriegsflüchtlinge. Auch das Gefühl, am Ort der Ankunft auf fremde Hilfe angewiesen zu sein, sich dankbar zeigen zu müssen, Misstrauen und Ablehnung in den neuen Gemeinden zu erfahren und das alte Zuhause zu vermissen, erinnern sie lebhaft. Es ist diese wahrgenommene Ähnlichkeit zu den Erfahrungen der Geflüchteten, die sie mitfühlen und sich engagieren lässt. So beschreibt ein Ehrenamtlicher: »Daher kommt vielleicht mein Mitgefühl, Empathie oder wie mer's nennen will [...] ich komm aus ziemlich ja, nicht unbedingt rosigsten Verhältnissen nach'm Krieg.« Diese eigenen Erfahrungen lassen sie nicht bloß mit einem medial vermittelten Bild von Menschen auf der Flucht mitfühlen, sondern auch mit den Schwierigkeiten des Heimisch-Werdens und den Härten, die damit einhergehen, Gabenempfänger zu sein. Ehrenamtliche, die sich aufgrund eigener Erlebnisse vorstellen können, was es bedeutet, von der emotionalen Willkür anderer abzuhängen, legen auch weniger strikte Gefühlsregeln an das Verhalten der Empfänger ihrer Hilfe an. Ihre Einfühlung schließt auch die Zumutungen des Empfangens von Hilfe mit ein (Wagner i. E.).

Mitleid als Zumutung?

Worin bestehen die Zumutungen des Hilfe-Empfangens? Ein Besuch der Tafel verdeutlicht die symbolische Herabsetzung, die mit dem Status »hilfsbedürftig« einhergeht. Die Ehrenamtlichen eines Dorfes haben Fahrdienste organisiert, um zweimal wöchentlich je drei Familienväter zur Tafel der nächstgelegenen Kleinstadt zu fahren. Vom Zeitpunkt der Ankunft bis zum Erhalt der Kiste mit Lebensmitteln vergehen ungefähr eineinhalb Stunden. Die Tafel liegt in einem Wohngebiet und nachdem Anwohnerinnen sich darüber beschwert hatten, dass sich vor ihren Häusern eine Schlange bildete, Wartende auf dem Bürgersteig saßen und einige von ihnen rauchten, wurde ein System entwickelt, bei dem die Tafelbesucher auf einem nahegelegenen Parkplatz eine Nummer ziehen, dort warten und nur in Gruppen von maximal fünf Personen zum Gebäude, in dem sich die Tafel befindet, laufen. Sind sie an der Reihe, erhalten sie ihre Kiste mit Nahrungsmitteln und laufen zurück zum Auto der Ehrenamtlichen, die sie gefahren hat. Während der Hin- und Rückfahrt dreht sich das Gespräch zwischen ihnen und der Fahrerin um Fortschritte im Deutschkurs und bei der Praktikumssuche. So ist der Vormittag immer wieder geprägt von Momenten der Pädagogisierung der drei Männer. Ihr Status als Hilfsempfänger ist rechtlich festgeschrieben. Weil sie noch keine Arbeitserlaubnis besitzen, werden sie weder aufgrund von Leistungen noch als Träger gleicher Rechte anerkannt. Die Herabsetzung, die mit diesem Status einhergeht, wird noch symbolisch verstärkt durch die Beschwerden der Anwohner, die sich von der Sichtbarkeit des Hilfe-Empfangens gestört fühlten.

Mitleid kann eine Zumutung sein, wenn sich darin die Hilfsbedürftigkeit aufgrund eines inferioren Status symbolisch verdichtet. Mitleid kann aber auch eine Form der Anerkennung darstellen, wenn es die Einfühlung in das Leiden, das mit der Vorenthaltung sozialer Rechte einhergeht, einschließt. Natürlich kann man auch ohne Mitleid für die Durchsetzung sozialer Rechte kämpfen. Aber die Hilfe für Geflüchtete zeigt, wieviel Engagement Mitleid zu mobilisieren vermag und dass dieses Engagement viele unterschiedliche Praktiken initiieren kann. Es kann gleichermaßen in wohltätige und paternalistische wie in solidarische Hilfsbeziehungen münden. Die Einfühlung, die über stereotype Vorstellungen vom Leiden Geflüchteter hinaus geht, muss nicht auf eigenen Erfahrungen basieren, das Wissen dafür kann auch anders angeeignet werden. Aber nur ein Mitleid, das auch die Zumutungen des Hilfe-Empfangens umfasst, vermag sich in Praktiken der Solidarität zu transformieren.

Literatur

Ahmed, Sara (2004): »Affective Economies«, in: *Social Text* 22(2), S. 117–139.

Bayertz, Kurt (Hg.) (1998): *Solidarität. Begriff und Problem*. Frankfurt a. M.: Suhrkamp.

Bloom, Paul (2016): *Against Empathy. The Case for Rational Compassion*. New York: Ecco HarperCollins.

Boltanksi, Luc (1999): *Distant Suffering. Morality, Media and Politics*. Cambridge: Cambridge University Press.

Breithaupt, Fritz (2017): *Die dunklen Seiten der Empathie*. Berlin: Suhrkamp.

Bröckling, Ulrich (2007): *Das unternehmerische Selbst. Soziologie einer Subjektivierungsform*. Frankfurt a. M.: Suhrkamp.

Castro Varela, Maria do Mar/Dhawan, Nikita (2016): »Die Migrantin retten. Zum vertrackten Verhältnis von Geschlechtergewalt, Rassismus und Handlungsmacht«, in: *Österreichische Zeitschrift für Soziologie* 41, S. 13–28.

Dallinger, Ursula (2009): *Die Solidarität der modernen Gesellschaft*. Wiesbaden: Springer VS.

Davis, Mark H. (2006): »Empathy«, in: Jan Stets/Jonathan H. Turner (Hg.), *Handbook of the Sociology of Emotions. Handbooks of Sociology and Social Research*. Boston: Springer.

Durkheim, Emile (1992 [1893]): *Über soziale Arbeitsteilung. Studie über die Organisation höherer Gesellschaften*. Frankfurt a. M.: Suhrkamp.

Fassin, Didier (2012): *Humanitarian Reason. A Moral History of the Present*. Berkeley: University of California Press.

Hartmann, Martin (i. E.): *How Inequality feels*. Oxford: Oxford University Press.

Horkheimer, Max/Adorno, Theodor W. (2000 [1947]): *Dialektik der Aufklärung*. Frankfurt a. M.: S. Fischer.

Karakayali, Serhat/Kleist, Olaf (2016): *EFA-Studie 2. Strukturen und Motive der ehrenamtlichen Flüchtlingsarbeit in Deutschland*. Berlin: Berliner Institut für empirische Integrations- und Migrationsforschung (BIM), Humboldt-Universität zu Berlin.

Karakayali, Serhat (2019): »Helfen, Begründen, Empfinden. Zur emotionstheoretischen Dimension von Solidarität«, in: *WestEnd. Neue Zeitschrift für Sozialforschung* 1, S. 111–112.

Luhmann, Niklas (1975): »Formen des Helfens im Wandel gesellschaftlicher Bedingungen«, in: *Soziologische Aufklärung 2*, Opladen: Westdeutscher Verlag, S. 134–149.

Mauss, Marcel (1990 [1923]): *Die Gabe. Form und Funktion des Austauschs in archaischen Gesellschaften*. Frankfurt a. M.: Suhrkamp.

Neckel, Sighard (2000): *Die Macht der Unterscheidung: Essays zur Kultursoziologie der modernen Gesellschaft*. Frankfurt a. M./New York: Campus.

Neckel, Sighard (2008): *Flucht nach Vorn. Die Erfolgskultur der Marktgesellschaft*. Frankfurt a. M./New York: Campus.

Neckel, Sighard (2019): »The Refeudalization of Modern Capitalism«, in: *Journal of Sociology*, online first: https://doi.org/10.1177/1440783319857904.

Neckel, Sighard (1991): *Status und Scham. Zur symbolischen Reproduktion sozialer Ungleichheit*. Frankfurt a. M./New York: Campus.

Nussbaum, Martha (1996): »Compassion: The Basic Social Emotion«, in: *Social Philosophy and Policy* 13(1), S. 27–58.

Shapiro, Ian (2002): »Why the Poor don't soak the Rich«, in: *Daedalus* 131, S. 118–128.

Sznaider, Natan (1998): »The Sociology of Compassion: A Study in the Sociology of Morals«, in: *Cultural Values* 2(1), S. 117–139.

Thome, Helmut (1998): »Soziologie und Solidarität. Theoretische Perspektiven für die soziologische Forschung«, in: Kurt Bayertz (Hg.), *Solidarität. Begriff und Problem*. Frankfurt a. M.: Suhrkamp, S. 217–262.

Trommer, Isabell/Wagner, Greta (2019): »Mitleid und Krise. Zur Aufnahme von Flüchtlingen in der Bundesrepublik«, in: *WestEnd. Neue Zeitschrift für Sozialforschung* 1, Frankfurt a. M.: Campus, S. 123–133.

Wagner, Greta (2019): »Helfen und Reziprozität. Freiwilliges Engagement für Geflüchtete im ländlichen Raum«, in: *Zeitschrift für Soziologie* 48(3), S. 226–241.
Wagner, Greta (2020): »Helfen und Kritik. Das Verhältnis von Solidarität und Wohltätigkeit in der Hilfe für Geflüchtete«, in: *WSI-Mitteilungen* 5, S. 356–361.
Wagner, Greta (i. E.): »Helping Refugees in Rural Germany. Ambivalences of Compassion«, in: Didier Fassin/Axel Honneth (Hg.), *Crises under Critique*. New York: Columbia UP.
Vis, Farida/Goriunova, Olga (2015): *The Iconic Image on Social Media: A Rapid Research Response to the Death of Aylan Kurdi*. Visual Social Media Lab.
Wilde, Lawrence (2007): »The Concept of Solidarity: Emerging from the Theoretical Shadows?«, in: *British Journal of Politics and International Relations* 9(1), S. 171–181.
Wilkinson, Iain (2005): *Suffering: A Sociological Introduction*. Cambridge: Polity Press.

Generalisierter Anderer oder gespürter Nächster. Paradoxien der Sozialität in der Coronakrise[1]

Monika Wohlrab-Sahr

Einleitung

Die Situation der Pandemie, in der wir uns nun schon seit über einem Jahr befinden und deren Ende nicht absehbar ist, hat viele erschüttert und vieles destabilisiert. Die einen wurden – oft über die Überlastungsgrenze hinaus – auf ihre institutionalisierten Lebensformen in Partnerschaft und Familie zurückgeworfen, andere erlebten fluide Beziehungen plötzlich als prekär oder erfuhren das bis dahin wenig problematische Singledasein unvermittelt als Einsamkeit. Dem universitären Austausch, der über Online-Formate zum Glück aufrechterhalten werden kann, fehlt weitgehend das Spontane, und die meisten vermissen die Sozialität beim Bier nach dem Colloquium oder das Parlieren beim Kaffee zwischen den Seminaren.

Gleichzeitig wurden wir alle zu Akteuren und Beobachtern in einem unfreiwilligen Krisenexperiment, das aus einer Situation erwächst, in der vieles, das bis dahin alltäglich-normal war, plötzlich zum Problem wird: die Umarmung oder das Händeschütteln bei der Begrüßung, das Köpfe-Zusammenstecken mit der Freundin, das vertraute Nebeneinander im Seminarraum, das selbstverständliche *adjustment* beim Yoga, und auch die bis dahin weitgehend unhinterfragte physische Nähe mit Unbekannten im öffentlichen Raum mit all ihren Zumutungen, aber auch ihren Chancen für Begegnung.

In der Öffentlichkeit vieler Länder toben sich derzeit gegen die politischen Maßnahmen der Pandemiebekämpfung gerichtete populistische Proteste aus, und bisweilen rücken sie in den persönlichen Nahbereich vor. Im Bekanntenkreis stößt man plötzlich auf pauschale Eliten- und Medienkritik oder auf die Baga-

1 Dieser Aufsatz ist – aus gegebenem Anlass – Sighard Neckel gewidmet, aber auch all denen, die derzeit mühsam versuchen, emotional und intellektuell den Kopf über Wasser zu halten. Auch wenn der Text offensichtlich nicht an Sighard Neckels Themen anknüpft, verschwistert er sich doch mit dessen Lust an der soziologischen Beobachtung und seinen Versuchen, im Kleinen das Große zu entdecken.
Ich danke Marian Burchardt und Thomas Schmidt-Lux für hilfreiche Kommentare zu diesem Text, der in seinen Grundzügen im Sommer und Herbst 2020 verfasst wurde. Er ist unvermeidlich von der damaligen Lage geprägt.

tellisierung des pandemischen Geschehens. In Leipzig versammelten sich im November 2020 je nach Schätzung zwischen 20.000 und 45.000 Protestierer gegen die Maßnahmen der Regierung. Sie standen dicht beieinander, Masken trugen sie nicht. Für »uns« in Rationalität Geschulte ist dies einerseits konsternierend, und trifft doch bisweilen auf ein untergründiges, zunehmend auch offenes Unbehagen, was den Umgang mit der Krise und deren Erleben angeht.

Solche unfreiwilligen Krisenexperimente provozieren die soziologische Phantasie. Weil man selbst Teil des Experiments ist, steht die Explikation dieser Phantasie immer in der Gefahr, der eigenen Betroffenheit auf den Leim zu gehen und die idiosynkratrisch-partikulare Perspektive generalisierend aufzublähen. Dort, wo man das persönliche Beteiligtsein nicht hinter abstrakten Zahlen kaschieren kann, werden andere eine mögliche Verblendung leichter bemerken. Andererseits öffnet die Beteiligung am Krisenexperiment auch Einsichten, die dem Blick aus größerer zeitlicher, sachlicher und sozialer Distanz heraus vielleicht entgehen würden.

Ich will mich hier an einer kultursoziologischen Interpretation des Umgangs mit der Coronakrise versuchen.[2] Dabei versuche ich etwas zu formulieren, das sich mir in den langen Monaten der Pandemie aufgedrängt und in meinem Nachdenken eine vorläufige soziologische Gestalt angenommen hat. Es mag beim Erscheinen dieser Festschrift durch den Verlauf der Entwicklungen in mancher Hinsicht bereits überholt sein. Das ist das Risiko des Schreibens aus der Situation heraus. Manches wird aber vielleicht die Momentaufnahme überdauern.

Ich nutze im Folgenden die Freiheiten, die das Format der Festschrift erlaubt und bediene mich der Form des soziologischen Essays. Nicht alles, was ich hier entfalte, ist gut abgesichert, mit vorhandener Literatur abgeglichen, theoretisch abgeleitet oder empirisch solide untermauert. Es ist vielmehr ein vom aktuellen Erleben inspiriertes Nachdenken, dem mit Hilfe der Traditionsbestände und Instrumente der Kultursoziologie eine soziologische Form gegeben werden soll.

Ich werde mich mit den Veränderungen der »Sozialität« und mit deren »Sozialformen« beschäftigen, die in der Coronakrise als »Sozialformen der Krise« sichtbar geworden sind, und die eingespannt sind zwischen zwei Pole: in die Spannung zwischen dem gespürten Nächsten und dem generalisierten Anderen.

Es interessieren mich also nicht in erster Linie Fragen der individuellen oder gruppenbezogenen Compliance mit den politischen Maßnahmen (dazu Derrig 2020; Wiedner u. a. 2020), wenngleich dies über die Formen der Sozialität notgedrungen mit ins Spiel kommt. Und ich interessiere mich nur indirekt für die zweifellos wichtige Frage der sozialen Ungleichheit, die in der Pandemie und ih-

---

2 Ich orientiere mich dabei an dem, was Jeffrey Alexander (Alexander/Smith 2001) als »Cultural Sociology« bezeichnet hat, dessen Wurzeln aber weit zurückreichen in die sinnverstehende Soziologie der soziologischen Anfänge.

rer politischen Bearbeitung einen oft verschärften Ausdruck findet (Heisig/König 2020; Allmendinger 2020). Allerdings kommt auch Ungleichheit notgedrungen mit in den Blick, wenn man nach den Sozialformen der Krise und ihrer Bearbeitung fragt.

Die Sozialformen, die ich im Folgenden skizziere, waren über den Verlauf der Pandemie hinweg nicht immer gleichermaßen präsent, sie traten im Zuge der politischen Bearbeitung und der darauf bezogenen gesellschaftlichen Praxis bisweilen in den Vordergrund oder rückten in den Hintergrund. Aber sie waren doch immer vorhanden: sei es als bloße Möglichkeit oder als Realisierung, sei es als drohende oder zu vermeidende Entwicklung oder als gelebte und erfahrene Praxis. Sie sind Ausdruck der politischen Gestaltung und der Reaktion darauf, aber sie sind auch Teil des lebensweltlichen Handelns und Erlebens. Sie waren – in den Konsequenzen, die sie bisweilen gezeitigt haben – vermutlich von kaum jemandem so beabsichtigt, und inzwischen sind manche von ihnen Referenzpunkt bei der Diskussion dessen, was es künftig zu vermeiden gilt. Sie sind weder schlichter Ausdruck eines »kapitalistischen Systems«, auch wenn sie mit der Angst vor dem Kollaps des Wirtschaftssystems etwas zu tun haben, noch sind sie einfach – wie bisweilen kolportiert – Resultat einer »diktatorischen Politik«, wenn sie auch an vielen Stellen mit politischer Herrschaft im direkten Sinne verbunden sind. Oft sind sie erst im Nachhinein im Zuge der Reflexion über die Konsequenzen bestimmter Maßnahmen in ihrer Gestalt erkennbar geworden.

Die im Folgenden behandelten Sozialfiguren der Sozialität weisen über die konkrete Krise hinaus. Sie sind – gerade in der Verunsicherung alltäglicher Formen der Gesellung und Vergemeinschaftung, die mit deren öffentlicher Problematisierung und politischer Regulierung einhergehen – bisweilen bis zur Karikatur übersteigerte, aber doch auch vorher durchaus »vorhandene» Sozialformen. Zum Teil handelt es sich aber auch um »neuartige» Gestalten, die wohl genuin an die Situation von Krisen gebunden sind.

Kultursoziologie (in) der Coronakrise

Auf den ersten Blick scheint es nicht besonders naheliegend, die Coronapandemie und den Umgang damit kultursoziologisch zu untersuchen. Hat doch die Pandemie die Bedeutung von Zahlen auf breiter Ebene ins Bewusstsein gerückt. Im Zuge dessen sind wir – fast nebenbei – alle zu Statistikern geworden. Der morgendliche Blick aufs Handy gilt oft den Zahlen: Die Zahlen sind oben, die Zahlen sind unten, beunruhigend oder beruhigend. Nebenbei haben wir gelernt, dass die Zahlen nicht mit dem Geschehen selbst zu verwechseln sind, dass sie nur das abbilden, was gemessen werden »kann«. Zahlen sind abhängig von Erhebungen, in diesem Fall von Tests, und diese wiederum sind abhängig von der Verfügbarkeit der nötigen Materialien, von der Logistik, und maßgeblich auch von der Politik. Daher ist den Zahlen nicht einfach zu trauen, und doch richtet sich der Blick auf sie wie auf den Seismographen der Krise. Politische Maßnahmen sind von Zahlen abhängig, die Reproduktionszahl »R« wurde zum Indikator der Lage, und gleichzeitig wurde sie immer auch relativiert. Viele von uns wurden im Zuge der Krise zu dem, was Alfred Schütz (1972 [1946]) den »gut informierten Bürger«[3] genannt hat. Virologen wurden zu geschätzten Experten, und auch sie brachten Relativierungen der Wissenschaft ins Spiel: ein neues Phänomen, über das man wenig Gesichertes sagen kann, und im Hinblick auf das dennoch Entscheidungen zu treffen waren. Und die Politik – jedenfalls die der bundesdeutschen Regierung, nicht zuletzt der Kanzlerin – ließ sich von »der Wissenschaft« beraten und machte sich deren Perspektive zu eigen.

Alles in allem, kann man wohl sagen, ergab dies über lange Zeit ein relativ vernünftiges Zusammenspiel von Wissenschaft und Politik, in dem die Zahlen und deren Entwicklung ein wesentlicher Indikator für politische Entscheidungen, für Lockdowns und Öffnungen waren. Je länger die Krise dauert, umso prekärer werden aber die Folgen politischer Entscheidungen und damit auch diese Entscheidungen selbst. Und mit der Dauer enthüllen auch die herausgebildeten Sozialfiguren ihre Problematik.

Dass der Umgang mit Corona aber nicht nur etwas mit der Interpretation von Zahlen, sondern auch mit grundlegenderen Interpretationsprozessen zu tun hat, sieht man bereits daran, dass der verwissenschaftlichte Umgang mit der Pandemie weltweit zwar präsent, aber doch nicht alternativlos war. Noch grundlegender ist aber vielleicht die »neue Normierung der Sozialität«, die sich hinter dem »Social Distancing« verbirgt. In sozialwissenschaftlichen Kontexten hat man sich schnell bemüht, diese Formulierung zu korrigieren und stattdessen vom »Physical Distancing« zu sprechen. Dies trifft zwar den Sachverhalt, bagatellisiert aber auch die fundamentale Verschiebung und Standardisierung von Sozialität, die im Zuge der Bekämpfung der Pandemie vor sich ging: Sozialität wird in der Krise primär über das mit ihr verbundene »Risiko« kodiert. Damit entsteht ein neuer Standard von Beziehungen im Sinne von »Kontakten«, die risikoarm möglich sind: entweder in ihrer Reichweite extrem reduziert oder auf Abstand, durch Plexiglasscheiben oder Masken abgeschirmt. Der gespürte Nächste wird im Rahmen dieser Sozialität zum Problem – zur potenziellen »Risikobegegnung«. Könnte er doch – individuell – zur Infektionsgefahr und – als Typus – zum »Superspreader« werden. Auf

3 Bereits im April 2020 reduzierte der Virologe Christian Drosten die Erscheinungsfrequenz seiner anfänglich jeden Werktag erscheinenden Podcasts auf zweimal die Woche, weil es nicht mehr ausreichte, den Zuhörern nur Grundwissen anzubieten.

ihn richten sich, zumindest phasenweise, weitgehende Kontaktsperren. Ausgenommen von dieser grundlegend problematisierten Sozialität sind eng umrissene institutionalisierte Beziehungen, die dann aber auf den engen Raum beschränkt bleiben müssen.

Die mit »Social Distancing« bezeichnete Praxis der Wahrung physischen Abstands war weltweit durchaus nicht selbstverständlich. Manche Regierungsführer – man denke an Donald Trump – suchten geradezu das Bad in der Menge. Der »Populismus« fand hier einen konkreten Ausdruck in der physischen Nähe zum »Volk«. Dies ist öffentlich problematisiert worden, und es war in der Tat meist verbunden mit einer Bagatellisierung oder gar Leugnung der Gefahr. Gleichwohl verweist es doch gerade in der Gegenbewegung auch auf die dramatische Reduktion von Sozialität auf »Kontakte«, die im Hinblick auf ihr jeweiliges Risiko zu kalkulieren sind. Wenn Sozialität ohne den gespürten Nächsten zur Norm wird, erscheint die Durchbrechung dieser Norm als persönliche Zuwendung.

Meine These ist, dass die Pandemie eine Spannung auf die Spitze treibt, die unsere Sozialität ständig durchzieht, die aber im Normalfall unbemerkt bleibt. Erst die Krise bringt sie ans Licht, indem sie sie zuspitzt und in eine Paradoxie verwandelt. Die Spannung zwischen dem generalisierten Anderen und – ich formuliere das in bewusster Abwandlung von George Herbert Mead (1973 [1936]) – dem gespürten Nächsten.

Das verordnete »Social Distancing« brachte diese Spannung auf den Punkt: Man sollte sich über soziale Distanz vom gespürten Nächsten fernhalten, um Solidarität mit dem generalisierten Anderen, in Gestalt des Gemeinwohls, der öffentlichen Gesundheit, unter Beweis zu stellen. Kein Händeschütteln, Köpfe zusammenstecken, Schulter klopfen, Umarmen, gemeinsames Singen, Tanzen, Beten usw. Distanz halten im Dienst des großen Wir.

Es kam im Zuge dessen in diesen letzten Monaten zu einer veränderten Ordnung des Sozialen, die sich in sozialen Figurationen ausdrückt. Wenn ich im Folgenden von den »Sozialfiguren der Krise« spreche, meine ich nicht die vordergründig verwendeten Codierungen. Solche Codierungen sind en masse entstanden: »Superspreader«, »Coronahelden«, »Risikogruppen«, »Hot Spots« und anderes mehr. Und sie sind natürlich in der ihnen zugrundeliegenden Bedeutung zu rekonstruieren. Ich versuche allerdings, die dahinterliegenden Sozialfiguren und sozialen Settings herauszuarbeiten, auf die diese Codes implizit oder explizit Bezug nehmen. All dies hat viel mit Interpretationsprozessen zu tun, die während der Krise dominant wurden. Interpretationsprozesse, die miteinander konfligierende soziale Einheiten erzeugt haben oder haben sichtbar werden lassen, und die mit folgenreichen Vorgängen der Legitimierung und Delegitimierung einhergingen. Diese Legitimierungen und De-Legitimierungen waren unmittelbar auf Sozialität bezogen und gingen über die Norm des »Social Distancing« weit hinaus.

Sozialfiguren der Coronakrise

Es war frappierend, wie durchschlagend – und wie es anfänglich schien: unisono – die Neuausrichtung der Sozialität und die damit verbundenen Sozialfiguren in der ersten Phase des Lockdowns auch medial vermittelt wurden: durch Produktionen von Künstlern und Kulturschaffenden aller Art. Ich möchte meine Interpretation mit dem »Sachsensong« beginnen, der während des Lockdowns auf einem mitteldeutschen Radiosender mehrmals täglich zu hören war. Ich habe damals in einem medizinischen Sportzentrum trainiert und war diesem Song immer wieder ausgesetzt:

»Der Sachsensong«[4]

Vorspann (eine männliche Stimme mit deutlichem Berliner Akzent):
Ich hätte gern noch mal ein Anliegen. Ich bin Pfleger auf der Intensivstation. Ich möchte einfach noch mal die Leute eindringlich darauf hinweisen, wirklich die Maßnahmen so umzusetzen, wie's gemacht ist. Einfach das aufs Minimum zu beschränken.
Ich weeß, es is' 'ne Scheißzeit, ich hab' selber fünf Kinder, wa. Aber das is', anders funktioniert's nich'. Wir kommen sonst nich' raus aus der Krise. Bitte zuhause bleiben, ihr rettet damit Leben!

Echo: Ihr rettet damit Leben!

Der Song:
Wir müssen uns jetzt umgewöhn'
können Freunde nicht sehn
und Opa seinen Enkel nicht
oh, wie lang soll das gehn?

Mach' deinen Balkon
und Garten schön!
Gemeinsam allein
wir werden die Zeit schon überstehn

Wir bleim Daheim
Daheim Daheim
Daheim Daheim

Wir bleim Daheim
Daheim Daheim
Daheim Daheim

Und kaufen der Omi
noch was mit ein

4 https://www.youtube.com/watch?v=-YHWtKrrRq0, letzter Zugriff: 07.01.2021.

Die bleibt daheim!
Daheim Daheim
Daheim Daheim

Papa trägt jetzt Schlafanzug
statt Anzug und Schlips
Und in der Mittagspause wird
gezockt mit den Kids

Und Mama macht
zum zehnten Mal
Lack auf die Zehen
Und um sie randaliern die Kleen!

Wir bleiben Daheim…

Und wenn einer hamstert
stell ihm ein Bein

Wir bleim Daheim
Daheim Daheim
Daheim Daheim

Der Song dient mir als Ausgangspunkt für die Unterscheidung von Sozialfiguren während der Coronakrise, die im folgenden Tableau dargestellt sind. Diese Sozialfiguren standen nicht alle immer gleichermaßen im Vordergrund. Die Phase des Lockdowns produziert und fokussiert andere Figuren als die Phase der Öffnung, zu Beginn der Pandemie werden andere Akzente gesetzt als in deren weiterem Verlauf, im Zuge dessen die sozialen Einschränkungen in ihren Folgen sichtbar werden und Protest dagegen laut wird, der wiederum eigene Sozialfiguren hervorbringt. Insofern wäre in das folgende Tableau noch eine Zeitachse einzufügen.

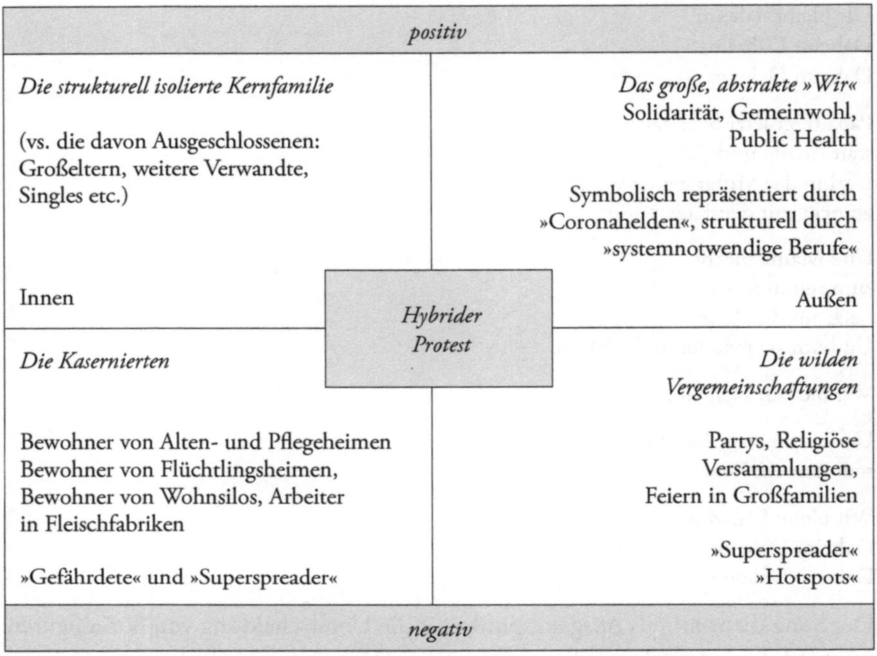

Das große, abstrakte »Wir«

Eine Sozialfigur, deren Ort wohl genuin einer der Krise und äußeren Bedrohung ist, ist das große, abstrakte »Wir«, die imaginierte und öffentlich aufgerufene Sozialität des im Normalfall eher im Hintergrund bleibenden »generalisierten Anderen« (Mead 1973 [1936]). Gemeinwohl und öffentliche Gesundheit wurden allseits beschworen, damit sollten sich alle solidarisch zeigen. Diese Figur wird in Situationen der Kriegsgefahr oder des Krieges ebenso hervorgebracht wie bei terroristischen Anschlägen oder eben angesichts der Bedrohung durch Seuchen und Pandemien.

Das »Wir« des generalisierten Anderen bedarf aber, weil es so abstrakt ist, der Konkretion, der Personalisierung. Diese Konkretion erfolgt in der Regel in zweierlei Richtung: in die der Opfer und in die der Helden. Bei terroristischen Anschlägen ist dies insofern »einfacher« als sich für diese Personalisierung die Opfer der Anschläge gleichsam anbieten, zumindest dann, wenn man sie für ein Common Good in Anspruch nehmen kann. »Wir sind XY«, heißt es dann, »je suis Charlie«, wie die Solidarisierungsformel nach dem Anschlag auf das Satiremagazin Charlie Hebdo und dessen Mitarbeiter im Sommer 2015 lautete. Opfer und

Helden fallen hier in eins, die Opfer sind in der öffentlichen Wahrnehmung gestorben als Helden der Verteidigung »westlicher Werte«.

Die Opfer des Virus dagegen sind namenlos und selten exemplarisch und bieten sich insofern für die Solidarisierung nicht einfach an. Erst recht taugen sie nicht als Helden. Zur Ikonographie der Krise gehören Bilder von Patienten in den Intensivbetten der Coronastationen. Eine Identifikationsfläche liefern diese Kranken nicht. Gleichwohl kommen sie im Hinblick auf das große »Wir« ins Spiel, insofern sie als Angehörige der »vulnerablen Gruppe« für die Gefährdung des großen Ganzen stehen.

Als Identifikationsfläche bieten sich andere Akteure an, die stellvertretend für ihr Handeln zugunsten des »Wir« gewürdigt wurden: die »Coronahelden«. Es war der tatkräftige Einsatz unter persönlichem Risiko, der hier gefeiert wurde, der Einsatz für »uns alle«. Sie wurden mit Standing Ovations im Bundestag geehrt, diverse private Institutionen zollten ihnen Anerkennung etwa durch Preisnachlässe bei Mieten oder Freizeitbuchungen. Ihre Leistungen wurden in besonderem Maße mit dem tätigen Kampf gegen die Krise in Verbindung gebracht und ihre Berufe entsprechend als »systemnotwendig« ausgeflaggt: Ärzte und Pflegepersonal etwa oder Kassiererinnen in Supermärkten.

Die durch den Lockdown zur Passivität Verurteilten – Restaurantbetreiber und deren Personal, Beschäftigte in Sporteinrichtungen und Kulturbetrieben u. a. m. – blieben, ungeachtet der finanziellen Entschädigung, die ihnen gewährt wurde, aus dieser expliziten öffentlichen Anerkennung ausgeklammert. Notlage und Entschädigung konstituieren kein Heldentum. Dieses bedarf der sichtbaren »Tätigkeit«, es braucht den Einsatz, der als selbstloser Kampf für die Gemeinschaft interpretiert werden kann.[5] Das Risiko, das damit für das eigene Leben verbunden ist, ist implizite Voraussetzung solcher Anerkennung.

Diese Sachlage treffend, wurde der »Sachsensong« eingeleitet mit dem Prolog eines dieser Helden des Alltags, eines Pflegers in einer Klinik, der das moralische Anliegen des Liedes gleich zu Beginn markiert. Ein Echo folgt als Akklamation: »Ihr rettet damit Leben!«

Die in dem Text anklingende Gemeinsamkeit im Alleinsein (»gemeinsam allein«) macht deutlich, dass mit dem moralischen »Wir« eine abstrakte, in der Situation eben »nicht gelebte« Gemeinsamkeit aufgerufen wird, der alle verpflichtet sind, und die gerade, weil sie nicht gelebt wird und vielleicht auch als solche auf Dauer »nicht gelebt werden kann«, symbolisch beschworen werden muss. Diese Beschwörung einer Gemeinsamkeit über die Parzellierung hinweg dokumentierte

5 Im Videoclip der Bundesregierung *#besonderehelden* werden diejenigen (jungen Leute), die zuhause bleiben, obwohl sie sich langweilen, artifiziell und etwas bemüht als »besondere« Helden betitelt. Es ist ein Heldentum, das sich offenbar nicht selbst erklärt und hier von einem in die Jahre gekommenen »Veteran« der Coronakrise 2020 rückblickend erläutert werden muss.

sich gerade in der ersten Zeit des Lockdowns in Balkonkonzerten, sei es real oder in Videoclips, in denen über die Grenzen isolierter Wohnungen hinweg »gemeinsam« musiziert wurde. Mit der Dauer der Pandemie scheinen auch diese Formate an Attraktivität verloren zu haben.

In dem Sachsensong sieht man aber auch bereits den Kontrast derer aufblitzen, die sich der Gemeinsamkeit verweigern: Hier sind es die »Hamsterer«, denen die solidarische Gemeinschaft »ein Bein stellt«. Im öffentlichen Diskurs waren es eher die rücksichtslosen »Superspreader«, die nur ihr eigenes Vergnügen im Sinn hatten, durch die Bars zogen und andere ansteckten, oder die sich ungeachtet der öffentlichen Moral in ihren partikularen Gemeinschaften trafen – und sich oder andere infizierten.

Die strukturell isolierte Kernfamilie

Der Aufruf zum Social Distancing galt aber nicht für alle und nicht unter allen Umständen. Dort, wo Menschen ohnehin zusammenlebten, durfte der gespürte Andere auch weiter ein solcher bleiben, die entsprechende Gruppe von Personen wurde vielleicht sogar dazu aufgefordert, dieses »Spüren« zu kultivieren. Der Hallenser Virologe Alexander Kekulé, der im MDR täglich zu Corona interviewt wurde und auf Hörerfragen antwortete, wurde von einem Paar gefragt, ob es unter Coronabedingungen riskant sei, schwanger zu werden. Er verneinte dies vehement und ermunterte das fragende Paar, sofort in dieser Richtung aktiv zu werden, wo einem doch sonst so viel verboten sei. Legitime Intimität.

Gemeint waren in der Ausnahme vom Distanzierungsgebot primär Paare und Familien, unweigerlich mitgemeint sein mussten auch Haushaltsgemeinschaften, auch wenn es darum öffentlich nie ging. In der sächsischen Verordnung war dies zu Beginn sogar für den Aufenthalt im Freien so formuliert: Nur mit Familien- oder Haushaltsangehörigen oder einer Person, mit der man in einer festen Partnerschaft liiert war, durfte man sich in der Öffentlichkeit zeigen. In den Gegensatz von generalisiertem Anderen und gespürtem Nächsten wurden hier Klammern legitimer Vergemeinschaftung eingezogen: Familien, Haushalte, Paare. Nicht aber: Freunde, Geliebte, Sportgruppen, religiöse Gemeinschaften, Stammtische, politische und kulturelle Zirkel.

Aus virologischer Perspektive war das wohl vernünftig. Die, die ohnehin zusammenleben, brauchte man nicht zu trennen. Es reichte, sie von der Welt außerhalb zu isolieren. Aber die, deren Beziehungen fluider und weniger klar konturiert oder schlicht nicht im Sinne der Kernfamilie definiert waren, konnte man zum Zwecke der höheren Solidarität auseinanderhalten. Und so entstanden zwei konträre Positionierungen im Gegenüber zum generalisierten Anderen, zugunsten dessen man auf Distanz ging. Einmal: der Verzicht auf Gemeinschaft für die Gesellschaft, die hier gemeinschaftlich als »großes Wir« gefasst wurde; das andere Mal: die Reduktion auf primordiale Gemeinschaften im Dienst dieses großen abstrakten »Wir«.

Ein Korrelat des abstrakten »Wir« ist hier die gelebte Nähe in einer institutionalisierten und als solcher akzeptierten und aus der Kontaktbeschränkung ausgenommenen Form: der Familie. Beschworen wird im »Sachsensong« geradezu idealtypisch das, was Talcott Parsons (1964: 92) einmal die »strukturell isolierte Kernfamilie« genannt hat. In der Hochzeit des Lockdowns war dies im Grunde die einzig legitime Form gelebter Sozialität unterhalb des abstrakten »Wir«. Im Song wird es klassisch ausgemalt mit Mama, Papa und den »Kleen«, und dies auch noch in einer stereotypen Rollenverteilung, und unter Ausschluss der Großelterngeneration.

Von der Kleinfamilie abgeleitet, ihr gegenübergestellt, und dadurch unmittelbar auf sie bezogen sind insofern all diejenigen, die davon ausgeschlossen blieben und im Sinne des abstrakten »Wir« Verzicht auf Sozialität üben mussten. Im Song und in der Öffentlichkeit immer wieder beschworen: die Großeltern, die ihre Enkel nicht sehen durften.[6] Weniger offensichtlich waren dies auch: die Singles, die nicht in festen Partnerschaften Lebenden, die Alten und Kranken.

Man muss diese Reduktion auf familiäre Kontexte nicht beschönigen. Familien sind nicht per se gut, und von einem Anstieg an Gewalt gegenüber Frauen und Kindern in dieser Zeit, wie auch einem Anstieg an Scheidungsanträgen wurde oft berichtet. Von der Wiederherstellung traditioneller Formen der Arbeitsteilung gar nicht zu reden. Zudem sind strukturell isolierte Kernfamilien natürlich längst nicht mehr darauf eingestellt, all die zusätzlichen Funktionen zu übernehmen, die im Zuge des Lockdowns an sie herangetragen wurden.

Gleichwohl sieht man hier, dass die Logik des Lockdowns eben nicht nur eine der Verhinderung vermeidbarer Infektionen war, sondern dass sie in der Reduktion auf primordiale Gemeinschaften zugunsten des Gemeinwohls, der Gesellschaft, der öffentlichen Gesundheit, auch eine kulturelle Seite hatte. Das wurde auf Plakaten beschworen, im Radio in Songs geträllert, und immer ging es um Papa, Mama und die Kinder, und um den Schutz von Oma und Opa, zu denen man Corona nicht bringen dürfe. Die Parsonianische, strukturell isolierte Kernfamilie, zeigt sich hier in Reinform, von ihr blieb die dritte Generation ausgeschlossen, und erst recht all diejenigen, die nicht in einer Kleinfamilie oder einem ihr ähnlichen Haushalt lebten. Manche erwachsenen Kinder traten die Flucht zu den Eltern an und stellten die alte Kernfamilie wieder her.

6 Auf vielen Werbeflächen hängt bis heute ein Plakat mit dem Slogan: »Bring Corona nicht zur Oma«.

Die erzwungene Wendung nach innen, in die Privatheit der Familie, hatte, nebenbei bemerkt, ökonomische Folgen: Im Unterschied zu vielen anderen Sparten der Ökonomie erlebten Baumärkte und Gartenmärkte in der ersten Jahreshälfte 2020 erhebliche Umsatzsteigerungen: Es wurde gemalert, renoviert und gegärtnert. Dass die Familien bald überfordert waren von den neuen Aufgaben, die wieder an sie herangetragen wurden, ist die Kehrseite der Medaille.

Die Kulturszene unterstützte zu Beginn – also im Frühjahr 2020 – in seltener Harmonie die vorgeschriebene Kontaktbeschränkung. Das reichte vom Sachsensong bis hin zu all den »gemeinsam allein« von ihren Balkonen musizierenden Musikern und Musikerinnen. Einmal primordiale Gemeinschaft und die geschlechterstereotype Kultivierung des Häuslichen, das andere Mal »gemeinsam allein« als Sinnbild für die abstrakte Gesellschaft. Zusammenspielen auf Distanz im Sinne des Gemeinwohls. Die Helden des Alltags, die schnell ausgemacht waren – Pflegekräfte und Ärzte – unterstützten das Ganze mit moralischen Appellen.

Aber das war nur die eine Seite: die offizielle, die mehrheitliche wohl auch, die massenkulturell wie hochkulturell unterstützte. Die öffentliche Codierung eines abstrakten »Wir« im Sinne eines generalisierten Anderen mit der primordialen Familiengemeinschaft als Zwilling – so meine These – provoziert Widersprüche, in denen andere Konstruktionen und Praxen eines »Wir« gegen das Verordnete, andere Loyalitäten gegen das moralisch Geforderte und andere Formen der Affektivität gegen das Kontrollierte in Stellung gebracht werden.

Die Kasernierten

Wovon der Song nicht sprach, was aber bald in der öffentlichen Berichterstattung Aufmerksamkeit fand, waren abgeschlossene, in gewisser Weise »kasernierte« Formen des Wohnens, die aus unterschiedlichen Gründen mit stark begrenzter Autonomie einhergehen. Damit bezeichne ich all die »institutionalisierten« Formen der Sozialität in Alten- und Pflegeheimen, Krankenhäusern, Flüchtlingsunterkünften, Fleischfabriken und den dazugehörigen Wohnbaracken sowie – dem ähnlich – in den oft von Migranten bewohnten Wohnsilos der Städte.

Schon diese Aufzählung zeigt, dass es sich um Gruppen handelt, die in der öffentlichen Wahrnehmung sehr unterschiedlich bewertet wurden: als Gefährdete wie auch als Gefährder.

Unabhängig davon verwandelten sich diese institutionalisierten Formen im Zuge der Pandemie oft in totale Institutionen im Sinne Goffmans (1973), aus denen der Ausgang und zu denen der Zugang versperrt blieb. Ihre Bewohner wurden im Zuge der Pandemie zu Insassen, die nicht mehr selbst über ihre Mobilität und auch nicht über ihre sozialen Beziehungen entscheiden konnten und die über lange Zeit kaserniert und isoliert wurden. Sie erduldeten dies zum Teil, zum Teil erlitten sie es depressiv, zum Teil wollten sie die Kasernierung mit Gewalt durchbrechen und wurden wiederum mit Gewalt daran gehindert.

Die Gruppe der »Kasernierten«, das sind – im Unterschied zur Kernfamilie – die »zwangsweise« Vergemeinschafteten. Unter ihnen waren die Infektionsraten zeitweise besonders hoch und die Reaktionen besonders drastisch. Abriegelung von Wohnvierteln, Besuchsverbote in Heimen, Zwangsquarantäne. Die Bewohner, wo sie es konnten, rebellierten und versuchten aus der Situation zu flüchten. Rumänische Arbeiter einer Fleischfabrik setzten sich nach Hause ab, Bewohner eines abgeriegelten Wohnblocks in Göttingen versuchten gewaltsam, die Absperrungen zu durchbrechen. Das Verweilen im Block hatte wenig von der Gemütlichkeit des sächsischen »Daheim, daheim«. Die empörte Kommentierung von Seiten verantwortlicher Politiker machte deutlich, dass es hier um eine Aufkündigung der gesellschaftlichen Konsensunterstellung ging: dass wir uns alle zurücknehmen und isolieren im Sinne des großen Ganzen.

Zu den Kasernierten gehören auch die Bewohner der Alten- und Pflegeheime und entsprechender Stationen der Krankenhäuser. Hier verquickt sich auf besondere Weise der Schutz des generalisierten Anderen mit dem Schutz der vulnerablen Gruppe. Aber auch hier ist an den Maßnahmen erkennbar, dass der Schutz der vulnerablen Gruppe strikt »im Dienst« des generalisierten Anderen steht. Besuchszeiten und -konditionen in Alten- und Pflegeheimen, jedenfalls dort, wo sie nicht teuer und privat waren, begannen denen in Gefängnissen zu ähneln: Über Monate waren Besuche gar nicht erlaubt, dann zeitlich sehr eng, oft auf 30 bis 60 Minuten begrenzt, zum Teil mit Schutzscheiben zwischen den Angehörigen, beschränkt auf eine besuchende Person, mit großem Abstand und Berührungsverbot. Nach allem Ermessen ging es hier wohl vor allem um den Schutz der Einrichtung und um die Angst, zum »Hot Spot« zu werden, wohl auch um den Gesundheitsschutz der Gesamtheit der Bewohner, und erst nachrangig um das Befinden der individuellen Alten. Für diese war die Gefahr, über der Vereinsamung den Lebenswillen zu verlieren, unter Umständen bedrohlicher als das Risiko zu erkranken und daran zu sterben. In der öffentlichen Rhetorik aber, zumindest in den ersten Monaten der Pandemie, war stets von den zu schützenden Alten und Kranken die Rede, erst mit großer Verzögerung kamen die Begleiteffekte dieses Schutzes in den Blick. Die Praxis hat sich in der Zwischenzeit, scheint mir, nur leicht verändert. Verändert hat sich jedoch die öffentliche Rhetorik: Die Kanzlerin sagt in der Zwischenzeit öffentlich, dass sich diese Isolation der Alten nicht wiederholen dürfe.

Und schließlich die Arbeiter in den Fleischfabriken. Das WZB Berlin und das DJI haben 2018 eine Broschüre zur Fleischindustrie in Deutschland herausgebracht, in der es um die Produktions-, d.h. Schlachtmengen, aber auch um die Arbeits- und Wohnbedingungen der Beschäftigten ging (Friedrichsen/Huck 2018.). *Nichtorte der Fleischindustrie* war der bezeichnende Titel der Broschüre. Diese Nichtorte sind jetzt plötzlich allgemein sichtbar geworden, und dass sie im Zusammenhang mit der Massenproduktion von Fleisch standen, gab dem Ganzen wohl einen zusätzlichen moralischen Akzent. Man fühlte sich an Schilderungen frühindustrieller Kontexte wie in Upton Sinclairs *Der Dschungel* erinnert. Ein extremer Kontrast zur hellen Seite legitimer Sozialität in der Coronakrise, die – durch öffentliche Appelle wie in »Daheim, Daheim« unterstützt – nun auch noch in Heimwerkeraktionen aufpoliert wurde.

Neben den individuellen Betroffenheiten scheint mir auf der institutionellen Ebene wesentlich, dass wir es – anders als bei den Kernfamilien – hier mit einer Verwandlung der Einrichtungen in »totale Institutionen« (Goffman 1973) zu tun haben, in denen das Personal zu Wächtern und die Bewohner zu Insassen ohne jegliche Freiheitsrechte werden. Dass es gerade die genannten Einrichtungen und Unterbringungsformen sind, deutet darauf, dass sie als Institutionen den Keim der totalen Institution bereits in sich tragen. Und gleichzeitig führen sie exemplarisch eine Möglichkeit des Umgangs mit der Krise vor Augen. Eine Form des Umgangs, der nicht alle betrifft und betreffen wird, der aber im Extremfall zur Anwendung kommen kann und hier gleichsam stellvertretend vor Augen geführt wird.

Die »wilden Vergemeinschaftungen«

Neu herausgebildet haben sich im Zuge der Pandemie mehr oder weniger unregulierte »wilde« Vergemeinschaftungen, die sich dem Diktat der strukturell isolierten Kernfamilie und der Rücksichtnahme auf das abstrakte »Wir« sperrten und gegen die verordneten Regeln verstießen. Genauer gesagt: Sie wurden »wild« erst in Bezug auf die allgemeinen Distanzregeln und durch das Offenbarwerden konkurrierender Loyalitäten. Dazu gehören Gemeinschaften bei Partys, gegen die – zuerst sichtbar in der Münchner Innenstadt und am Frankfurter Opernplatz – vorgegangen wurde; dazu gehören große Familienfeiern, durchaus nicht auf migrantische Familien begrenzt, aber auch religiöse Versammlungen unterschiedlicher Religionsgruppen – oft charismatischer oder pietistischer Natur –, die sich, wie auch die Kasernierten, schnell zu »Hotspots« entwickelten, sowie schließlich die Partys und Bierfeste Jugendlicher und Erwachsener. Hier sprach sich gegen das verordnete Universelle das Partikulare aus, es trat zu ihm im Zuge der Krise in bewussten Widerspruch. Stand im Fall der Kleinfamilie das Partikulare gleichsam im Auftrag des Universellen, traten diese Formen dazu in Konkurrenz. Zum Teil wohl, weil sie die mehrheitlich wissenschaftlich codierte Bedrohung durch Corona anders fassten und andere Heilsziele verfolgten als das des Public Health. Der mexikanische Präsident Obrador präsentierte zu Beginn der Pandemie öffentlich seine Schutzamulette, und der ultraorthodoxe frühere israelische Gesundheitsminister hoffte auf die Wiederkehr des Messias noch vor Pessach. Während der zweiten Welle sprachen Rabbiner chassidischer Sekten – einer »pietistischen« Fraktion der Ultraorthodoxen in Israel – sogar davon, dass man Opfer bringen müsse, um die Kontinuität der religiösen Tradition in den Synagogen und religiösen Schulen zu wahren. Gemeint waren damit explizit die alten Mitglieder der Gemeinde.

Das Wohl der Gemeinschaft (Großfamilie, religiöse Gemeinschaft, Freundeskreis) wurde in all diesen Fällen dem abstrakten Wohl der Gesellschaft übergeordnet, wohl auch, weil die strukturell isolierte Kernfamilie dem Familienmodell ultraorthodoxer und vielleicht auch südeuropäischer Familien nicht entsprach. Oder schlicht, weil die Bedrohung nicht die eigene Existenz zu betreffen schien. »Ick steck das weg«, sagte selbstbewusst ein junger Berliner im Interview.

Diese wilden Vergemeinschaftungen sind insofern etwas Neuartiges, als sie Vergemeinschaftungen sind »im Kontrast« und bisweilen wohl auch »in Opposition« zum allgemein beschworenen »Wir« und zur strukturell isolierten Kernfamilie. Auf öffentlichen Plätzen sich in den Abend- und Nachtstunden treffende und in Clubs tanzende Jugendliche sind in europäischen Großstädten nichts Neues und Ausdruck der vielfältigen Vergemeinschaftung in Szenen. Hochzeitsfeiern oder Taufen in größeren Familienverbänden und Feiern an Stränden sind im Normalfall ebenso wenig ungewöhnlich wie singende und betende Menschenmengen in charismatischen Gottesdiensten, in Moscheen oder ultraorthodoxen Synagogenversammlungen. Es sind Formen aus dem Spektrum der Geselligkeit und Varianten innerhalb des religiösen Feldes. Angesichts der Pandemie aber offenbaren oder produzieren sie konkurrierende Loyalitäten und werden in Relation zu den legitimierten Formen der Sozialität zu »wilden« Formen der Vergemeinschaftung. Eine Angehörige der ultraorthodoxen Gemeinschaft der Haredim in Israel sagte in einem Interview mit dem Nachrichtensender Kan, dass sie sich nur den Anordnungen ihres Rabbiners unterwerfe, und nicht unmittelbar den staatlichen Verordnungen. In anderen Fällen dürften solche konkurrierenden Loyalitäten weniger klar artikuliert, sondern schlicht praktiziert werden. Es sind aber nicht nur Zuschreibungen, die hier erkennbar werden, sondern auch gelebte und sich der Differenz zum Verordneten bewusste Formen der Praxis.

Den hier praktizierten Formen der Sozialität, die auf freiwilliger Vergemeinschaftung beruhen, ist eine spezifische »Affektivität« eigen: Bei den privaten wie auch bei den religiösen Zusammenkünften ist das wechselseitige emotionale »Affiziertwerden« durch den »gespürten Nächsten« zentral, der hier gerade »nicht auf Abstand« gehalten wird. Der Kontrast zwischen den geordneten Gottesdiensten mit entsprechenden Abstandsregeln und dem in enger Tuchfühlung gemeinsamen Singen und Beten charismatischer Gemeinschaften veranschaulicht die grundlegende Spannung, um die es in der Coronakrise geht. Die als infektiös inkriminierten Sozialformen sind gleichzeitig die, die vom wechselseitigen Affiziertwerden in Gebet und Gesang, bei Tanz und Feier leben und auf dieses angewiesen sind, seien sie religiöser oder säkularer Natur.

Der hybride, diffuse Protest

Als letzte Sozialform sind Formen eines »diffusen Protests« gegen den Umgang mit der Krise zu nennen. Damit meine ich nicht den in letzter Zeit sichtbar gewordenen – »spezifisch« ausgerichteten – Protest verschiedener Berufsgruppen, etwa der Kulturschaffenden, gegen die Folgen des Lockdowns. Es geht mir um den hybriden, in seiner Ausrichtung diffusen Protest, der von Verschwörungstheoretikern und Impfskeptikern über rechte Regierungskritiker bis hin zu denen reicht, die die Prozesse, wie ich sie oben anhand der Sozialformen skizziert habe, als problematisch erlebt haben: etwa die Formen der Kasernierung und ihre Folgen. Dieser diffuse Protest stellt sich den dominanten Deutungen entgegen und stellt damit die Legitimität des politischen Handelns massiv in Frage. Er negiert das »große Wir« und die auf es ausgerichteten Maßnahmen ebenso wie die Disziplinierungen der verordneten strukturellen Isolation in Kleinfamilie sowie Wohn- und Arbeitskasernen. Es ist ein Protest, der vieles versammelt, was an Kritik an staatlicher Politik schon lange unterschwellig vorhanden war. Insofern ist der Protest in seinen einzelnen Beständen nichts Neues. In der Agglomeration aber und in der Richtung, die er durch die politischen Maßnahmen der Pandemiebekämpfung bekommt, repräsentiert er doch etwas Neuartiges. In gewisser Weise wird er so – gerade in der Ignorierung von Abstandsregeln – zur zivilgesellschaftlichen Verlängerung der wilden Formen der Vergemeinschaftung, auch wenn er in den Inhalten mit diesen wenig gemein haben mag und umgekehrt. Er findet seine Identität nur im Protest gegen das Regierungshandeln, insbesondere desjenigen, welches sich mit wissenschaftlichen Ergebnissen legitimiert. Aber genau darin schafft er einen Sammelplatz für das diffuse Unbehagen gegenüber denen »da oben« und gegenüber all dem, was man in deren Hintergrund immer schon vermutet hat. Und paradoxerweise schien hier – im Gewand einer Leugnung wissenschaftlicher, politischer und medialer Rationalität und Legitimität – gleichzeitig das in der Pandemie an den Rand Gedrängte einen Platz zu finden: gespürte Nähe und öffentliche Präsenz.

Grundspannung: Generalisierter Anderer und gespürter Nächster

Die Krise zeigte in drastischem Nebeneinander von Sozialformen, was »da ist«, und die Bearbeitung der Krise stellte diese Formen in Kontrastfiguren gegenüber: die strukturell isolierte Kernfamilie und die daraus ferngehaltenen vulnerablen Gruppen, aber auch die Kernfamilie und diejenigen, die an ihr als Institution nicht teilhaben. Das abstrakte »Wir« und die von ihm verlangten Opfer des »gemeinsam allein«: eine Formel, die die Einsamkeit mit etwas moralischem Glanz überzog. Die Kasernierten, die zwangsweise vergemeinschaftet oder isoliert wurden und in totalen Institutionen von Bewohnern zu Insassen wurden, Gefährder und Gefährdete einschließend. Die wilden, freiwilligen Formen der Vergemeinschaftung, die sich – singend und betend, trinkend, tanzend und in Tuchfühlung – dem abstrakten »Wir«, der Solidarität mit dem generalisierten Anderen verweigerten und unweigerlich mit der Staatsmacht und Staatsgewalt in Konflikt gerieten. Und schließlich: der diffuse Protest, der das Unbehagen an der neuen gesellschaftlichen Formierung aufgreift und es mit anderen Formen des Unbehagens am Staat verquickt.

Meine These ist, dass die Coronakrise und der Umgang mit ihr Formen der Sozialität, die auch vorher da waren, pointiert, sie neu oder erstmals sichtbar macht, in konfliktreiche Stellung zueinander bringt, moralisch bewertet und neu codiert, dass aber auch – im Kontrast mit dem Verordneten – neue Sozialfiguren entstehen. Im Zuge einer Betonung des generalisierten Anderen – des Allgemeinwohls und der Public Health – kommt es zur Ausgrenzung legitimer und illegitimer Formen partikularer Vergemeinschaftung, und zur Steigerung institutionalisierter Wohnformen hin zu totalen Institutionen. Eine Zuspitzung zeigte sich auch bei den anderen Formen der Vergemeinschaftung: Die heile Kleinfamilie, die Garten und Balkon in Ordnung bringt und ihre Häuslichkeit kultiviert, steht den wilden, Party Feiernden oder ekstatisch singenden und betenden Formen der Vergemeinschaftung gegenüber, das Gezähmte dem Ungezähmten, das Emotional-Kontrollierte dem Affektiv-Überbordenden. Dabei wird in der öffentlichen Bewertung das Solidarische dem Unsolidarischen gegenübergestellt und macht andere Codierungen – etwa die von Freiwilligkeit und Zwang, Jung und Alt, gemeinsam und alleinlebend – zumindest zeitweise unsichtbar. Diese Pointierung ist nicht allein eine soziale Konstruktion, sondern auch eine gelebte Praxis. Die Familien stürmten tatsächlich die Baumärkte und begannen Wohnungen, Balkons und Gärten zu verschönern. Und die Alten entwickelten Ängste vor dem Eingesperrt-werden.

Die hier beschriebenen Entwicklungen sind in einer Krise wie dieser und der damit verbundenen Verantwortung für Menschenleben wie auch für den Fortgang des gesellschaftlichen Lebens naheliegend, schwer zu vermeiden, aber vielleicht doch nicht alternativlos. Manche Maßnahmen wurden im Zuge der zu erwartenden Dauer der Krise überdacht und auf ihre Wirkungen hin reflektiert. In jedem Fall sollten die Sozialwissenschaften auch danach fragen, welche Formen sozialer Ordnung durch politische Maßnahmen, aber eben auch kulturell – durch Bewertungen und Moralisierungen – erzeugt und mobilisiert werden und welche Folgen sie zeitigen.

Literatur

Alexander, Jeffrey/Smith, Philip (2001): »The Strong Program in Cultural Theory: Elements of a Structural Hermeneutics«, in: Jonathan H. Turner (Hg.), *Handbook of Social Theory*. New York: Kluwer Academic, S. 135–150.

Allmendinger, Jutta (2020): »Zurück in alte Rollen. Corona bedroht die Geschlechtergerechtigkeit«, in: *WZB-Mitteilungen* 168, S. 45–47.

Derrig, Rián (2020): »Was Menschen dazu bringt, auch strenge Regeln zu befolgen. Die Pandemie zeigt Grenzen der Nudging-Theorie auf«, in: *WZB-Mitteilungen* 168, S. 66–68.

Friedrichsen, Jana/Huck, Steffen (Hg.) (2018): *Nichtorte der Fleischindustrie: Fakten und Hintergründe zum Schlachten in Deutschland.* Berlin: WZB.

Goffman, Erving (1973): *Asyle – Über die soziale Situation psychiatrischer Patienten und anderer Insassen*. Frankfurt a. M.: Suhrkamp.

Heisig, Jan Paul/König, Christian (2020): »Das Virus ist nicht demokratisch. Soziale Ungleichheit prägt den Verlauf der Infektion«, in: *WZB-Mitteilungen* 168, S. 39–41.

Mead, George Herbert (1973 [1936]): *Geist, Identität und Gesellschaft aus der Sicht des Sozialbehaviorismus*. Frankfurt a. M.: Suhrkamp.

Parsons, Talcott (1964): *Beiträge zur soziologischen Theorie*. Neuwied-Berlin: Luchterhand.

Schütz, Alfred (1972 [1946]): »Der gut Informierte Bürger«, in: Arvid Brodersen (Hg.), *Gesammelte Aufsätze, II Studien zur soziologischen Theorie*. Dordrecht: Springer, S. 85–101.

Wiedner, Jonas/Konrad, Markus/Koopmans, Ruud/Laurence, James (2020): »Bowl Alone! Sozialkapital spielt eine wichtige Rolle für die Akzeptanz von Social Distancing«, in: *WZB-Mitteilungen* 168, S. 69–72.

Die symbolischen Ordnungen des Konsums – und die Fallstricke produktivistischer Soziologie[1]

Jörn Lamla

Alternativen moderner Praxistheorie

Sighard Neckel hat sich konzeptionelle Zugänge für eine Analyse der Gegenwartsgesellschaft erschlossen, die in Deutschland zwar vielfach rezipiert, aber eher selten in vergleichbarer Konsequenz zugrunde gelegt werden. Norbert Elias etwa, die Stadtsoziologie der Chicago School oder die Soziologie Pierre Bourdieus sind gute Beispiele. Schon in seiner Dissertation über *Status und Scham* (Neckel 1991) zeigt sich, warum es ihrem Autor gelingt, in Schichten der gesellschaftlichen Reproduktion sozialer Ordnungen und Ungleichheiten vorzudringen, die sonst eher selten der systematischen Erschließung zugänglich werden. Er verknüpft die Analyse von kulturellen Lebensstilen und deren Symbolwelten mit der emotionalen Strukturdynamik sozialer Figurationen einerseits und der gesellschaftlichen Ordnungsmacht sozialer Klassifikationen andererseits. Damit lässt sich eine Grammatik sozialer Kämpfe entschlüsseln, die unter die Haut gehen und sich so der Körper des Kollektivs[2] in besonders eindringlicher Weise bemächtigen.

Dieser durchdachte Zugang zur Tiefenmechanik des Sozialen beeindruckt. Seine Resultate sind um ein Vielfaches praxisnäher und erklärungskräftiger als andere Ansätze der Ungleichheitssoziologie. Sie verbleiben gleichwohl im Horizont einer Soziologie jener sozialen Ungleichheiten und Machtverhältnisse, die der moderne Kapitalismus hervorbringt. Meine eigenen Suchbewegungen wollen über diesen Horizont hinausblicken, um ggf. andere Grammatiken zu finden, die nicht in sozialen Status- und Gruppenkämpfen aufgehen. Dabei geht es weniger um eine Alternative zur Soziologie sozialer Ungleichheiten, die durch die Einbeziehung horizontaler Disparitäten ohnehin auf Blickerweiterung hin angelegt ist (Bergmann u. a. 1969). Vielmehr gilt es, die Irritationen im Fach ernst zu

---

1 Ich danke Johanna Leinius, Carsten Ochs und den Herausgeberinnen für ihre Anmerkungen und Hinweise zu diesem Aufsatz. Außerdem danke ich der Fritz-Thyssen-Stiftung für die Gewährung eines Lesezeit-Semesters, welches mir die intensive Aufarbeitung von Teilen der in diesem Aufsatz behandelten Literatur ermöglichte.

2 Man denke an das Titelbild des Leviathans, das nicht nur Hobbes' berühmte Schrift, sondern auch die gleichnamige Zeitschrift prägt, die Sighard Neckel über viele Jahre mit herausgegeben hat.

nehmen, wonach maßgeblich andere Prinzipien jenseits der Klassenstrukturierung die moderne Gesellschaft konfigurieren könnten. Hinweisgeber sind Luhmann mit seinem Pluriversum an Funktionssystemen, Habermas mit seiner Idee einer kommunikativen Vernunft, die die Verhältnisse von innen transzendiert, Foucault mit seiner Analyse von epochenübergreifenden Diskursformationen und Überwachungsdispositiven, Latour, der die Härtung der Gesellschaft durch Technik in den Blick rückte u.v.m. Unklar ist allerdings, wie man diesen Intuitionen einen ähnlich robusten empirisch-konzeptionellen Unterbau verleihen kann, wie ihn sich Neckel mit seiner Kombination von Ethnographie, Emotionssoziologie und kulturell-ökonomischer Sozialstrukturanalyse im Gefolge Bourdieus erarbeitet hat. Die Messlatte liegt also hoch.

Zu Beginn meiner Zusammenarbeit mit Sighard Neckel kam ich mit einem fortgeschrittenen Buchmanuskript für eine Einführung zu Anthony Giddens im Gepäck (Lamla 2003a) sowie einer Dissertation zur Sozialpolitik der Grünen, die den Standards politischer Rechtfertigung mit Mitteln ethnographischer Feldforschung und hermeneutischen Rekonstruktionsmethoden zu Leibe gerückt war (Lamla 2002), nach Gießen. Intuitionen und Erkenntnisinteressen lagen damit hinreichend dicht beieinander, um einen konstruktiven Dialog führen zu können. Giddens hatte immerhin viel von Elias gelernt und die Ungleichheitsforschung sehr ernst genommen (Müller 1992). Zwar war sein Projekt diagnostisch offener, aber damit auch weniger kohärent – irgendwie keine ernste Gefahr für eine Gesellschaftsdiagnostik, die den Prinzipien und (verdeckten) Logiken sozialer Klassenstrukturierung einen explanativen Vorrang für die Entschlüsselung der Moderne einräumt. Wo er sich allzu weit vom praxis- und kulturtheoretisch gewendeten historischen Materialismus entfernte, wie in seinen politischen Schriften zum *Third Way* (Giddens 1998), schien er seinerseits einer neoliberalen Illusion zum Opfer zu fallen.

Das Lehrreiche an Giddens' Projekt ist jedoch ohnehin eher die Art und Weise, wie er bestehende Theorie- und Deutungsangebote diskutiert, prüft und relativiert, um die Herausforderungen für das soziologische Programm einer modernen Gesellschaftstheorie klarer hervortreten zu lassen. So verwebt Giddens Symbolwelten und Kapitalverteilungen – Regeln und Ressourcen – nicht schon auf der Ebene der Sozialtheorie der Praxis zu einer allgemeinen ökonomisch-kulturellen Akkumulationserzählung, wie es bei Bourdieu geschieht. Er verschafft sich auf dieser Ebene vielmehr den methodologischen Spielraum für eine mehrdimensionale Deutung der Moderne, die mit weiteren, etwa industriell-technischen, überwachungsstaatlichen und militärisch-gewaltsoziologischen Erklärungskomponenten angereichert wird, ohne Ungleichheitsdynamiken – wie die Exklusion am oberen und am unteren Rand der Gesellschaft – zu vernachlässigen (Giddens 1985, 1995, 1997).

Ich möchte im Folgenden der Frage nachgehen, welche theoretischen Konzeptionen heute erforderlich und in der Lage sind, die symbolischen Ordnungen der gesellschaftlichen Praxis in ihrer vielfältigen Gestalt und Wandlungsdynamik zu erfassen. Meine Vermutung lautet in Weiterführung der am Beispiel alternativer Praxistheorien angedeuteten Kontrastierung, dass der Blickwinkel der Soziologie nach wie vor zu sehr auf Themen fokussiert, die sich den Machtverhältnissen und Ungleichheitsdynamiken im gesellschaftlichen Produktionsgefüge widmen. Zugleich möchte ich zeigen, welche neueren Theoriemittel eine solche Engführung zu vermeiden helfen und welche Horizonte eine entsprechende Blickverschiebung – etwa für die Deutung der digitalen Gegenwartsmoderne – eröffnet.

Testfall Konsum

Der Testfall, der im Folgenden näher betrachtet werden soll und Gegenstand der Diskussion und Forschung von Sighard Neckel und mir in der gemeinsamen Zeit in Gießen war, sind die Praktiken des Konsums, ihre diskursiven und medialen Aspekte sowie ihre ordnungsstiftenden Konsequenzen. Diese Domäne ist für die Bourdieu-Schule vertrautes Terrain (Bourdieu 1982). Bei Giddens (1991: 196ff.) verschwindet sie in seiner Soziologie der Alltagsroutinen und dem Konzept einer Politik der Lebensführung. Daher müssen einige Anstrengungen unternommen werden, die aufgeworfene Theoriefrage auf dieses Terrain zu übertragen. Denn zunächst einmal ist klar, dass Konsumpraktiken auf ihre praktische Logik der Distinktion und die sozialstrukturellen Ordnungs- und Ungleichheitseffekte hin untersucht werden können, die mit ihren habituell oder reflexiv zugrunde gelegten Konventionen, Klassifizierungsschemata und Statuszuschreibungen einhergehen. Das gilt nicht zuletzt für die Erwartungen und Zuschreibungen, die heute unter dem Label der Nachhaltigkeit an Konsumpraktiken herangetragen werden. Hier hakt Sighard Neckel (2018) mit Recht in die Debatte ein und argumentiert, dass die mit Nachhaltigkeit verbundene ökologische Globalperspektive die irdischeren Probleme sozialer Differenzierung und Ungleichheit nicht beiseiteschiebt, sondern als Distinktionsschema und Verantwortungszuschreibung in vielerlei Hinsicht reproduziert und verstärkt. Aber es bleibt die Frage, welchen Stellenwert dieser stratifikatorische Strukturaspekt modernen Konsums eigentlich einnimmt, wenn es um das Gesamt der Beiträge seiner Praktiken und Schemata zur Reproduktion oder Transformation gesellschaftlicher Ordnung geht. Vielleicht, so ließe sich die Frage umkehren, haben andere Strukturmomente des Konsums und andere Aspekte seiner symbolischen Ordnungen gewichtigere Effekte, etwa Sicherheits-, Glücks-, Stofflichkeits-, Lenkungs-, Normierungs-, Bildungs-, Rationalisierungs-, Standardisierungs- oder Singularisierungsaspekte. Wie kann man es wissen?

Leicht könnte man sich auf die Multiparadigmatizität der Soziologie zurückziehen und mit der Behauptung einer Koexistenz verschiedener Strukturdynamiken in der Moderne zufriedengeben: Der Konsum standardisiere und singularisiere zugleich; er reproduziere soziale Klassenunterschiede und manipuliere doch alle gleichermaßen; er sei primär virtuell, spiele sich also im Kopf ab, und doch auch wesentlich dinglich-materiell, binde etwa die menschlichen Körper in Stoffkreisläufe ein; er folge einem semiologischen Spiel differenter Zeichen und Codes und bleibe doch abhängig von den Aneignungstaktiken des Alltagshandelns; er sei durchdrungen von kulturellen Narrationen, aber auch getrieben von ökonomischen Anreizen und Zwängen; sei Medium der Vergemeinschaftung ebenso wie der Vergesellschaftung; sei zumeist höchst oberflächlich und berühre doch häufig existenzielle Fragen. Das mag alles zutreffen, bleibt als bloße Aufzählung aber unbefriedigend. Diskursvermeidung hilft hier nicht weiter. Die Art und Weise, wie das Fach diese Aspekte zueinander in Beziehung setzt, muss Gegenstand akademischer Auseinandersetzungen und Bewährungstests bleiben – nicht zuletzt, weil auch praktische Schlussfolgerungen (etwa im Rahmen des sozial- und verbraucherpolitischen Agenda-Settings) davon abhängen. Vielleicht haben wir noch keine gute, umfassende soziologische Theorie des Konsums.[3] Und in diesem Sinne ist die Frage zu stellen, ob das Bourdieu-Programm, das zweifelsohne »einen« ausgearbeiteten und durchdachten Vorschlag über das »wie« der Relationierung dieser verschiedenen Aspekte repräsentiert, in dieser Suche nach der besten theoretischen Fassung ihres dynamischen Geflechts bestehen kann. Es könnte auch sein, dass dieses Programm einen *bias* aufweist, den es durch andere theoretische Gewichtungen und Konzeptualisierungen zu korrigieren gilt.

Produktivismus als *bias* – Dekolonisierung der Konsumsoziologie

Dieser mögliche *bias* interessiert mich. Er ist vermutlich weniger der Fokussierung auf soziale Ungleichheiten selbst geschuldet als vielmehr einem »latenten Produktivismus«, der sich tief ins soziologische Denken – zumal in Deutschland – eingegraben hat und am Ende auch dessen Konzentration auf Distinktionen, Statusverteilungen und Kapitalströme in der soziologischen Betrachtung des Konsums miterklärt. Mit einer solchen Perspektive kann sich die Soziologie aber auch zur Komplizin des gesellschaftlichen Produktivismus, der Leistungs- bzw.

3 Die Soziologie hat es verpasst, zur theoretischen Leitwissenschaft für die Untersuchung des Konsums zu werden, obwohl es gute Gründe gäbe, da sie gerüstet mit einem hinreichend breiten Besteck nicht zuletzt Brücken zwischen kritisch-normativen und empirisch-praktischen Analysen schlagen könnte.

Erfolgskultur sowie der politischen und öffentlichen Fixierung auf ökonomische Verteilungskämpfe machen, sofern sie andere Gesichtspunkte des Konsums gar nicht mehr erfasst und gesellschaftstheoretisch zu berücksichtigen versucht. Das würde auch erklären, warum das Konsumthema in der deutschen Soziologie nur ein Nischendasein fristet: Das Denken gesellschaftlicher Alternativen, dem »Anderen« des Produktivismus, das der Konsum markiert und das erst den Stachel ausmacht, den er in die Theorielandschaft der Soziologie hineintreiben könnte, kann gar nicht zur Geltung kommen, wo er immer schon unter produktivistischen Vorzeichen steht. Konsum ist dann soziologisch zweitrangig, ein Rand- oder Luxus-Thema.

Um hier mehr Symmetrie zu schaffen und das gesellschaftskritische Potenzial einer Soziologie des Konsums überhaupt erst freizulegen, müsste diese also de-kolonisiert werden. Das »Andere« des Produktivismus ist der Soziologie so fremd geworden und so weit in die Ferne gerückt, dass es der Hilfe seitens der Anthropologie bedarf, neuen Grund unter die Füße zu bekommen. So betrachtet Philippe Descola (2011: 468f.) die Einleitung zu den *Grundrissen der Kritik der Politischen Ökonomie* von Karl Marx als geradezu archetypisch dafür, wie die gedankliche Symmetrie von Produktion und Konsumtion im westlichen Naturalismus in ein hierarchisches Verhältnis umschlägt, in dem die Produktion am Ende den Ton angibt.[4] Das sei aber nicht alternativlos, sondern Ausdruck einer spezifischen Weltsicht, die im »heroischen Modell der Schöpfung« wurzelt, »wie es sich im Abendland unter der doppelten Autorität der biblischen Tradition und des griechischen Denkens als nicht in Frage gestellte Selbstverständlichkeit herausgebildet hat« (ebd.: 471).[5] Vor die Kritik der Politischen Ökonomie wird folglich die Kritik der Politischen Ontologie gerückt, die sich des ethnologischen Vergleichs bedienen kann, um die Pluralität kosmologischer Ordnungen sichtbar zu ma-

4 »Die Produktion ist nicht nur unmittelbar Konsumtion, und die Konsumtion unmittelbar Produktion; noch ist die Produktion nur Mittel für die Konsumtion und die Konsumtion Zweck für die Produktion, d.h., daß jede der andren ihren Gegenstand liefert, die Produktion äußerlichen der Konsumtion, die Konsumtion vorgestellten der Produktion; sondern jede derselben ist nicht nur unmittelbar die andre, noch die andre nur vermittelnd, sondern jede der beiden schafft, indem sie sich vollzieht, die andre; sich als die andre.« So fasst Marx (1974 [1953]: 14) seine symmetrischen Betrachtungen zunächst zusammen, um im nächsten Schritt dann recht unvermittelt festzustellen, dass Produktion und Konsumtion nur »als Momente eines Prozesses erscheinen, worin die Produktion der wirkliche Ausgangspunkt und darum auch das übergreifende Moment ist« (ebd.: 15).

5 Weiter heißt es bei Descola (2011: 471) dazu: »Die Idee der Produktion als Formung einer leblosen Materie ist lediglich ein abgeschwächter Ausdruck jenes Handlungsschemas, das auf zwei interdependenten Prämissen beruht: auf der Vorherrschaft eines intentionalen individualisierten Agens als Ursache der Heraufkunft aller Lebewesen und Dinge und auf dem radikalen Unterschied des ontologischen Status zwischen dem Schöpfer und dem, was er produziert.«

chen, die auf jeweils unterschiedliche Weise den Dingen und ihrem konsumtiven Gebrauch Sinn und Bedeutung verleihen.

Descola (ebd.: 190) unterscheidet vier solcher Ontologien. Neben dem für die westliche Moderne charakteristischen Naturalismus wiesen der Animismus, der Totemismus und der Analogismus jeweils andere Schemata des Denkens, des Handelns und der Beziehung im Geflecht von Menschen und Nicht-Menschen sowie von Identitäten und Alteritäten auf. Das lässt die symbolischen Ordnungen des Konsums nicht unberührt, wie im Folgenden weiter ausgeführt und am Beispiel der digitalen Transformation zeitdiagnostisch gewendet werden soll. Einem häufigen Missverständnis möchte ich hierbei allerdings gleich vorbeugen: Wenngleich die symbolischen Ordnungen des Konsums vielfältiger sein dürften, als ihre produktivistische Deutung nahelegt, so bedeutet das nicht, dass die produktivistische Deutung per se unzutreffend ist. Das Argument hat eine andere Zielrichtung: Die anderen Seiten des Konsums können erst gar nicht in den Blick kommen, wenn der sozialtheoretische Deutungsrahmen die Beobachtungen und Lesarten auf eine produktivistische Narration festlegt. Das gilt nicht nur für Marx, sondern wohl auch für Bourdieu. So jedenfalls ließe sich erklären, warum eine ganze Reihe von jüngeren Alternativvorschlägen aus Frankreich darum bemüht ist, sich von letzterem abzusetzen und das Interpretationsfeld zu öffnen, indem sie die Pluralität von Weltsichten und Ontologien sehr grundlegend und symmetrisch konzeptualisieren und diese dann auch in kritischer Absicht auf die Analyse der Moderne anwenden. Neben Descola (2011) sind hier einerseits auch Luc Boltanski und Laurent Thévenot (2007) mit ihrer Unterscheidung von konventionellen Ordnungen zu nennen sowie andererseits Bruno Latours (2014) Reflexionen über die *Existenzweisen* der Modernen.

Konsum als das »Andere« des Produktivismus neu denken

Latour (2005: 72) hat, gerüstet mit viel Erfahrung in der Wissenschaftsforschung, gezeigt, wie sich produktivistische Erklärungen in das zu Erklärende einschreiben und damit performativ an der Hervorbringung und Stabilisierung der produktivistischen Ordnung beteiligen. In vergleichbarer Weise haben Boltanski und Ève Chiapello (2003: 188ff., 490ff.) solche performativen Effekte der Sozialwissenschaften nachgewiesen, etwa dass die Theorie sozialer Netzwerke an der Hervorbringung eines projektorientierten Kapitalismus oder die poststrukturalistische Dekonstruktion an der eigentümlichen Schwächung der Kritik daran mitgewirkt haben. Aber auch die an Bourdieu anschließende Ungleichheitssoziologie, die in symbolischen Ordnungen primär Status- und Verteilungskämpfe ausmacht, kann bei aller kritischen Ausrichtung nicht davon freigesprochen werden, an einer sozialkomparativen Fixierung des gesellschaftlichen Diskurses beteiligt zu sein. Dieser macht es den oberen ebenso wie den unteren Segmenten der Sozialstruktur schon deshalb schwer, die agonistische Klassifizierungs- und Bewertungslogik abzulegen, weil alternative Weltsichten gar nicht mehr ins Blickfeld kommen.

Solche performativen Beteiligungen der Wissenschaften an der Reproduktion symbolischer Ordnungen sind allerdings keineswegs nur ein Problem der produktivistischen Soziologie, wie sich mit Descolas Unterscheidung verschiedener ontologischer Register sehen lässt. Da er für die weitere Argumentation wichtig wird, sei am Kontrast von Naturalismus und Analogismus kurz verdeutlicht, wie die Theorie autopoietischer Sozialsysteme, die gewiss vieles anders sieht als die produktivistischen Sozial- und Gesellschaftstheorien, zum Wegbereiter und Stabilisator analogistischer Weltdeutungen in der Moderne wird und dieser anderen Ontologie gemäß zu hermetischer Abschließung von Deutungshorizonten neigt.

Das kybernetische Modell der Autopoiesis ist Paradefall einer kosmozentrischen Ontologie, die für analogische Kollektive typisch sei (Descola 2011: 407). Der Analogismus ist für Descola (ebd.: 301ff.) das, woraus sich der moderne Naturalismus später entwickelt hat. Er zeigt sich nicht nur im antiken und mittelalterlichen Europa, sondern sei auch für Totalisierungstendenzen des Inka-Reichs, für China, das indische Kasten-System und vieles mehr charakteristisch: Er verwendet ein kontingentes Prinzip zur Identifikation von Ähnlichkeiten, um eine Vielzahl heterogener Singularitäten – ein ideosynkratisches Netz von Wesenheiten – zu versammeln. Dabei muss der Analogismus so große Komplexitätsprobleme im Innern bewältigen, dass er das hierfür gefundene Prinzip absolut setzen und andere mögliche Prinzipien der Vermittlung oder zeitlichen Verkettung notwendig ausblenden muss. Die (systemtheoretischen) Schemata werden erkennbar, wenn Descola erläutert, dass in Regionen mit analogistischen Ontologien typischerweise »das Opfer« als Handlungsmittel verwendet wird, »um eine operatorische Kontinuität zwischen innerlich verschiedenen Singularitäten herzustellen, und das dazu ein serielles Dispositiv von Verknüpfungen und Trennungen verwendet, die entweder als Attraktor – eine Verknüpfung in umgekehrter Richtung – oder als Disjunktor einer Verknüpfung funktioniert, die auf einer anderen Ebene bereits existiert und die man zu unterbrechen sucht« (ebd.: 344). Nicht nur der Hinweis, dass der Neurobiologe Francisco Varela, auf den Luhmann sich gern bezieht, »überzeugter Buddhist« gewesen sei, bestätigt die Lesart, dass die Theorie sozialer Systeme aus denselben Gründen wie »Zen, Buddhismus oder Taoismus« im »desillusionierten Westen« erfolgreich sein könnte. Denn jene bieten genauso wie diese eine zwar »spirituelle«, aber »vollständigere universalistische Alternative als der verstümmelte Universalismus der Modernen«, indem sie vom Prinzip vollkommen autonomer Selbstschöpfung ausgehen (ebd.: 439). Die Ausrichtung auf »praktische Effizienz« (ebd.: 324) bedingt dabei, dass die Variabilität und Kontingenz der gewählten analogischen Perspektive unterdrückt werden muss: Das »Paradox des Analogismus« besteht darin, »einen prinzipiellen Unterschied zwischen Gliedern zu postulieren, die sich ansonsten unter bestimmten Aspekten ähneln, jedoch auf so verschiedenen Wegen, daß die Beziehungen, die geeignet sind, sie in einem gemeinsamen Projekt zu organisieren, weniger von den ontologischen Eigenschaften der Elemente als von der zwingenden Notwendigkeit abhängen, sie alle in ein funktionales Ganzes zu integrieren« (ebd.: 577f.).

Eine Öffnung von Interpretationsspielräumen liefert die Systemtheorie folglich ebenfalls nicht. Ihr ontologisches Register weist vielmehr ebenso einen *bias* auf, wie Soziologien, die dem produktivistischen Naturalismus verhaftet bleiben. Solche Verstrickungen soziologischer Deutungen und Erklärungen in die symbolische Ordnung des modernen (naturalistischen) Produktivismus – oder Analogismus im Falle der neueren Kybernetik und Systemtheorie – gilt es zu reflektieren und methodologisch zu kontrollieren, um die Spuren anderer Ontologien in den symbolischen Ordnungen der gesellschaftlichen Praxis überhaupt wieder sichtbar machen und ihnen darin kritisches Potenzial verleihen zu können. Erst dann ließe sich zum Beispiel eine »Zukunft der Nachhaltigkeit« denken, die nicht von vornherein dazu verdammt ist, den Produktivismus mit anderen Mitteln fortzusetzen. Die neuen pragmatischen Anthropologien aus Frankreich bieten genau hierfür weiterführende soziologische Heuristiken und Suchschemata.

Der Konsum eignet sich dabei nicht nur als Anwendungsfeld dieser Heuristiken, um etwa die verschütteten Beziehungsmodi der Gabe oder des Erbes, die Ambivalenzen im Verhältnis zu den Pflanzen und Tieren, mit denen wir zusammenleben und von denen wir uns ernähren, oder die Intentionalität der Dinge, ihrer Anmutung, Sprache und Bindungskraft sichtbar zu machen. Der Konsum stellt die produktivistische Soziologie vielmehr auch deshalb grundlegend und exemplarisch auf die Probe, weil und insofern er als »das Andere« der Produktion zur gedanklichen Emanzipation von letzterer motiviert. Dafür reicht einfache Negation allerdings nicht aus. Vielmehr braucht es besondere Anstrengungen, um den Konsum mit anderen symbolischen Ordnungen und Ontologien in Verbindung zu bringen. Dieses Bemühen um einen anderen Ausgangspunkt, der andere Grundunterscheidungen in die Soziologie einzuführen vermag, ist allerdings bei vielen zu erkennen, die eine solche Blickumkehr über die Beschäftigung mit dem Konsum versucht und forciert haben. Georges Bataille (2001 [1985]) etwa wäre hier zu nennen, mit seinem Fokus auf Exzess, Potlatsch und Verausgabung, sodann de Certeau (1988) mit seinen Taktiken des Gebrauchens, oder feministische Ansätze, in denen die vielfältigeren Aspekte der Reproduktion denen der Produktion systematisch vorgeordnet werden (Becker-Schmidt 2019; Winker 2021).

Aber auch zu existenziellen Fragen des Lebens, des Überlebens und des Zusammenlebens (Latour 2018: 88ff.) bahnt der Konsum dem Denken einen Weg.

Von den symbolischen Ordnungen des Konsums sollte folglich im Plural gesprochen werden, um ihren potenziellen Reichtum an ontologischen Schemata und damit verbundenen sozialen Beziehungsformen zu adressieren. Auf diese Weise kann die Soziologie des Konsums neue »feine Unterschiede« entdecken und herausarbeiten, die zeigen, inwiefern auch in der modernen Gesellschaft Strukturprinzipien jenseits des Produktivismus oder der Statuskonkurrenz fortwirken. Auf der anderen Seite kann sie diese Alternativen auch als normative Vergleichsfolie mitführen und als Quellen der Kritik aufbereiten. Beispielsweise kann so die Fokussierung auf Sparsamkeit und Verzicht, auf Effizienz und Suffizienz im Kontext der Nachhaltigkeitspolitik hinterfragt und mit alternativen Nachhaltigkeitsszenarien konfrontiert werden. Denn das asketische Verhaltensmuster teilt viele Merkmale mit dem modernen Produktivismus und kann als Nebenfolge der Ressourcenakkumulation zu weiteren Rebound-Effekten führen. Auf der anderen Seite sind Konsumformen, die auf Generosität oder sogar Verschwendung beruhen, nicht notwendig als nicht-nachhaltig abzuqualifizieren. Man denke nur an das Verbringen von Zeit beim gemeinsamen Kochen und Reden oder an generöse Gaben von Geld oder Gütern, die nicht mit Reziprozitätspflichten verbunden sind. Auch das moderne Verhältnis zu den Nutztieren wird sich kaum transformieren lassen, solange ihnen ein ontologischer Status von Subjekten in den symbolischen Ordnungen des Konsums durch räumliche Abkopplung, anonymisierende Zerlegung und maximale Convenience der Lebensmittelzubereitung konsequent verweigert wird.[6]

Nochmals: Die Dominanz einer produktivistischen Tiefengrammatik und damit verbundener sozialer Macht- und Verteilungskonflikte innerhalb der symbolischen Ordnungen und Kämpfe des Konsums zu diagnostizieren, kann empirisch durchaus zutreffend sein. Es ist auch richtig, aus dieser Richtung skeptisch gegenüber gegenteiligen sozialwissenschaftlichen Theorien und Hypothesen zu bleiben, die in diesen Ordnungen allzu schnell eine egalisierende Semantik globaler Nachhaltigkeitsprobleme oder totalisierende Dynamik der Disziplinierung und Verhaltensüberwachung ausmachen und dabei so tun, als spielten sozialstrukturelle Unterschiede keine Rolle mehr. Die umgekehrte Skepsis ist aber

6 Lösungen für die Probleme der industriellen Viehwirtschaft, die darauf abzielen, den Fleischkonsum vom Körper lebender Tiere unabhängig zu machen – durch Laborfleisch, d. h. sogenanntes »Cultured« oder »Clean Meat« – sind geradezu paradigmatisch für die Vertiefung von instrumentellen Beziehungsmustern, die sich nur den Anstrich nachhaltiger Umkehr geben (Gertenbach/Lamla/Laser 2021). Demgegenüber macht Descola (2011) am Animismus sowie Totemismus Beziehungsformen der Menschen zu den Nicht-Menschen aus, die auf symmetrischen Ontologien basieren und sich damit sehr weitreichend vom modernen Produktivismus unterscheiden.

auch wichtig: Selbst wenn oder gerade weil der Produktivismus in der Moderne auch die symbolischen Ordnungen des Konsums einschließlich ihrer sozialwissenschaftlichen Analysen prägt und dominiert, gilt es methodisch Abstand zu gewinnen, um dessen Facetten, Brüche, Widersprüche, Kompromisse und Gegenbewegungen nicht zu übersehen. Ökonomische Abhängigkeitseffekte (Galbraith 1959), die sich in symbolischen Konsumordnungen unter den Bedingungen einer produktivistischen Weltsicht manifestieren, sind heute über die Ökonomie hinaus nicht nur durch psychoanalytische oder diskurstheoretische Erklärungen zu ergänzen, sondern auch anthropologisch und wissenschaftssoziologisch zu reflektieren: Es gilt zu prüfen, welche Ontologie in den sozial/wissenschaftlichen Beschreibungen am Werk ist und wie sie die Welt- und Selbstsicht der gesellschaftlichen Akteure einschränkt und bindet.

Digitale Transformation als neuer Analogismus – zum Wandel symbolischer Ordnungen

Ein letztes Beispiel soll die Richtung andeuten, in die eine solche erweiterte Diagnostik symbolischer Ordnungen mit Blick auf die Gegenwartsgesellschaft weisen könnte. Es betrifft den Wandel des Konsumsubjekts in soziodigitalen Architekturen, wie er sich heute unter dem Einfluss von sozialen Plattformen, smarter Technologie, Künstlicher Intelligenz und verhaltensökonomischer Figuration vollzieht. Wie sind die symbolischen Ordnungen des Konsums in diesem dynamischen Feld zu untersuchen? Methodisch und konzeptionell lassen sich durchaus Parallelen zur klassisch-modernen Architektur, etwa der Shopping-Passagen, und ihrer Bedeutung für die Entstehung eines flanierenden Subjekts mit seinen spezifischen Distinktionspraktiken (Benjamin 1974) ziehen. Ob sich die gesellschaftliche Transformationsdynamik, die sich mit der digitalen Verdopplung des Konsumsubjekts abspielt, allerdings vollumfänglich mit altem Beschreibungsvokabular einfangen lässt, ist fraglich. Vielmehr gilt es, die kultursoziologische Analyse größer zu dimensionieren (Lamla/Jacob 2004: 203ff.). Es ist nämlich nicht nur zu klären, welche sozialstrukturellen Diskriminierungen oder geschlechtsspezifischen Stereotypisierungen sich in Algorithmen einschreiben, die dann als Elemente der konsumkulturellen Bewertungs- und Klassifikationssysteme an technischer Ordnungsmacht hinzugewinnen. Vielmehr ist auch die weiterführende Frage zu beantworten, inwiefern die entstehende soziodigitale Infrastruktur die gesellschaftliche Tiefenmechanik symbolischer Ordnungen insgesamt verändert und damit das Subjekt grundlegender transformiert – gewissermaßen über alle sozialen Disparitäten digitaler Klassifikations- und Bewertungsalgorithmen hinweg. Mit dieser zweiten Frage sind tiefgreifendere anthropologische und ontologische Untersuchungsdimensionen adressiert.

Abschließend sei wenigstens hypothetisch angedeutet, in welche Richtung sich diese Transformation vollziehen könnte, welche Chancen und Risiken sich damit verbinden und welche Rolle der Produktivismus in diesem Zusammenhang (noch) spielt. Hierzu sei erneut auf Giddens verwiesen, der ähnlich wie Bourdieu – aber theoretisch weniger festgelegt – die »rekursive Verklammerung« von sozialen Strukturen, d. h. von Regeln und Ressourcen, und praktischem Handeln zum Ausgangspunkt soziologischer Analyse macht (Lamla 2003b). Diese Theoriefigur der rekursiven Strukturgenese und -transformation ist ontologisch hinreichend allgemein und unterbestimmt, um auch auf die Digitalisierung von Bewertungs- und Entscheidungsprozessen Anwendung finden zu können, ohne deren kultursoziologische Deutung vorab zu stark festzulegen.

Empirisch lassen sich damit verschiedene Modi der »Identifikation« von Menschen und Maschinen, der »Relation zwischen« beiden und jeweils »untereinander« sowie der wechselseitigen »Transformation« im Zuge ihres Einschreibens in Handlungs- und Konsum-Programme beobachten. Teils erscheinen Personal-Computer, Webanwendungen, Suchmaschinen, Bots und Avatare als beseelte Wesen, mit denen eine soziale oder post-soziale Beziehung gepflegt werden kann und muss (Lamla/Witterhold 2009). Teils lassen sich neue segmentäre Differenzierungen in »Stämme« beobachten, die sich ähnlich wie die totemistischen Gruppen Australiens auf überindividuelle Geister berufen, welche ihre kollektive Identität stiften und Mission definieren. Gemeint sind zum Beispiel Filterblasen und Echokammern, die sich in Prozessen des soziodigitalen Meinungsaustausches und wechselseitiger Anerkennung oder Missachtung manifestieren, die aber auch in deren sozialräumlicher Architektur und Materialität wurzeln (Lamla 2010). Ganz gewiss findet der moderne naturalistische Produktivismus mit seinem instrumentell-hierarchischen Beziehungsmodus Möglichkeiten, sich auszutoben, etwa durch die kommerzielle Vermessung soziodigitaler Konsumaktivitäten, die Überwachung des Verhaltens von Konsumentinnen und Konsumenten oder die Optimierung der Bindung von Aufmerksamkeit und Stärkung von Loyalität (Zuboff 2018). Nicht zuletzt findet aber auch der Analogismus eine neue Spielwiese, der auf die Detektion von Mustern im Chaos spezialisiert ist und zur Beglückung von Autopoiesis-Theoretikern wie Armin Nassehi (2019) verspricht, die gesamte Welt durch die harte und vollständige Reduktion auf binäre Informationen und Daten unter wenige mathematische Ordnungsprinzipien und probabilistische Berechnungsmethoden zu subsumieren.

Mit Descola (2011) betrachtet, dessen Heuristik hier Verwendung findet, zeigen sich also Spuren sowohl der animistischen als auch der totemistischen, der naturalistischen und schließlich der analogistischen Ontologie in den symbolischen Ordnungen soziodigitaler Konsumpraxis und -architektur. Gleichwohl darf die heuristische Symmetrie dieser schematischen Welt- und Handlungsperspektiven – ganz genauso wie die heuristische Symmetrie von Menschen und Nicht-Menschen in der Akteur-Netzwerk-Theorie von Bruno Latour (2007) – ausdrücklich nicht (!) als empirische Aussage missverstanden werden. Sie soll im Gegenteil erst ermöglichen, die Dominanzverhältnisse zwischen diesen Ontologien und Entitäten differenziert zu erfassen. Es sind und bleiben empirisch asymmetrische Verhältnisse. Nur ist das Netz deutlich größer und feinmaschiger, das zu ihrer Identifizierung ausgeworfen wird: Wie entwickelt sich das Verhältnis dieser »Onto-Logiken« zueinander in den soziodigitalen Architekturen? Und welche Folgen ergeben sich aus dieser Diagnose für das Subjekt des Konsums? Bleibt alles beim Alten? Werden sich Kontrollhierarchien und Klassifikationsschemata des Produktivismus fortsetzen oder steigern, insofern Monopolbildung und Ressourcenkonzentration in der Digitalwirtschaft subjektive Autonomie höchst asymmetrisch zuteilen? Oder bleibt noch etwas von den symmetrischen Träumen aus den Anfangstagen des Internetzeitalters, wo die Identität vielfältig sein und vollständig mit Avataren verschmelzen konnte (Turkle 1998) oder die Ökonomie der Gabe den Fluss der Daten und des Wissens verwalten durfte (Benkler 2006)? Ich vermute weder noch. Ganz vorläufig möchte ich stattdessen eine andere Hypothese formulieren, die in der Reihenfolge der aufgezählten Spuren vom Animismus bis zum Analogismus in soziodigitalen Konsumwelten schon vorbereitet ist. Sie markiert die Richtung einer Kontrollbeziehung »zwischen« diesen Registern, an deren Spitze die abstrakten und formalisierten Götter der Kybernetik (Analogismus) eine Welt regieren, deren Bodensatz das Gewimmel lebhafter, aber zugleich digital zweitcodierter, also hybrider Kommunikationsbeziehungen ist, in denen der Subjektstatus breit streuen kann (Animismus).

Wer alles zum Werbetragenden wird, zum Käufer, zur Verkäuferin oder zum Prosumer, wer Bewertungen abgibt oder Informationen kuratiert – das steht alles unter ausdrücklichem Einschluss von nicht-menschlichen Handlungs- und Entscheidungsträgern wie Bots und Algorithmen immer weniger fest. Hier, auf der Ebene der Interaktion und Sozialintegration, finden sich Strukturmomente in den symbolischen Konsumordnungen, die stark an den Animismus erinnern. Gabe, Raub und Tausch sind weit verbreitet, in der Sharing Economy etwa, in der Hacker-Kultur oder auf den stark ausgeweiteten Marktplätzen, die noch die entferntesten Akteure in Verbindung zu bringen vermögen. Im Sinne der Strukturierungstheorie von Giddens (1992) sind damit aber noch nicht die Prinzipien gefunden, die der gesellschaftlichen Systemintegration zugrunde liegen. Vielmehr muss hierfür zunächst untersucht werden, welche Struktur-Komplexe dieses Gewimmel in einen über Raum und Zeit stabileren Ordnungszusammenhang bringen (Lamla 2003a: 64ff.). Das sind einerseits segmentäre Kollektivbildungen von unten, die mit ihren identitätsstiftenden Fetischen und Leidenschaften an totemistische Clans erinnern. Sie prägen die Prinzipien sozialer Onlinenetzwerke und Kommunikationsplattformen wie Facebook und Twitter mit ihren Themen- und Gruppenstrukturen, ihren Abgrenzungen und Distinktionen sowie ihren Likes und Followern als Mechanismen der Aufmerksamkeitsakkumulation. So entstehen größere soziale Einheiten, die wiederum formierend auf das Subjekt des Konsums zurückwirken, etwa durch Meinungsmacht und die Verteilung sozialer Anerkennung. Andererseits benötigen diese sozialen Figurationsprozesse digitale Infrastrukturen, die räumlich und zeitlich noch weiter ausgreifende Komplexe von Strukturen ausbilden. Diese binden Kollektive wiederum nach produktivistischen Prinzipien zusammen, insofern sie von privaten Unternehmen gestaltet, bereitgestellt und kontrolliert werden, die in einem höchst asymmetrischen Wettbewerb – auch mit staatlichen Akteuren – das ökonomische Potenzial digitaler Märkte zur Verhaltensüberwachung und -steuerung maximieren und unter sich aufteilen. Das sind ohne Frage gewichtige Herrschaftsmechanismen, die sich nicht zuletzt durch die neuen symbolischen Konsumordnungen hindurch gesellschaftlich verankern und mit ihren Nudges und Netzwerkeffekten den Subjektstatus der Konsumentinnen und Konsumenten stark modifizieren.

Und doch markieren sie nicht das Ende der Fahnenstange, d. h. das allgemeine Strukturprinzip, welches die Kraft zur grundlegenden Reorganisation der gesellschaftlichen Totalität hat und die Subjekte unabhängig davon neuformiert, ob nun dieses Plattformunternehmen oder jener staatliche Digitalisierungspfad mehr Gewicht hat. Strukturierungskraft erlangt das grundlegende Prinzip vielmehr deshalb, weil es sich durch »alle« soziodigitalen Strukturierungspraktiken und -komplexe hindurch vollzieht und ausbreitet. In ihrer Zuspitzung lautet die Diagnose daher nicht Plattform- oder Überwachungskapitalismus, sondern kybernetischer Totalitarismus (Lanier 2010). Dieser löst die Subjekte in algorithmischen Prozeduren auf und kann am Ende allein noch deren fundierenden mathematischen und informationstechnischen Prinzipien Vernunft und Autonomie zusprechen. Denn wie oben angemerkt, basiert das gesamte Spiel in diesem Feld symbolischer Neuordnung auf der digitalen Übersetzung oder Zweitcodierung sozialer Prozesse – auf dem Synkretismus, so ließe sich Neckel (2008: 21) abwandeln, von Sozialität und Digitalität. Dieses Übersetzungsprinzip breitet sich nicht nur immer weiter aus, sondern führt auch zu laufenden Reorganisationen und Reintegrationen immer größerer Verhaltens-, Informations- und Wissenskomplexe. Mit Descola ließe sich darin – in Anspielung auf die Frankfurter Antrittsvorlesung von Sighard Neckel (2013) – tatsächlich ein Rückfall ins Mittelalter diagnostizieren. Jedoch weniger aufgrund einer Refeudalisierung, sondern im Fall einer Rückkehr der Unerbittlichkeit von Glaubenssystemen und -konflikten, die mit analogistischen Ontologien einhergehen und auch die Wissenschaften involvieren können.

Um das Argument zu verdeutlichen, muss die rekursive Verklammerung von Sozialität und Digitalität genauer in den Blick genommen – und zukünftig erforscht – werden. Wie sie historisch vonstattengeht und Heterogenes, nämlich soziale Praktiken und Lebensvollzüge einerseits und binäre Zahlenketten andererseits, zu einer neuen Ordnung rekursiv verkettet, lässt sich paradigmatisch an der Entwicklung von Künstlicher Intelligenz und Maschinellem Lernen ablesen, die die soziodigitalen Konsumpraktiken und -architekturen als großes Reallabor nutzen. Unter technoszientifischen Verheißungen, etwa der Erleichterung, Verbesserung oder Verschönerung des gesellschaftlichen Lebens, werden permanent und kurzfristig digitale Anwendungen ausgerollt, die im Großen demselben Strukturprinzip folgen wie die Trainingskonstellationen selbstlernender Algorithmen im Kleinen. Stets geht es um digitale Modellierungen nicht-digitaler Prozesse, die in Feedbackschleifen mit der gesellschaftlichen Praxis evaluiert und weiterentwickelt werden, bis sie – ganz im Sinne Turings (1994) – einen Performanztest bestehen, d.h. empirisch Akzeptanz finden und praktisch funktionieren. Aber dieses Bestehen von Performanztests bedeutet stets, dass Unterschiede verschwinden und Heterogenes, etwa die menschliche und maschinelle Intelligenz, auf neuer Ordnungsebene verschränkt und rekursiv zusammengebunden werden, obwohl sie ontologisch grundverschieden bleiben.

Diese Form der Reorganisation, das ist hierbei wichtig, verändert alle Seiten, also nicht nur die informationsverarbeitenden Maschinen, sondern auch die menschlichen Subjekte (Wiener 1952). Beide werden immer mehr zu Ausführungsorganen algorithmischer Programmroutinen, die im Feld des Konsums über digital erstellte Profile und Scores, über Displaydarstellungen von Waren und Preisen, über sensorisch erfasste Situationen und Körperzustände, über Bewertungssysteme und Entscheidungsalgorithmen, über das »Matching« von Personen und Vorlieben, über errechnete Distributionswege und letztlich auch überwachte Gebrauchsprozeduren symbolische Ordnungen digital übersetzen, umschreiben und fixieren. Was die hybriden Universalmaschinen dabei als Programm zu verarbeiten haben, ist dem formal operierenden Subjekt gleichgültig. Es nimmt alles, was es kriegen kann und am Ende funktioniert: »Wenn man das Digitale irgendwie auf den Begriff bringen will, dann ist es letztlich nichts anderes als die Verdopplung der Welt in Datenform mit der technischen Möglichkeit, Daten miteinander in Beziehung zu setzen«, d.h. »Inkommensurables zumindest relationierbar« zu machen (Nassehi 2019: 33f.). In der Gesellschaft wird durchaus versucht, Einfluss darauf zu nehmen und zum Beispiel Recht oder Ethik in soziodigitale Symbolsysteme einzuschreiben. Aber all diese Programmmodifikationen, ob sie nun *bottom up* oder *top down* zustande kommen, müssen sich am

Ende in Trainingskonstellationen bewähren, die soziodigitale Strukturen rekursiv verfestigen oder absterben lassen. Im Zeitalter der Künstlichen Intelligenz und des Maschinellen Lernens sind es eben zunehmend die Algorithmen selbst, die darüber die Regie führen. Unter diesen Bedingungen ist es wahrscheinlich, dass sich Strukturen des Produktivismus und seiner Statuskämpfe soziodigital ebenso reproduzieren, wie andere Praktiken und Beziehungsformen in Nischen überleben können. Aber unter den Bedingungen ihrer soziodigitalen Verdopplung sowie kybernetisch-eigendynamischen Reproduktion und Transformation werden sie alle auf »analoge« Weise zusammengeführt. Sie verdanken ihren Halt dann ihrer zweiten, digitalen Natur und geben die Kontrolle über die symbolische Ordnung mehr und mehr an diese ab. Eine kybernetische Sozialtheorie der digitalen Gesellschaft, wie sie Nassehi entfaltet, verdoppelt diesen digitalen Analogismus und trägt so zu seiner Verfestigung bei. Erst eine auf die Pluralität von Ontologien blickende Analyse der symbolischen Ordnungen kann einer solchen Entwicklung auch kritisch begegnen.

Literatur

Bataille, Georges (2001 [1985]): *Die Aufhebung der Ökonomie*. Berlin: Matthes & Seitz.

Becker-Schmidt, Regina (2019): »Produktion – Reproduktion: kontroverse Zugänge in der Geschlechterforschung zu einem verwickelten Begriffspaar«, in: Beate Kortendiek/Birgit Riegraf/Katja Sabisch (Hg.), *Handbuch interdisziplinäre Geschlechterforschung*. Wiesbaden: Springer VS, S. 65–76.

Benjamin, Walter (1974): *Charles Baudelaire. Ein Lyriker im Zeitalter des Hochkapitalismus*. Frankfurt a. M.: Suhrkamp.

Benkler, Yochai (2006): *The Wealth of Networks. How Social Production Transforms Markets and Freedom*. New Haven/London: Yale University Press.

Bergmann, Joachim/Brandt, Gerhard/Körber, Klaus/Mohl, Ernst Theodor/Offe, Claus (1969): »Herrschaft, Klassenverhältnis und Schichtung«, in: Theodor W. Adorno (Hg.), *Spätkapitalismus oder Industriegesellschaft? Verhandlungen des 16. Deutschen Soziologentages in Frankfurt am Main 1968*. Stuttgart: Ferdinand Enke, S. 67–87.

Boltanski, Luc/Chiapello, Ève (2003): *Der neue Geist des Kapitalismus*. Konstanz: UVK.

Boltanski, Luc/Thévenot, Laurent (2007): *Über die Rechtfertigung. Eine Soziologie der kritischen Urteilskraft*. Hamburg: Hamburger Edition.

Bourdieu, Pierre (1982): *Die feinen Unterschiede. Kritik der gesellschaftlichen Urteilskraft*. Frankfurt a. M.: Suhrkamp.

Certeau, Michel de (1988): *Kunst des Handelns*. Berlin: Merve.

Descola, Philippe (2011): *Jenseits von Natur und Kultur*. Berlin: Suhrkamp.

Galbraith, John Kenneth (1959): *Gesellschaft im Überfluß*. München/Zürich: Droemersche Verlagsanstalt.

Gertenbach, Lars/Lamla, Jörn/Laser, Stefan (2021): »Eating Ourselves Out of Industrial Excess? Degrowth, Multi-Species Conviviality and the Micro-Politics of Cultured Meat«, in: *Anthropological Theory*, Special Issue: Democracy in Liberal Post-Growth Societies, online first: DOI: 10.1177/1463499620981544.

Giddens, Anthony (1985): *The Nation-State and Violence*. Cambridge: Polity.

Giddens, Anthony (1991): *Modernity and Self-Identity. Self and Society in the Late Modern Age*. Cambridge: Polity.

Giddens, Anthony (1992): *Die Konstitution der Gesellschaft. Grundzüge einer Theorie der Strukturierung*. Frankfurt a. M./New York: Campus.

Giddens, Antony (1995): *Konsequenzen der Moderne*. Frankfurt a. M.: Suhrkamp.

Giddens, Anthony (1997): *Jenseits von Links und Rechts. Die Zukunft radikaler Demokratie*. Frankfurt a. M.: Suhrkamp.

Giddens, Anthony (1998): *The Third Way. The Renewal of Social Democracy*. Oxford: Polity.

Lamla, Jörn (2002): *Grüne Politik zwischen Macht und Moral*. Frankfurt a. M./New York: Campus.

Lamla, Jörn (2003a): *Anthony Giddens*. Frankfurt a. M./New York: Campus.

Lamla, Jörn (2003b): »Kopplung vs. Dualität. Ein Vergleich der Strukturbegriffe von Niklas Luhmann und Anthony Giddens«, in: Kai-Uwe Hellmann/Karsten Fischer/Harald Bluhm (Hg.), *Das System der Politik. Niklas Luhmanns politische Theorie*. Wiesbaden: Westdeutscher Verlag, S. 255–270.

Lamla, Jörn (2010): »Kultureller Kapitalismus im Web 2.0. Zur Analyse von Segmentations-, Intersektions- und Aushandlungsprozessen in den sozialen Welten des Internets«, in: *Zeitschrift für Qualitative Forschung* 1, S. 11–36.

Lamla, Jörn (2013): *Verbraucherdemokratie. Politische Soziologie der Konsumgesellschaft*. Berlin: Suhrkamp.

Lamla, Jörn/Jacob, Sven (2005): »Shopping im Internet. Anstöße für die kulturtheoretische Dimensionierung der Konsumsoziologie«, in: Kai-Uwe Hellmann/Dominik Schrage (Hg.), *Das Management der Kunden. Studien zur Soziologie des Shopping*. Wiesbaden: Springer VS, S. 196–217.

Lamla Jörn/Witterhold, Katharina (2009): »Click-Work: eine Form post-sozialer Verdinglichung. Fallstudie zu den Dispositionen unmotivierter Internetnutzung«, in: *Sozialwissenschaften und Berufspraxis* 2, S. 240–249.

Lanier, Jaron (2010): *Gadget. Warum die Zukunft uns noch braucht*. Berlin: Suhrkamp.

Latour, Bruno (2005): *Von der »Realpolitik« zur »Dingpolitik« oder wie man Dinge öffentlich macht*. Berlin: Merve.

Latour, Bruno (2007): *Eine neue Soziologie für eine neue Gesellschaft. Einführung in die Akteur-Netzwerk-Theorie*. Frankfurt a. M.: Suhrkamp.

Latour, Bruno (2014): *Existenzweisen. Eine Anthropologie der Modernen*. Berlin: Suhrkamp.

Latour, Bruno (2018): *Das terrestrische Manifest*. Berlin: Suhrkamp.

Marx, Karl (1974 [1953]): *Grundrisse der Kritik der Politischen Ökonomie*. Berlin: Dietz.

Müller, Hans-Peter (1992): *Sozialstruktur und Lebensstile. Der neuere theoretische Diskurs über soziale Ungleichheit*. Frankfurt a. M.: Suhrkamp.

Nassehi, Armin (2019): *Muster. Theorie der digitalen Gesellschaft*. München: C.H. Beck.

Neckel, Sighard (1991): *Status und Scham. Zur symbolischen Reproduktion sozialer Ungleichheit*. Frankfurt a. M./New York: Campus.

Neckel, Sighard (2008): *Flucht nach vorn. Die Erfolgskultur der Marktgesellschaft*. Frankfurt a. M./New York: Campus.

Neckel, Sighard (2013): »›Refeudalisierung‹ – Systematik und Aktualität eines Begriffs der Habermas'schen Gesellschaftsanalyse«, in: *Leviathan* 1, S. 39–56.

Neckel, Sighard (2018): »Ökologische Distinktion«, in: Ders. u. a., *Die Gesellschaft der Nachhaltigkeit. Umrisse eines Forschungsprogramms*. Bielefeld: transcript, S. 59–76.

Turing, Alan M. (1994): »Kann eine Maschine denken? «, in: Walter C. Zimmerli/Stefan Wolf (Hg.), *Künstliche Intelligenz. Philosophische Probleme*. Stuttgart: Reclam, S. 39–78.

Turkle, Sherry (1998): *Leben im Netz. Identität in Zeiten des Internet*. Reinbek: Rowohlt.

Wiener, Norbert (1952): *Mensch und Menschmaschine. Kybernetik und Gesellschaft*. Frankfurt a. M.: Alfred Metzner Verlag.

Winker, Gabriele (2021): *Solidarische Care-Ökonomie. Revolutionäre Realpolitik für Care und Klima*. Bielefeld: transcript.

Zuboff, Shoshana (2018): *Das Zeitalter des Überwachungskapitalismus*. Frankfurt a. M./New York: Campus.

KLASSEN
KLASSIFIKATIONEN

Negative Klassifikationen oder: Wie sich die Soziologie Leute zurechtmacht

Sabine Hark

Leute zurechtmachen

Gab es vor der Jahrtausendwende »Hartz-IVer«? Die Antwort darauf kann nur ein »Nein« sein. Bevor die nach dem Personalvorstand eines großen deutschen Automobilkonzerns benannten Reformen der deutschen Erwerbsarbeitslosenversicherung und des Arbeitsmarktes zwischen 2003 und 2005 in Kraft traten, existierten weder Personen noch Lebensumstände, die sinnvoll mit einer solchen Bezeichnung erfasst gewesen wären. Gleichwohl auch vor dieser Reform Personen existierten, deren Einkommen sich im Wesentlichen aus Sozialtransfers zusammensetzte – Sozialhilfe und Kindergeld beispielsweise – und deren Einbindung in die gesellschaftlichen Austauschprozesse prekär gestaltet war, ist mit »Hartz-IVer« nicht nur eine neue Sozialkategorie entstanden, sondern auch eine neue Existenzweise und eine neue Art von Person ins Leben gerufen worden. Ein Vorgang, den der Sprachphilosoph Ian Hacking (2000) in seinem kurzen, aber einflussreichen Essay *Leute (zurecht) machen* als dynamischen Nominalismus beschreibt: Eine Art von Person trete zu genau jener Zeit, da diese Art selbst erfunden wird, ins Leben; die Kategorie und die ihr zugeordneten Leute treten Hand in Hand auf.

Eingesetzt hatte dieser Prozess bereits vor Beginn der Reformen. Seit Ende der 1990er Jahre mehrte sich in Reaktion auf einen nicht mehr wegzudenkenden Strukturwandel nicht zuletzt in Folge der deutsch-deutschen Vereinigung sowohl im politischen Sprechen über die von Ungleichheit Betroffenen wie in den wissenschaftlichen Suchbewegungen nach einem angemessenen Vokabular zur Beschreibung neuer gesellschaftlicher Gefährdungen die Rede von »Abgehängten«, »Überflüssigen«, »Überzähligen«, »Nutzlosen« oder »nicht mehr verwertungsgeeigneten Personen« (Willisch 2008: 309). Immer häufiger wurde die neue »Unterschicht«, wenn nicht in explizit abwertender Absicht, so doch im Ergebnis als kulturalisierte Gruppe skizziert, die durch ihr deviantes Verhalten selbst Schuld an ihrem Unglück trage. Stilbildend wurde etwa eine Formulierung des Historikers Paul Nolte (2004: 69), der in seinem Buch *Generation Reform* von »Kulturen der Armut und der Abhängigkeit, des Bildungsmangels und der Unselbständigkeit« sprach. Eine Sicht, die sich rasch sowohl in der Alltags-, Behörden- und Mediensprache, aber auch im Handeln von Politik und Verwaltung verfestigen sollte.

In der Soziologie, die ihrem eigenen Selbstverständnis nach ja eine Wissenschaft der Aufklärung ist und, mit Sighard Neckel gesprochen, ihre Gegenstände als soziale Tatsachen zu behandeln weiß, die eingebettet sind »in Normen und Interaktionen, und von der jeweiligen Form der Vergesellschaftung gezeichnet« (Neckel 1993: 245), sind nun die Suchbewegungen für ein angemessenes wissenschaftliches Vokabular zur Beschreibung dieser neuen Gefährdungen und Ungleichheiten bis heute oft bestimmt von einer eigentümlichen Ambivalenz. Nicht selten schwanken sie nämlich zwischen soziologischer Analyse einerseits und einem eigentümlichen, oft fatalistisch anmutenden Naturalismus beziehungsweise Kulturalismus sowie der moralischen Be-, wenn nicht gar Abwertung derjenigen, die von Prekarität, sozialer Entsicherung und ökonomischer Ungleichheit betroffen sind, andererseits. Sichtbar wird hier einmal mehr, wie voraussetzungsvoll es ist, die wissenschaftlichen Beschreibungen gesellschaftlicher Gefährdungen hinreichend abzuheben von politisch forcierten Wahrnehmungskategorien und Deutungsangeboten oder auch von medialen Wirklichkeitskonstruktionen, die auch Zeichen öffentlicher Wertschätzung oder Stigmatisierung darstellen. Und dies ungeachtet dessen, wie sehr es den sozialwissenschaftlichen Erkundungen jener Gefährdungen darum zu tun ist, die im Zeichen von Prekarisierung und Verunsicherung sowie der Verschärfung sozialer Ungleichheiten stehenden sozialstrukturellen Veränderungen analytisch aufzuschließen.

Geschuldet ist dieses Schwanken zwischen analytischer Erschließung einerseits und verdinglichender oder naturalisierender Beschreibung andererseits dem Zwang zu Verständlichkeit und Kohärenz als »fundamentalen Anforderungen, denen überzeugende Repräsentationen zu genügen haben«, wie Eva Barlösius (2005: 164) gezeigt hat. Verständlichkeit garantiert indes nicht allein der Inhalt, sie ist auch eine Funktion der Darstellungsweise, wobei insbesondere solche Darstellungen, die »an keine Verständlichkeitsbarriere stoßen«, größtmögliche Überzeugungskraft ausstrahlen würden (ebd.). Mit Zustimmung könnten folglich jene Repräsentationen rechnen, die sich »in den gewohnten Bahnen für die Wahrnehmung und Bewertung der Ungleichheitsverhältnisse bewegen«, die also an den Common Sense über die soziale Welt anschließen (ebd.: 167). Und das können, darauf hat Reinhard Kreckel (1992) schon vor geraumer Zeit aufmerksam gemacht, vertikale Bilder sein, wie die Polarität von »oben/unten«; das können aber auch, wie im Falle der Schilderung des Lebenswandels von mit »Hartz-IV« lebenden Personen, solche Bilder sein, die vielleicht nicht voll bewusst, aber doch in weiten Zügen dem kulturell etablierten Archiv der verfemten Menschen entnommen sind. Und das heißt für soziologische Darstellungen sozialer Ungleichheit, dass auch sie auf Allgemeinverständliches zurückgreifen (müssen?), um zu überzeugen, dadurch aber Gefahr laufen, den Common Sense zu reproduzieren, statt ihn zu dekonstruieren.

Negative Klassifikationen

In einem 2005 gemeinsam mit Ferdinand Sütterlüty verfassten Aufsatz hat Sighard Neckel hier schon früh in der Debatte auf eine sowohl für den gesellschaftlichen Zusammenhalt wie für die Wahrnehmung und Bewertung des eigenen Selbst fatale Dynamik hingewiesen. Ausgangspunkt der beiden Autoren ist die Überlegung, die gegenwärtigen Verwerfungen in der Sozialstruktur sowie die verstärkte Entsicherung von Lebensführungsmustern stellten in besonderer Weise Anlässe für soziale Klassifikationskämpfe bereit. In dem Maße nämlich, wie sich der sozialstaatlich eingehegte Kapitalismus in eine Marktgesellschaft mit ausgeprägter »Gewinner-Verlierer«-Struktur verwandele, bestehe ein hoher Interpretationsbedarf bezüglich der Einordnung eigener und fremder Sozialpositionen sowie ein wachsender symbolischer Zwang der Abgrenzung zu vermeintlich oder tatsächlich konkurrierenden Gruppen. Neckel und Sütterlüty vermuten daher, dass die Marktgesellschaft »negative Klassifikationen« regelrecht provoziere. Und diese würden nicht mehr nur als graduelle, also auch als relativier- und revidierbare Unterschiede artikuliert, sondern verstärkt zu kategorialen, irreversiblen Klassifikationen verdichtet, die »qualitative Urteile der Andersartigkeit« über Personen und Gruppen ermöglichen und so mindestens symbolisch über Zugehörigkeit oder Ausschluss entscheiden. Indem dergestalt »bestimmte Akteure als unterlegen betrachtet, abgewertet und symbolisch aus dem Kreis anerkannter Gesellschaftsmitglieder ausgeschlossen werden«, trügen die soziologischen Analysen womöglich zu solchen »negativen Klassifikationen« (Neckel/Sutterlüty 2005: 413) bei. Und die wiederum sind dazu angetan, einer ressentimentgeladenen gesellschaftlichen Haltung Vorschub zu leisten, die so genannten »Überflüssigen« hätten ihr Elend selbst verschuldet beziehungsweise täten zu wenig, um sich aus diesem zu befreien. Denn nahegelegt wird durch solcherart kulturalistisch wertenden Deutungen nicht zuletzt, es handele sich lediglich um ein Aktivierungs- oder Resilienzproblem: Darum, dass die Einzelnen nicht zu eigenverantwortlichem Handeln in der Lage beziehungsweise zu solchem zu bewegen sind, statt um einen tiefgreifenden gesellschaftlichen Wandel, der ihnen gerade die Mittel aus der Hand geschlagen hat, eigenverantwortlich und das eigene Fortkommen sichernd zu agieren.

Mit Sighard Neckels (1991) frühen Überlegungen zu sozialer Scham in *Status und Scham. Zur symbolischen Reproduktion sozialer Ungleichheit* können wir solche Dynamiken auch als Prozess verstehen, der Beschämung durch Bewertungen, die Akteure sich wechselseitig signalisieren. Scham basiere, so Neckel an anderer Stelle, maßgeblich auf »negativen Urteilen über die Art des eigenen Seins« (ebd. 1993: 245) und sie entstehe nicht nur infolge der »Wahrnehmung, Deutung und Verfestigung« von sozialer Ungleichheit, die sozialen Techniken und Strategien der Auslösung von Scham und Beschämung trügen umgekehrt selbst wiederum zu sozialer Schließung und der Verfestigung sozialer Ungleichheit bei (ebd. 1991: 231). In der Tat: Scham greift dergestalt in interaktive und sozialstrukturelle Machtgefüge ein, als sie darauf abzielt, die Beschämten herabzusetzen, die ihrerseits im Empfinden der Scham die eigene Demütigung, Herabsetzung und Herabwürdigung annehmen und anerkennen. Entscheidend sei dabei, wie die Einzelne sich gewissermaßen durch die Augen der anderen wahrnimmt, das vorgestellte oder tatsächliche Urteil der anderen als Wahrheit des eigenen Selbst annimmt. Mit Pierre Bourdieu spricht Neckel hier von symbolischer Gewalt. Beschämung signalisiere die »Unterordnung des einen Subjekts unter die Bewertung eines anderen« (ebd.: 106). Ein gesellschaftlich katastrophal wirkender circulus vitiosus.

Vokabeln wie Eigenverantwortung und Verlierer, Überflüssige und Unnütze, Leistungsträger und Hartz-IVer – und das nur am Rande – können wir in diesem Licht betrachtet verstehen als Elemente von Deutungsschemata, mit denen die Menschen sich selbst und die Welt, in der sie leben, interpretieren (sollen). Es handelt sich um normative Fluchtpunkte, auf die das Selbstverständnis und Handeln der Menschen geeicht wird. Sie stehen für konkrete Verfahren, mit denen sie ihr eigenes Verhalten oder das anderer entsprechend steuern (sollen); sie verweisen auf Wissensformen, in denen Individuen die Wahrheit über sich erkennen, auf Kontroll- und Regulationsmechanismen, denen sie ausgesetzt sind, sowie auf Praktiken, mit denen sie auf sich selbst einwirken (sollen). Semantisch werden dabei durchaus widersprüchliche Anforderungen verkoppelt – ein durchgängiges Kennzeichen der Mobilisierung des unternehmerischen Selbst: Eine Grammatik der Härte gegenüber anderen wird konterkariert und zugleich ergänzt durch eine Grammatik der individualisierten, solipsistischen Sorge um sich selbst.

Die Soziologie und die symbolische Ordnung sozialer Ungleichheit

Im Licht der Überlegungen von Neckel und Sütterlüty zu »negativen Klassifikationen« ist die Rolle, die der soziologische Diskurs selbst bei der Produktion der symbolischen Ordnung sozialer Ungleichheit spielt, also nicht zu unterschätzen. Und zwar weniger hinsichtlich der Frage, ob das Bild der »Überflüssigen« geeignet ist, jene gesellschaftlichen Gefährdungen aufzuschließen, die im Zeichen fortwährender Selektion und einer radikalen Innen/Außen-Spaltung von Gesellschaft zu stehen scheinen, als eben hinsichtlich der Frage, ob die soziologische Rede von »Überflüssigen« nicht Gefahr läuft, selbst »negative Klassifikationen«, die eine solche Innen/Außen-Spaltung forcieren, legitimieren oder gar mitproduzieren. Anders gesagt ist damit die Frage aufgeworfen, inwiefern die soziologische Rede von

»Überflüssigen« verstanden werden kann als Form symbolischer Delegitimierung, die eine Dimension sozialer Ungleichheit darstellt; die soziologischen Deutungen neuer Spaltungen und Ungleichheiten womöglich also nicht nur analytische Instrumentarien bereitstellen, um sozial bedingtes Leid verstehbar zu machen, sondern selbst als Formen sozialer Bewertungen zu verstehen sind.

Das Argument ist dabei nicht, jene soziologischen Analysen, die mit der Metapher der »Überflüssigen« versuchen, veränderte Konstellationen sozialer Ungleichheit zu beschreiben, würden diese Ungleichheit erst produzieren. Soziale Verhältnisse gehen nicht in ihren Beschreibungen auf. Zudem ist es Aufgabe der Soziologie, begriffliche Instrumentarien zu entwickeln, um soziale Klassifikationskämpfe, sozialstrukturelle Verwerfungen und damit einhergehende Marginalisierungen und Depravationen analytisch zu rekonstruieren und nicht, sie zu befördern. Und in der Regel verfolgen diese Aufgabe auch jene, die von »Überflüssigen« sprechen. Gleichwohl handelt es sich, um noch einmal an Eva Barlösius (2005: 24) anzuschließen, »nicht nur um beschreibende Begriffe, mit denen die Phänomene der sozialen Ungleichheit aus einer distanzierten Perspektive oder von einem ›neutralen‹ Standpunkt aus dargestellt werden, sondern um solche, die in das gesellschaftliche und politische Repräsentationsgeschäft eingebunden sind«.

Kritisch wird die soziologische Beteiligung an der Produktion von Sichtbarkeiten daher besonders dann, wenn Soziologinnen als öffentliche Intellektuelle auftreten beziehungsweise sich als politische Kommentatorinnen betätigen und mit ihren Einlassungen jenen Interpretationsbedarf bezüglich der Einordnung eigener und fremder Sozialpositionen bedienen. D.h., wenn sie aktiv in die gesellschaftlichen Bewertungskämpfe intervenieren – indem sie beispielsweise Konzepte für die Umgestaltung des Sozialstaates entwerfen oder Vorschläge machen, was unter sozialer Gerechtigkeit zu verstehen sei. Oder indem sie von Eigenverantwortung und Handlungsfähigkeit sprechen, ohne nach internen und externen Handlungsbedingungen zu fragen, unter denen konkret gehandelt wird, also kognitive Fähigkeiten, Kenntnisse, Fertigkeiten und psychische Dispositionen wie Selbstkontrolle und -steuerung sowie materielle, zeitliche, kulturelle und sozial externe Faktoren, die aus der Handelnden die Person gemacht haben, die sie ist, nicht oder kaum in Betracht ziehen. Kurzum: die sozialen Tatsachen nicht als soziale Tatsachen behandeln. Und indem sie schließlich die Verwischung der Grenze zwischen soziologischer Expertise und politischer Meinung mindestens billigend in Kauf nehmen, beziehungsweise für die Autorität ihrer politischen Äußerung (implizit) auf die Autorität ihrer soziologischen Expertise rekurrieren.

Für eine Soziologie der Soziologie

Im Gegenzug bedeutet das allerdings gerade nicht, für enthaltsame, »reine« *scholarship* ohne *commitment* zu plädieren, wie Pierre Bourdieu (2002) in seiner letzten öffentlichen Rede, »Für eine engagierte Wissenschaft«, argumentierte. Aber es bedeutet, dass der soziologische Diskurs selbst, ebenso wie der Soziologe und die Soziologin, der soziologischen Reflexion und Objektivierung unterworfen werden müssen. Und dies sowohl, um aufklären zu können, welche alltagsweltlichen, medialen und politischen Gehalte in die wissenschaftliche Beschreibung und Analyse der Praktiken eingeflossen sind, als auch, um jene Vorstellungen rekonstruieren zu können, die die Analytikerin aufgrund dessen, dass sie außerhalb des Gegenstandes steht, in diesen hineinprojiziert. Gerade weil die mit Überflüssigkeit assoziierten Soziallagen oft genug nur in solchen verzerrten, gewaltförmigen Weisen sichtbar und im öffentlichen Bewusstsein beispielsweise »mit Schmarotzertum, tadelnswerter Gleichgültigkeit, sexueller Freizügigkeit oder Drogenmißbrauch« (Bauman 1999: 70) assoziiert werden, ist es daher umso dringlicher, die soziologischen Rekonstruktionen, die dieses Leid sichtbar machen, selbstbeständig und rigoros daraufhin zu prüfen, ob sie an der gesellschaftlich verursachten Entwertung partizipieren oder diese soziologisch aufklären. Und dies umso mehr als es um ein Bild von »Überflüssigen« geht, das unter Umständen mit dazu beiträgt, dass beispielsweise sozialstaatliche Transfers immer weniger als Teil sozialer Bürgerrechte gelten, sondern allenfalls noch legitim sind in Form karitativer Hilfe für diejenigen, die aufgrund »unvorhersehbarer Lebensereignisse«, geschlagen vom Schicksal, »nicht für sich selbst aufkommen können«. Sighard Neckels Beiträge zu einer Soziologie der Scham, zu negativen Klassifikationen und zur symbolischen Reproduktion sozialer Ungleichheit stellen für solche Analysen unverzichtbare und inspirierende Werkzeuge bereit.

Literatur

Barlösius, Eva (2005): *Die Macht der Repräsentation. Common sense über soziale Ungleichheiten*. Wiesbaden: Springer VS.

Bauman, Zygmunt (1999): *Unbehagen in der Postmoderne*. Hamburg: Hamburger Edition.

Bourdieu, Pierre (2002): »Für eine engagierte Wissenschaft«, in: *Le Monde Diplomatique*, Februar, letzter Zugriff: 16.02.2021, http://www.oekonomisierung.de/Bourdieu/Rede_PB/rede_pb.html.

Hacking, Ian (2000): *Leute (zurecht) machen, Making Up People*. Frankfurt a. M.: Suhrkamp.

Kreckel, Reinhard (1992): *Politische Soziologie der sozialen Ungleichheit.* Frankfurt a. M./New York: Campus.

Neckel, Sighard (1991): *Status und Scham. Zur symbolischen Reproduktion sozialer Ungleichheit.* Frankfurt a. M./New York: Campus.

Neckel, Sighard (1993): »Achtungsverlust und Scham. Die soziale Gestalt eines existentiellen Gefühls«, in: Hinrich Fink-Eitel/Georg Lohmann (Hg.), *Zur Philosophie der Gefühle.* Frankfurt a. M.: Suhrkamp, S. 244–265.

Neckel, Sighard/Sütterlüty, Ferdinand (2005): »Negative Klassifikationen. Konflikte um die symbolische Ordnung sozialer Ungleichheit«, in: Wilhelm Heitmeyer/Peter Imbusch (Hg.), *Integrationspotenziale einer modernen Gesellschaft. Analysen zu gesellschaftlicher Integration und Desintegration.* Wiesbaden: Springer VS, S. 409–428.

Nolte, Paul (2004): *Generation Reform.* München: C.H. Beck.

Willisch, Andreas (2008), Die paradoxen Folgen mechanischer Integration, in: Heinz Bude/Andreas Willisch (Hg.), *Exklusion. Die Debatte über die »Überflüssigen«.* Frankfurt a. M.: Suhrkamp, S. 309–331.

Um/Brüche symbolischer Ordnungen – Negative Klassifikationen im Zuge Alma Zadićs Angelobung als österreichische Justizministerin

Ana Mijić und Michael Parzer

Einleitung

Am 11. Juni 2018 hält Alma Zadić, damals Abgeordnete der »Liste Jetzt«, eine Rede im österreichischen Nationalrat über den Schutz von Geheimdienstbeamt:innen. »Sie sind nicht in Bosnien. Verwechseln Sie das nicht«, wird sie von einem Abgeordneten der Österreichischen Volkspartei zu unterbrechen versucht. »Alma, bei mir bist Du sicher«, ruft ein Vertreter der Freiheitlichen Partei Österreich in derselben Debatte dazwischen.

Bei diesen Zwischenrufen sollte es nicht bleiben. Mittlerweile ist Alma Zadić österreichische Justizministerin in der seit Jänner 2020 bestehenden türkis-grünen Bundesregierung (für den Juniorpartner »Die Grünen«). Und obwohl sie in den Reihen der österreichischen Minister:innen zu den qualifiziertesten gehört, war es ihre Ernennung, die medial und auch in der virtuellen sowie realen Öffentlichkeit für das größte Aufsehen gesorgt hat. Sie sah sich mit Tausenden von Hassnachrichten und abfälligen Kommentaren auf den diversen Social-Media-Kanälen konfrontiert, dazu kamen schließlich mehrere Morddrohungen, was in weiterer Folge Personenschutz notwendig machte. Aber auch jenseits dieser Arenen expliziter sozialer Herabwürdigung zeigte sich ein bemerkenswertes Muster in der Kommentierung Alma Zadićs Angelobung: Auch in den Tages- und Wochenzeitungen ging es in den Berichterstattungen nur selten um ihre Erfahrung und Kompetenzen als Juristin und Politikerin oder um ihre inhaltlichen Vorhaben im Justizressort. Stattdessen wurde der Fokus auf eine biografische Tatsache gelenkt: Zadić ist 1994 als Geflüchtete aus Bosnien-Herzegowina nach Wien gekommen. Ihre Kategorisierung als »ethnisch Andere« fungiert als eine symbolische Grenzziehung, die gerne dann aktualisiert und besonders deutlich herausgestrichen wird, wenn die etablierte symbolische Ordnung als brüchig oder bedroht wahrgenommen wird. Im Fall von Alma Zadić wird dieses Bedrohungsszenario gleich in mehrfacher Hinsicht virulent, zumal hier nicht nur eine Zugewanderte (und als Flüchtlingskind sozial »ganz unten« verortete Migrantin), sondern eine vom Balkan (mit all den Stereotypen und Klischees in sprachlicher, religiöser, ethnischer Hinsicht) stammende Person ein eigentlich bislang für »echte« Österreicher reserviertes und entsprechend monopolisiertes Amt übernimmt – und damit das österreichische Koordinatensystem sozialer Ordnung aus dem Gleichgewicht zu bringen scheint. Dass es sich dazu auch noch um eine Frau (und wie einige Monate nach der Angelobung zu erfahren war, um eine werdende Mutter) handelt, galt vielen als Spitze des Eisbergs.

Die offensichtliche Marginalisierung von Zadićs sozialem Status und ihrer formalen Qualifikationen durch die Überbetonung ihrer Herkunft verweist auf eine soziale Konstellation, die Norbert Elias und John L. Scotson (1990) als »Etablierte-Außenseiter-Figuration« beschrieben haben: Waren es in deren Studie die Neuzugezogenen im Vorort, gegen die dessen alteingesessene Bewohner:innen symbolische und soziale Grenzen zogen, sind es hier die etablierten »Österreicher«, die durch die Unterscheidung von »Wir« und »die anderen«, oft explizit und noch viel öfter ganz subtil, an der Aufrechterhaltung des Status Quo arbeiten und dem vermeintlichen Schwinden von Privilegien entgegentreten.

Eine besonders eindrucksvolle soziologische Analyse solcher Statuskämpfe findet sich in den Schriften von Sighard Neckel. In seinem 2003 erschienenen und grundlegenden Aufsatz *Kampf um Zugehörigkeit. Die Macht der Klassifikation* sowie in den gemeinsam mit Ferdinand Sutterlüty und Ina Walter unternommenen Untersuchungen zu »negativen Klassifikationen« (Neckel/Sutterlüty 2010; Neckel/Sutterlüty 2008; Sutterlüty/Neckel/Walter 2008) wird anschaulich und materialreich gezeigt, wie die wechselseitigen und in alltäglichen Interaktionen hergestellten Klassifikationen zwischen sozialen Gruppen nicht nur ein zentrales Element der symbolischen Ungleichheitsordnung darstellen, sondern auch maßgeblichen Einfluss auf Handlungschancen und Prozesse sozialer Exklusion haben: Als »abwertende Zuschreibungen, die Sozialgruppen in alltäglichen Interaktionen, aber auch in organisierten Diskursen aneinander richten«, dienen negative Klassifikationen der »Hervorbringung und Durchsetzung einer legitimen Weltsicht, die andere Akteure als unterlegen erscheinen lässt, sie abwertet und symbolisch aus dem Kreis anerkannter Gesellschaftsmitglieder ausschließt« (Neckel/Sutterlüty 2008: 18).

Neckels »Theorie negativer Klassifikationen«, die wir in diesem Beitrag für die Analyse der oben skizzierten Grenzziehungen zur Anwendung bringen, setzte maßgebliche Impulse für eine kultursoziologische Ungleichheitsforschung, die nicht nur die objektive Verteilung von ökonomischem, sozialem und kulturellem Kapital in den Blick nimmt, sondern auch die subjektiven und wechselseitigen Einschätzungen und Bewertungen von Akteur:innen.

Mittlerweile liegen in der internationalen Soziologie eine ganze Reihe von theoretischen Ansätzen vor, die durch die Einbeziehung von subjektiven Klassifikationsprozessen der symbolischen Dimension sozialer Strukturen Rechnung tragen. Zu den bekanntesten zählen Michèle Lamonts Symbolic Boundary-Ansatz (Lamont 2000; Lamont 1992; Lamont/Molnár 2002) sowie – insbesondere für ethnische Klassifikationen – Andreas Wimmers Theorie ethnischer Grenzziehung (Wimmer 2013; Wimmer 2010; Wimmer 2008). Während Michèle Lamont ihr Konzept der Symbolic Boundaries in der kritischen Auseinandersetzung mit Pierre Bourdieus (1987) *Die feinen Unterschiede* entwickelt hat und vor allem klassenspezifische Grenzziehungen in den Blick nimmt, fußt Andreas Wimmers Ansatz ethnischer Grenzziehung maßgeblich auf den Überlegungen des norwegischen Anthropologen Fredrik Barth (1969) (siehe dazu Mijić/Parzer 2017). Zu unmittelbar an Sighard Neckels Arbeiten anschließenden Ansätzen zählt die subjektorientierte Sozialstrukturanalyse (Sachweh 2013; Sachweh/Lenz 2018) sowie die Theorie negativer Klassifikationen in ethnischen Konflikten (Sutterlüty 2010).

In diesem Beitrag wollen wir mithilfe der Theorie negativer Klassifikationen einige grundlegende Dimensionen jener symbolischen Grenzziehungen herausarbeiten, die sich in der öffentlichen Kommentierung der Person Alma Zadić manifestieren. Dazu möchten wir zunächst Sighard Neckels Klassifikationen-Ansatz darstellen und in Hinblick auf sein Potenzial für unser Vorhaben diskutieren. Hierbei legt vor allem die Unterscheidung zwischen »graduellen« und »kategorialen« Klassifikationen den Blick frei, um das Ineinanderwirken und Verschränken unterschiedlicher Grenzziehungen analytisch zu betrachten. Im letzten Teil zeigen wir anhand konkreten Datenmaterials, wie Zuschreibungen entlang von Migration, ethnischer Herkunft, Religion und Geschlecht im öffentlichen Diskurs ins Treffen geführt und damit offensichtlich als bedeutsam erachtet werden. Wir fragen danach, welche negativen Klassifikationen daran geknüpft werden und wie diese dazu beitragen, Alma Zadić ihre Fähigkeiten und ihre Kompetenz für ein Ministeramt abzusprechen.

Negative Klassifikation und soziale Ungleichheit

»Negative Klassifikationen […] sind als die stigmatisierenden Elemente der symbolischen Ordnung sozialer Ungleichheit in einer Gesellschaft zu verstehen. Mit der Erforschung ihrer alltäglichen Erzeugung im wechselseitigen Bezug sozialer Gruppen erschließen wir uns die diskriminierenden Aspekte der symbolischen Ungleichheitsordnung – jene Bewertungsmuster also, die einen restriktiven Einfluss auf die Handlungschancen und die Bedürfnisverwirklichung von Sozialgruppen haben.« (Neckel/Sutterlüty 2010: 218)

Einen Ausgangspunkt der theoretischen sowie empirischen Auseinandersetzung mit negativen Klassifikationen bildete die Feststellung, dass die Frage nach Zugehörigkeit, die Frage »wer gehört zu wem?«, in der Ungleichheitsforschung lange

Zeit nur wenig Berücksichtigung fand. Obwohl Zugehörigkeiten zu ethnischen oder religiösen Gruppen oder auch Geschlechtszugehörigkeiten nicht per se Ungleichheiten generieren, können sie, so Neckel, soziale Ungleichverteilungen verursachen, dann nämlich, wenn »sie Quelle sozialer Vor- oder Nachteile sind, ökonomisches und kulturelles Kapital erwerben zu können« (Neckel 2003: 160). Und selbst bei ähnlichen Bildungsniveaus und einer ähnlichen Ausstattung mit ökonomischem Kapital bleiben Statusunterschiede zwischen Menschen »unterschiedlicher Zugehörigkeit« oft bestehen »weil die Rangstellung in der Gesellschaft nicht allein von objektiv verfügbaren Ressourcen abhängig ist, sondern davon, welche Bewertung diese erfahren« (Neckel/Sutterlüty 2010: 218).

In modernen Gesellschaften, die sich auf »Rechtsgleichheit« und »Leistungsgerechtigkeit« berufen, können Zugehörigkeiten nur selten »offizieller und legitimer Grund sozialer Ungleichheit sein [...]. Ihre wichtigste Bedeutung gewinnt die Tatsache, zu einer bestimmten Gruppe zu zählen, heute daher nicht in den durch Rechtsnormen regulierten Gesellschaftsbereichen, sondern in den inoffiziellen Sphären der alltäglichen Lebenswelt« (Neckel 2003: 161). In konkreten Interaktionssituationen werden Individuen und gesellschaftliche Gruppen unterschiedlichen Kategorien zugeordnet und »in der Skala der sozialen Rangordnung auf die entsprechende Stelle« (Neckel/Sutterlüty 2010: 223) gesetzt. Regelmäßig wird dabei versucht, die eigene Wir-Gruppe nach innen zu stärken und gegen die anderen abzugrenzen. Sehr eindrücklich wird dieser Zusammenhang von Norbert Elias und John Scotson am Beispiel der »Etablierten-Außenseiter-Beziehung« beschrieben, die laut Neckel als das »wahrscheinlich universellste Muster« (Neckel 2003: 162) einer solchen Grenzziehung betrachtet werden kann. Mittels abwertender oder stigmatisierender Zuschreibungen konsolidieren die Etablierten gleichermaßen ihr eigenes Gruppencharisma und die fremde Gruppenschande (Elias/Scotson 1990: 16ff.). In anhaltenden Klassifikationskämpfen – der Bereich des Symbolischen ist niemals gesichert (Neckel/Sutterlüty 2010: 222) – geht es darum, die eigene Wirklichkeitsperspektive durchzusetzen, der zufolge »Andere« als minderwertig zu qualifizieren und symbolisch auszuschließen sind (ebd.: 221). In diesen Auseinandersetzungen wird typischerweise durchaus auf mehr oder weniger institutionalisierte Bewertungsmuster oder mediale und politische Deutungsangebote zurückgegriffen (ebd.: 220f.). Weil Klassifikationsprozesse aber vor allem »in der soziologisch stets schwer fassbaren Sphäre flüchtiger Begegnungen und alltäglicher Interaktionen, privater Gespräche und symbolischer Zeichen« (Neckel 2003: 162; Neckel/Sutterlüty 2010: 221) stattfinden, sind sie als äußerst situationsspezifisch zu betrachten. Nichtsdestotrotz lassen sich bestimmte »Strukturmuster negativer Klassifikationen rekonstruieren, die sich vor allem hinsichtlich ihrer inneren Distinktionslogik unterscheiden« (Neckel/Sutterlüty 2010: 223). In Anlehnung an eine von Peter A. Berger (1989) vorgenommene Differenzierung von »kategorial-exklusiven« und »graduell-quantitativen« Ungleichheitssemantiken unterscheiden die Autoren idealtypisch zwischen »graduellen Klassifikationen und kategorialen Klassifikationen«: Grundlage für graduelle Klassifikationen sind quantitative Differenzen. Sie sind zwar vertikal und hierarchisch, »die ›Logik der Differenz‹ aber, die durch sie symbolisch zum Ausdruck kommt, ist trotz aller Rangstufen prinzipiell ›konjunktiv‹ (Mannheim 1980: 221ff.) organisiert, weil sie auf der Annahme sozial geteilter Erfahrungsräume, gemeinsamer Eigenschaften und auf der Zuschreibung grundlegender Zugehörigkeit beruht« (Neckel/Sutterlüty 2010: 223). Anders verhält es sich bei kategorialen Klassifikationen. In diesem Fall werden über Personen und Gruppen »qualitative« Urteile der Andersartigkeit gefällt: Merkmale und Eigenschaften werden danach beurteilt, ob sie »gleich« oder »ungleich«, ob sie »ähnlich« oder »verschieden« sind. Es gibt hier also kein Kontinuum, wie das bei graduellen Klassifikationen der Fall ist, sondern lediglich ein »Entweder-Oder«. Die Logik der Differenz, so Neckel und Sutterlüty, ist dann prinzipiell »disjunktiv« organisiert (ebd.: 223f.). Diese unterschiedlichen Distinktionslogiken zeitigen unterschiedliche Auswirkungen auf Prozesse sozialer Ausgrenzung:

»Negative Klassifikationen, die graduelle Unterscheidungen ausdrücken, nehmen schwächere Personen und Gruppen zwar als unterlegen, aber nicht als minderwertig wahr und gestehen ihnen prinzipiell die Fähigkeit zur Veränderung zu. Werden mindermächtige Akteure aber als kategorial ungleich eingestuft, beruht dies stets auf der abwertenden Zuschreibung unveränderlicher Zustände und essentialistisch gedeuteter Eigenschaften. Schwächeren Gruppen wird dann bereits die Anerkennung verwehrt, gleiche Lebenschancen überhaupt beanspruchen zu können.« (Ebd.: 224)

Während graduelle Klassifikationen zwar großes Konfliktpotenzial aufweisen, aber nicht automatisch desintegrativ sind, bergen kategoriale negative Klassifikationen hohes Exklusionspotenzial: Wenn

»es ihnen [den negativen kategorialen Klassifikationen] an ›teilbaren‹ Werten mangelt, repräsentiert ihre Gebrauchsweise die ›dissoziative‹, also die Gegensätze hervorbringende Dimension von Konflikten [...]. Dies ist der Grund, weshalb negative Klassifikationen, die Ungleichwertigkeitsurteile zum Ausdruck bringen, dem für den Zusammenhalt einer modernen Gesellschaft zentralen Mechanismus der ›konfliktvermittelten Integration‹ nicht zugänglich sind. Sie zielen nicht auf soziale Konflikte [...] sondern auf Exklusion, um Konflikte möglichst gar nicht austragen zu müssen« (ebd.: 225).

In Übereinstimmung mit den Resultaten zahlreicher Forschungen zu Ethnizität (Brubaker/Loveman/Stamatov 2004; Gil-White 2001; Hirschfeld 1996; Mijić 2020a; Müller 2007), weisen auch Neckel und Sutterlüty (2010: 227) darauf hin, dass »Ethnizität wie ein Filter für andere Klassifizierungen wirkt und die Bewertung anderer Merkmale von Akteuren von deren jeweiliger ethnischer Zugehörigkeit abhängig ist. [...] Bestimmte Ausprägungen vertikaler Ungleichheiten erfahren erst dann eine negative Bewertung, wenn sie mit gewissen ethnischen Gruppenzugehörigkeiten verbunden werden«. Genau betrachtet gehe es hier letztlich um die Frage, inwiefern Migrant:innen (und deren Nachkommen) überhaupt als »gleichberechtigter und gleichwertiger Teil der Gesellschaft zugelassen werden sollen, [e]s geht um die legitime Deutung des Fortbestands oder der Auflösung interethnischer Disparitäten und damit um ein zentrales Element der symbolischen Ordnung sozialer Ungleichheit im Ganzen« (ebd.: 228). Im folgenden Abschnitt wollen wir uns anhand des Falls Alma Zadić genauer ansehen, wie sich eine solche Auseinandersetzung empirisch zeigt.

Grenzen der Zugehörigkeit

Alma Zadić wurde am 7. Januar 2020 in der Hofburg in Wien als neue österreichische Justizministerin angelobt. Bereits in den Wochen davor stand die Juristin immer wieder in der Öffentlichkeit, weil sie an den Koalitionsverhandlungen auf Seiten der Grünen mit der Österreichischen Volkspartei/Liste Kurz wesentlich beteiligt war. Ihre politische Karriere begann sie allerdings bei der Liste Pilz (Liste Jetzt) 2017. Der abtrünnige Grüne der ersten Stunde, Peter Pilz, holte Zadić aus der international tätigen Wirtschaftskanzlei *Freshfields Bruchhaus Deringer*, wo sie seit 2011 zunächst als Associate und später dann als Rechtsanwältin vor allem im Bereich der Konfliktlösung tätig war, in seine neugegründete Partei. Ihr gelang auf Anhieb der Einzug ins Parlament. Vor den vorgezogenen Nationalratswahlen 2019 schloss sie sich den Grünen an und wurde von der Partei auf Platz 5 der grünen Bundesliste gewählt.

Zadić studierte Rechtswissenschaften an der Universität Wien und absolvierte anschließend, nach Praktika bei der *Internationalen Organisation für Migration* (UN) und dem *Internationalen Tribunal für Kriegsverbrechen* im ehemaligen Jugoslawien in Den Haag, den Master of Law an der Columbia University, wo sie auch heute noch eine Position als Gastwissenschaftlerin am Vale Columbia Center on Sustainable International Investment innehat. 2017 promovierte sie an der Universität Wien.

Ihr Bildungshintergrund sowie ihr plötzlicher Einstieg in die Politik unterscheidet sie von vielen ihrer aktuellen Ministerkolleg:innen.[1] Was aber in den Vordergrund gerückt wurde, ist ihre nicht-österreichische bzw. ihre bosnische Herkunft. Zadić wurde 1984 in der nordbosnischen Stadt Tuzla geboren. 1994 – der

1 Vergleicht man den Werdegang Zadićs mit jenem von beispielsweise Bundeskanzler Sebastian Kurz, kommt man nicht umhin, an Robert K. Mertons (1994) Unterscheidung von *local* und *cosmopolitan influentials* zu denken.

Krieg in Bosnien-Herzegowina dauerte bereits zwei Jahre an – floh Zadić mit ihrer Familie nach Österreich und wurde hier, wie ca. 90.000 andere Schutzsuchende aus der ehemaligen jugoslawischen Teilrepublik als »de facto Flüchtling« anerkannt.

Im Folgenden widmen wir uns anhand einer explorativen Analyse unsystematisch erhobenen Materials (Zeitungsartikel, Postings etc.) einigen der besonders häufig zu beobachtenden Zuschreibungen, die im Zuge der Bestellung von Alma Zadić als Justizministerin öffentlich geäußert wurden. Herausarbeiten möchten wir erstens, entlang welcher Strukturkategorien insbesondere negative Klassifikationen Alma Zadićs Tauglichkeit, Passung und Kompetenz für ein österreichisches Ministeramt in Frage stellen, oder in anderen Worten: Welche (zugeschriebenen/attestierten) Zugehörigkeiten (bzw. Nicht-Zugehörigkeiten) als Argumentation gegen Zadićs Ausübung eines Ministeramts ins Treffen geführt werden. Von besonderer Relevanz erweisen sich dabei die Überlagerungen unterschiedlicher Klassifikationen, zumal sich zeigt, dass es vor allem die kategorialen Klassifikationen entlang von Migration, Ethnizität, Religion und Geschlecht sind, die Fragen von Klassenzugehörigkeit und Bildung in den Hintergrund rücken (oder sogar unsichtbar machen). Zweitens wollen wir die negativen Klassifikationen über den konkreten Fall Alma Zadić hinaus näher beleuchten: Denn die konkreten, an Alma Zadić adressierten negativen Klassifikationen wurden nicht erst neu erschaffen, sondern lediglich aktualisiert: Akteur:innen greifen dabei auf ein umfangreiches kulturelles Repertoire (Lamont 2000; Swidler 1986) sozialer Deutungen zurück. Diese Deutungen stellen die Grundlage für die an Alma Zadić gerichteten Zuschreibungen dar, zugleich werden aber ganz grundlegende symbolische Grenzziehungen gegenüber bestimmten sozialen Gruppen bzw. Zugehörigkeiten zum Ausdruck gebracht. Mit Blick darauf wollen wir danach fragen, welche Rolle diese Klassifikationen in einer als »Etablierten-Außenseiter-Figuration« beschriebenen Akteur:innenkonstellation spielen.

Die Migrantin

In vielen Kommentaren wird Alma Zadić aufgrund ihrer nicht-österreichischen Herkunft die Berechtigung abgesprochen, österreichische Parlamentarierin zu sein oder gar ein Ministerium zu leiten. Die Tatsache, dass Zadić alle geläufigen Kriterien einer guten »Integration« erfüllt – sie spricht perfekt Deutsch, ist hochgebildet und bestens in den Arbeitsmarkt integriert – schwächt diese Lesart nur bedingt. Betont wird in der Regel der Restzweifel: nämlich ob sie diese Integration, verstanden als Anpassung und Assimilation an die österreichische Kultur, auch wirklich ernst meint – ob ihr »Österreichischsein«, ihr Bekenntnis zu Österreich, echt ist –, oder aber, so wie mancherorts unterstellt wird, nur eine Täuschung. So schreibt etwa ein User im Online-Forum der *Kronen Zeitung*: »Wie intensiv sie wirklich als Österreicherin gelebt hat, ist offen.« Und ein weiterer fragt: »Was hat diese Frau für Österreich bereits getan?«[2]

Mit diesem Zweifel an der Authentizität ihrer Selbstdarstellung als Österreicherin wird hier eine sehr deutliche Grenzziehung zwischen »österreichisch« und »nicht-österreichisch«, zwischen Etablierten und Außenseitern, vollzogen, wobei das (nur) Österreichisch-Sein als klare Voraussetzung für die legitime Ausübung eines österreichischen Ministeramtes betrachtet wird.

Auf den ersten Blick ließe sich annehmen, dass es letztlich gleichgültig ist, wie gut eine Person tatsächlich »integriert« ist, inwiefern sie die Kriterien, die zur Beurteilung einer »guten Integration« herangezogen werden, wirklich erfüllt. Die nicht-österreichische Herkunft allein scheint auszureichen, um exkludierend zu argumentieren. Ein etwas genauerer Blick legt nahe, dass es nicht die Migrationserfahrung an sich ist, die zur negativen Klassifizierung Zadićs herangezogen wird – die »Migrationserfahrung« von Minister Fassmann – der stammt aus Deutschland – wird zum Beispiel im Kontrast dazu kaum thematisiert.[3] Eine wesentliche Rolle bei der »Beurteilung« von Zadić spielt offensichtlich die Tatsache, dass es sich bei ihr um eine »Migrantin vom Balkan« handelt.

Die »Jugoslawin«

Zadićs ex-jugoslawische Herkunft wird zum Gegenstand vielfältiger stereotyper Zuschreibungen, mittels derer ihre Tauglichkeit für ein Minister:innenamt zusätzlich infrage gestellt wird. Der »österreichische Blick« auf aus dem ehemaligen Jugoslawien stammende Mitbürger:innen ist durch Ambivalenzen geprägt, die sich bereits von Maria Todorova (2009) in *Imagining the Balkans* beschrieben finden. In Anlehnung an Edward Saids Konzept des Orientalismus entwickelte sie das des Balkanismus und argumentiert, dass der Balkan und seine Menschen vom Westen als das unvollständige Eigene aufgefasst werden. Als dieses unvollständige Eigene repräsentieren sie eine Sphäre zwischen dem Eigenen und dem Fremden;

---

2 https://www.krone.at/2076670, letzter Zugriff: 08.12.2020. Zur besseren Lesbarkeit wurden die aus den Zeitungsforen übernommene Zitate um orthografische und grammatikalische Fehler bereinigt.

3 Bezeichnenderweise titelt das Handelsblatt am 5. Jänner 2020: »Was die erste österreichische Ministerin mit Migrationshintergrund erreichen will« und negiert damit, dass sie weder die erste noch die einzige Ministerin mit Migrationshintergrund ist (https://www.handelsblatt.com/politik/international/alma-zadi-was-die-erste-oesterreichische-ministerin-mit-migrationshintergrund-erreichen-will/25385626.html?ticket=ST-3945485-a1tC4JkVO1mZMc3rC0c2-ap3, letzter Zugriff: 08.12.2020).

wobei die exkludierende Haltung zwischen positiven Zuschreibungen eines konsumierbaren Balkan (im Hinblick auf Musik und »Kulinarik« etc.) und negativen Stereotypen von Gefahr und Kriminalität schwankt (Krasny 2015: 128; Mijić 2020b; Mijić 2020c).[4] So verbreitete sich etwa noch vor der Angelobung Zadićs das Gerücht, dass sie bereits strafrechtlich verurteilt sei und aufgrund dessen kein Ministeramt – und schon gar nicht jenes der Justizministerin – bekleiden könne. »Wie kann jemand, der gerichtlich belangt wird, Justizministerin werden?«[5] lautet eine von vielen Fragen im Leser:innenforum der Tageszeitung *Der Standard*, die die Legitimität Zadićs für das Ministeramt in Zweifel ziehen. Dass es sich allerdings keineswegs um ein strafrechtliches, sondern lediglich ein medienrechtliches Verfahren handelte, ging in dieser Welle der Empörung weitgehend unter.[6] Der Klassifizierung als Migrantin wird hier also eine durch den Balkanismus charakterisierte Klassifizierung als vom Balkan stammende Migrantin und damit als »unvollständig Zugehörige« zur Seite gestellt: Sie gehört irgendwie dazu, weil vergleichsweise sind sie und ihre Landsleute ja »eh« gut integriert, und historisch betrachtet gehörte Bosnien ja auch mal zu Österreich – doch unvollständig ist diese Zugehörigkeit dennoch: nicht zuletzt aufgrund der zivilisatorischen Unterlegenheit und dem damit verbundenen potenziellen »abweichenden Verhalten«, das sich in kriminellen Machenschaften ebenso zeige wie in einer Arbeitsunwilligkeit und Faulheit. So meint ein User im Standard-Forum als Reaktion auf Zadićs Empörung über die Anfeindung ihrer Person:

> »Kann sie jetzt endlich beginnen zu arbeiten und aufhören sich selbst als Thema zu machen. Gut wir haben mitbekommen, du wurdest im Internet beleidigt. Kannst du jetzt aufhören über dich zu reden und dich selbst zum Thema zu machen? Ich weiß nicht, wie das in Bosnien läuft, aber hier muss erwarten wir auch Arbeit und nicht nur Geheule. Wenn dir die Küche zu heiß ist, dann kannst gern in die Privatwirtschaft wechseln.«[7]

Genaugenommen ist aber »Jugoslawe/in« nicht gleich »Jugoslawe/in«. Während etwa vor allem österreichische Serb:innen von der rechtspopulistischen Freiheitlichen Partei Österreich zumindest noch unter Heinz-Christian Strache geradezu hofiert wurden, sind Menschen mit einem muslimischen Hintergrund von der generellen islamophoben Atmosphäre im Land betroffen.

---

4 Zugespitzt finden sich diese Stereotypen etwa in den Filmen Emir Kusturicas, deren kritischer Analyse sich unter anderem auch Slavoj Žižek (1996) widmete.

5 https://www.derstandard.at/story/2000113183935/zadic-will-gegen-hetze-ankaempfen, letzter Zugriff: 08.12.2020.

6 Siehe dazu ausführlich: https://www.derstandard.at/story/2000113003357/identitaere-und-fpoe-gegen-alma-zadic-anatomie-einer-kampagne, letzter Zugriff:08.12.2020.

7 https://www.derstandard.at/story/2000113183935/zadic-will-gegen-hetze-ankaempfen, letzter Zugriff: 08.12.2020.

Die Muslima

Mit der Gleichsetzung von bosnischer Herkunft und muslimischer Religion wird eine weitere Zugehörigkeit postuliert. Insbesondere in der scharfen Gegenüberstellung von Christentum vs. Islam wird diese als ein Hindernis für eine ministeriale Tauglichkeit dargestellt, einerseits aufgrund einer angenommenen und als unüberwindbar wahrgenommenen kulturellen Differenz, andererseits aber auch, weil Islam häufig mit Islamismus oder islamistischem Terror in Verbindung gebracht wird: »Hat die zukünftige Justizministerin Alma Zadić Kontakt zu Islamisten?«, fragt etwa der Spitzenkandidat der Freiheitlichen Partei bei den Wien-Wahlen 2020, Dominik Nepp am 6. Januar 2020 auf Facebook und teilt ein mit dieser Frage betiteltes Youtube-Video. Ideologisch unterstützt von der rechtsextremen Identitären Bewegung Österreichs – so kommt es etwa zur Verbreitung eines Videos, in dem eine vermeintliche Nähe von Zadić zur islamistischen Szene konstruiert wird –[8] fordert die FPÖ von Bundespräsident Alexander Van der Bellen, Zadić nicht als Ministerin anzugeloben. Diese Unterstellung paart sich mit der apokalyptischen Prophezeiung einer islamistischen Unterwanderung: »Eine kriminelle Muslima wird Justizministerin. Da kommt dann bald die Scharia«, schreibt etwa ein Nutzer der Facebook-Seite des FPÖ-Abgeordneten Markus Abwerzger.[9] Obwohl sie selbst ohne religiöses Bekenntnis ist, kommt es hier zu einer Überlagerung von ethnischen und religiösen Zuschreibungen und die Infragestellung der Legitimität ihrer politischen Position beruft sich auf eine strikte Grenzziehung zwischen Christentum und Islam.

Die Frau (und Mutter)

Dass hier eine Frau den Anspruch auf ein lange Zeit ausschließlich Männern vorbehaltenes Amt in der österreichischen Spitzenpolitik stellt, bildet eine weitere Grundlage für negative Klassifikationen – hier entlang geschlechtsspezifischer Merkmale. Im Falle von Zadić bekommt diese Grenzziehung, die sich ja bereits im Rahmen der einleitend erwähnten Zwischenrufe im Parlament manifestiert – die Parlamentarierinnen müssten von den Männern beschützt werden – zusätzliche Relevanz durch die Bekanntgabe ihrer Schwangerschaft: Mütter hätten in der

8 Zur »Anatomie [der] Kampagne« von Identitären und FPÖ vgl. https://www.derstandard.at/story/2000113003357/identitaere-und-fpoe-gegen-alma-zadic-anatomie-einer-kampagne, letzter Zugriff: 08.12.2020.

9 Eine Dokumentation der Postings auf Abwerzgers Facebookseite findet sich hier: https://www.derstandard.at/story/2000112802978/rassistischer-hass-gegen-gruene-zadic-nach-posting-von-fpoe-politiker, letzter Zugriff: 08.12.2020.

Spitzenpolitik nun wirklich nichts verloren, wie auch ein Leser der *Kronen Zeitung* weiß: »Frauen in der Politik!!! Na dann hat sie ja alles RICHTIG gemacht, überbezahlter Job und Baby machen lassen...davon kann man schon schön leben…«[10]. Es wird ihr unterstellt, sich strategisch bis ins »überbezahlte« Ministeramt hochgearbeitet zu haben, um sich dann schwängern zu lassen und auf Kosten der Steuerzahler zu leben. Diese Unterstellung geht Hand in Hand mit der Überzeugung, dass Frauen für solch wichtige Positionen eben nicht geeignet seien: »Der Job der Justizministerin ist ein 100 %-Job, da bleibt das Kind entweder emotionstechnisch auf der Strecke oder es landet sofort in Fremdbetreuung oder der Job leidet. Eine Justizministerin ist keine Halbtagsangestellte.«[11]Diese hier nur kurz skizzierten negativen Klassifikationen rund um migrationsspezifische, ethnische, religiöse und geschlechtsspezifische Merkmale dominieren die Kommentierung und Bewertung von Alma Zadić als Ministerin. Nicht zufällig handelt es sich hierbei um »kategoriale Klassifizierungen«, denn diese eignen sich in besonderer Weise, um gesellschaftliche Ausgrenzungen auf Dauer zu stellen, wie auch Neckel, Sutterlüty und Walter feststellen. In ihrer Untersuchung zu negativen Klassifikationen in Nachbarschaftsbeziehungen identifizieren sie Ethnizität als zentrale Bewertungskategorie – in Anlehnung an Everett Hughes (1945) sprechen sie hier auch von Ethnizität als »master status« –, zu der auch die Bewertung entlang anderer Kategorien stets in Relation gesetzt wird: So erfahren »[b]estimmte Ausprägungen vertikaler Ungleichheiten […] erst dann eine negative Bewertung, wenn sie mit gewissen ethnischen Gruppen verbunden werden« (Sutterlüty/Neckel/Walter 2008). Beispiel dafür ist der ökonomisch erfolgreiche türkische Migrant, der als ›dubioser Geschäftemacher‹ diskreditiert wird. Ähnliches lässt sich auch im Fall Alma Zadić beobachten: Denn während Migrationserfahrung, Ethnizität, Religion und Geschlecht als Grundlage für die Bewertung hervorgehoben werden, scheinen soziale Klasse und Bildung – als graduelle Klassifikationen – geradezu zu verschwinden. Kompetenz wird überlagert. Und an dieser Stelle kommen zusätzlich noch Klassifizierungen entlang des Flüchtlingsstatus' ins Spiel.

Das Flüchtlingskind

In Hinblick auf Alma Zadićs Fluchterfahrung lassen sich zwei grundlegende Narrative identifizieren:

10 https://www.krone.at/2215503, letzter Zugriff: 08.12.2020.

11 https://www.kleinezeitung.at/politik/innenpolitik/5856197/Freude-unbeschreiblich_Justizministerin-Alma-Zadic-wird-Mutter?offset=0&page=1#comments-container, letzter Zugriff: 08.12.2020.

Erstens, das Narrativ vom sozialen Aufstieg, welches etwa in Schlagzeilen wie »Vom Flüchtlingskind zur Justizministerin«[12] oder »Alma Zadic – das Flüchtlingsmädchen, das Justizministerin wird«[13] zum Ausdruck kommt. Diese Erzählung »beginnt« mit ihrem »Dasein« und »Sosein« als Flüchtlingskind. Der Flüchtlingsstatus drängt andere Facetten ihres Lebens in den Hintergrund – so etwa die Tatsache, dass Zadić aus einer Akademiker:innenfamilie stammt. Die Aufmerksamkeit wird auf die Bedürftigkeit gelenkt und dadurch eine Verortung in einer »unteren« Gesellschaftsschicht vorgenommen, von der aus dann der »soziale Aufstieg« – zur Justizministerin – bemessen wird.

Anstatt nun den Umstand zu problematisieren, dass mit der Fluchterfahrung oft eine enorme soziale Abwärtsmobilität einhergeht, beispielsweise aufgrund von beschränkten Zugängen zum Arbeitsmarkt oder von großen Barrieren bei der Anerkennung von Bildungstiteln, wird das Narrativ befördert, dass man, wenn man denn nur leistungsbereit genug ist, einen Aufstieg aus jeder Position in jede Position schaffen kann.

Beobachten lässt sich aber, zweitens, noch eine weitere Lesart, eine negative Klassifikation, die jenen Geflüchteten zuteilwird, die nicht wieder in »ihr« Land zurückkehren. In diesem Fall wird die Bildung und Alma Zadićs Leistung sehr wohl anerkannt, allerdings mit dem Etikett der »Verräterin« versehen, die in Österreich bleibt, anstatt ihr hier erworbenes Know-How in »ihr« Land zurückzubringen, wo es ja dringend nötig wäre. »Warum ist sie eigentlich, nachdem der Grund ihrer Flucht weggefallen war, nicht wieder in ihre alte Heimat zurückgekehrt? Dort hätte man jede Hilfe, speziell von besonders begabten Personen, dringend nötig gehabt!« Oder: »Sie hätte auch in Bosnien Politikerin werden können!«[14] Ähnlich dazu verhält sich ein Deutungsmuster, das sich gegen das oben skizzierte Narrativ des sozialen Aufstiegs eines Flüchtlingskindes (trotz widriger Umstände) richtet, zumindest solange nicht die Leistungen der »Alteingesessenen« ebenso gewürdigt werden: »Auch unsere Großeltern und Eltern hatten es schwer in Kriegszeiten, leider aber keine Möglichkeit zu flüchten. Sie haben Österreich durch harte Arbeit zu dem aufgebaut, was es heute ist. Auch das sollte einmal gewürdigt werden!«[15]

---

12 https://apps.derstandard.de/privacywall/story/2000112828299/alma-zadic-vom-fluechtlingskind-zur-justizministerin, letzter Zugriff: 08.12.2020.

13 https://www.tagesspiegel.de/themen/reportage/neue-regierung-in-oesterreich-alma-zadic-das-fluechtlingsmaedchen-das-justizministerin-wurde/25393688.html, letzter Zugriff: 08.12.2020.

14 https://www.krone.at/2076670, letzter Zugriff: 08.12.2020.

15 https://www.derstandard.at/story/2000112828299/alma-zadic-vom-fluechtlingskind-zur-justizministerin, letzter Zugriff: 08.12.2020.

Um/Brüche symbolischer Ordnungen

Neben *face-to-face* Interaktionen in Familie, Freundeskreis und am Arbeitsplatz oder dem Austausch am Wirtshausstammtisch zählen heute sicher auch die sozialen Medien zu jenen inoffiziellen Sphären der alltäglichen Lebenswelt, in denen Klassifikationen vorgenommen, symbolische Grenzen gezogen und damit Zugehörigkeiten ausgehandelt werden. Anhand von Zuschreibungen, die an Alma Zadić im Zuge ihrer Angelobung als österreichische Justizministerin gerichtet waren, haben wir gezeigt, wie entlang der Kategorien Herkunft, Religion und Geschlecht Abwertungen auf der Grundlage von imaginierten sozialen Gruppen – Migrant:innen, Geflüchteten, Bosnier:innen, Muslim:innen oder Frauen – vorgenommen werden. Damit vergewissert sich die Gruppe der Etablierten (Österreicher:innen) ihrer eigenen Zugehörigkeiten, zugleich werden Grenzen dieser Zugehörigkeiten festgelegt und mit mehr oder weniger klar definierten Kriterien versehen. Zum Ausdruck kommt darin eine Verteidigung der etablierten Ordnung, die durch Stellenbesetzungen wie die von Alma Zadić offensichtlich brüchig zu werden droht. Auf diese Funktion negativer Klassifikationen weisen Neckel und Sutterlüty (2010: 218f.) hin:

»Zum Ausgangspunkt negativer Klassifikationen gegen Aufsteiger aus ethnischen Minderheiten wird somit das partielle Bröckeln einer lange zementierten ›Etablierten-Außenseiter-Figuration‹.«

Zugleich bergen diese Klassifikationskämpfe rund um Alma Zadić auch ein Potenzial, zumal damit etwas zur Verhandlung gebracht wird, was sonst im Verborgenen bliebe. Evoziert werden auch Gegendiskurse und damit grundlegende Relativierungen und Zurückweisungen von negativen Klassifikationen, als Beispiel seien die vielen Solidaritätsbekundungen mit Zadić oder auch die Shitstorms, die den rechtspopulistischen Kritiker:innen Zadićs entgegenbliesen, genannt (die hier in diesem Beitrag ausgespart wurden). Dies darf allerdings nicht darüber hinwegtäuschen, dass die Fronten nicht so klar verlaufen: Dieser Wettbewerb um die legitime Weltsicht ist komplexer als es im ersten Moment scheint. Das wird vor allem dort deutlich, wo die sich als besonders weltoffen und tolerant wähnenden Fürsprecher:innen Zadićs ausrücken, um deren Kritiker:innen demonstrativ zu maßregeln und Zadić als Ministerin zu verteidigen. Verteidigt wird dabei auch die eigene symbolische Ordnung, in der Weltoffenheit das kulturelle Substrat zur Demonstration sozialer Überlegenheit bildet, während gegenüber denjenigen, denen diese Weltoffenheit abgesprochen wird, mit negativen Klassifikationen nicht gespart wird (Neckel 2018; Parzer 2018; Parzer 2010).

Letztendlich sind die wohlwollenden Kosmopolit:innen, die für Zadić das Wort ergreifen, selbst nicht davor gefeit, der Herkunft als Masterstatus eine dominierende Rolle in der Einschätzung von Zadićs Qualitäten beizumessen. Nicht selten wird gerade in den besonders wohlwollenden Diskursbeiträgen Zadićs Herkunft herausgestellt und damit eine ethnische Grenze gezogen; wenn zum Beispiel Alma Zadićs Herkunft als Ausweis ihrer Qualität und Besonderheit betont wird. Die Darstellung von Alma Zadićs Weg »vom Flüchtlingskind zur Ministerin« streicht hervor, dass es sich dabei um eine (eigentlich denkunmögliche) Ausnahme handelt, die, wenn nicht dem Zufall, dann der individuellen Beharrlichkeit Zadićs selbst zu verdanken ist. Dies wiederum verweist letztendlich darauf, wie tief verankert und wie persistent unsere Vorstellungen von symbolischer Ordnung sind.

Literatur

Barth, Fredrik (1969): *Ethnic Groups and Boundaries. The Social Organization of Culture Difference*. Oslo: Waveland Press.

Berger, Peter A. (1989): »Ungleichheitssemantiken: graduelle Unterschiede und kategoriale Exklusivität«, in: Hans-Joachim Hoffmann-Nowotny/Deutsche Gesellschaft für Soziologie/Deutscher Soziologentag/u. a. (Hg.), *Kultur und Gesellschaft*, gemeinsamer Kongress der Deutschen, der Österreichischen und der Schweizerischen Gesellschaft für Soziologie, Zürich 1988; Beiträge der Forschungskomitees, Sektionen und Ad-hoc-Gruppen. Zürich, S. 606–608.

Bourdieu, Pierre (1987): *Die feinen Unterschiede: Kritik der gesellschaftlichen Urteilskraft*. Frankfurt a. M.: Suhrkamp.

Brubaker, Rogers/Loveman, Mara/Stamatov, Peter (2004): »Ethnicity as cognition«, in: *Theory and Society* 33(1), S. 31–64, letzter Zugriff: 29.10.2018, http://link.springer.com/10.1023/B:RYSO.0000021405.18890.63.

Elias, Norbert/Scotson, John L. (1990): *Etablierte und Außenseiter*. Frankfurt a. M.: Suhrkamp.

Gil-White, Francisco J. (2001): »Are Ethnic Groups Biological ›Species‹ to the Human Brain? Essentialism in Our Cognition of Some Social Categories«, in: *Current Anthropology* 42(4), S. 515–553, letzter Zugriff: 28.06.2012, http://www.jstor.org/stable/10.1086/321802.

Hirschfeld, Lawrence A. (1996): *Race in the Making. Cognition, Culture, and the Child's Construction of Human Kinds*. Cambridge: MIT Press.

Hughes, Everett Cherrington (1945): »Dilemmas and Contradictions of Status«, in: *American Journal of Sociology* 50(5), S. 353–359, letzter Zugriff: 07.12.2020, https://www.journals.uchicago.edu/doi/10.1086/219652.

Krasny, Elke (2015): »Hybride Manifestationen. Ottakringer Straße: Balkanmeile«, in: Wolf-Dietrich Bukow/Erol Yildiz/Marc Hill (Hg.), *Nach der Migration: postmigrantische Perspektiven jenseits der Parallelgesellschaft*. Bielefeld: transcript, S. 125–136.

Lamont, Michèle (1992): *Money, Morals, and Manners: The Culture of the French and the American Upper-Middle Class*. Chicago: University of Chicago Press.

Lamont, Michèle (2000): *The dignity of working men: morality and the boundaries of race, class, and immigration*. New York/Cambridge: Harvard University Press.

Lamont, Michèle/Molnár, Virág (2002): »The Study of Boundaries in the Social Sciences«, in: *Annual Review of Sociology* 28(1), S. 167–195, letzter Zugriff: 29.05.2012, http://www.annualreviews.org/doi/abs/10.1146/annurev.soc.28.110601.141107.

Mannheim, Karl (1980): *Strukturen des Denkens*. Frankfurt a. M.: Suhrkamp.

Merton, Robert K. (1949): »Patterns of Influence: Local and Cosmopolitan Influential«, in: Paul Felix Lazarsfeld/Frank Stanton (Hg.), *Communications research*, 1948–1949. New York: Harper, S. 180–219.

Mijić, Ana (2020a): »Identity, ethnic boundaries, and collective victimhood: analysing strategies of self-victimisation in postwar Bosnia-Herzegovina«, in: *Identities*, S. 1–20, letzter Zugriff: 22.04.2020, https://www.tandfonline.com/doi/full/10.1080/1070289X.2020.1748348.

Mijić, Ana (2020b): »Together divided–divided together: Intersections of symbolic boundaries in the context of ex-Yugoslavian immigrant communities in Vienna«, in: *Ethnicities* 20, S. 1071–1092, letzter Zugriff: 24.11.2019, http://journals.sagepub.com/doi/10.1177/1468796819878202.

Mijić, Ana (2020c): »(Non-)Belonging in the Context of War and Migration: Reconstructing the Self-Examinations of a 1.5 Generation Refugee«, in: Eva Bahl/Johannes Becker (Hg.), *Global Processes of Flight and Migration. The Explanatory Power of Case Studies. Göttinger Beiträge zur soziologischen Biographieforschung*. Göttingen: Göttingen University Press, S. 185–200.

Mijić, Ana/Parzer, Michael (2017): »›Symbolic Boundaries‹ als Konzept zur Analyse ethnischer und klassenspezifischer Ungleichheit in der Gegenwartsgesellschaft«, in: Stephan Lessenich (Hg.), *Geschlossene Gesellschaften*. Verhandlungen des 38. Kongresses der Deutschen Gesellschaft für Soziologie in Bamberg 2016.

Müller, Marion (2007): »Ethnizität«, in: Rainer Schützeichel (Hg.), *Handbuch Wissenssoziologie und Wissensforschung*. Konstanz: UVK, S. 512–520.

Neckel, Sighard (2003): »Kampf um Zugehörigkeit. Die Macht der Klassifikation«, in: *Leviathan* 31(4), S. 159–167.

Neckel, Sighard (2018): »Inklusive Exklusion. Soziale Abgrenzung im Milieu der globalen Finanzklasse«, in: *WestEnd. Neue Zeitschrift für Sozialforschung* 15(1), S. 109–118.

Neckel, Sighard/Sutterlüty, Ferdinand (2008): »Negative Klassifikationen und die symbolische Ordnung sozialer Ungleichheit«, in: Sighard Neckel/Hans-Georg Soeffner (Hg.), *Mittendrin im Abseits. Ethnische Gruppenbeziehungen im lokalen Kontext*. Wiesbaden: Springer VS, S. 15–25.

Neckel, Sighard/Sutterlüty, Ferdinand (2010): »Negative Klassifikationen und ethnische Ungleichheit«, in: Marion Müller/Dariuš Zifonun (Hg.), *Ethnowissen. Soziologische Beiträge zu ethnischer Differenzierung und Migration*. Wiesbaden: Springer VS, S. 217–235.

Parzer, Michael (2010): »Leben mit Pop. Kulturelle Allesfresser im Netzwerkkapitalismus«, in: Sighard Neckel (Hg.), *Kapitalistischer Realismus: von der Kunstaktion zur Gesellschaftskritik*. Frankfurt a. M./New York: Campus, S. 165–183.

Parzer, Michael (2018): »Offenheit als kulturelles Kapital. Kosmopolitischer Konsum in migrantischen Ökonomien«, in: Jennifer Carvill Schellenbacher/Julia Dahlvik/Heinz

Faßmann/Christoph Reinprecht (Hg.), *Migration und Integration – wissenschaftliche Perspektiven aus Österreich*. Göttingen: V&R unipress, S. 271–288.

Sachweh, Patrick (2013): »Symbolische Grenzziehungen und subjektorientierte Sozialstrukturanalyse. Eine empirische Untersuchung aus einer Mixed-Methods-Perspektive«, in: *Zeitschrift für Soziologie* 42(1), S. 7–27.

Sachweh, Patrick/Lenz, Sarah (2018): »›Maß und Mitte‹ – Symbolische Grenzziehungen in der unteren Mittelschicht«, in: *Kölner Zeitschrift für Soziologie und Sozialpsychologie* 70(3), S. 361–389, letzter Zugriff: 07.12.2020, http://link.springer.com/10.1007/s11577-018-0557-3.

Sutterlüty, Ferdinand (2010): *In Sippenhaft. Negative Klassifikationen in ethnischen Konflikten*. Frankfurt a. M./New York: Campus.

Sutterlüty, Ferdinand/Neckel, Sighard/Walter, Ina (2008): »Klassifikationen im Kampf um Abgrenzung und Zugehörigkeit«, in: Sighard Neckel/Hans-Georg Soeffner (Hg.), *Mittendrin im Abseits. Ethnische Gruppenbeziehungen im lokalen Kontext*. Wiesbaden: Springer VS, S. 27–89.

Swidler, Ann (1986): »Culture in Action: Symbols and Strategies«, in: *American Sociological Review* 51(2), S. 273–286, letzter Zugriff: 06.01.2017, http://www.jstor.org/stable/2095521.

Todorova, Maria (2009): *Imagining the Balkans*. New York: Oxford University Press.

Wimmer, Andreas (2008): »The Making and Unmaking of Ethnic Boundaries: A Multilevel Process Theory«, in: *American Journal of Sociology* 113(4), S. 970–1022.

Wimmer, Andreas (2010): »Ethnische Grenzziehungen: Eine prozessorientierte Mehrebenentheorie«, in: Marion Müller/Dariuš Zifonun (Hg.), *Ethnowissen. Soziologische Beiträge zu ethnischer Differenzierung und Migration*. Wiesbaden: Springer VS, S. 99–152.

Wimmer, Andreas (2013): *Ethnic Boundary Making: Institutions, Power, Networks*. New York: Oxford University Press.

Žižek, Slavoj (1996): »Underground, or Ethnic Cleansing as a Continuation of Poetry by Other Means«, in: *InterCommunication* 18, letzter Zugriff: 08.12.2012, http://www.ntticc.or.jp/pub/ic_mag/ic018/intercity/zizek_E.html.

Die globale Finanzklasse in der Krise

Lukas Hofstätter und Marco Hohmann

Infolge der globalen Coronapandemie kam es im März 2020 zu einem der größten Börsencrashs seit der Lehman-Pleite und der darauffolgenden Banken- und Finanzkrise von 2007/08. Noch im selben Monat teilte der australische Premierminister Scott Morrison seinen Landsleuten mit, dass man mit Ausmaßen ähnlich derer der Great Depression von 1929 zu rechnen habe (News.com.au 2020). Tatsächlich schrumpfte die australische Wirtschaft in den folgenden Monaten um etwa 4,5 Prozent, während der Euro-Raum eine Rezession von etwa 7,9 Prozent erlebte (OECD 2020: 2). Anfang September 2020 überschritt der Dow-Jones-Index dann wieder eine Marke von 29.000 Punkten. Die Finanzmärkte schienen sich innerhalb eines halben Jahres von dem Schock im März erholt zu haben. Allein innerhalb des ersten halben Jahres nach dem Ausbruch der Pandemie stieg der Gesamtwert des Vermögens US-amerikanischer Dollarmilliardäre um geschätzte 637 Milliarden US-Dollar (Woods 2020). Im selben Zeitraum reichten derweil mehr als 40 Millionen US-Amerikanerinnen und Amerikaner ihre Erklärung zur Arbeitslosigkeit ein, viele kleine und mittelständische Betriebe (vor allem der verarbeitenden Industrie) meldeten Konkurs an (ebd.). Die Finanzmärkte profitierten von den Auswirkungen der Krise und die Realwirtschaft erlebte den schlimmsten ökonomischen Schock, den man sich zu Friedenszeiten vorstellen konnte (Flassbek 2020).

Diese Umverteilung nach Oben ist kein Sonderfall der Coronapandemie, sondern folgt einem typischen wirtschaftspolitischen Muster im Umgang mit Finanzkrisen: Während die Risiken und Folgen finanzwirtschaftlicher Geschäftsoperationen zunehmend vergesellschaftlicht werden, kehrt die Finanzbranche nach einem Crash meist schnell zu einem *business as usual* zurück. Keiner der kleineren oder größeren Finanzcrashs seit den 1980er Jahren hat das neoliberale Projekt als solches infrage gestellt, sondern es vielmehr gestärkt (Renduelez 2017). Finanzdienstleister und Banken verweisen wiederholt auf ihre zentrale Rolle im Weltwirtschaftssystem, die sie wahlweise als »systemrelevant«, »too big to fail«, oder als geniale Risikomanager erscheinen lässt. Bemerkenswert ist diese verantwortungsträchtige Rolle, die sich die Finanzindustrie im Übrigen nicht nur selbst zuschreibt, insofern, als dass es sich bei dem Großteil jener Börsencrashs um endogen verursachte Krisen handelt – um

Krisen also, die als direkte Folge spezifischer und oftmals fragwürdiger Geschäfts- und Handelspraktiken an Finanzmärkten entstehen. Nicht zuletzt am Beispiel des Cum-Ex-Skandals zeigte sich, dass »Betrug im Finanzsektor zu einem allgemeinen Geschäftsmodell geworden ist« (Windolf 2019: 285).

Eine vor allem nach der Finanzkrise 2007/08 vielfach bemühte Erklärung für die Krisenanfälligkeit des Finanzmarkthandelns bestand in dem Verweis auf die ungebändigte Gier der Banker. Dass es sich hierbei nicht um einige problematische Einzelfälle handelt, sondern um einen »Strukturwandel von Handlungsorientierungen«, der das Finanzwesen als solches betrifft, war eine wichtige soziologische Erkenntnis, die Sighard Neckel (2011: 49) bereits kurz nach der Lehman-Pleite herausgearbeitet hat. Im selben Aufsatz verweist er jedoch auch auf die Gefahr objektivistischer und rationalistischer Verkürzungen wirtschaftlicher Prozesse, die nach einem in der Ökonomie beheimateten »Trugbild« funktionierten, wonach »auf den Märkten im Prinzip alles nach anonymen Sachgesetzen« verläuft (ebd.: 42). In den quasi-naturwissenschaftlichen Beschreibungen wirtschaftlicher Vorgänge in der Ökonomie gerät die Rolle der sozialen Akteure immer mehr aus dem Blick.

Financial Professionals als eine neue soziale Klasse

Die Akteure des Finanzwesens sollten in einer folgenden Untersuchung im Mittelpunkt der Forschung stehen. Denn sie sind es, die mit ihrem professionellen Handeln erst die globalen ökonomischen Dynamiken der Finanzmärkte hervorbringen. Märkte bedürfen stets einer sozialen Einbettung. Insbesondere gilt dies für den Fall abstrakter und hochtechnisierter Finanzmärkte. Denn stabile Marktinteraktionen lassen sich nur über gemeinsame Kultur- und Wissenshorizonte sowie über institutionelle Rahmenbedingungen herstellen (Zukin/DiMaggio 1990). In einer international vergleichenden Studie an den Finanzplätzen Frankfurt am Main und Sydney, die wir in den Jahren 2014 bis 2017 gemeinsam durchgeführt haben, konnten wir ausweisen, dass die soziale Einbettung von Finanzmärkten ganz wesentlich von einem neuartigen, globalen Klassenbildungsprozess getragen wird (Neckel u. a. 2018).

Financial Professionals, die etwa als Investmentbanker, Trader, Analysten, Broker oder Fondsmanager alltäglich auf den globalen Finanzmärkten miteinander in Beziehung treten, formieren sich zu einer neuen sozialen Klasse: die globale Finanzklasse. Die weltumspannenden Verbindungen zwischen den Akteuren entstehen dabei einerseits als *face-to-screen*-Interaktion in einem virtuell aufgespannten Netz globaler Mikrostrukturen (Knorr Cetina/Brügger 2005). Andererseits ist der hoch technisierte Handel an Finanzmärkten jedoch keine rein technologisch determinierte Angelegenheit, sondern ein Hybrid aus technologisch gesteuerten Interaktionen und lokalen Beziehungsstrukturen (Beunza 2019; Lenz 2020). Marktspezifische Informationen und deren Interpretation tauschen die Akteure nicht nur im virtuellen Raum globaler Telekommunikationskanäle aus, vielmehr stehen Financial Professionals in einem stetigen persönlichen Kontakt auch über Firmengrenzen hinweg. Lokale Beziehungsstrukturen, die nur durch eine unmittelbare physische Anwesenheit aller Akteure möglich sind, werden auf diesem Weg in globale Informationsflüsse und Firmenstrukturen integriert.

Die Finanzbranche ist eine beispiellos globalisierte und zugleich hochgradig standardisierte Industrie. Die zunehmende Beschleunigung von Handlungsabläufen erfordert Reaktionen in Sekundenbruchteilen und damit auch ein hohes Maß an Konformität. Die transnationalisierte Berufspraxis des Feldes wird neben internationalem Informationsaustausch auch durch global vereinheitlichte Ausbildungsprogramme (z. B. spezialisierte MBA-Abschlüsse) und Berufszertifikate (z. B. Certified Financial Analyst) gewährleistet. Diese werden von privaten Institutionen aus dem Feld selbst vergeben und haben sich von nationalstaatlich geprägten Bildungssystemen weitgehend abgelöst.

Geteilte Wahrnehmungs-, Denk- und Handlungsschemata ergeben sich, als globale kulturelle Muster, zudem aus einer gemeinsamen Praxis in den Sozialräumen der Finanzplätze, die sich weltweit immer stärker angleichen. Die Bekleidungsnormen der Branche werden von den Finanzakteuren genauestens befolgt und reichen je nach Hierarchieebene des Feldes von den aufgeknöpften untersten Knöpfen am Sakkoärmel des Maßanzugs bis zu exzentrischen Socken und den auf Hochglanz polierten Schuhen. Als weitere Accessoires und Statusmarker gelten Autoschlüssel, die bei Meetings auf dem Tisch platziert werden, ebenso wie Uhren, das neueste iPhone und nicht weniger das richtige Aftershave und der passende Haarschnitt. »Dressed for success« – so beschrieb ein Derivatehändler in einem unserer Interviews die Botschaft, die sich in einem solchen Auftreten formuliert. Man hält sich aber nicht nur penibel an den Dresscode der Branche, sondern ist auch gesund und durchtrainiert. Der gesamte Körper der Financial Professionals wird zur Repräsentationsfläche ihres Unternehmens. Nicht zufällig gehören daher auch 24-Stunden-Fitnesstudios zur Grundausstattung globaler Finanzdistrikte. Neben der auffälligen Selbstrepräsentation sind ein branchentypischer Jargon, typische Körperhaltungen und Gesten tief in der Lebenswelt von Financial Professionals verankert. So entsteht eine enge, primär auf Effizienz und Gewinnstreben ausgerichtete Business-Praxis mit einer reibungslosen Kommunikation, innerhalb derer sich alle Beteiligten problemlos als Gleiche erkennen.

Eine symbolisch-repräsentative Funktion erfüllen nicht minder die Hochhausbauten, in denen sich die Finanzbranche sowohl in Frankfurt als auch in Sydney in den besten Innenstadtadressen eingerichtet hat. Die Financial Districts, die sich auf diese Weise herausgebildet haben, erscheinen als eine makellos saubere Zone der Hypermoderne und der Geschäftigkeit. Hier dominieren Symbole der Größe – Türme etwa aus glatten, glänzenden Flächen, aus Glas, Stahl und Beton –, in denen der gesellschaftliche Führungsanspruch der Finanzindustrie zum Ausdruck kommt. Flankiert wird diese Symbolsprache von modernen Kunstwerken, in denen die Branche sich zugleich in einem progressiven Gestus künstlerischer Offenheit übt und die sich oftmals in den Erdgeschossen und Foyers der Firmen-Headquarter finden.

Die Lebenswelt der globalen Finanzklasse beschränkt sich aber nicht auf Trading Floors oder Bürotürme, ebenso wenig wie der Arbeitsalltag der Finanzakteure nach dem Verlassen jener Gebäude endet. Die kulturellen Präferenzen des Finanzmilieus prägen die Sozialräume globaler Finanzplätze und werden sichtbar in Pubs, Cafés, Restaurants und an öffentlichen Plätzen sowie in der Wahl bestimmter Wohngegenden. So finden sich in den Finanzdistrikten und den daran angrenzenden Stadtteilen globaler Finanzplätze After Work Bars, die sich konkret an der Zielgruppe nahegelegener Banken orientierten. Nach Feierabend versammelt sich hier eine weitgehend homogene Szene, die eine durch ihre Arbeitsrhythmen geprägte Atmosphäre verstrahlt und in der sich berufliche Hierarchien und Umgangsformen reproduzieren. Hier wird nicht einfach gefeiert, vielmehr wird die Geschäftswelt der Branche in den Bars und im Nachtleben globaler Finanzzentren symbolisch verdoppelt. So entsteht eine semi-exklusive Zone weitgehend vereinheitlichter kultureller Muster, die speziell den Novizen des Feldes die Gelegenheit bietet, sich einzupassen und den eigenen Marktwert auszuloten.

Sichtbar heben sich von jenen Orten andere städtische Zonen in den globalen Finanzmetropolen ab, die nicht durch Exklusivität oder symbolische Repräsentationen der Finanzklasse, sondern gerade durch besondere Formen der Diversität gekennzeichnet sind. Für die Finanzklasse sind aber auch solche Orte von Interesse, weil sich hier die Möglichkeit zur Aneignung anderer und neuer kultureller Geschmäcker bietet. In den Sozialräumen der Durchlässigkeit begegnen uns die Financial Professionals als »kulturelle Allesfresser« (Neckel u. a. 2018: 213; Parzer 2010; Peterson/Kern 1996). In diesen Zonen des Übergangs findet eine »soziale Osmose« statt, die Financial Professionals verschmelzen situativ mit fremden und teils widerspenstigen Milieus (Neckel u. a. 2018: 215). Die Finanzklasse orientiert sich kulturell also nicht nur an der exklusiven Welt einer Upperclass, sondern ist auch im Frankfurter Bahnhofsviertel beim Feierabendbier vor der Trinkhalle anzutreffen, die mit ihrer proletarischen Atmosphäre für Banker einen Eventcharakter hat. In dieser demonstrativen Offenheit und Experimentierfreude der Finanzklasse lässt sich eine neue Form des sozialen Ausschlusses erkennen, die wir als »inklusive Exklusion« bezeichnen (ebd.: 224). In der Unbefangenheit, mit der die Professionals aus dem Finanzwesen an den kulturellen Präferenzen anderer sozialer Milieus teilhaben, wird ein Überlegenheitsanspruch gegenüber jenen sozialen Gruppen deutlich, die zu einer solchen Integration des kulturell Fremden in die eigene Praxis weniger in der Lage sind.

Rückzug in die Exklusivität

Die Wirksamkeit dieser kulturellen Praxis wurde besonders sichtbar, als nach dem Tod George Floyds Ende Mai 2020 in den USA Massenproteste der Black-Lives-Matter-Bewegung ausbrachen und sich sämtliche CEOs von Goldmann Sachs, der Citigroup und anderen Investmenthäusern innerhalb kürzester Zeit auf die Seite der Proteste stellten. Die Finanzindustrie grenzt sich damit von den konservativen und national orientierten Eliten ab und inszeniert sich öffentlichkeitswirksam als eine progressive gesellschaftliche Kraft – auch wenn die gelebte Realität brancheninterm anders aussieht[1]. Nancy Fraser (2017) erkennt in diesem Einsatz der Tech-, Kultur- und Finanzindustrie für Diversity und Empowerment eine »perverse politische Konfiguration«, in der sich das Charisma progressiver Bewegungen mit dem Profitstreben mächtiger ökonomischer Akteure vermischt. Die letzten drei Dekaden lassen sich Fraser zufolge daher auch als die Ära des »progressiven Neoliberalismus« beschreiben. Während die genannten Akteure Maßnahmen und Kampagnen gegen Diskriminierungen durch Rasse, Religion und Geschlecht unterstützen, bleiben die Grundfesten kapitalistischer Herrschaft unberührt. Das vermeintliche gesellschaftspolitische Engagement aus dem Silicon Valley, aus Hollywood oder von der Wall Street zielt, laut Fraser, im Kern vor allem darauf, den Kapitalismus zu modernisieren, ihn flexibler und innovativer zu machen.

Das gesellschaftlich noch immer verbreitete Stereotyp der Finanzbranche als einer abgehobenen Parallelwelt, die die Bodenhaftung verloren hat, wurde in den letzten Jahrzehnten von einem Modus der sozialen und kulturellen Öffnung abgelöst. Diese »Social Proximity« und kulturelle Aufgeschlossenheit, mit der die Akteure aus dem Finanzwesen anderen gesellschaftlichen Gruppen begegnen, folgt aber weniger einem humanistischen Ideal als vielmehr einem zentralen Geschäftsmodell der Finanzklasse, nämlich bei der Finanzialisierung der Gesellschaft keine Grenzen der ökonomischen In-Wert-Setzung zu kennen. Güter und Praktiken, die noch außerhalb ihrer Verwertung stehen, sollen restlos in die finanzwirtschaftliche Wertschöpfung integriert werden.

1 In unserer Interviewstudie finden wir zahlreiche Passagen und Belege für ein durch Rassismus wie Sexismus geprägtes Arbeitsumfeld, in dem ein weißer, männlicher, mitunter aggressiver Typus als die durchsetzungsstarke Norm gelten kann.

In einer Zeit des »Social Distancings« werden der Kontakt und die Durchmischung mit anderen Milieus jedoch auf ein Minimum beschränkt. Die Pandemie drängt das städtische Leben der Financial Professionals in den globalen Finanzzentren daher zu einem Rückzug in die Räume der Exklusivität. Mehr denn je wird die Vorstellung von einer abgehobenen Parallelwelt der Finanzklasse zur sozialen Realität in der Krise. Im Homeoffice fallen zudem der direkte professionelle Austausch auf dem Trading Floor sowie der informelle Austausch – sei es beim Mittagessen in der City oder bei den in Sydney typischen Friday Drinks – weg. So wird die Finanzbranche zu einem immer abgeschlosseneren, »quasi-nuklearen Reaktionssystem«, das sich von anderen gesellschaftlichen Bereichen nur noch zunehmend entkoppelt (Knorr Cetina 2019: 376).

Dieser tendenzielle Rückzug der Finanzbranche in die Räume der Exklusivität hat auch Konsequenzen für die Sozialforschung. Zentrale Ergebnisse unserer Untersuchung ergaben sich nicht zuletzt aus der Analyse der kulturellen Muster der Financial Professionals in den jeweiligen urbanen Sozialräumen. Unsere ethnographische Feldforschung beschränkten wir nicht auf die Bürotürme der Finanzbranche, sondern untersuchten auch andere typische Treffpunkte der Financial Community und lauschten so etwa den Gesprächen in engen Lunch-Time-Restaurants oder im gedrängten Nachtleben der After-Work-Bars. Ein unerlässliches Requisit im Feld waren daher nicht nur Aufnahmegerät und Kamera. Während der intensiven Forschungen in Sydney, die wir als Team unternommen haben, war im Rucksack immer auch die schicke Abendkleidung dabei, ohne die wir uns nicht unauffällig in der Szene hätten bewegen können. Dokumentiert findet sich dies in einem Bild, das Sighard Neckel während unserer Erhebungsphase im Herbst 2015 in Sydney aufgenommen hat (Abb. 1). Nach einem langen Tag der Feldforschung betraten wir das »Establishment« in Sydney am frühen Abend, damit wir dort auf den Toiletten noch in unsere Abendgarderobe schlüpfen konnten (Stichwort: Dressed for success).

Die Forschungsergebnisse dieses Abends finden sich in unserem Buch – allerdings wurde Sighard Neckel, der das dokumentarische Bild unseres Forschungsteams gerne ebenfalls im Buch gehabt hätte, bei der gemeinsamen Bildauswahl seinerzeit 2:1 überstimmt. Neben dem nachholenden Beweis, dass wir damals tatsächlich vor Ort waren, soll das Foto aber nicht nur anekdotischen Zwecken dienen. An das Bild schließt, etwas pathetisch ausgedrückt, eine doppelte nostalgische Reminiszenz an. Denn einerseits war es eine wirklich schöne Zeit, die wir während unserer Forschung gemeinsam in Sydney verbracht haben, zum anderen steht das Foto stellvertretend für eine Forschungspraxis, die unter den aktuellen durch die Coronapandemie bedingten Einschränkungen des öffentlichen Lebens schlicht nicht durchzuführen ist.

Abb. 1: Innenansicht der Bar Establishment in Sydneys Financial District. Im Bild das Forschungsteam Global Financial Markets – Global Financial Class während der ersten Erhebungsphase im Herbst 2015 (von links nach rechts: Lukas Hofstätter, Conny Petzold, Verena Sczech, Marco Hohmann), Foto: Sighard Neckel.

Literatur

Beunza, Daniel (2019): *Taking the floor. Models, morals, and management in a Wall Street trading room*. Princeton: Princeton University Press.

Flassbeck, Heiner (2020): »Der Klimawandel und die Ökonomen«, in: *Makroskop*, 08.09.2020, letzter Zugriff: 28.09.2020, https://makroskop.eu/der-klimawandel-und-die-okonomen/.

Fraser, Nancy (2017): »Für eine neue Linke oder: Das Ende des progressiven Neoliberalismus«, in: *Blätter*, Februar 2017, letzter Zugriff: 14.10.2020, https://www.blaetter.de/ausgabe/2017/februar/fuer-eine-neue-linke-oder-das-ende-des-progressiven-neoliberalismus.

Knorr-Cetina, Karin (2019): »Was ist ein Finanzmarkt? Vom Ticker zum Algorithmus«, in: Bernd Scherer/Olga von Schubert/Stefan Aue (Hg.), *Wörterbuch der Gegenwart*. Berlin: Matthes & Seitz, S. 368–377.

Knorr Cetina, Karin/Brügger, Urs (2005): »Globale Mikrostrukturen der Weltgesellschaft. Die virtuellen Gesellschaften von Finanzmärkten«, in: Paul Windolf (Hg.), *Finanz-*

markt-Kapitalismus. Analysen zum Wandel von Produktionsregimen (KZfSS Sonderheft 45). Wiesbaden: Springer VS, S. 145–171.

Lenz, Sarah (2020): »Review. Daniel Beunza. Taking the floor. Models, morals, and management in a Wall Street trading room«, in: *Economic Sociology* 21(3), S. 36–38.

Neckel, Sighard/Hofstätter, Lukas/Hohmann, Marco (2018): *Die globale Finanzklasse. Business, Karriere, Kultur in Frankfurt und Sydney*. Frankfurt a. M./New York: Campus.

Neckel, Sighard (2011): »Der Gefühlskapitalismus der Banken. Vom Ende der Gier als ›ruhiger Leidenschaft‹«, in: *Leviathan* 39(1), S. 39–53.

News.com.au (2020): »Scott Morrison says ›there is hope‹ for australia despite economic downturn and coronavirus crisis«, in: *News.com.au*, 25.06.2020, letzter Zugriff: 30.10.2020, https://www.news.com.au/entertainment/tv/current-affairs/scott-morrison-says-there-is-hope-for-australia-despite-economic-downturn-and-coronavirus-crisis/news-story/b7432d68b4dbadf7c4c843a6df79dfe4.

OECD (2020): *OECD Economic Outlook, Interim Report September 2020*, letzter Zugriff: 28.10.2020, http://www.oecd.org/economic-outlook.

Parzer, Michael (2010): »Leben mit Pop. Kulturelle Allesfresser im Netzwerkkapitalismus«, in: Sighard Neckel (Hg.), *Kapitalistischer Realismus. Von der Kunstaktion zur Gesellschaftskritik*. Frankfurt a. M./New York: Campus, S. 165–183.

Peterson, Richard A./Kern, Roger M. (1996): »Changing highbrow taste: From snob to omnivore«, in: *American Sociological Review* 61(1), S. 900–907.

Renduelez, César (2017): »Globale Regression und postkapitalistische Gegenbewegungen«, in: Heinrich Geiselberger (Hg.), *Die große Regression: Eine internationale Debatte über die geistige Situation unserer Zeit*. Berlin: Suhrkamp, S. 233–252.

Windolf, Paul (2019): »Einzelbesprechung Wirtschaft: Sighard Neckel/Lukas Hofstätter/Marco Hohmann, Die globale Finanzklasse. Business Karriere, Kultur in Frankfurt und Sydney«, in: *Soziologische Revue* 42(2), S. 282–286.

Woods, Hiatt (2020): »How billionaires got $637 billion richer during the coronavirus pandemic«, in: *Business Insider Australia*, 03.08.2020, letzter Zugriff: 30.10.2020, https://www.businessinsider.com.au/billionaires-net-worth-increases-coronavirus-pandemic-2020-7?r=US&IR=T%20%5bzuletzt%20aufgerufen%20am%2025.%20September%202020%5d;%20vgl.%20https://www.nytimes.com/2020/05/28/business/unemployment-stock-market-coronavirus.html.

Zukin, Sharon/DiMaggio, Paul (1990): »Introduction«, in: Dies. (Hg.), *Structures of Capital. The Social Organization of the Economy*. Cambridge/New York: Cambridge University Press, S. 1–37.

Kapitalismus und Distinktion. Über eine Gesellschaftsordnung und ihr Persönlichkeitsideal

Hans-Peter Müller

Der Kapitalismus ist für den Menschen wie gemacht. Die menschliche Natur, wenn man eine gewisse Konstanz über die Menschheitsgeschichte großzügig voraussetzt, was uns die Anthropologie neben der Bildsamkeit des Menschen lehrt, wird perfekt bedient. Triebe, Bedürfnisse und Wünsche nach deren Befriedigung, nach Erfolg und nach Anerkennung gehen häufig genug in Erfüllung, was man von wenigen anderen bekannten Wirtschafts- und Sozialsystemen so ohne Weiteres sagen kann. Zugleich ist der Kapitalismus selbst eine Wunschmaschine, die spielend leicht Bedürfnisse generiert und uns suggeriert, die wir vorher gar nicht hatten. So sorgt seine Dynamik unaufhaltsam für Wachstum und Wohlstand, wenn auch auf strikt inegalitärer Grundlage (Röcke u. a. 2019).

Die berühmteste Erfolgsgeschichte zu seiner Genealogie stammt von Max Weber (1972 [1921]). Seine Protestantismus-These leitete diese Wirtschaftsweise aus der Religion ab, was auch heute noch recht kühn erscheint. Kühner war nur noch Walter Benjamin (1991 [1921]), der gleich »Kapitalismus als Religion« ansah. Die kühlere Variante stammte von seinem Lehrer Georg Simmel (1989 [1900]), denn seine Philosophie des Geldes zeigt, was es heißt, in einer rein geldvermittelten und insofern durch und durch kommerziellen Gesellschaft zu leben. Selbst die Puritaner, die nach einer rein religiösen Lebensführung strebten, die ihnen einen Platz im Himmel ermöglichen sollte, durften sich trotz Konsum- und Protzverbot einen gewissen *comfort* und eine arbeitserleichternde *convenience* erlauben. Ohne Fleiß kein Preis, aber der war eben ein zufriedenstellendes Leben, in dem die Ängste vor dem Jenseits – Seelenheil ja oder nein – durch den Berufserfolg im Diesseits offenkundig beruhigend stillgestellt werden konnten. Dieses Modell der Lebensführung, effiziente Produktion mit wachsendem Technikeinsatz ohne übermäßigen Konsum, erlaubte die »primitive Akkumulation von Kapital« (Marx 1973 [1867]) und wurde so erfolgreich, dass es vom Rest der Gesellschaft mimetisch adaptiert wurde. Das sollte die Geburtsstunde der Leistungsgesellschaft (McClelland 1961) werden. Die Menschen leisteten immer mehr und konnten sich somit auch immer mehr leisten. Könige und Fürsten der Vergangenheit hätten wohl gestaunt über die technische und apparative Ausstattung eines durchschnittlichen Haushaltes im wohlhabenden Teil der Welt. Mancher Sozialhilfeempfänger lebt heute besser und sicherer als ein verarmter Graf oder Baron im Mittelalter.

Daran ist der vielgescholtene Kapitalismus »schuld«, dessen Dynamik (Deutschmann 2008) so ungebrochen ist, dass er eine neue Gestalt und einen neuen Geist (Boltanski/Chiapello 2003) entwickeln kann, solange sich damit eben nur Geld verdienen lässt. Er ist dabei wenig zimperlich, wenn sich denn hypertrophe Profite nur in »strukturierter Verantwortungslosigkeit« (Honegger/Neckel/Magnin 2010) erzielen lassen. Kurz: Die Realität des Kapitalismus ist sein kapitalistischer Realismus (Neckel 2010), der alle Poren von Kultur und Lebensstil durchdringt und sich als Lebensform (Sachweh/Münnich 2017) geriert. Allerdings hat sich seine Dynamik in Zeiten der Globalisierung so sehr überschlagen, dass er auch daran »schuld« ist, wenn Mutter Erde seine Gewalt nicht mehr lange aushalten wird und die ökologischen Probleme heute noch größeres Gewicht bekommen haben als die klassischen ökonomischen Fragen ausreichender Versorgung und sozialer Ungleichheit. Das macht die Frage nach einer nachhaltigen Wirtschafts-, Gesellschafts- und Lebensweise (Neckel u. a. 2018) zum Schlüsselthema des 21. Jahrhunderts.

Nichtsdestotrotz hat der Kapitalismus auch die Individualisierung mittels Arbeitsteilung, beruflicher Differenzierung und kultureller Sozialisierung in einer Weise vorangetrieben, dass Freiheit und Individualität als kategorischer Imperativ der Selbstverwirklichung fast so etwas wie ein Menschen- und Bürgerrecht in reichen Gesellschaften geworden zu sein scheint. Wenn es nicht nur um das »Überleben«, sondern auch um das »gute Leben« geht, dann strebt der Mensch nach »Distinktion« (Bourdieu 1982; Müller 2014). Distinktion ist natürlich ein mehrdeutiger Begriff mit mindestens drei Bedeutungsfacetten. Erstens heißt es, einen Unterschied zu machen. »Nicht so wie meine Eltern« sagen pubertierende Jugendliche, um dann doch irgendwann in die bürgerlichen Fußstapfen ihrer Eltern zu treten. Distinktion ist Differenz. Zweitens geht es nicht nur darum einen Unterschied zu machen, sondern mit diesem Unterschied recht unverhohlen einen Anspruch zu formulieren. Meist geht es um das Besser-, Größer- oder Stärkersein gegenüber den Mitmenschen. Der Mensch ist ein Statuswesen (Neckel 1991; Turner 1988). Ist das vor allem bewusste Distinktion, so gibt es wohl, drittens, auch so etwas wie unbewusste Distinktion. Menschen in Führungspositionen, Film-, Sport- und Popstars, Kriegs- und Alltagshelden werden – nolens, volens – zum Vorbild, das auf Nachahmung stößt. So konnte selbst, etwas überraschend freilich, Königin Elisabeth – bekannt für ihre farblich mutigen Outfits – zur Modeikone der Gesellschaft von Ascot werden. Die Mode ist vielleicht, so Simmel (1996 [1911]), die Inkarnation von Imitation und Distinktion.

Der Kapitalismus bringt durch seine hegemoniale Gewalt als Wirtschafts- und Lebensweise seine eigene Menschenökonomie hervor. Die philosophische Anthropologie hat versucht, den modernen Menschen zu charakterisieren. »Der Mensch lebt nur, indem er ein Leben führt.« Das sagte zu Recht Helmut Plessner

(2003 [1928]: 384), um der exzentrischen Positionalität des Menschen den Weg zu weisen. Allein seine Bestimmungen mögen nicht ausreichen, um zu erklären, warum der Kapitalismus so kongenial zur Bedürfnisstruktur des Menschen passt. Georg Simmel, auf dessen Schultern auch Plessner steht, war da wohl schon etwas weiter. Es lohnt sich also, kurz in seinem voluminösen Werk nachzuschlagen, um seine eigene kleine und vollends unausgearbeitete philosophische Anthropologie (Müller/Reitz 2018) zu skizzieren. Es sind gleich fünf Bestimmungen, die sich dort finden lassen. Erstens: »Der Mensch ist das hungrige Wesen schlechthin. Nur das Tier ist satt, wenn es gegessen hat.« (Simmel 2005 [1906]: 435) Zweitens: Der Mensch ist ein »Unterschiedswesen«, denn seine Unterschiedsempfindlichkeit erlaubt ihm erst die Rangierung von Werten und Verhältnissen. »Nicht also die absolute Größe der Lebensreize empfinden wir, [...] sondern nur, mit welchen Unterschieden seine einzelnen Erfüllungen sich voneinander abheben.« (Ebd. 2005 [1897]: 359) Drittens: Der Mensch ist ein »Tauschwesen«, so demonstriert seine Philosophie des Geldes. Simmel ist überzeugt, »daß die Mehrzahl der Beziehungen von Menschen untereinander als Tausch gelten kann; er ist die zugleich reinste und gesteigertste Wechselwirkung, die ihrerseits das menschliche Leben ausmacht, sobald es einen Stoff und Inhalt gewinnen will« (ebd. 1989 [1900]: 59). Der Mensch ist ein »Grenzwesen«, das Grenzen schafft und auch wieder abschafft, also *boundary making* wie *boundary breaking* ist. Oder paradox ausgedrückt: »wir haben nach jeder Richtung hin eine Grenze, und wir haben nach keiner Richtung hin eine Grenze« (ebd. 1999 [1918]: 214). Fünftens: »Der Mensch [ist] das am wenigsten teleologische Wesen«, heißt es an gleicher Stelle in Simmels Lebensanschauung (ebd.: 250). Gerade die Tatsache, dass er »seiner Teleologie am wenigsten gewiß« ist, kann »man seine Freiheit nennen« (ebd.: 248). Kurz: »Der Mensch hat eine Existenzstufe erlangt, die über dem Zweck steht. Es ist sein eigentlicher Wert, daß er zwecklos handeln kann.« (Ebd.)

Was sagen uns diese fünf Bestimmungen zur »Natur« des Menschen? Wer immer Hunger hat, verlangt ständig nach Nahrung ohne finale Sättigung. Wer Unterschiede braucht, benötigt immer wieder neue Anregungen, Erregungen und Aufregungen, sonst droht die ewige Wiederkehr des Gleichen. Wer zusammenleben will, muss tauschen, sollte also geben, »Opfer« nennt es Simmel, um zu nehmen. Der Mensch ist ein Himmelsstürmer, der auf seinem vergeblichen Weg zu Gottgleichheit eine Grenze nach der anderen einreißt. Aber da er das endliche Tier mit gewaltigen Orientierungsproblemen ist, muss er auch immer wieder Grenzen ziehen, um sein Leben unbeschadet leben zu können. In seinem Streben ist der Mensch nicht festgestellt, sodass es nicht ein, sondern viele Ziele des Lebens geben kann, um eine erfüllte Lebensführung zu realisieren.

Das alles weiß der Kapitalismus und zieht dabei alle Register der Mechanismen modernen Zusammenlebens (Neckel u. a. 2010), weshalb es ihm immer wieder gelingt, das manisch-depressive Menschengeschlecht zu enthusiasmieren, aber auch zu frustrieren. Triebe, Bedürfnisse und Wünsche dürfen stets nur partiell befriedigt werden, um die Leute bei der Stange zu halten und sie auf ihrem krummen Weg zum Lebensende zu begleiten. Das Paradies auf Erden gibt es nicht, nur als Vorschein und chronisch uneingelöstes Versprechen. Größtmögliche Freiheit der Wahl und bemerkenswert variantenreiche Angebote zur Individualität bieten seine Massenkultur und sein Massenkonsum, aber auch die elitäre Kultur und der Spitzenkonsum als Luxus an. Der Kapitalismus ist ein veritabel breit aufgestellter Gemischtwarenladen, der für jeden und jede etwas im Angebot hat. »Distinktion für alle«, lautet sein Motto und das scheint ein wirkmächtigeres Versprechen zu sein als »Brüder, zur Sonne, zur Freiheit«. Der Kapitalismus ist »vergangene Zukunft« (Koselleck 1988) und wird vielleicht genau deshalb zur »zukünftigen Vergangenheit« gehören.

Alle diese Ideen und Gedanken kann man in der einen oder anderen Art in dem umfangreichen wie vielschichtigen Werk von Sighard Neckel finden, aus dem auch ich viel gelernt habe. Lieber Sighard, ich gratuliere Dir herzlich und sage: Weiter so ad multos annos!

Literatur

Benjamin, Walter (1991 [1921]): »Kapitalismus als Religion«, in: Ders., *Gesammelte Schriften*, Bd. 6, herausgegeben von Theodor W. Adorno, Hermann Schweppenhäuser und Gershom Scholem. Frankfurt a. M.: Suhrkamp, S. 100–103.

Boltanski, Luc/Chiapello, Ève (2003): *Der neue Geist des Kapitalismus*. Konstanz: UVK.

Bourdieu, Pierre (1982): *Die feinen Unterschiede. Kritik der gesellschaftlichen Urteilskraft*. Frankfurt a. M.: Suhrkamp.

Deutschmann, Christoph (2008): *Kapitalistische Dynamik. Eine gesellschaftstheoretische Perspektive*. Wiesbaden: Springer VS.

Honegger, Claudia/Neckel, Sighard/Magnin, Chantal (2010): *Strukturierte Verantwortungslosigkeit. Berichte aus der Bankenwelt*. Berlin: Suhrkamp.

Koselleck, Reinhart (1988): *Vergangene Zukunft. Zur Semantik geschichtlicher Zeiten*. Frankfurt a. M.: Suhrkamp.

Marx, Karl (1973 [1867]): *Das Kapital. Kritik der Politischen Ökonomie*, Bd. 1, MEW 23. Berlin: Dietz.

McClelland, David (1961): *The Achieving Society*. Princeton: Van Nostrand.

Müller, Hans-Peter (2014): *Pierre Bourdieu. Eine systematische Einführung*. Berlin: Suhrkamp.

Müller, Hans-Peter/Reitz, Tilman (Hg.) (2018): *Simmel-Handbuch. Begriffe, Hauptwerke, Aktualität*. Berlin: Suhrkamp.

Neckel, Sighard (1991): *Status und Scham. Zur symbolischen Reproduktion sozialer Ungleichheit*. Frankfurt a. M./New York: Campus.

Neckel, Sighard (Hg.) (2010): *Kapitalistischer Realismus. Von der Kunstaktion zur Gesellschaftskritik*. Frankfurt a. M./New York: Campus.

Neckel, Sighard/Mijic, Anja/von Scheve, Christian/Titton, Monica (Hg.) (2010): *Sternstunden der Soziologie. Wegweisende Theoriemodelle des soziologischen Denkens*. Frankfurt a. M./New York: Campus.

Neckel, Sighard u. a. (Hg.) (2018): *Die Gesellschaft der Nachhaltigkeit. Umrisse eines Forschungsprogramms*. Bielefeld: transcript.

Plessner, Helmut (2003 [1928]): *Die Stufen des Organischen und der Mensch*. Frankfurt a. M.: Suhrkamp.

Röcke, Anja/Keil, Maria/Alleweldt, Anja (Hg.) (2019): *Soziale Ungleichheit der Lebensführung*. Weinheim/Basel: Beltz.

Sachweh, Patrick/Münnich, Sascha (Hg.) (2017): *Kapitalismus als Lebensform? Deutungsmuster, Legitimation und Kritik in der Marktgesellschaft*. Wiesbaden: Springer VS.

Simmel, Georg (1989 [1900]): *Philosophie des Geldes*, Gesamtausgabe Bd. 6. Frankfurt a. M.: Suhrkamp.

Simmel, Georg (2005 [1897]): »Rosen«, in: Ders., *Miszellen, Glossen, Stellungnahmen, Umfrageantworten, Leserbriefe, Diskussionsbeiträge 1889–1918, Anonyme und pseudonyme Veröffentlichungen 1888–1920*, Gesamtausgabe Bd. 17. Frankfurt a. M.: Suhrkamp, S. 357–361.

Simmel, Georg (2005 [1906]): »Strandgut«, in: Ders., *Miszellen, Glossen, Stellungnahmen, Umfrageantworten, Leserbriefe, Diskussionsbeiträge 1889–1918, Anonyme und pseudonyme Veröffentlichungen 1888–1920*, Gesamtausgabe Bd. 17. Frankfurt a. M.: Suhrkamp, S. 435.

Simmel, Georg (1996 [1911]): »Die Mode«, in: Ders., *Hauptprobleme der Philosophie. Philosophische Kultur*, Gesamtausgabe Bd. 14. Frankfurt a. M.: Suhrkamp, S. 186–218.

Simmel, Georg (1999 [1918]: »Lebensanschauung. Vier metaphysische Kapitel«, in: Ders., *Der Krieg und die geistigen Entscheidungen. Grundfragen der Soziologie. Vom Wesen des historischen Verstehens. Der Konflikt der modernen Kultur. Lebensanschauung*, Gesamtausgabe Bd. 16. Frankfurt a. M.: Suhrkamp, S. 209–425.

Turner, Bryan S. (1988): *Status (Concepts in Social Thought)*. Minnesota: University of Minnesota Press.

Weber, Max (1972 [1921]): *Gesammelte Aufsätze zur Religionssoziologie*, Bd. 1. Tübingen: J. C. B. Mohr/Paul Siebeck.

Beitragende

Frank Adloff, Prof. Dr., Universität Hamburg

Natalia Besedovsky, Dr., Universität Hamburg

Jürgen Beyer, Prof. Dr., Universität Hamburg

Moritz Boddenberg, M.A., Universität Hamburg

Christoph Deutschmann, Prof. Dr., Eberhard Karls Universität Tübingen

Kai Dröge, Dr., Hochschule Luzern

Eva-Maria Engelen, Prof. Dr. phil., Universität Konstanz

Maren Flößer, Künstlerin und Philosophin, Frankfurt am Main

Ulrike Froschauer, Prof. Dr., Universität Wien

Sabine Hark, Prof. Dr., Technische Universität Berlin

Martina Hasenfratz, M.A., Universität Hamburg

Ronald Hitzler, Prof. Dr., Technische Universität Dortmund

Lukas Hofstätter, Dr., Sozialforscher, Sydney

Marco Hohmann, M.A., Universität Hamburg

Axel Honneth, Prof. Dr., Goethe Universität Frankfurt am Main, Columbia University New York

Hermann Kocyba, Dr., Institut für Sozialforschung, Frankfurt am Main

Klaus Kraemer, Prof. Dr., Universität Graz

Jörn Lamla, Prof. Dr., Universität Kassel

Sarah Lenz, Dr., Universität Hamburg

Beate Littig, Univ.Doz. Dr., Institut für Höhere Studien (IHS), Wien

Manfred Lueger, Prof. Dr., Wirtschaftsuniversität Wien

Steffen Mau, Prof. Dr., Humboldt-Universität zu Berlin

Ana Mijić, Dr., Universität Wien

Hans-Peter Müller, Prof. Dr., Humboldt-Universität zu Berlin

Harry Nutt, Journalist und Publizist, Berliner Zeitung

Michael Parzer, Ass.-Prof. Dr., Universität Wien

Sarah Miriam Pritz, Mag. Bakk. phil., Friedrich-Alexander-Universität Erlangen-Nürnberg

Andrea Roedig, Dr. phil., Journalistin und Publizistin, Wien

Kathrin Röggla, Schriftstellerin, Köln

Patrick Sachweh, Prof. Dr., Universität Bremen

Sandra Schüddekopf, Regisseurin, Wien

Ferdinand Sutterlüty, Prof. Dr., Goethe-Universität Frankfurt am Main

Robert van Krieken, Prof. Dr., University of Sydney

Berthold Vogel, Prof. Dr., Soziologisches Forschungsinstitut Göttingen (SOFI)

Christian von Scheve, Prof. Dr., Freie Universität Berlin

Greta Wagner, Dr., Technische Universität Darmstadt

Timo Wiegand, Dipl.-Soz., Universität Hamburg

Monika Wohlrab-Sahr, Prof. Dr., Universität Leipzig